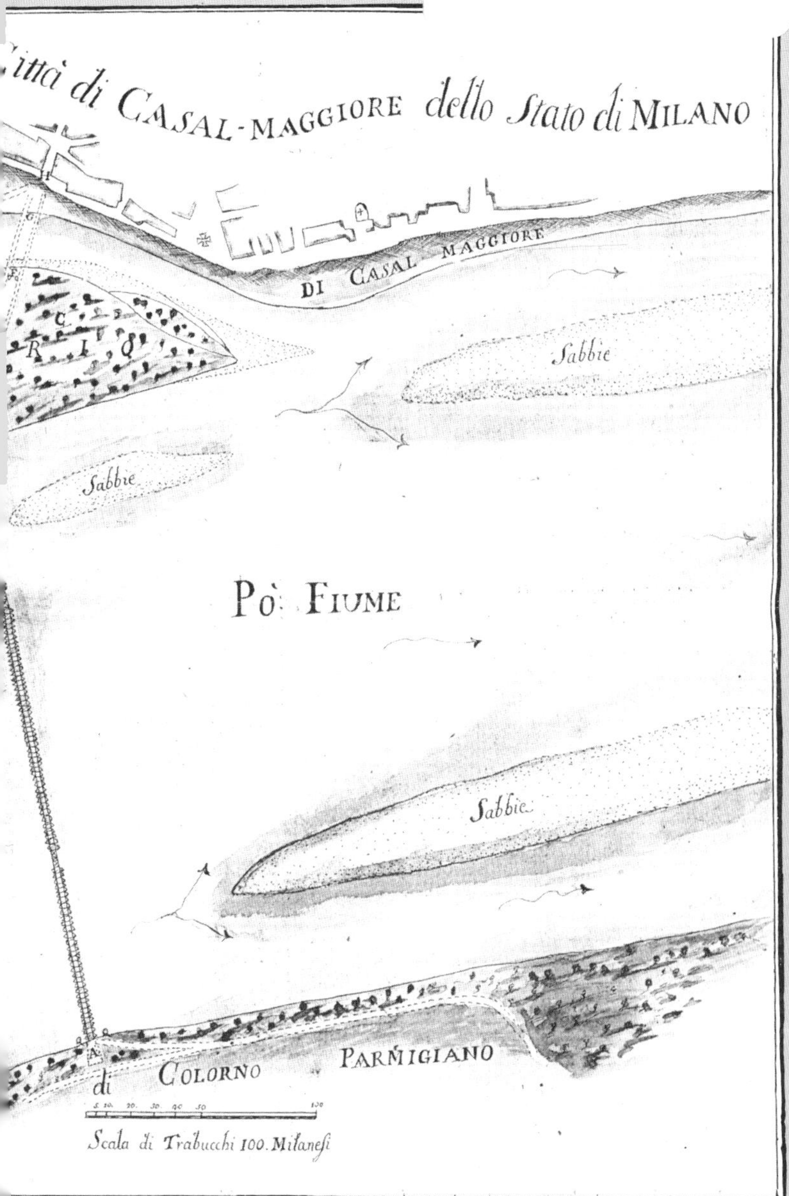
Città di CASAL-MAGGIORE dello Stato di MILANO
DI CASAL MAGGIORE
C
R
I
Q
Sabbie
Sabbie
PO FIUME
Sabbie
A
di COLORNO
PARMIGIANO
5 10 20 30 40 50 100
Scala di Trabucchi 100. Milanesi

Tamussino · Isabella von Parma

Ursula Tamussino

ISABELLA VON PARMA

Gemahlin Josephs II.

ÖBV

Satz: Times 10/11 Punkt
Umschlaggestaltung: Tino Erben (unter Verwendung eines Gemäldes von
Jean Marc Nattier, Kunsthistorisches Museum, Wien)
Gedruckt auf Gardapat 115 g
Druck und Bindung: Wiener Verlag, Himberg bei Wien
ISBN 3-215-07068-5

Inhaltsverzeichnis

	Vorwort	*7*
1. Kapitel:	*Spanische Verbannung*	*9*
2. Kapitel:	*Im Versailles des Vielgeliebten*	*27*
3. Kapitel:	*Ce trou de Parme*	*43*
4. Kapitel:	*Die Umkehr der Bündnisse*	*67*
5. Kapitel:	*Heiratsgeschäfte*	*76*
6. Kapitel:	*Parmensische Brautfahrt*	*91*
7. Kapitel:	*Hochzeitsreise ohne Bräutigam*	*105*
8. Kapitel:	*Im Wien Maria Theresias*	*127*
9. Kapitel:	*Familie Habsburg-Lothringen*	*142*
10. Kapitel:	*Das letzte Fest des Barocks*	*159*
11. Kapitel:	*Leben am Kaiserhof*	*172*
12. Kapitel:	*Das erste Enkelkind*	*188*
13. Kapitel:	*Amitié amoureuse*	*196*
14. Kapitel:	*Todessehnsucht*	*215*
15. Kapitel:	*Femme des lettres*	*230*
16. Kapitel:	*Vermächtnis an Marie*	*239*
17. Kapitel:	*Eine Geißel der Menschheit*	*258*
18. Kapitel:	*Pompe funèbre*	*268*
	Epilog	*280*
Anhang:	*Anmerkungen*	*288*
	Quellen und Literatur	*306*
	Zeittafel	*315*
	Stammtafeln	*320*
	Register	*326*

Ich lebe, um Dich zu lieben.

Isabella an Marie Christine

Alle meine Zufriedenheit und meine Ruhe sterben mit dieser unvergleichlichen Tochter.

Maria Theresia an Kaunitz

Niemals lebte, niemals lebt, niemals wird eine Prinzessin, eine Frau ihresgleichen leben.

Erzherzog Joseph an Herzog Philipp von Parma

Diese Frau war mit allen nur erdenklichen Tugenden, Vorzügen und Liebenswürdigkeiten ausgestattet. Sie lebte und starb als ein Engel.

Erzherzogin Marie Christine

Eine Prinzessin, so bewundernswert wie liebenswürdig.

Herzog Albert von Sachsen-Teschen

Eine der faszinierendsten Möglichkeiten der Weltgeschichte.

Edward Crankshaw

Eine der bemerkenswertesten Prinzessinnen in der Historie.

Derek Beales

Vorwort

Isabella von Parma lebte nur knapp 22 Jahre, drei davon verbrachte sie am Wiener Hof, und doch hat ihr Leben mehr Spuren hinterlassen als das so mancher ihrer Standes- und Leidensgenossinnen, die aus politisch-dynastischen Gründen quer durch Europa einem ungewissen Schicksal entgegenreisten - Spuren nicht nur in den Herzen derer, die ihr nahestanden und zeitlebens das liebevollste Andenken bewahrten.

Außergewöhnlich intelligent und begabt, wie sie war, genügte es Isabella nicht, das müßige Leben einer Prinzessin zu führen, das sich zumeist darin erschöpfte, möglichst elegant und dekorativ zu repräsentieren und möglichst zahlreichen und gesunden Nachkommen das Leben zu schenken.

Isabella fehlte zwar jeglicher politischer Ehrgeiz und jegliches Interesse an Hofintrige, aber sie hatte das Bedürfnis, über ihre ehelichen und repräsentativen Pflichten hinaus tätig zu sein - nicht nur am Stickrahmen, am Clavecin, auf der Geige und an der Staffelei, was allein schon den üblichen Rahmen sprengte. Es drängte sie vor allem nach Reflexion, nach schriftlichem Selbstausdruck, was ihr nicht nur die Möglichkeit geistiger Tätigkeit eröffnete, sondern auch zu Ablenkung und Entspannung verhalf. So enthält ihr Nachlaß ein ganzes „Œuvre" an Aufsätzen, Abhandlungen und Traktaten verschiedenster Thematik, das in den meisterlichen „Psychogrammen" des Kaisers und der Kaiserin gipfelt.

Neben diesen Schriften sind aber auch rund 200 Briefe erhalten geblieben, die Isabella an ihre Schwägerin Marie Christine richtete, Zeugnisse einer leidenschaftlichen Zuneigung, die im Lauf der Zeiten unterschiedliche Bewertungen erfahren hat. Die Beziehung der Schwägerinnen habe immer wieder Rätsel aufgegeben, liest man noch in einem jüngst erschienenen Lexikon[1], und doch ist des Rätsels Lösung einfach genug: Isabella liebte Marie Christine und wurde wiedergeliebt.

Wer die erhaltenen schriftlichen Zeugnisse studiert, kann nicht zweifeln, daß es sich um eine echte und tiefe Liebesbeziehung handelte, keineswegs nur um exaltierte Schwärmerei oder spielerischen Zeitvertreib. „Ich lebe, um Dich zu lieben ... Mein Glück ist es, Dich zu lieben und von Dir geliebt zu werden ...“[2] – eine Persönlichkeit vom Format Isabellas hätte solche Worte niemals leichtfertig niedergeschrieben.

Wer nun meint, es wäre indiskret, solche und ähnliche Äußerungen allerprivatester Natur ans Licht zu zerren, der hätte vielleicht recht, wäre über Isabella und Marie Christine bis jetzt nie etwas geschrieben worden. So aber reihen sich seit Alfred von Arneth Andeutungen und Vermutungen, Behauptungen und Beschönigungen aneinander, und all diesen Halb- und Unwahrheiten entgegenzutreten, ist ein Anliegen dieser Arbeit. Sie will Isabellas Persönlichkeit vor dem Hintergrund ihrer Zeit in ihrer Gesamtheit zeigen, ohne „moralische Übertünchungen“, wie sie Stefan Zweig[3] schon vor einem halben Jahrhundert ablehnte, als er schrieb, daß es nicht nötig sei, den Charakter einer historischen Gestalt um jeden Preis zu idealisieren, zu sentimentalisieren oder zu heroisieren (man könnte heute noch dazusetzen: zu skandalisieren), um Anteil für sie zu gewinnen.

Dem ist auch aus heutiger Sicht nichts hinzuzufügen, außer vielleicht einige Zeilen aus einem Gedicht von Else Lasker-Schüler[4], die sich wie eine Widmung an Isabella lesen:

> Die Leiden, die dir gehören,
> Kommen zu mir.
> Die Seligkeiten, die dich suchen,
> Sammle ich tief berührt.
> So trage ich die Blüten deines Lebens
> Weiter fort.
> Und möchte doch mit dir stille stehn;
> Zwei Zeiger auf dem Zifferblatt.

Spanische Verbannung

Am 29. Dezember 1741, gegen elf Uhr abends, nachdem sie soupiert und wie alle Tage ihre Partie Piquet gespielt hatte, verspürte die Infantin Louise-Elisabeth erste Anzeichen ihrer nahenden Niederkunft. Die Nacht verging jedoch, ohne daß sich Wesentliches ereignet hätte. Erst am nächsten Morgen rief der Herzog von Bourneville, Kommandeur der Gardes du Corps, die Botschafter zusammen – Geburt am Königshof war eine öffentliche Angelegenheit –, und alle eilten in den königlichen Palast El Buen Retiro zu Madrid, wo die Katholischen Majestäten von Spanien, Philipp und Isabella, bereits bei ihrer Schwiegertochter weilten.

Aber auch dieser Tag und die folgende Nacht brachten keine Erlösung. Das Königspaar und der werdende Vater, Don Philipp, zogen sich zwischendurch erschöpft zurück, nachdem schon einmal falscher Alarm gegeben worden war. Am Morgen des 31. Dezember kamen die Wehen häufiger und stärker, und man versuchte die Prinzessin, die schon sehr geschwächt war, mit Hilfe von Arzneien ein wenig zu kräftigen. Sorge breitete sich aus, und die anwesenden Damen machten reichlichen Gebrauch von ihren Spitzentaschentüchern. Aber Louise-Elisabeth tröstete alle und sprach ihnen Mut zu, vor allem ihrem Gemahl, der sich gar nicht fassen konnte: „Es sieht so aus, als wären Sie es, der niederkommt“, meinte sie lächelnd.[1]

Louise-Elisabeths Leiden dauerten noch den ganzen Tag. Erst gegen fünf Uhr nachmittag konnte der Geburtshelfer melden, daß die Qualen der Infantin beendet waren. In der Aufregung sagte er irrtümlich, alles sei „très bien“ verlaufen, wie es für die Geburt eines Sohnes ausgemacht war („bien“ für eine Tochter), und die Versammelten waren einigermaßen verwirrt, als man ihnen ein kleines Mädchen präsentierte. Das wohlgestaltete, neugeborene Wesen wurde nach spanischer

Sitte sofort getauft und erhielt die Namen Isabelle und Marie nach ihren Großmüttern Isabella Farnese und Marie Leszczyńska, Louise nach ihrem Großvater Ludwig XV. und Antoinette, weil Großmama Farnese eine besondere Verehrerin des heiligen Antonius war. Don Philipp geriet vor Freude fast außer sich, die Majestäten befahlen Illumination und Tedeum und beschenkten die jugendliche Mama mit kostbarem Schmuck. Sie war 14 Jahre und vier Monate alt.[2]

Etwas mehr als zwei Jahre davor, am 23. August 1739, hatte der spanische Botschafter La Mina in Versailles offiziell um Louise-Elisabeth geworben, mit allem Pomp und Prunk, den das Zeremoniell aufzubieten hatte. Am 26. August heiratete die Zwölfjährige in der königlichen Schloßkapelle, der Duc d'Orléans vertrat den Bräutigam. Anschließend nahm „Madame Infante", wie sie von nun an hieß, die Glückwünsche des Hofes entgegen, ihre Zwillingsschwester Henriette trug die Schleppe des kostbaren Brautkleides. Ein glänzendes Fest schloß sich an, die Spiegelgalerie erstrahlte im Licht Tausender Kerzen, und im Parterre d'eau an der Gartenseite des Palasts machte eine gigantische Illumination die Nacht zum Tag.[3]

Heiratsprojekte, die die beiden bourbonischen Höfe von Versailles und Madrid enger aneinander binden sollten, hatte schon der Regent Philipp von Orléans erwogen, der zwischen 1715 und 1723 für den unmündigen Ludwig XV. die Regierungsgeschäfte führte. Ludwig sollte Anne-Marie-Victoire heiraten, Tochter Philipps V. und der Isabella Farnese; Don Luis, der spanische Thronfolger, Sohn Philipps aus seiner ersten Ehe mit Marie-Louise von Savoyen, und Don Carlos, Sohn der Isabella, waren für die Töchter des Regenten vorgesehen. Louise-Elisabeth von Orléans reiste in Begleitung ihrer Schwester nach Madrid und wurde mit Don Luis vermählt, die kleine Infantin kam nach Versailles und sollte hier als künftige Gattin Ludwigs XV. erzogen werden. Die beiden „Verlobten" waren damals, 1721, drei und elf Jahre alt. Der Tod des Regenten und die Intrigen des Duc de Bourbon und seiner Mätresse, der Marquise de Prie, brachte dieses Projekt zu Fall. Sie wollten eine möglichst mittellose Prinzessin, von der kein Einfluß zu fürchten war, und wählten die Tochter des entthronten Polenkönigs Stanislaus Leszczyński – für den König von Frankreich eigentlich eine Mesalliance. Die Infantin wurde also wieder nach Madrid zurückgeschickt, ein beispielloser Affront gegenüber Philipp und Isabella, die nicht zögerte, nun ihrerseits die Töchter des Regenten hinauszuwerfen. Die jüngere war noch unvermählt, die ältere nach dem Tod ihres Gatten Don Luis eine jugendliche Witwe von 15 Jahren.

Isabella war so wütend, daß sie Frankreich am liebsten den Krieg erklärt hätte, aber der Sturz des Duc de Bourbon glättete die Wogen, und sein Nachfolger als Erster Minister, Kardinal Fleury, brachte zuerst eine Annäherung und schließlich die Versöhnung der beiden bourbonischen Höfe zustande. Inzwischen war Ludwig XV. aber schon mit Marie Leszczyńska verheiratet, und neue Heiratsprojekte konnten erst für seine Kinder geschmiedet werden.[4]

Marie Leszczyńska gebar Ludwig zuerst ein Zwillingsschwesternpaar, Mesdames Marie-Louise-Elisabeth und Anne-Henriette, dem noch Madame Louise-Marie folgte, bevor endlich der ersehnte Dauphin geboren wurde. Nach ihm kamen ein Knabe und fünf weitere Mädchen. Ludwig XV. numerierte seine Töchter von „Madame première“ bis „Madame septième“. Die zuletzt geborene erhielt die Bezeichnung „Madame dernière“, und dabei blieb es, soweit es sich um die eheliche Nachkommenschaft handelte.[5]

Ludwig XV. liebte seine Kinder, besonders die Töchter; das Fehlen von Nestwärme in der eigenen Kindheit - sein Vater, seine Mutter und sein älterer Bruder fielen einer Blattern- oder Masernepidemie zum Opfer, als er zwei Jahre alt war - hatte ihm keineswegs die Fähigkeit genommen, selbst Liebe zu geben. Anders als viele seiner Höflinge, die ihre Sprößlinge, kaum geboren, in eines der Dörfer in der Nähe von Versailles expedierten - meist starben sie vor Erreichung ihres dritten Lebensjahrs, und die „Eltern“ nahmen nicht einmal am Begräbnis teil -, kümmerte sich Ludwig um Wohlergehen und Erziehung seiner Nachkommenschaft. Wenn die Kinder auch in der an Fürstenhöfen üblichen Distanz in der Obhut von Ammen und Erziehern aufwuchsen, so fand er doch immer Zeit, sich mit ihnen zu beschäftigen und mit ihnen zu spielen. Als Kardinal Fleury vorschlug, fünf seiner Töchter einige Zeit im Kloster Fontevrault erziehen zu lassen, um die Kosten für ihre aufwendigen Einzelhofhaltungen, wie das Zeremoniell sie vorschrieb, zu sparen, zögerte er lange mit seiner Zustimmung. Als er sie endlich doch gab, warf sich die sechsjährige Madame Adélaide vor ihrem Vater auf die Knie und weinte so herzbewegend, daß ihr der König gestattete zu bleiben. So wanderten Mesdames Victoire, Sophie, Felicité und Louise ins Kloster (Louise-Marie lebte nicht mehr). Adélaide und die beiden ältesten Mesdames, Louise-Elisabeth und Henriette, die sich dem heiratsfähigen Alter näherten, verblieben am Hof.[6]

Louise-Elisabeth, in der Familie „Babet" genannt, zeigte schon früh eine wache Intelligenz, energisches Temperament und einen ausgeprägten eigenen Willen. Sie war nicht so hübsch wie ihre Zwillingsschwester Henriette: Eine starke Nase und ein kleiner, voller Mund wollten nicht so recht harmonieren, und ihre großen, dunklen Augen lagen im Schatten ungewöhnlich dichter, schwarzer Brauen. Dazu kam ein auffallend dunkler Teint – alles in allem eine mehr originelle als schöne Physiognomie.[7]

Papa Ludwig dürfte Temperament und Intelligenz seiner „Madame première" sehr geschätzt haben, denn stets galt Babet als seine Lieblingstochter. Dies hinderte ihn jedoch nicht, sie um der Staatsräson willen einem Schicksal zu überantworten, das wenig Glanz versprach: Gattin eines zweiten Sohnes aus zweiter Ehe an einem düsteren Hof zu sein, bot kaum sehr erfreuliche Aspekte, wenn auch die bekannte Energie der Isabella Farnese erwarten ließ, daß sie alles daransetzen würde, um diesen Sohn standesgemäß zu etablieren.

Als die Pariser aller Stände sich noch amüsierten – denn auch in der Hauptstadt hatte man die Hochzeit der Königstochter gebührend gefeiert –, war Madame Infante schon unterwegs: Nach einem tränenreichen Abschied von Mutter und Geschwistern bestieg sie mit ihrem Vater den Reisewagen, und der König rief dem Kutscher etwas theatralisch zu: „Nach Madrid!" Er begleitete seine Tochter allerdings nur bis Plessis-Piquet, unweit von Paris, und benützte die verbleibende Zeit zu ernsten Ratschlägen. Nichts anderes sei von nun an für Louise-Elisabeth erstrebenswert, als alles zu tun, um dem König von Spanien zu gefallen und ihn als ihren Onkel und Vater anzusehen. Er sprach so bewegt, daß die vier Hofdamen, die im Wagen mitfuhren, in Tränen ausbrachen. In Plessis-Piquet stiegen Vater und Tochter aus, und der König umarmte Babet ein letztes Mal. Als er sich entfernte, schluchzte sie so herzzerreißend, daß die Damen ihrer Begleitung große Mühe hatten, sie zu beruhigen.[8]

Erst zwölf Jahre alt und aus dem Schoß einer Familie gerissen, in der sie trotz Hofsitten und Etikette viel Liebe erfahren hatte, reiste die kleine Madame Infante durch sechs ermüdende Wochen der spanischen Grenze und einem ungewissen Schicksal entgegen.

Das Cortège allerdings war beachtlich. Geführt vom Stallmeister des Königs und einem Zeremonienmeister, reisten insgesamt vier Ärzte, ein Kaplan, elf Reisebegleiter und Quartiermacher, fünf Kammerdienerinnen, 17 Diener, 24 Köche, 60 Offiziere und Leibgarden, 52 Reitknechte und 1 500 Schweizer Garden. Louise-Elisabeths unmittelbare Begleitung bildeten vier bejahrte Damen: die Gouvernante Duchesse de Tallard, die Vizegouvernante Marquise de Muy, die Duchesse d'Autin und die Marquise de Tessé.

In großen Städten wurde jeweils drei oder vier Tage Aufenthalt genommen, um den Reisenden ein wenig Erholung zu gönnen, und in Saintes-et-Blaye wartete sogar ein reich ausgestattetes Schiff, um sie nach Bordeaux zu bringen. Auf dem Schiff fand ein großes, musikalisch umrahmtes Festmahl statt.[9]

Am 13. Oktober erreichte der Brautzug St-Jean-Pied-de-Port in den atlantischen Pyrenäen, einen malerischen, von einer Zitadelle überragten Ort auf der Pilgerroute nach Santiago de Compostela.[10] Hier fand die „Übergabe" statt, dem Zeremoniell gemäß in einem eigens an der Grenze der beiden Königreiche errichteten Holzbau, in welchem Louise-Elisabeth ihre „maison française" verlassen mußte und ihrer „maison espagnole" übergeben wurde, repräsentiert durch ihren nunmehrigen Obersthofmeister Duque de Solferino und die „camerera mayor", die erste Hofdame, Marquesa de Leyde. Nach der feierlichen Verlesung der Akten übernahm die „maison espagnole" alle Wertsachen, die Louise-Elisabeth mitgegeben worden waren: viel kostbarer Schmuck und ein wahrhaft königlicher Trousseau, der Kardinal Fleury zu dem Ausruf veranlaßt hatte: „Aber damit könnte man alle Mesdames ausstatten!"[11]

Solferino verteilte die Geschenke König Philipps: für den Duc de Tallard ein diamantbesetzter Degen, für jede der

Damen ein Porträt Seiner Katholischen Majestät, für Kardinal Fleury ein Diamant, dessen Wert mäßig war, den aber die Komplimente, die ihn begleiteten, unschätzbar machten. „La France" sandte kein Geschenk. Man war der Meinung, die Prinzessin sei Geschenk genug.[12]

Weiter ging die beschwerliche Reise über Gebirge und sturmgepeitschte Ebenen bis nach Alcalá de Henares, östlich von Madrid, wo König Philipp hofhielt, Geburtsort des späteren Kaisers Ferdinand I. und des Miguel de Cervantes Saavedra.[13]

In Alcalá traf Louise-Elisabeth mit ihrer nunmehrigen Familie zusammen: Ihre Schwiegereltern, die „Katholischen Majestäten" Philipp und Isabella, waren ein höchst ungleiches Paar. König Philipp, Enkel Ludwigs XIV. und der erste Bourbone auf dem spanischen Thron, war 58 Jahre alt, wenig intelligent, willensschwach und von Depressionen geplagt, die ihn schon einmal veranlaßt hatten, zugunsten seines ältesten Sohnes, Don Luis, auf den Thron zu verzichten. Als dieser Sohn nach kaum einem Jahr an den Blattern starb, bestieg Philipp den Thron von neuem, die eigentliche Herrscherin Spaniens aber war zweifellos seine Gattin Isabella. Es heißt, daß Philipps Depressionen in seiner extremen Bigotterie begründet waren, die ihn daran hinderte, eine Mätresse zu nehmen, um seinen sexuellen Heißhunger zu stillen. Enthaltsamkeit löste bei ihm Anfälle pathologischer Melancholie aus, und seine Gemahlin, auf die er zur Befriedigung seiner Bedürfnisse angewiesen war, wußte diese Schwäche geschickt zu nützen: Sie mußte nur eine Zeitlang die Spröde spielen, um bei ihm alles zu erreichen, was sie wollte.[14] Sicherlich hat bei Philipp aber auch das bourbonische Erbe eine Rolle gespielt, denn sein Neffe Ludwig XV. litt wie er unter melancholischen Stimmungen, ohne daß man ihm freiwillige oder erzwungene Enthaltsamkeit hätte nachsagen können.[15]

Isabella war Italienerin, die letzte des Hauses Farnese, das von Papst Paul III. abstammte. Ihre Ehe mit Philipp von Spanien, der nach dem Tod seiner ersten Gattin Marie-Louise von Savoyen verwitwet war, stiftete ihr Landsmann Giulio Alberoni, zu Piacenza geborener Sohn eines Gärtners und einer Näherin, der es über allerlei krause Umwege zum Ersten Minister Spaniens und zum Kardinal gebracht hatte. Mit Alberoni gemeinsam regierte Isabella das Königreich, und der Kardinal wußte sich nicht nur durch wertvolle Ratschläge, die sich in heilsamen Reformen niederschlugen, sondern auch durch kulinarische Aufmerksamkeiten angenehm zu machen: Sooft es nur ging, versorgte er die Königin mit Käse und Schinken aus dem heimatlichen Parma.[16]

Das Hauptaugenmerk der Königin von Spanien galt der Rückgewinnung der einstmals spanischen Nebenländer in Italien, die nach dem Spanischen Erbfolgekrieg an den Habsburger Karl VI. gefallen waren, und der möglichst günstigen Etablierung ihrer Söhne. Als spanischer Thronfolger stand nach dem Tod des älteren noch ein jüngerer Sohn aus Philipps erster Ehe bereit – keine Aussicht also vorerst für Isabellas Söhne, hier zum Zug zu kommen.[17]

Zum Zeitpunkt seiner Heirat war Don Philipp ein ganz gut aussehender junger Mann von schlanker Figur und ausgeglichenem Temperament. Er hatte keine sehr sorgfältige Erziehung genossen, nach dem Abgang eines fähigen Erziehers war nicht für entsprechenden Ersatz gesorgt und der erst zehnjährige Prinz mehr oder weniger sich selbst überlassen worden. Trotzdem eignete sich Philipp ziemlich umfangreiche Sprachkenntnisse an, neben Spanisch und Französisch verstand er auch Latein, Italienisch und etwas Englisch, und vertiefte sich in militärische Studien. Er legte großen Wert auf Putz und Tand, war ungeheuer eitel und für einen Neunzehnjährigen ziemlich unreif und kindisch. Er suchte seinen Umgang hauptsächlich unter dem Personal und stand mit seinen Kammerdienern auf so vertrautem Fuß, daß dies nicht nur auf seine Manieren abfärbte, sondern von der Dienerschaft auch weidlich ausgenützt wurde.[18]

Am 25. Oktober 1739 fand in Alcalá de Henares die Vermählung Philipps mit Louise-Elisabeth von Frankreich statt, doch man dachte nicht daran, dem kleinen Mädchen und dem unreifen Jüngling wenigstens zum Vollzug der Ehe noch ein wenig Zeit zu lassen. Die Majestäten selbst geleiteten das Paar ins Schlafgemach und präsentierten die Nachtgewänder, wie Zeremoniell und Etikette es vorschrieben. Für unser heutiges Empfinden klingt es geradezu zynisch, wenn ein Zeitgenosse berichtet, die Majestäten wären „außer sich vor Fröhlichkeit“ gewesen, als die beiden endlich im Bett lagen. Und König Phi-

Die Familie König Philipps V. von Spanien. Gemälde von Louis Michel Vanloo. Neben König Philipp (mit Stock) und seiner Gemahlin Isabella Farnese der Infant Don Felipe (Philipp) und seine Gattin Louise-Elisabeth, links und rechts stehend die künftigen Könige Ferdinand VI. und Karl III. Im Vordergrund spielen die Infantinnen Isabella und Maria mit einem Hund.
Prado, Madrid

lipp versäumte nicht, schnellstens nach Versailles zu melden, daß die Ehe „auf das glücklichste" vollzogen worden sei.[19]

Der zuckersüßen Worte wurden noch mehr gewechselt zwischen Madrid und Versailles, und Königin Isabella bemerkte dem französischen Botschafter Vauréal gegenüber, daß die Infantin „das Glück ihres Sohnes" ausmache. Noch nie hätte sie eine Person mit so perfektem Charakter gesehen.[20]

Es sollte sich herausstellen, daß Louise-Elisabeth nicht nur Charakter, sondern einen recht eigenen Kopf hatte, dem der Isabella Farnese durchaus ebenbürtig. Die Sprache der Königin wurde bald weniger liebenswürdig. Als Louise-Elisabeth einen häßlichen Hautausschlag bekam, der Gesicht, Hals und Schultern bedeckte, nannte die Schwiegermama sie in Augenblicken böser Laune „la galeuse", die Krätzige.[21]

Aus den erhaltenen Unterlagen geht hervor, daß Louise-Elisabeth schon in Versailles Ansätze zu einer Hautveränderung zeigte[22], möglicherweise die Folgen einer Jugendakne. Daß diese in Spanien in verstärktem Maß auftrat, läßt darauf schließen, daß Louise-Elisabeth weit davon entfernt war, sich wohlzufühlen, auch wenn man sich alle Mühe gab, ihr jede Bequemlichkeit angedeihen zu lassen, besonders als sich herausstellte, daß sie schwanger war.[23]

Mittlerweile war die politische Szene in Europa in Bewegung geraten. Kaiser Karl VI. war plötzlich gestorben, und die „Garanten" der Pragmatischen Sanktion schickten sich an, seiner Erbin Maria Theresia dieses Erbe möglichst schnell streitig zu machen. Friedrich II. von Preußen marschierte in Schlesien ein, die Franzosen in den Österreichischen Niederlanden, der Kurfürst von Bayern und der Kurfürst von Sachsen, jeder von ihnen mit einer Habsburgerin, Maria Theresias Cousinen, verheiratet, meldeten Ansprüche an. Keine Frage, daß auch die Königin von Spanien Morgenluft witterte und eine spanische Armee nach Italien in Marsch setzte, um Hand auf Mailand, Parma und Piacenza zu legen. Der Österreichische Erbfolgekrieg hatte begonnen.[24]

Auch Don Philipp brannte darauf, militärische Lorbeeren zu ergattern, und hätte sich am liebsten gleich mit der Armee eingeschifft. Nur mit Mühe konnte ihn seine Mutter überzeugen, daß es vorerst einmal seine Pflicht sei, die Niederkunft seiner Gattin abzuwarten.[25]

Als Isabelle-Marie-Louise, Doña Isabel oder Isabelita, wie sie in Spanien genannt wurde, geboren war, hielt es ihren Vater nicht länger bei der Familie. Der Krieg mit seinen vielfältigen Möglichkeiten, auf anderer Leute Kosten zu Besitz und zu Lorbeeren zu gelangen, verlockte Don Philipp, den spanisch-französischen Heeren auf die Kriegsschauplätze in der Provence, in Savoyen und in Oberitalien zu folgen. Er sollte dort allerdings keine sehr brillante Figur abgeben und wenig persönlichen Ruhm ernten.[26]

Louise-Elisabeth blieb mit ihrem Töchterchen in Spanien zurück, verurteilt zu einer beschäftigungslosen Existenz an einem tristen Hof, der unter der zunehmenden Melancholie des Königs und der Herrschsucht seiner Gemahlin litt und sich mit dem Glanz von Versailles natürlich nicht messen konnte.

Don Philipp, Infant von Spanien, Herzog von Parma.
Stich von Balechou.

Zum Glück zog die Königsfamilie dem von Philipp II. erbauten düsteren Klosterschloß El Escorial in der Sierra de Guadarrama andere Residenzen in heiterer Umgebung vor: Alcalá im Osten und Aranjuez im Süden von Madrid, El Pardo und La Granja de San Ildefonso im Norden. Auch Aranjuez war schon von Philipp II. erbaut worden, erhielt aber unter Philipp V. seine endgültige Gestalt: eine Enklave des französischen Barocks, umgeben von herrlichen Gärten und Wasserspielen.

Louise-Elisabeth von Frankreich, Herzogin von Parma.
Replik eines Gemäldes von Jean Marc Nattier.

Auch das Lustschloß El Buen Retiro, in dem Isabella zur Welt gekommen war, lag, obwohl nicht weit vom Zentrum Madrids entfernt, inmitten von Wäldern, Gärten und Quellen. Philipp IV., Enkel Philipps II., hatte es von Alonso Carbonel erbauen und von Velázquez ausstatten lassen. Das Stadtschloß zu Madrid, der Alcázar, war in der Weihnachtsnacht 1734 einem Brand zum Opfer gefallen und der Wiederaufbau erst im Gange.[27]

Louise-Elisabeth, jung, intelligent, ehrgeizig und keineswegs gewillt, ewig in dieser spanischen Verbannung zu bleiben, richtete ihr Interesse bald auf zwei Dinge: Spanien so bald wie möglich zu verlassen und eine passende Versorgung für sich und ihren Gemahl zu erlangen.

Noch galt es aber, auszuharren und das wenig erbauliche Familienleben am spanischen Hof zu ertragen. „Was mich betrifft", schrieb sie an Don Philipp, „so krepiere ich vor Langeweile und Traurigkeit, aber der Kleinen geht es bestens."[28]

Und Großmama Isabella berichtete ihrem Sohn über die eineinhalbjährige Isabelita:

„Vor dem Diner stattete sie uns einen Besuch ab; sie ist in der Tat das reizendste Kind, das man sich vorstellen kann; sie ist ganz und gar Ihr Abbild und zeigte mit ihrer kleinen Hand auf Ihr Porträt – ich gestehe, daß mich das gerührt hat. Sie ist sehr ruhig, schreit überhaupt nicht und erträgt meine übertriebenen Liebkosungen mit der größtmöglichen Geduld. Sie liebt die Vögel sehr und beschäftigt sich in ihrem Kabinett ... Sie geht schon mit großer Sicherheit, und ich glaube, wenn man sie alleine ließe, würde sie sich ganz ohne Hilfe aufrecht halten; sie ist ein bißchen rundlich und hat mir auf höchst anmutige Weise ihre Zähnchen gezeigt ..."[29]

Auch über die Schwiegertochter berichtete Königin Isabella dem Sohn; deren zunehmende Fettleibigkeit bereitete ihr Sorgen: „... sie nimmt ungeheuer zu, und ich habe diesen Abend schon Madame de Leyde gesagt, sie möge doch darauf achten, daß sie sich so viel wie möglich bewegt; wenn sie schon mit 15 so ist, wie wird sie erst mit 25 aussehen? Es ist ja nicht nur wegen der Nachkommenschaft, auch um ihrer selbst willen sollte sie nicht so fett sein ..."[30]

Bei Louise-Elisabeths Fettleibigkeit dürfte es sich nicht um eine Form von Kummerspeck, sondern eher um eine von den Leszczyński ererbte Drüsenschwäche gehandelt haben; auch ihr Bruder, der Dauphin, und dessen Söhne, die späteren Könige Ludwig XVI. und Ludwig XVIII., litten darunter.[31]

Über die Erziehung von Isabelita gerieten Isabella und Louise-Elisabeth einander bisweilen in die Haare, denn die Königin, ganz verliebte italienische Großmama, neigte dazu, der Kleinen allerlei Launen angehen zu lassen, was der Mama nicht wünschenswert erschien. Die Obersthofmeisterin de Leyde behauptete sogar, die Infantin wolle ihrer Tochter eine militärische Erziehung angedeihen lassen. Die Marquesa hat allerdings in der Memoirenliteratur eine sehr üble Nachrede und figuriert als „heuchlerische Bestie“ und „Lästermaul“, was Zweifel an ihrer Glaubwürdigkeit aufkommen läßt.[32] Louise-Elisabeth stellte jedenfalls gelegentlich fest, daß es bei den Müttern läge, die Kinder zu züchtigen, und bei den Großmüttern, sie zu verwöhnen.[33]

Im August 1744 unterbrachen alarmierende Nachrichten die Öde des spanischen Hoflebens. Ludwig XV., der sich zu seinen in Lothringen stationierten Truppen begeben hatte, erkrankte in Metz so schwer, daß man ihm die Sterbesakramente reichte. In Spanien suchte man den Ernst der Lage vor Louise-Elisabeth zu verbergen, aber sie bestürmte den französischen Botschafter Vauréal so lange, bis er ihr die Wahrheit sagte. Als sie nun erfuhr, daß das Leben des Königs tatsächlich in Gefahr war, ließ sie ihrem Schmerz derart freien Lauf, daß sie beruhigt und gelabt werden mußte. Genauso überschwenglich war ihre Freude, als endlich ein Kurier mit guten Nachrichten eintraf. Vauréal berichtete nach Versailles, niemals habe er jemanden mit so lebhaften Gefühlen gesehen.[34]

Auch Paris ergriff ein Freudentaumel, als die Genesung des Königs bekannt wurde, und die Bürger fielen einander auf offener Straße um den Hals. Damals bekam Ludwig XV. den Beinamen „le bien-aimé“ - der Vielgeliebte.[35]

Mehr denn je wünschte Louise-Elisabeth ihre Familie und vor allem ihren Vater wiederzusehen, und die bevorstehende Abreise der Infantin Marie-Thérèse-Raphaëlle nach Frankreich nährte in ihr die Hoffnung, sie könnte sie vielleicht begleiten.

Leider wurde nichts daraus, ebensowenig wie aus dem Plan, ihren Gatten bei der Armee zu besuchen; Königin Isabella war der Meinung, der Verstand habe sich der Leidenschaft zu fügen.[36]

Don Philipp dürfte das Leben bei der Armee sehr behagt haben, denn nicht einmal in den Monaten, in denen die Truppen untätig in den Winterquartieren lagen, dachte er daran, zu Frau und Töchterchen zurückzukehren, und hielt vergnügt hof zu Chambéry in Savoyen. Die Klagen seiner Gattin rührten ihn nicht im geringsten, und das Befremden darüber ging mancherorts so weit, daß man ihn der (homophilen) Laster Heinrichs III. und Monsieurs, des Bruders Ludwigs XIV., verdächtigte.[37]

Auch Madame Infante entging dem Hofklatsch nicht, und man tuschelte von einer Romanze zwischen ihr und dem französischen Botschafter Vauréal, Bischof von Rennes. Exzellenz Vauréal hatte zwar zugegebenermaßen am Hof von Versailles das Leben eines Seladons geführt, daß er aber die Vertrauensstellung, in der er sich befand, dazu benützt haben soll, die Tochter seines Souveräns zu verführen, ist schwer zu glauben, um so weniger, wenn man bedenkt, daß der Bischof vierzig Jahre älter war als die Prinzessin.[38]

Am 23. Februar 1745 heiratete der Dauphin in Versailles die aus Spanien eingetroffene Infantin Marie-Thérèse-Raphaëlle, Schwester der einst „retournierten", für Ludwig XV. vorgesehenen Prinzessin. Ein rauschendes Fest jagte das andere, doch der Ball im Hôtel de Ville in Paris und der Hofball in Versailles waren die unbestrittenen Höhepunkte. Der königliche Schwiegerpapa, selbst erst 35 Jahre, ein wesentlich eleganterer und eifrigerer Tänzer als sein schwerfälliger Sohn, tanzte ohne Unterlaß – immer mit derselben maskierten Dame. Die Höflinge rätselten, wer es wohl sein könnte, und tippten auf die schöne Madame d'Etioles, die im Wald von Sénart, in der Nähe des königlichen Jagdpavillons Choisy, ein Schlößchen bewohnte. Dort hatte sie in ihrem blauen oder rosafarbenen Phaeton wiederholt des Königs Pfade gekreuzt und dessen Aufmerksamkeit erregt. Noch während des Hofballs stellte sich heraus, daß es sich tatsächlich um Madame d'Etioles handelte, geborene Poisson aus Paris, also eine Bourgeoise. Eine Bürgerliche am Hof zu Versailles – ein ungeheures Ärgernis, nicht nur für die Damen, die sich ebenfalls Chancen beim König ausgerechnet hatten! Der Thron der „Maitresse en titre" war zur Zeit vakant, da die Duchesse de Chateauroux, die ihn Jahre hindurch innegehabt hatte, kurz zuvor gestorben war. Nicht der Umstand, daß sich der König eine neue Mätresse nahm, wurde als skandalös angesehen, skandalös war einzig, daß es sich um eine Bürgerliche handelte. Man gab der Affäre keine lange Lebensdauer, doch man irrte gewaltig. Sie währte, alles in allem, fast zwanzig Jahre. Madame d'Etioles ist allerdings unter einem anderen Namen in die Geschichte eingegangen: als Marquise de Pompadour.[39]

Im Frühjahr begab sich Ludwig XV. wieder zur Armee, die in den Österreichischen Niederlanden stand; man hoffte immer noch auf Gewinn aus der habsburgischen Erbschaft, obwohl Maria Theresia als nunmehr gekrönte Königin von Ungarn und Böhmen ihre Stellung gefestigt hatte und auch bezüglich Schlesien wieder Hoffnung faßte: Die Preußen wurden aus Böhmen hinausgedrängt und mußten Prag räumen. Außerdem war Karl Albrecht von Bayern, den die deutschen Kurfürsten nach dem Tod Karls VI. als Karl VII. zum deutschen Kaiser gewählt hatten, gestorben, und Maria Theresia hatte sich mit seinem Sohn verglichen.[40]

In der Schlacht von Fontenoy am 11. Mai 1745, die der Maréchal de Saxe für Ludwig XV. gewann, ging es aber schon um mehr als nur um ein Stück Land. In den Reihen der „Pragmatischen Armee", die für Maria Theresia kämpfte, standen auch Holländer und Engländer, und im Grunde waren der Österreichische Erbfolgekrieg und die Schlesischen Kriege nur Nebenkriegsschauplätze in dem großen Ringen, das sich anbahnte: dem Kampf Frankreichs und Englands um die Vormacht zur See und in den Kolonien.[41]

Paris richtete zur Feier des Sieges ein dreitägiges Fest aus, Voltaire schrieb ein Huldigungsgedicht „La Bataille de Fontenoy", und als König und Dauphin an der Spitze der siegreichen Truppen in die Hauptstadt einzogen, jubelte das Volk wie noch nie. Die Beliebtheit des „bien-aimé", des Vielgeliebten, hatte ihren Höhepunkt erreicht.[42]

Ein Abglanz dieser Triumphe mag auch die tristen Tage Louise-Elisabeths in Spanien erhellt haben, um so mehr als auch die französisch-spanischen Truppen in Italien Erfolge zu verzeichnen hatten, und ihr Gemahl, Don Philipp, im Dezember in Mailand einziehen konnte.[43]

Im April 1746 sandte Ludwig XV. den Maréchal de Noailles in diplomatischer Sondermission nach Spanien, um das wieder einmal gestörte Einvernehmen zwischen den Höfen von Versailles und Madrid ins Lot zu bringen. Selbstverständlich traf der Maréchal auch mit Louise-Elisabeth und ihrer nun etwas über vier Jahre alten Tochter zusammen. Über Madame Infante berichtete Noailles seinem König, daß sie sich seit ihrer Abreise aus Frankreich sehr zu ihrem Vorteil verändert habe, charmant, angenehm, entgegenkommend und geistreich sei, ein wahres Abbild ihres königlichen Vaters, was ein wenig nach Schmeichelei klingt. Über die kleine Doña Isabelita schrieb der Maréchal:

„Niemals hat man ein so hübsches Kind gesehen: Sie ist sehr groß für ihr Alter, und ihre Züge sind äußerst angenehm; aber, vor allem, Sire, sind es ihre Haltung und die Würde, mit der sie ihre Besucher empfängt. Sie weiß schon jetzt, wer sie ist, zu wem sie gehört und was sie darzustellen hat.“[44]

Ein bemerkenswertes Zeugnis über ein kleines Mädchen von vier Jahren und vier Monaten, sollte der Maréchal nicht auch hier übertrieben haben?

Inzwischen hatte Maria Theresia eingesehen, daß der Vielfrontenkrieg im Norden, Westen und Süden auf die Dauer nicht weiterzuführen war, und mit Friedrich II. zu Dresden Frieden geschlossen. Friedrich wurde der Besitz Schlesiens ohne Abstriche bestätigt, dafür anerkannte er die Wahl von Maria Theresias Gemahl Franz Stephan von Lothringen zum deutschen Kaiser.

In Deutschland war der Österreichische Erbfolgekrieg nun beendet, soweit es um den Teil der Pragmatischen Sanktion ging, der die weibliche Erbfolge in den österreichischen Ländern sicherte. Der andere Teil beinhaltete die Einheit und Unteilbarkeit des Habsburgerstaates, gegen die die spanisch-französische Koalition nach wie vor gerichtet war. Wenn Maria Theresia schon blutenden Herzens auf Schlesien verzichtet hatte, ohne es innerlich aufzugeben, die niederländischen und italienischen Besitzungen mußten gehalten werden. Schon wenige Tage nach dem Dresdner Frieden beorderte sie starke Truppenverbände aus dem Reich nach Oberitalien.[45]

Dem neuen Oberbefehlshaber, Fürst Joseph Wenzel Liechtenstein, gelang es nun, in der Lombardei einen Umschwung herbeizuführen. Am 15. Juni 1746 errang er vor Piacenza einen entscheidenden Sieg über die französisch-spanische Hauptmacht, der die österreichische Herrschaft in Oberitalien für das folgende halbe Jahrhundert sicherte. Spanier und Franzosen, und mit ihnen Don Philipp, mußten ihre Stellungen räumen.[46]

Aber noch immer kam kein allgemeiner Friedensschluß

zustande. Die „Pragmatische Armee“ in den Niederlanden mußte sich ein weiteres Mal dem Maréchal de Saxe geschlagen geben, doch wesentlich mehr zur Verlängerung des Krieges trug ein Defensivbündnis bei, das Maria Theresia mit der Zarin Elisabeth schloß. Die Tochter Peters des Großen und seiner zweiten Frau Katharina verabscheute den Preußenkönig, und Maria Theresia hoffte, mit Hilfe der Russen Schlesien vielleicht doch wieder zurückzugewinnen.

Erst die Aachener Präliminarien vom April und der Friede von Aachen vom 18. Oktober 1748 beendeten nach fast achtjährigem Kampf den Österreichischen Erbfolgekrieg. Er sprach die Anerkennung der Pragmatischen Sanktion durch die Vertragskontrahenten Großbritannien, Holland und Sachsen einerseits und Frankreich, Spanien, Modena und Genua andererseits aus und garantierte dem König von Preußen nochmals ausdrücklich den Besitz Schlesiens.

Frankreich zog seine Besatzungstruppen aus den Österreichischen Niederlanden ab, und Don Philipp, der sich zeitweise dort schon als Herrscher, allenfalls mit einer Königskrone geschmückt, gesehen hatte, wurde mit den ehemals farnesischen Herzogtümern Parma, Piacenza und Guastalla abgefunden, die Fürst Liechtenstein erst zwei Jahre zuvor für Österreich zurückerobert hatte.[47] In Frankreich bekam dieser Friede eine sehr schlechte Presse, „blöd wie der Friede“ wurde zur Redensart, und in der Tat: Trotz glänzender französischer Waffentaten erbrachte er im Grund nicht viel mehr als eine mäßige Versorgung für des Königs älteste Tochter und deren Gemahl – ein dürftiges Ergebnis.[48]

Madame Infante war nun Herzogin von Parma, aber sie dachte vorerst keineswegs daran, an die Seite ihres Gatten in ihr neues Herzogtum zu eilen.

„Ce trou de Parme“[49], das parmensische Loch, konnte für sie, die sich in den spanischen Jahren zu einer gelehrigen Schülerin der Isabella Farnese entwickelt hatte, nur ein Sprungbrett bedeuten. Sie wollte nun selbst aktiv werden, planen, verhandeln, ehrgeizige Pläne schmieden und verwirklichen. Und wo anders wäre ein besserer Platz für derlei Aktivitäten gewesen als in Versailles?

Louise-Elisabeth machte ihren Abschiedsbesuch bei der Königinwitwe Isabella in La Granja (Philipp V. war 1746 gestorben), die in der Abgeschiedenheit das Leben einer trauernden Witwe führte, einzig mit Briefschreiben und frommen Übungen beschäftigt. Man fand das Übermaß ihrer Trauer unglaubwürdig, vermutete wahrscheinlich zu Recht, daß Isabella mehr den Verlust der Macht als den Tod ihres Gatten betrauerte, und hielt ihre reichlich strömenden Tränen für Krokodilstränen.[50]

Ende November verließ die Herzogin von Parma Spanien für immer; sie hat diesem Land gewiß keine Träne nachgeweint, nicht einmal Krokodilstränen. Ein glänzendes Gefolge und ihre nunmehr fast siebenjährige Tochter Isabella begleiteten sie.[51]

Im Versailles des Vielgeliebten

Die Reise, wie alle Reisen der damaligen Zeit, gestaltete sich mühsam und langwierig, viel zu langwierig für die Ungeduld der Herzogin von Parma, die dem Wiedersehen mit ihrer Familie entgegenfieberte. Man suchte voranzukommen, so rasch es irgend möglich war, und schaltete nur Rasttage ein, um der kleinen Prinzessin hie und da ein wenig Erholung zu gönnen.[1]

In Bayonne wartete der von König Ludwig entsandte Comte de Noailles, der Sohn des Maréchal, sehr überrascht und beeindruckt von dem enormen Ehrengefolge der Herzogin, das 400 Personen umfaßte. Zu seiner Erleichterung machten sich die meisten bald auf die Rückreise nach Spanien, denn Madame war, wie er bald feststellen mußte, keineswegs ausreichend mit Bargeld versehen.[2]

Am 30. Dezember traf Louise-Elisabeth, nur von ihrer ersten Kammerfrau, der Marquesa de Leyde, und vier Kammerherren begleitet, in Villeroy ein, wo der König und der Dauphin sie erwarteten. Es gab ein rührendes Wiedersehen mit Umarmungen und reichlich fließenden Freudentränen, wie der Duc de Croy in seinem Journal festhielt, der Louise-Elisabeth schon einen Tag zuvor, in Thoury, vorgestellt worden war. „Sie erschien mir liebenswürdig", notierte er, „die Ähnlichkeit mit Madame [ihrer Zwillingsschwester Henriette] ist enorm, obwohl sie korpulenter ist."[3]

In Villeroy wurde ein kleiner Imbiß verzehrt, an dem der König, seine Tochter und ein intimer Kreis teilnahmen, dem auch Madame de Pompadour angehörte, die den König begleitet hatte. Louise-Elisabeth dürfte die delikate Situation mit viel Takt gemeistert haben und legte auch weiterhin Wert auf ein gutes Einvernehmen mit der Favoritin, sehr im Gegensatz zu ihrem Bruder und ihren Schwestern, die die Pompadour verabscheuten.[4]

Ansicht des Château de Versailles von der Grande Avenue aus. Stich von J. Rigaud, erste Hälfte 18. Jahrhundert.

Madame de Pompadour hat in der Geschichte nicht immer eine gute Nachrede gehabt; Friedrich II. von Preußen nannte sie eine „Hure“, allerdings in einem Atem mit Elisabeth von Rußland und Maria Theresia, was die Bemerkung einigermaßen relativiert. Thomas Carlyle, Sohn des prüden 19. Jahrhunderts, bezeichnete sie als eine unglückselige Person, von der man ohne Notwendigkeit nicht sprechen sollte. Allerdings hatte keiner der Herren den Vorzug, Madame de Pompadour persönlich zu kennen wie etwa Voltaire, der sie als „sincère et tendre“ beschrieb, als aufrichtig und liebevoll.[5]

Als Louise-Elisabeth nach Frankreich zurückkehrte, war die Stellung der Pompadour bei Hof längst gefestigt. Sie war der Königin vorgestellt und bewohnte im Erdgeschoß des Nordflügels von Versailles eine Suite von erlesen eingerichteten Räumen, das ehemalige „Appartement des Bains“, in dem schon Madame de Montespan residiert hatte. Ihre Fenster gingen auf das Parterre du Nord, auf Brunnen mit Nixen und Amoretten und auf die geschorene Allee, durch die man zum

Bassin de Neptune gelangte. Die Wendeltreppe, auf der Ludwig XIV. zur Montespan geeilt war, blieb erhalten und verband das Appartement der Pompadour mit den Privatgemächern Ludwigs XV.

Vom Abbé de Bernis in die Hofmanieren eingeführt, die sie bald glänzend beherrschte, ohne daß sie ihr je in Fleisch und Blut übergegangen wären, bewegte sie sich mit Charme und vollendeter Anmut auf dem glatten Parkett von „ce pays-ci“ – hierzulande, wie Versailles bei allen, die dazugehörten, hieß. Sie war nicht nur zauberhaft anzusehen, wir kennen ihre Porträts von Roslin, Boucher oder Drouais (sie sollen ihr alle nicht wirklich gerecht geworden sein), sie war auch intelligent, kultiviert und gebildet und verstand viel von Literatur, bildender Kunst und Musik. Vor allem aber hatte sie den Vorzug, amüsant zu sein, eine Eigenschaft, die der König bei seinen bisherigen Mätressen nicht gefunden hatte. Sie unterhielt ihn mit tausend heiteren Anekdoten, die sie aus den Polizeiberichten und aus abgefangenen Privatbriefen schöpfte, sie sang und deklamierte mit Können und Geschmack, sie spielte mit Virtuosität das Clavecin. Außerdem war sie eine hinreißende Gastgeberin, wußte dem König die rechte Gesellschaft einzuladen und dachte sich immer neue Überraschungen für ihn aus. Fünf Jahre hindurch leitete sie das „Théâtre des Petits Cabinets“, und selbst ihre herbsten Kritiker mußten zugeben, daß jede einzelne Vorstellung höchsten Ansprüchen genügte und auch ihr eigenes Spiel in jeder Rolle vollendet war. Die Höflinge rissen sich um die kleinste Statistenrolle, um einen Platz im Orchester, eine Einladung in den Zuschauerraum. Sogar die Königin besuchte eine Vorstellung. Überhaupt: Die Königin und ihr Kreis mußten zugeben, daß sich Madame de Pompadour unter den peinlichen Umständen, an denen nun einmal nichts zu ändern war, musterhaft benahm. „Wenn schon Mätresse, dann lieber diese als alle anderen“, soll die Königin zum Thema Pompadour bemerkt haben.

Natürlich hatte Madame de Pompadour auch Feinde, das konnte nicht ausbleiben. Für den Adel war und blieb sie die „Bourgeoise“, Vertreterin des verhaßten Bürgertums, das durch Fleiß und Arbeit an Macht und Reichtum zunahm, während die adeligen Höflinge weit über ihre Verhältnisse in den Tag hinein lebten und ihre Güter, die irgendwelchen Subalternen anvertraut waren, immer mehr verkamen. Das ließ man der Pompadour entgelten, obwohl sie ja weder mit der zunehmenden Verkommenheit des Adels noch mit dem Aufstieg des Bürgertums das geringste zu tun hatte. Ihr Hauptinteresse bestand darin, dem König zu gefallen und ihm das Leben angenehm zu machen, und zwar nicht aus Gier nach Macht und Einfluß, wie Neider und Feinde behaupteten, sondern aus Liebe. Die Pompadour liebte den König nicht leidenschaftlich, Leidenschaft war ihr nicht gegeben, ein Umstand, der ihr oft Kummer bereitete. Sie liebte ihn von ganzem Herzen, und der König erwiderte diese Liebe. Wie anders wäre es möglich gewesen, daß diese Verbindung in einer Schlangengrube wie Versailles fast zwanzig Jahre bestehen konnte?[6]

Nach der Erfrischung in Villeroy bestieg Louise-Elisabeth mit dem König, dem Dauphin und Madame de Leyde eine Karosse, um nach dem Jagdschlößchen Choisy zu fahren, wo Mesdames Henriette und Adélaide zusammen mit Mitgliedern der Hofgesellschaft schon ungeduldig warteten. Zärtliche Begrüßung der Schwestern, sodann Vorstellung der Herren und Damen des Hofes und Souper in kleinem Kreis (ohne Madame de Pompadour).

Der Duc de Croy, der zum ersten Mal die Gunst genoß, in Choisy zu speisen, schildert in seinem Journal mit bewegten Worten die königliche Familienidylle:

„Es war eine vollkommene Freude, den König so ungezwungen mit seiner Familie beisammen zu sehen ... Nach dem Souper, im Salon, umarmte sie der König alle lang und zärtlich ... Man mußte zugeben, daß er der beste Vater war, der beste Freund, der ehrenhafteste Mann, den man sich vorstellen konnte, von einzigartiger Sanftmut und Güte ... Er war gerecht, sprach nie schlecht über andere und besaß ein erstaunliches Gedächtnis. Er sah nicht nur sehr gut aus, er verfügte auch über eine außerordentlich noble und distinguierte Ausstrahlung ...“[7]

Eines war Ludwig XV. allerdings nicht: ein treuer Ehemann. 1725 hatte man ihn, einen 15jährigen Jüngling von „verführerischem Aussehen“, mit der um sieben Jahre älteren Marie Leszczyńska verheiratet, die zwar herzensgut und pflichtbewußt, aber weder hübsch noch klug oder amüsant war.

Marie fand an all den Dingen, die Ludwig Vergnügen bereiteten, nicht den geringsten Spaß, weder am Tanz, am Theater, an der Jagd noch an unterhaltsamen Diners, und ihre Pflichten als Ehefrau faßte sie genau als solche auf. Sie verbrachte ihre Tage damit, sich frommen Übungen zu widmen, Almosen zu verteilen, Handarbeiten zu verfertigen, mit ihren Hofdamen Karten zu spielen und eine Reihe von Musikinstrumenten zu malträtieren, für die sie hoffnungslos unbegabt war. Obwohl sie ihn grenzenlos langweilte, blieb ihr der König, zeitgenössischen Berichten zufolge, sieben Jahre hindurch treu, bis Madame de Mailly in sein Leben trat und den Reigen seiner Mätressen eröffnete.[8] Der Duc de Croy nannte Marie Leszczyńska eine verehrungswürdige Fürstin, der die Güte ihres Herzens im Gesicht geschrieben stand, die zeit ihres Lebens nur Gutes tat und die Achtung des Volkes verdiente.[9]

Ludwig XV. hatte lange Zeit eine schlechte Presse, besonders bei den Autoren des 19. Jahrhunderts. Der Ausspruch „Nach mir die Sintflut“, den er nie getan hat, haftete an ihm als beharrlicher Makel, und man zeichnete ihn als „typischen“

Vertreter des Ancien régime: als einen nur seinen Vergnügungen und Lüsten lebenden Nichtstuer, der sich weder für sein Land noch für sein Volk interessierte. Neuere Biographen wie Olivier Bernier bemühen sich, das „abgedroschene und völlig unzutreffende Klischee eines von den Grillen seiner Mätressen manipulierten, labilen Schürzenjägers" abzubauen. Er schildert den König als durchaus fähigen und fleißigen Herrscher, dessen mangelndes Selbstwertgefühl und quälende Schüchternheit ihn allerdings oft daran hinderten, sich seinen Ministern und Beratern gegenüber entsprechend durchzusetzen. Zweifellos war er intelligent und gebildet, ein liebevoller Vater und verläßlicher Freund, und wenn er seiner Gattin auch nicht treu war, so ließ er es ihr gegenüber doch niemals an Ehrerbietung fehlen.[10]

Auch zu seinem Sohn, dem Dauphin, hatte Ludwig XV. ein ganz unüblich gutes Verhältnis, denkt man an die Kronprinzentragödien, die sich in St. Petersburg oder in Berlin abspielten. Dabei waren Vater und Sohn so ungleich wie nur möglich: der Vater ein schöner und eleganter Mann, unermüdlicher Tänzer und begeisterter Reiter und Jäger; der Sohn schwerfällig und übergewichtig, ohne Charme und Humor, ein Tugendbold, der gern den Sittenrichter spielte. Er interessierte sich für Musik und Literatur und lebte am liebsten zurückgezogen, eifersüchtig bewacht von seiner zweiten Gattin Marie-Josèphe von Sachsen, Nachfolgerin der frühverstorbenen Marie-Thérèse-Raphaëlle. Sein Vater war überzeugt, daß er einen sehr guten König abgeben würde.[11]

Mehr aber noch als seinen Sohn liebte der König seine Töchter, von denen er zwei, wie auch seinen jüngeren Sohn Philippe, im Kindesalter verloren hatte. 1748 waren außer Babet ihre Zwillingsschwester Henriette, Adélaide, Victoire, Sophie und Louise am Leben, die beiden letzteren noch in der klösterlichen Obhut von Fontevrault. Babet hatte der König aus Gründen der Staatsraison weggegeben, doch eigentlich gehörte er zu den Vätern, die nicht mögen, wenn ihre Töchter heiraten. Als es ruchbar wurde, daß Madame Henriette den Herzog von Chartres, den späteren Herzog von Orléans, liebte – und wiedergeliebt wurde –, widersetzte er sich einer Heirat. Das alte Mißtrauen gegen die königliche Nebenlinie der Orléans mochte dabei eine Rolle gespielt haben. Die Heirat mit einer Königstochter hätte das Haus Orléans zu sehr aufwerten und vielleicht Umsturzgelüste nähren können. Henriette verwand diesen Kummer nie, begann bald zu kränkeln und starb mit 25 Jahren.

Adélaide lebte von Anfang an nur für den angebeteten Vater. Schon mit sechs Jahren, wie wir gehört haben, widersetzte sie sich erfolgreich der Einweisung ins Kloster Fontevrault, und mit elf, als gerade der Krieg gegen England ausgebrochen war, erwischte man sie eines Abends, als sie Versailles auf einem Esel verlassen wollte. In ihrer Tasche befanden sich 13 Louisdor Reisegeld, die sie ihrer Mutter beim Kartenspiel abgewonnen hatte. „Wohin, Madame?“ fragte man die Ausreißerin. „Zur Armee. Ich stelle mich an die Spitze und lege dem Papa-Roi England zu Füßen.“ - „Wie denn das?“ - „Ich lasse die Lords mit mir schlafen, dann fühlen sie sich hochgeehrt, und ich bringe sie um, einen nach dem anderen.“[12]

Als Adélaide herangewachsen war, glaubte der König eines Tages, einem jungen Mann auf der Spur zu sein, der seine Tochter verehrte; der Jüngling fand sich, ehe er sich's versah, auf seine Güter verbannt. Wie konnte ein Untertan es wagen, seine Augen zu einem „Enfant de France“ zu erheben! Es wurde nichts aus dem Flirt, und Adélaide blieb ledig, denn es fand sich auch kein ausländischer Prinz königlichen Geblüts, der ihrer würdig erachtet wurde.[13]

Victoire erging es ebenso. Sie suchte Trost in kulinarischen und musikalischen Genüssen, spielte Viola, Gitarre und Dudelsack und neigte im Gegensatz zu ihrer hageren Schwester Adélaide in späteren Jahren zur Fülle.

Sophie war ein unscheinbares Mädchen und blieb von Verehrern verschont. Ihre hervorstechendste Eigenschaft war die Ängstlichkeit. Wie ein verschreckter Hase huschte und trippelte sie umher und überwand nur bei Gewitter ihre Scheu vor anderen Menschen. Da griff sie dann nach der nächstbesten Hand.[14]

Adélaide, Victoire und Sophie sind als „Mesdames Tantes“ in die Geschichte eingegangen, als bigotte, médisante und zuweilen bösartige alte Jungfern, die der jugendlichen Dauphine Marie Antoinette das Leben sauer machten. Noch aber waren sie jung und unbeschwert und ahnten nichts von ihrem künftigen Schicksal, auch die jüngste nicht, Madame Louise, die einmal bei den Karmeliterinnen von Saint-Denis den Schleier nehmen sollte.[15]

Der König, der Dauphin und die drei ältesten Töchter, die an dem Familiendiner teilgenommen hatten, blieben über Nacht in Choisy. Erst am nächsten Tag feierte Louise-Elisabeth ihren Einzug in Versailles, wo sie endlich auch ihre Mutter umarmen konnte.[16]

Versailles, „ce pays-ci", war ein Reich für sich, mit einem eigenen Klima, eigenen Sitten, eigenen Gesetzen und einer eigenen Sprache. Abseits der Hauptstadt auf einem künstlichen Hügel errichtet, umgeben von künstlich geschnittenen Gärten und künstlich geschaffenen Kanälen, gewaltig in seiner Ausdehnung, gewaltig in seiner Pracht, war es die großartige, versteinerte Geste des „Sonnenkönigs", der dem Reich die Ordnung, dem Glauben die Einheit, der Sprache die Reinheit und dem Hof die Etikette vorgeschrieben hatte.[17]

Ludwig XIV. war es gelungen, die Söhne der „Fronde", deren Väter gegen die absolutistische Form der Regierung Mazarin rebelliert hatten, an seinen Hof zu ziehen. Er verwandelte diese Edelleute, deren Vorfahren als unumschränkte Herren auf ihren Lehensgütern gesessen waren oder sich auf Schlachtfeldern Ruhm erworben hatten, in abhängige Höflinge, die sich um die Gunst stritten, dem König das Nachthemd oder die Serviette reichen zu dürfen. Personen, die anderswo prachtvoll eingerichtete Stadtpalais und riesige Landschlösser besaßen, in denen es sich bequem und luxuriös leben ließ, begnügten sich im königlichen Schloß zu Versailles mit äußerst beengten Verhältnissen, hausten oft in erbärmlichen Kammern und führten ein Leben, das sich in überfüllten Vorzimmern, übelriechenden Höfen oder auf zugigen Treppen abspielte.[18]

Der Besucher von heute sieht einen riesigen, blankgeputzten Palast, einzig belebt durch die Ströme von Schaulustigen, die ihn durchziehen. Damals aber drängte sich in den Flügeln der weitläufigen Anlage eine Unmenge größerer und kleinerer Privatwohnungen zusammen. Wie anderswo von Haus zu Haus stattete man einander von Appartement zu Appartement Besuche ab, es herrschte ein ständiges Kommen und Gehen auf den zahllosen Treppen und Treppchen, in den verwinkelten Gängen, Höfen und Durchlässen. Dieses ständige Gewimmel von Mitgliedern der königlichen Familie, von Beamten, Offizieren und Personal ergab andauernd Probleme des Vortritts und des Vorrangs, wobei sich die Dienerschaft ebenso prätentiös benahm wie die Herrschaft und protokollarische Strenge und Unordnung in der seltsamsten Weise vermischt waren. In den „Stoßzeiten“, wenn sich der Hof zur Kapelle begab oder von dort zurückkam, bei Tisch, bei den „soirées d'appartement“, strömte stets eine große Menge auf dem Weg des Königs zusammen: König und Königin, Prinzen und Prinzessinnen in Begleitung ihres jeweiligen Gefolges, Persönlichkeiten von Rang ebenso wie Scharen von Gaffern und Schaulustigen.

Denn nicht nur Hofleute bewegten sich in den Gängen des Schlosses; es war damals viel einfacher, in das Haus des Königs zu gelangen als heute in das des Präsidenten der Republik. Bei Festen strömten ganze Volksmassen in die Gärten und ins Schloß, Komödianten und Narren, Seiltänzer und Taschenspieler, auch Taschendiebe und andere lichtscheue Elemente fehlten nicht. Aus der Provinz kamen Neugierige, um die Wunderwerke zu bestaunen, von denen sie gehört hatten. Sie alle wollten den König sehen, wenn möglich bei Tisch oder wenigstens inmitten seiner Höflinge.

Betteln im Schloß war zwar verboten, aber immer wieder konnte man in den Gärten und auf den Treppen höchst fragwürdigen Gestalten begegnen. Es kam nicht selten zu Messerstechereien, Schlägereien und schamlosen Attentaten. La Morandière, Zeitgenosse Ludwigs XV., berichtet entrüstet:

„Der Gestank im Park, in den Gärten und im Schloß selbst erregt Übelkeit. Die verbindenden Passagen, die Höfe der Seitengebäude, die Korridore sind mit Urin und Exkrementen bedeckt; es scheint so, als hätte man das Schloß, die Gärten, die Spazierwege und die Stadt den zudringlichen Soldaten und dem schlimmsten Pöbel überlassen, Leuten, die dort schamlos und ungestraft vor den Vorübergehenden ihre Notdurft verrichten ...“[19]

La Morandière würde sich wundern, könnte er das heutige Versailles sehen, das sich seinem ungebrochenen Zustrom an Besuchern in geradezu klinischer Sauberkeit präsentiert!

Diebstahl wurde in Versailles mit der Zeit zu einem einträglichen Geschäft; schon zur Zeit Ludwigs XIV. schnitten

Souvenirjäger Stücke aus der Decke des königlichen Betts, und Ludwig XV. vermißte eines Tages sogar die Uhr, die er immer bei sich trug.

Ein großes Problem für die Schloßbewohner war auch die Kälte. Man hatte beim Bau auf die elementarste Bequemlichkeit verzichtet und alles nur nach künstlerischen Gesichtspunkten ausgerichtet: Türen aus schmiedeeisernen, vergoldeten Gittern, eisige Fußböden aus Marmorplatten, Kamine, die bei weitem nicht ausreichten, die riesigen Räume auch nur annähernd zu erwärmen. Mit dem sensibleren Ludwig XV. wurde da manches anders und auch in unserem Sinn fortschrittlicher. Die Regeln der Etikette wurden zwar offiziell weiterhin befolgt, doch abseits der Empfangsräume entstanden nun Privatgemächer, deren Zugang sorgfältig bewacht war. Hier konnte der König in einer vertrauten und gemütlichen Umgebung dem allgemeinen Zwang des Hofes entrinnen und ein unbeobachtetes und unbegafftes Privatleben führen.

Die Ausschmückung der Räume zeigte nicht nur eine individuelle Note, sie verwies auch auf eine Veränderung im Leben der Hofgesellschaft. Man wollte nicht mehr ausschließlich repräsentieren, man wollte sich in eine warme Stube zurückziehen, wo man ungestört war. Man beschäftigte sich nun mit der Beleuchtung, der Hygiene, dem Komfort, auch „cabinets de chaise“ wurden nun eingerichtet, im „englischen Stil“, selbstverständlich genauso kostbar und luxuriös dekoriert wie die anderen Räumlichkeiten. Auch Badezimmer gab es, mit Marmor verkleidet und mit zwei Wannen ausgestattet. In einer Badewanne wusch man sich, in der anderen spülte man sich ab.

Die großen Appartements standen allen offen, in die kleinen Eingang zu finden, war schon viel schwieriger. Es galt als eine seltene und begehrte Gunst, zu den Soupers, die dort nach der Jagd stattfanden, geladen zu sein. Die Nichteingeladenen reagierten eifersüchtig oder verärgert und schmähten die „petits appartements“ als „Rattenlöcher“.

Diese Räumlichkeiten, Zimmer mit niedrigen Decken und hübschen Fayence-Öfen, waren als Ort der Zuflucht gedacht, wohin sich Ludwig XV. und später sein Enkel Ludwig XVI. von Zeit zu Zeit zurückziehen konnten, um hier das „bürgerliche“ Leben zu führen, das ihrem Wesen entsprach. Sie besaßen weder die Energie noch die physische und psychische Widerstandskraft ihres Vorfahren – sich den ganzen Tag in der Öffentlichkeit zu bewegen, war ihnen unerträglich.

Ludwig XV., ein großer Feinschmecker, liebte es, hier Gebäck und Schokolade selbst herzustellen oder Liköre zu destillieren, aber er verfügte auch über eine Bibliothek von 5 000 Bänden, in die er sich oft zurückzog, über ein Kabinett der Mechanik und Physik und einen Arbeitsraum mit Maschinen und Werkzeugen, wo er sich handwerklich betätigen konnte.[20]

Auch das pompöse und zugige Schlafgemach, in dem sein Urgroßvater noch die Nächte verbracht hatte, vertauschte Ludwig XV. mit einem kleineren und bequemeren. Nur zu den offiziellen „Levers" und „Couchers" legte er sich in sein Prunkbett, damit der allmächtigen Etikette, an die er trotz allem nicht zu rühren wagte, Genüge getan werde. Ein ungemein komplizierter Katalog von Rangordnungen und Verhaltensregeln mußte beobachtet und eingehalten werden und bewirkte endlose, langweilige und oft erbitterte Auseinandersetzungen, die der König zu schlichten hatte; umstrittene Punkte wurden oft monatelang erörtert, und manche Debatten fanden überhaupt nie ein Ende.[21]

Nach dem Lever – er war zumeist schon lange vorher aufgestanden und hatte in seinem Kabinett gearbeitet – nahm der König das Frühstück in der Öffentlichkeit ein, etwas Paté und Früchte, wobei er allein an einem Tisch saß, während die Leute ihn bestaunten. Dann besuchte er die Messe, traf sich mit seinen Ministern und nahm an der Ratssitzung teil. Fand keine Ratssitzung statt, zog er sich zurück und arbeitete für den Rest des Vormittags in seinem Kabinett. Manchmal gab es besondere Zeremonien, Vorstellungen, Vereidigungen oder Empfänge. Gegen ein Uhr nahm der König sein Diner ein (wieder öffentlich) und aß gewöhnlich etwas Suppe, Braten, wenig Gemüse und Salat, zum Nachtisch Früchte und Gebäck. Zwischen zwei und sechs Uhr nachmittag ritt er auf die Jagd, was ihm die ersehnte Bewegung in frischer Luft verschaffte. Anschließend wieder Hofleben: montags und samstags Konzert, mittwochs und donnerstags Schauspiel, freitags und sonntags Kartenspiel.

Dann erst kam der krönende Höhepunkt des Tages: Waren alle „offiziellen" Tätigkeiten und Zeremonien beendet, verschwand der König in seinen Privatgemächern. Nun war Zeit für das Souper, für Konversation und Unterhaltung mit wenigen, ausgewählten Personen; nun konnte er sich ausruhen, entspannen, ein Mensch sein.

Es verwundert nicht, daß der König so oft wie nur irgend möglich aus Versailles floh, um dem Zwang der Etikette und dem Leben in der Öffentlichkeit zu entgehen. Etwa nach Marly, wo prachtvolle Gärten mit Fontänen und Wasserbekken, Kanälen und Skulpturen zwölf kleine Pavillons umgaben, die gerade genug Platz boten für den König und seine engsten Freunde. Auch La Muette und Choisy waren kleine und intime Jagdschlößchen, die sich hervorragend für den Lieblingssport des Königs eigneten und ihm die Privatsphäre boten, die er schätzte, fern von ständig gaffenden Zuschauern.[22]

Anders als ihr Vater, von dem sie zwar die Intelligenz, aber weder die Schüchternheit noch die depressive Veranlagung geerbt hatte, genoß es Babet, nach den Jahren der spanischen Verbannung wieder in den Glanz von „ce pays-ci" zurückgekehrt zu sein. Es war auch etwas anderes, als Lieblingstochter des in ihren Augen natürlich ersten Souveräns der Christenheit königliche Ehren zu genießen, als von einer herrschsüchtigen und intriganten Schwiegermutter herumkommandiert zu werden. Auch der König freute sich, seine „Madame première" wieder in der Nähe zu haben, und ließ ihr die gleichen Ehren erweisen wie seiner Gemahlin, was sogar die gutmütige Königin ein wenig verdroß. Selbst Madame de Pompadour fühlte sich zeitweilig vernachlässigt und klagte, daß man den König kaum zu Gesicht bekomme.[23]

Don Philipp in Parma mußte sich bis auf weiteres mit schriftlichen Nachrichten begnügen, die ihm über Gattin und Töchterchen zugingen.

„Ihre Tochter ist charmant", schrieb König Ludwig an seinen Schwiegersohn, „und man versichert mir, daß sie Ihnen ähnlich ist. Was ihre Mutter betrifft, so hat sie sehr gewonnen . . . Ich habe den Eindruck, daß sie Sie liebt und sich nach Ihnen sehnt. Ich habe sie nicht ein bißchen verändert gefunden, wenn auch etwas fülliger und gebräunter. Sie befaßt sich in vollendeter Weise mit Ihren Angelegenheiten, was mein Bedauern nicht verringert, einen so liebenswürdigen Schwiegersohn nicht persönlich zu kennen . . ."[24]

Das Befassen mit den Angelegenheiten ihres Gatten, die ja auch die ihren waren, wurde in der Tat Hauptbeschäftigung Louise-Elisabeths. Sie stürzte sich mit Feuereifer in die Arbeit, führte Korrespondenzen und hielt Konferenzen ab, beriet sich mit dem König und dessen Außenminister Puysieulx und fiel ihrer Umgebung mit ihrer Betriebsamkeit bald gehörig auf die Nerven. Welchen Zielen galten nun die Aktivitäten der Herzogin von Parma? Zuerst einmal einer Pension, und zwar einer doppelten, von Frankreich und von Spanien, um ihre triste Finanzlage zu verbessern. Weiters einer besseren Etablierung für sich und ihren Gatten; die Berichte aus Parma klangen wirklich nicht sehr vielversprechend. Und schließlich mußte auch nach einer guten Heirat für Isabella Ausschau gehalten werden: Das Töchterchen war zwar gerade erst sieben Jahre alt geworden, doch man konnte nicht früh genug daran denken. War nicht sie selbst schon mit zwölf verheiratet worden?

Das Archiv des französischen Außenamts bewahrt zahlreiche Unterlagen über die Tätigkeiten Louise-Elisabeths, Konzepte und Kopien von Memoranden und Denkschriften, abgefaßt in ihrem eigenen oder in Don Philipps Namen oder in dem von Außenminister Puysieulx. „Die Herzogtümer von Parma, Piacenza und Guastalla“, schrieb sie an Ferdinand VI. von Spanien, „sind eine ziemlich dürftige Angelegenheit, verglichen mit dem Rang der Fürsten, die sie besitzen werden; sie werden dort nur anständig leben, wenn sie ihren Einkünften eine Unterstützung aus Spanien hinzufügen können ...“[25]

Louise-Elisabeth sprach also ganz unumwunden aus, daß ihr die Herzogtümer als zu minder erschienen, und sie versäumte auch nicht, in ihrem Memoire auf den wüsten Zustand anzuspielen, in dem der Bruder ihres Gatten, nunmehr König von Neapel, die Paläste in Parma und Colorno zurückgelassen hatte, nachdem sein kurzes Gastspiel dort beendet war.

Ferdinand VI. machte sich nicht die Mühe, auf die Appelle Louise-Elisabeths zu antworten, die ihren Aufenthalt in Versailles Woche um Woche, Monat um Monat verlängerte, in der vergeblichen Hoffnung, doch noch Nachricht aus Spanien zu erhalten.[26]

Ob und in welcher Weise sich Louise-Elisabeth in dieser Zeit ihrem Töchterchen widmete, wissen wir nicht, wie ja überhaupt aus Isabellas Kindheit und Jugend nur spärliche Unterlagen erhalten sind. Sie selbst hat sich in einer später verfaßten autobiographischen Skizze als rechten Wildfang geschildert, aufgeweckt und lebhaft, immer neue Spiele ersinnend, um sich die Zeit zu vertreiben. Es machte ihr Spaß, zu springen, zu klettern und Lärm zu schlagen, nichts war vor ihr sicher, auch die kostbarsten Möbel und Verzierungen nicht, in ihrer Ausgelassenheit zerbrach und zerschlug sie alles, was ihr in die Finger kam. Kaum konnte sie sprechen, führte sie auch in Gesellschaft das große Wort und plapperte lustig drauflos. Als sie beim Eintritt in ein Gemach einmal der Länge nach hinfiel, war sie weit davon entfernt, zu schreien oder zu jammern, im Gegenteil: Sie rappelte sich auf und trällerte ein Liedchen, das weniger Heiterkeit als Befremden erregte, denn es kam in ihm immerhin ein Wort wie „Hinterbacken" vor.

Als sie eines Tages bei der Toilette einer Dame zugegen war, die sich mit ihrer Frisur beschäftigte, sprang sie auf einen Sessel und „spielte Manège", so als ob sie in der gepolsterten Lehne das Hinterteil eines Pferdes vor sich hätte.

Ihre Gouvernanten und Instruktoren dürften kein leichtes Leben gehabt haben; einen ihrer Lehrer, der sie durch Grimassenschneiden einschüchtern wollte, imitierte sie nur und verunsicherte ihn durch unangenehme Wahrheiten, die sie ihm unverblümt ins Gesicht sagte. Sie konnte keinen Erd- oder Kohlenhaufen sehen, ohne ihn zu überspringen, sie jagte Schmetterlingen nach, setzte ihr Zimmer unter Wasser, wollte Krieg spielen, schreiben, singen, tanzen, ein Pferd konstruieren, das man mittels einer Schnur in Bewegung setzen konnte, nichts war ihr zu schwierig, am liebsten hätte sie auf dem Seil getanzt![27]

Diese temperamentvolle Veranlagung zeigte sich schon in Spanien, und Isabella merkt an, daß sie in einem Land, wo Ernst und Etikette, Hochmut und Trägheit regierten, auf die Dauer wohl Schwierigkeiten gehabt hätte. In Frankreich hingegen, dem für Anmut und Frohsinn geschaffenen Land, habe man sie angebetet und wie ein Geschenk Gottes empfangen.[28]

Diese Äußerungen lassen darauf schließen, daß sich Isabella in Versailles wohlfühlte, und gewiß wußte sie schon damals ihre Umgebung zu bezaubern. Auch von den Großeltern, der mütterlichen und gütigen Marie Leszczyńska und dem schönen und liebenswürdigen Großpapa Ludwig, hat sie gewiß mehr echte Zuneigung erfahren, als sie von Spanien her gewöhnt war.

Inwieweit sie am Hofleben teilhatte und wieviel von den Vorgängen sie aufnahm und begriff, ist nicht bekannt, auch wissen wir nichts über ihren persönlichen Tagesablauf, ihren Umgang, ihre Interessen und Beschäftigungen. Bemerkte sie, daß die Sitten am Hof teilweise recht locker waren, wußte sie, daß ihr Großpapa am selben Hof mit einer Frau zusammenlebte, die nicht ihre Großmama war? Hatten die in Versailles gemachten Erfahrungen und Beobachtungen Einfluß auf ihre Einstellung zur Männerwelt, wie sie sie später in einem Aufsatz niederlegte? Leider alles Fragen, die ohne Antwort bleiben.

Ihre Mutter, die Herzogin von Parma, die es so gar nicht in ihr Herzogtum zog, nahm am Hofleben durchaus teil, ebenso an diversen „voyages" nach den Schlössern und Jagdpavillons. Auch dem Spiel war sie nicht abgeneigt, dessen Einsätze oft schwindelnde Höhen erreichten. Der Marquis d'Argenson berichtet in seinem Journal, daß sich der Duc de Soubise und der Duc de Luxembourg eines Abends in Marly geradezu ruinierten, während der König hoch gewann und auch Madame la Duchesse am Schluß 2 000 Louisdor für sich buchen konnte. „Voilà, damit kann sie ihr Haus in Parma möblieren", ätzte die Hofgesellschaft.[29]

In Parma standen die Dinge nicht zum besten, wie man hörte; nicht nur die Paläste waren ausgeräumt, auch der Zustand von Staat und Finanzen schien ein deplorabler zu sein. Mitten in all dem Chaos führte Don Philipp das Leben eines indolenten Müßiggängers und vertrödelte seine Tage mit Toilettefragen, Musik und Pharao. Auf die Anfrage aus Versailles, ob Beratungen mit Ministern stattfänden, antwortete der französische Botschafter etwas maliziös, in einem so umfangreichen Tagesprogramm fände sich kein Raum für Konferenzen oder Besprechungen. Der Marquis d'Argenson notierte nicht minder boshaft, der König wisse genau, daß sein Schwiegersohn ein „mauvais sujet" und bar jeglicher Fähigkeiten sei; Madames Aufenthalt in Versailles, diesem schönen und grandiosen Hof, werde sie an dem kleinen nur noch unglücklicher sein lassen ...[30]

Madames Abreise nach Parma ließ sich nun wirklich nicht

länger hinausschieben, auch hoffte man, sie würde, energisch, wie sie war, manches wieder ins Lot bringen, was Don Philipp durch seinen Mangel an Erfahrung und Autorität verdorben hatte.[31]

Am Ende des Jahres, das sie fast zur Gänze in Versailles verbracht hatten, machten sich also die Herzogin von Parma und ihr Töchterchen auf den langen und beschwerlichen Weg in ihre neue Heimat, die Herzogtümer von Parma, Piacenza und Guastalla.

Ce trou de Parme

Am 6. Oktober 1749 setzte sich die Wagenkolonne der Herzogin von Parma von Fontainebleau aus in Bewegung, Berge von Gepäck und ein zahlreiches Gefolge füllten nicht weniger als 34 Karossen. Am 13. Oktober traf der Zug in Lyon ein, am 28. erreichte er Antibes, wo das schlechte Wetter die geplante Einschiffung unmöglich machte. Am 1. November trat eine Wetterbesserung ein, so daß Segel gesetzt werden konnten, aber schon am Nachmittag zwang ein Sturm die vier Galeeren, in Monaco Schutz zu suchen. Als die Überfahrt von Monaco nach Genua sich weiterhin schwierig gestaltete, rief der Kommandant des Flaggschiffs „La Reine“ verzweifelt aus, dies sei wahrlich nicht die Jahreszeit, um Prinzessinnen von solchem Rang übers Meer zu schicken. Als nach zwei Wochen Genua endlich in Sicht kam, wurde der Sturm wieder so stark, daß eine Landung unmöglich war. Die Reisenden mußten noch einen vollen Tag in ihren auf den Wogen tanzenden Gefängnissen aushalten, bis sie an Land gehen konnten.[1]

Der Empfang war allerdings prächtig. Die Abgesandten aus den Herzogtümern Parma, Piacenza und Guastalla, die Gesandten Frankreichs und Spaniens und eine riesige Volksmenge geleiteten Louise-Elisabeth und Isabella zum Palazzo Doria. Dort hatte sich die Blüte des genuesischen Adels zum Willkomm versammelt, Damen und Herren aus den Familien der Durazzo und Spinola, der Grimaldi, der Fiesco und der Pallavicini. Eine Kette von Festlichkeiten schloß sich an, Bälle und Diners, Komödien und Konzerte wechselten in bunter Folge. Eine Woche lang feierte die Republik Genua die Tochter Ludwigs XV., dessen Schiffe ihr 1746 in bedrängter Lage zu Hilfe geeilt waren.[2]

Auch die Weiterreise konnte nicht programmgemäß stattfinden, diesmal wegen anhaltender Regengüsse und Überschwemmungen, die die Straßen unpassierbar machten. Am 13. November brach man dann endlich auf, in der ersten Karosse der Conte Sanvitale, Ehrenkavalier der Herzogin, in der zweiten die Herzogin selbst mit ihrer Obersthofmeisterin, der Marquesa de Leyde, in der dritten Isabella und ihre Gouvernante, die Marquesa de Gonzalès. Jede der Karossen wurde von acht Pferden gezogen, Garden ritten voran, und Garden bildeten den Beschluß. Wetter und Straßenzustand verhinderten ein rasches Weiterkommen, erst am 16. erreichte der Zug Voghera und am 17. Broni, wo die Reisenden eine Überraschung erwartete: Don Philipp war inkognito angereist, um Gemahlin und Töchterchen persönlich in die Residenz nach Parma zu geleiten.[3]

Leider gibt es keine Berichte über das Wiedersehen und die persönlichen Gefühle der so lange getrennten Familienmitglieder. Am wenigsten hatte sich wohl Don Philipp verändert, während seine Gemahlin, wie gesagt, überaus stattlich geworden war, und sein Töchterchen, das er als Kleinkind in Spanien zurückgelassen hatte, zu einer bezaubernden kleinen Dame von fast acht Jahren herangewachsen war.

Louise-Elisabeth hat sich für die Geschichte ihres Herzogtums, das sie nur verächtlich „ce trou“ (dieses Loch)[4] nannte, wohl kaum interessiert; wir wollen uns aber doch ein wenig mit ihr befassen.

Seit 183 v. Chr. römische Kolonie an der Via Aemilia, die von Rimini nach Piacenza führte, erlebte Parma als Julia Augusta in der Kaiserzeit eine erste Blüte; die großen römischen Schriftsteller Cicero, Livius und Plinius rühmten die Bürger Parmas als die anständigsten und treuesten von ganz Italien. Nach den Wirren der Verfalls- und Völkerwanderungszeit brachte die Herrschaft Theoderichs und dann Byzanz' im 5. und im 6. Jahrhundert wieder bessere Zeiten. Ständige innere und äußere Kämpfe folgten, auch Versuche, selbständig zu regieren, immer wieder bedroht von Geschlechterkämpfen und dem Eingreifen fremder Tyrannen. 1247 fiel die traditionell ghibellinische Stadt von Kaiser Friedrich II. ab, der sie belagerte und vor ihren Mauern schwer geschlagen wurde. 1335 fand die Republik Parma ihr endgültiges Ende, geriet unter die Herrschaft der Visconti und der Sforza und kam 1512 zum Kirchenstaat.

Im Konsistorium vom 19. August 1545 proklamierte Papst Paul III. Farnese den Gonfaloniere della Chiesa (Bannerherr der Kirche), seinen Sohn Pier Luigi, zum Herzog von Parma und Piacenza, nicht gerade zur Freude der örtlichen Feudalherren, denen nach einem halben Jahrhundert der bequemen Anarchie und eines laxen Kirchenregimes nun ein Bastard des Papstes als Fürst oktroyiert wurde, der sich noch dazu als ehrgeizig und energisch erwies. Pier Luigi errichtete eine straffe Administration in Piacenza, begann mit dem Bau einer Zitadelle, um sich gegen Kaiser Karl V. zu wappnen, und sagte den privilegierten und gewalttätigen Feudalherren den Kampf an. Als er versuchte, auch in der hohen Politik mitzumischen, geriet er zwischen die Fronten und fiel einer Verschwörung zum Opfer. Eine Gruppe von Adeligen bemächtigte sich des Herzogs in seiner eigenen Festung, ermordete ihn und stürzte den von Dolchstichen durchbohrten Körper von einem Balkon, wo er mitten unter die erschreckt auseinanderstiebende Volksmenge fiel.

Pier Luigis Sohn Ottavio hatte hart zu kämpfen, bis er die Nachfolge seines Vaters antreten konnte, und erwies sich schließlich als kluger und besonnener Regent, der die Mörder seines Vaters amnestierte und seinen Ländern durch gute Gesetze und Verminderung der Lasten eine Zeit der ruhigen Entwicklung verschaffte. Kaiser Karl V. gab ihm seine Tochter Margarete zur Frau, die ihm die Niederländerin Johanna van der Gheenst geboren hatte und die als „Margherita d'Austria" bis heute in Italien populär ist.

1559 übertrug Philipp II. von Spanien seiner Halbschwester die Regentschaft in den aufrührerischen Niederlanden, wo später ihr Sohn, Alessandro Farnese, zum großen Gegenspieler Wilhelms von Oranien wurde. Nach dem Tod Ottavios (1585) besuchte er die Herzogtümer nur kurz und übertrug die Regentschaft seinem Sohn Ranuccio.

Auch Ranuccio wurde mit einer Adelsverschwörung konfrontiert, doch diesmal blieb der Herzog Sieger. Sieben Köpfe fielen auf dem Platz vor dem Palazzo del Comune unter dem Beil des Henkers, voran der der schönen Barbara Simonetta, Herrin von Colorno, die einst Tasso und Guarino besungen hatten. Ob die Anklage zu Recht bestand, ist nie endgültig geklärt worden. Als Herzog entfaltete Ranuccio eine weitge-

Der Palazzo della Pilotta in Parma.
Lavierter Stich, erste Hälfte 19. Jahrhundert.

spannte und segensreiche Tätigkeit. In den „Costituzioni" fixierte er die Struktur des Staates, stattete die Universität mit weitreichenden Privilegien aus und begründete das „Collegio dei Nobili", eine Ritterakademie zur Erziehung junger Adeliger in humanistischem Geist. Er setzte die Bautätigkeit seiner Großeltern Ottavio und Margherita fort, die mit der Errichtung des Palazzo Farnese in Piacenza und des Palazzo Giardino in Parma begonnen hatten, und ließ den Palazzo della Pilotta mit seinem „Theatrum orbis miraculum", dem Teatro Farnese, in Parma und nahe den wildreichen Auen des Po den Sommerpalast von Colorno erstehen.

1620 beschloß die Stadtregierung von Piacenza, auf der Piazza del Comune zwei Reiterstatuen zu errichten, die des Alessandro und die des Ranuccio Farnese, des großen Kriegsmanns und des großen Bauherrn und Förderers der Künste und Wissenschaften. Sie können heute noch dort bewundert werden.

Auf Ranuccio folgte sein erst zehnjähriger Sohn Odoardo, für den zuerst sein Onkel, der Kardinal Odoardo Farnese, und

Der Palazzo del Giardino.
Lavierter Stich, erste Hälfte 19. Jahrhundert.

dann seine Mutter Margherita Aldobrandini die Regentschaft führten. Im Jahr seiner Großjährigkeit (1628) heiratete er Margherita de Medici, Tochter Cosimos II.; aus diesem Anlaß wurde das Teatro Farnese mit einem prachtvollen Turnier eröffnet, zu dem Monteverdi die Musik beisteuerte.

Mit Odoardo, einem fettleibigen, wirren Schwärmer, der seinem Großvater Alessandro nacheifern wollte, ohne die geringsten Voraussetzungen dafür zu besitzen, begann der Stern der Farnese zu sinken. Wie sein Ahne Pier Luigi versuchte Odoardo hohe Politik zu machen und geriet zwischen die Mühlsteine der Mächtigen. Sein Sohn Ranuccio II. hielt auf strikte Neutralität, was aber seine Länder nicht davor bewahrte, immer wieder von fremden Truppen durchquert und geplündert zu werden. Er begründete in Parma und Piacenza die öffentlichen Archive, förderte die Universität und das Collegio dei Nobili und berief die besten Musiker, Sänger und Tänzer an seinen Hof. Entsprechend glanzvoll gestaltete er die Hochzeitsfeierlichkeiten für seinen ältesten Sohn Odoardo mit der deutschen Prinzessin Dorothea-Sophie von

Pfalz-Neuburg. Im Teatro Farnese fand ein „Dramma fantastico-musicale“ statt und auf dem Fischteich im Park des Gartenschlosses das grandiose Seekampfspiel „Le glorie d’amore“.

Ranuccios Nachfolger, sein zweiter Sohn Francesco Maria, suchte die politische Neutralität aufrechtzuerhalten, doch auch ihm nützte das wenig, als kaiserliche und französische Heere im Zuge des Spanischen Erbfolgekriegs Italien wieder zum Kriegsschauplatz erkoren. Der einzige greifbare Erfolg seiner Regierungszeit war die von Kardinal Alberoni eingefädelte Heirat seiner Nichte Elisabetta (Isabella) mit dem verwitweten Philipp V. von Spanien.

Als Francesco Maria 1727 kinderlos starb, folgte ihm sein unvermählter Bruder Antonio, den man nun zu einer späten Heirat mit Enrichetta d’Este drängte. Antonio, grotesk fettleibig wie schon sein Vater und sein Großvater, starb bereits nach vier Jahren stilgerecht nach einem pantagruelischen Bankett und nahm die Illusion mit ins Grab, mit seiner jungen Gattin noch einen Erben gezeugt zu haben. Diesem Erben hatte er seine Länder testamentarisch vermacht und in weiterer Folge, sollte kein Erbe geboren werden, seiner Nichte Isabella, Königin von Spanien.

Drei Tage nach Antonios Tod erschien aus Mailand ein Abgesandter des kaiserlichen Bevollmächtigten für Italien, Carlo Borromeo, um die Herzogtümer in Besitz zu nehmen. Der Consiglio generale von Parma, vereidigt auf die Herzoginwitwe und den zu erwartenden Erben, protestierte, der Papst mischte sich ein, ohne viel auszurichten, aber die brennendste Frage war nach wie vor unbeantwortet: Erwartete Enrichetta nun ein Kind oder nicht? Fünf Hebammen bestätigten nach angeblich eingehender Untersuchung die Schwangerschaft, aber bald mußte man einsehen, daß man einer Wunschvorstellung aufgesessen war. Der vom Hofdichter Frugoni bereits voreilig besungene Erbe war nicht unterwegs. Nun schlug die Stunde des erst 17jährigen Don Carlos, des älteren Sohns der Isabella Farnese. Im Dezember 1731 landete er in Livorno und hielt sich, geschmückt mit dem Titel „Gran principe ereditario“, vorerst in der Toskana auf, deren Großherzog Gian-Gastone, der letzte Medici, auch ohne Erben war. Im Oktober 1732 zog Don Carlos in Parma ein, wo er verkündete, er werde die Regierung nun selbst in die Hand nehmen. Inzwischen war der Polnische Erbfolgekrieg zwischen Spanien und Frankreich auf der einen, Kaiser Karl VI. und Rußland auf der anderen Seite ausgebrochen. Isabella Farnese witterte die Chance zur Rückeroberung des Königreichs Neapel-Sizilien, das mit den anderen spanischen Nebenländern nach dem Spanischen Erbfolgekrieg an Karl VI. gefallen war, und schickte Truppen nach Italien. Don Carlos, sofort bereit, von Parma auf den wesentlich attraktiveren Thron von Neapel zu übersiedeln, setzte sich an ihre Spitze und versäumte nicht, bei diesem „Umzug" Parma seiner schönsten Kunstschätze zu berauben. Er ließ zahlreiche Meisterwerke der Antike, 400 Gemälde, die Medaillensammlung, das Naturalienkabinett, Bibliothek und Archiv der Farnese, die schönsten Möbel aus den Palästen und sogar eine marmorne Treppe nach Neapel schaffen, als ob es sich um seinen Privatbesitz handelte.

Es würde zu weit führen, auf die weiteren Kriegsereignisse und diplomatischen Verwicklungen einzugehen, in denen auch die Bemühungen Karls VI. um Anerkennung der Pragmatischen Sanktion eine Rolle spielten. Im Wiener Präliminarfrieden vom 3. Oktober 1735 wurde Don Carlos jedenfalls als König von Neapel und Sizilien bestätigt und Parma und Piacenza im Austausch dagegen dem Herzogtum Mailand und somit den österreichischen Erbländern angeschlossen. Fünf Jahre später brach nach dem Tod Karls VI. der Österreichische Erbfolgekrieg aus, und es traten die Ereignisse ein, die Don Philipp in den Besitz der Herzogtümer Parma und Piacenza setzten.[5]

Wie präsentierte sich nun „ce trou de Parme" seiner neuen Herzogin? Im Vergleich zu Paris war es natürlich ein enges Städtchen, mauerumgeben und türmebewehrt, durchflossen vom Parma, der sich mit der Seine in keiner Weise messen konnte und nur in den regenreicheren Monaten etwas mehr Wasser führte. Im Sommer glich er damals wie heute einem verschilften, von Sandbänken durchsetzten Sumpf, durch den sich ein dünnes Rinnsal schlängelte, ein Paradies für Vögel und Ungeziefer.

Mit seinem Dom und Baptisterium aus romanischer Zeit besaß Parma jedoch zwei Baujuwele von höchster Qualität, von denen der Dom im 16. und 17. Jahrhundert eine reiche Innenausstattung erhielt, deren Höhepunkt die rauschende

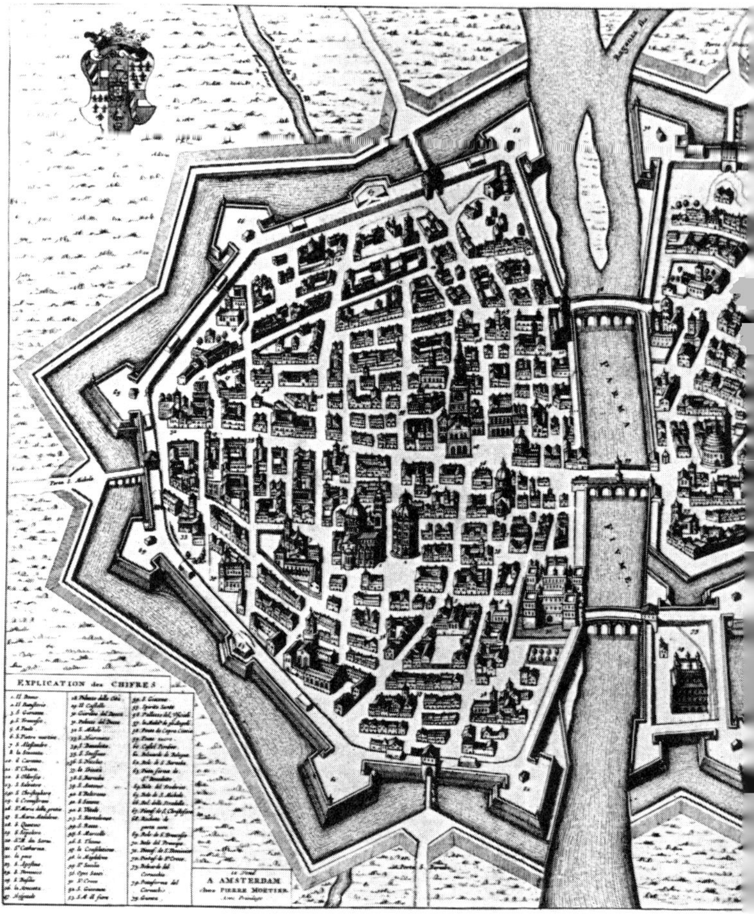

Festlichkeit der wirbelnden und sich illusionistisch bis in die Unendlichkeit des Himmels emporhebenden Darstellung der Himmelfahrt Mariä durch Correggio ist.[6]

Der Palazzo Ducale am Westufer des Parma, nach einem spanischen Ballspiel auch Palazzo della Pilotta genannt, ein riesiger, düsterer, aus schmucklosen Backsteinen errichteter Bau, konnte Louise-Elisabeth nach dem strahlenden Schloß des Sonnenkönigs nur wie ein Gefängnis erscheinen, und der am Ostufer gelegene Palazzo del Giardino trotz seiner elegant gegliederten Fassade und den grandiosen Fresken von Agostino Carracci höchstens wie ein bescheidenes Gartenhaus.[7]

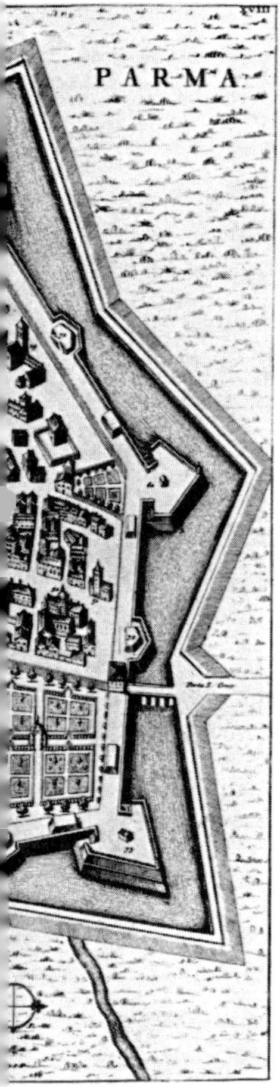

Plan von Parma. Kupferstich, um 1700.

Der imposanteste Bau der Farnesezeit stand jedoch nicht in der Stadt, sondern in Colorno, etwa 15 Kilometer nördlich an der Straße nach Casalmaggiore und Brescia nahe den wildreichen Auen des Po als Jagd- und Sommerschloß erbaut. Die viereckige, von vier Türmen bekrönte Anlage umschloß einen geräumigen Innenhof, die Begrenzung bildeten der Platz vor dem Hauptportal, der Parma-Fluß und der weitläufige Park, zu dem eine prächtige Treppe hinabführte.

Dem heutigen Besucher präsentiert sich der Palast, einst stolz das „Farnesische Versailles" genannt, in kläglich heruntergekommenem Zustand: Auf einer Wanderung durch die leeren Räume der „Bel étage“ erinnern nur noch die Wandmalereien aus farnesischer und bourbonischer Zeit und Reste ehemals prunkvoller Tapeten an den einstigen Glanz. Einzig der unmittelbar vor der Gartentreppe gelegene „Thronsaal“ mit seiner reichen, gut erhaltenen Stuckdekoration und den in die Wand eingelassenen Gemälden läßt die vergangene Pracht erahnen. Vom Park ist überhaupt nur eine schlecht gepflegte, von Bäumen gesäumte Wiese übriggelieben, auf der die kommunistische „Unità“ jährlich ihr Sommerfest feiert. In einem abgezäunten Teil dürfen die Insassinnen eines im Schloß untergebrachten Asyls für Geisteskranke ein wenig Luft schöpfen und spazierengehen.

Louise-Elisabeth wählte Colorno zu ihrem Lieblingssitz und beschäftigte bald ganze Heere von Handwerkern und Künstlern, von Bildhauern und Ebonisten, von Tapezierern und Gärtnern, um dem Palast ein französisches Gepräge zu geben.[8]

Auch gekocht wurde natürlich französisch, und sämtliche Toiletten, Perücken und modischen Accessoires wurden aus Paris bezogen, ebenso Bücher und Musikalien, Papiere und Malutensilien, Pflanzen und Samen, Pomade und Rouge, Weine, Biere und Konfitüren. Das Herzogspaar hatte einen eigenen Geschäftsträger in Paris, den kultivierten Literaten und Bankier Claude Bonnet, der ständig damit befaßt war, die aus Parma einlangenden Wünsche entgegenzunehmen und nach Tunlichkeit zu erfüllen.[9]

Dieser Aufwand mußte den zur Verfügung stehenden Etat natürlich überfordern, und immer wieder waren Briefe nach Versailles unterwegs, in denen Louise-Elisabeth ihren Vater um Geld bat. Ludwig XV. schickte jährlich große Summen, aber es war nie genug, und er soll sich gelegentlich seufzend gefragt haben, ob es nicht billiger wäre, die Tochter nach Frankreich zurückzurufen und dort für ihren Lebensunterhalt zu sorgen.[10]

Daß am Hof zu Parma nun Französisch gesprochen wurde, versteht sich von selbst, gar nicht zur Freude der Italiener, die diese ganze Französisierungskampagne mit Mißfallen betrachteten. Sie fühlten sich mit Recht übergangen und zurückgedrängt, was Eifersüchteleien und Intrigen zur Folge hatte.[11]

Auch zur Führung der Regierungsgeschäfte wurde ein Franzose bestellt, allerdings ein außerordentlich fähiger, gebil-

Portal des Doms in Parma.

deter und integerer Mann: Guillaume du Tillot, der am spanischen Hof als Kammerdiener Don Philipps begonnen hatte und durch Intelligenz und Takt zum Sekretär und Berater Louise-Elisabeths aufgerückt war. In Parma brachte er es nach und nach zum Generalintendanten des herzoglichen Hauses, zum Finanzminister und schließlich zum Staatsminister. Er stellt den seltenen Fall eines Aufsteigers dar, der seine Stellung niemals zu persönlicher Bereicherung mißbrauchte und das in ihn gesetzte Vertrauen voll und ganz rechtfertigte. Das Herzogspaar hätte keinen besseren Mann mit der Leitung des Staatswesens betrauen können. Du Tillot erkannte, daß der kleine Staat nach den Jahren der Kriegswirren und der Unruhe „neues Recht, neues Blut, neue Gebieter und neue Gesetze"[12] benötigte und erstellte ein rigoroses Reformprogramm, das mit der allgemeinen Faulheit und Indolenz aufräumen, den Staat sanieren und der wirtschaftlichen Prosperität zuführen sollte. Du Tillots segensreiches Wirken dauerte insgesamt 17 Jahre, und es gelang ihm, Parma zu einem aufgeklärten Musterstaat zu machen, wie später dem Sohn Maria Theresias, Leopold, das Großherzogtum Toskana. Die Aufgeschlossenheit den schönen Künsten gegenüber trug Parma sogar den Ehrentitel „Athen Italiens“ ein.[13]

Die Staatsregierung war also bei Guillaume du Tillot in den besten Händen, während der herzogliche Haushalt von der Obersthofmeisterin, Marquesa de Leyde, geleitet wurde. Die Oberaufsicht über die Erziehung der Prinzessin Isabella führte ebenfalls eine spanische Dame, die Marquesa de Gonzalès. Louise-Elisabeth konnte beide nicht leiden und nannte die eine „la prêtraille“, das Pfaffengesicht, und die andere „la rabâcheuse“, die Schwätzerin. In der Gonzalès vermutete sie nicht zu Unrecht eine Spionin des Madrider Hofes; die Marquesa arbeitete tatsächlich als Informantin, ihre erhaltenen Briefe an den spanischen Minister Don Ricardo Wall enthalten jedoch ausschließlich Belangloses.[14]

Im Jahr 1751 genügte Louise-Elisabeth ihrer dynastischen Pflicht und gebar am 20. Januar den Thronfolger, Don Ferdinand, und am 9. Dezember desselben Jahres eine zweite Tochter, Marie-Louise (Louison). Danach fühlte sie sich frei und richtete ihr ganzes Sinnen und Trachten darauf, das für ihren Geschmack tödlich langweilige Parma so bald wie möglich in Richtung Versailles zu verlassen.

Von dort kamen trübe Nachrichten: Anne-Henriette („Madame Deuxième“), ihre Zwillingsschwester, war gestorben. Die Herzogin wollte den traurigen Anlaß benützen, um ihre Familie wiederzusehen, und bestürmte ihren Vater, die Reise zu gestatten. Ludwig XV. antwortete ausweichend, sprach von dem kaum besänftigten Kummer, den ein solcher Besuch wieder beleben würde, und versuchte, seine Tochter auf das folgende Jahr zu vertrösten. Das nächste Schreiben Louise-Elisabeths aber war so herzbewegend, daß er nachgab. Die Reise wurde für August 1752 fixiert.[15]

Don Philipp begleitete seine Gemahlin ein Stück Weges, die Kinder blieben in Parma zurück. Aus dieser Zeit haben sich einige Briefe der nunmehr bald zwölfjährigen Isabella erhalten, von denen hier zwei zitiert seien. Isabellas damals noch recht heftiger Kampf mit der französischen Orthographie läßt sich in der deutschen Übersetzung leider nicht wiedergeben.

Isabella an Don Philipp, 9. September 1752:

„Papa, ich bin entzückt über die glückliche Landung von Maman, ich wollte, sie wäre schon in Versailles angekommen und noch mehr wieder in Parma. Papa, ich sage Ihnen, daß es meinem Bruder gut geht, auch mit den Zähnen, aber er hat ein bißchen Fußweh. Mein lieber Papa, Ihre sehr gehorsame Tochter."

Isabella an Don Philipp, 14. Oktober 1752:

„Mein sehr lieber Papa, Ich danke Ihnen für die Wachteln, die Sie mir geschickt haben und für das Geschenk von Maman, ich freue mich, daß Sie sich auf der Jagd amüsieren. Wir befinden uns alle wohl zu Ihren Füßen und danken Ihnen für Ihre Freundschaft, von der wir hoffen, daß Sie sie uns alle Tage bewahren."[16]

Die Jagd war Lieblingsbeschäftigung Don Philipps, noch vor dem Theater und vor der Musik, für die er Talent und Geschmack zeigte. Wie alles andere wurde auch das Theater in Parma nach 1750 französisiert, man spielte französische Stücke oder Stücke à la française, aber auch tragische und komische Opern, sowohl im Teatro Ducale in Parma als auch in den kleinen Theatern der Paläste auf dem Land, in Colorno und in Sala. Auch hier wirkte Guillaume du Tillot als Generalintendant und kümmerte sich um die Engagements, die Kostüme und die Dekorationen. Die Hofmusik wurde von italienischen Meistern betreut, zuerst von Duni, später von Traëtta, in der Hofkapelle wirkten gemeinschaftlich Italiener und Franzosen.[17]

Zweck der Reise Louise-Elisabeths war nicht nur das Wiedersehen mit der Familie, sie galt auch der finanziellen Besserstellung der Herzogtümer. Wie schon bei ihrem ersten Besuch in Versailles entwickelte sie eine rastlose Tätigkeit und versäumte auch nicht, ihrem Gatten regelmäßig über Erfolge und Mißerfolge, Hoffnungen und Rückschläge zu berichten.

„Es gibt gute Nachrichten", schrieb sie am 19. März 1753 an Don Philipp, „auch bezüglich Spanien, aber dort geht alles sehr langsam wie üblich, und das macht mich rasend ... Ich sterbe vor Sehnsucht, Dich und unsere Kinder wiederzusehen, aber die Dinge stehen gut ... Es befriedigt mich, wenn ich denke, daß ich Dich und unsere armen Kinder glücklich machen kann ..."[18]

In dieser Zeit wurde ein Heiratsprojekt für Madame Victoire, die 20jährige „Madame Quatrième" geschmiedet, denn man rechnete mit dem baldigen Ableben der Königin Maria Barbara von Spanien, Gattin Ferdinands VI. Sollte der Tod der Königin innerhalb der nächsten zwei Jahre eintreten, würde der König Madame Victoire oder eine andere der Mesdames heiraten, sollte ihr jedoch ein längeres Leben beschieden sein, so dachte man bereits an Louise-Elisabeths Tochter Isabella als mögliche Kandidatin. Es blieb Isabella erspart, ihren Onkel zu heiraten; außerdem lebte Königin Maria Barbara noch fünf Jahre, und als sie starb, war der geistige Zustand ihres Gatten bereits von der Art, daß eine Wiedervermählung nicht mehr in Frage kam.[19]

Als sich Louise-Elisabeth im September 1753 anschickte, wieder nach Parma zurückzukehren, legte sie die Weiterverfolgung ihrer Interessen in die Hände des Maréchal de Noailles, dem es schließlich, nicht zuletzt wegen seiner zahlreichen spanischen Kontakte, zwei Jahre später gelang, eine offizielle Unterstützung des spanischen Hofes für Parma zu erlangen.[20]

„Endlich reiste Madame Infante wieder in die kleinen Staaten ihres Gatten", notierte der Marquis d'Argenson, der keine Gelegenheit versäumte, sich über Louise-Elisabeth zu mokieren. „Es ist zu wünschen, daß sie niemals nach Frankreich zurückkehrt, der Staat leidet in der Tat unter der schlechten Heirat, die sie gemacht hat! Mit ihr geht eine Riesenkarawane von Wagen, vollgestopft mit allen nur erdenklichen Dingen, die ihr der König geschenkt hat ..."[21]

Nach Parma zurückgekehrt, fuhr Louise-Elisabeth fort, Pläne zu schmieden und Projekte ins Auge zu fassen. Auch wenn die finanzielle Lage nicht mehr so trist schien wie zu Beginn – die Herzogtümer waren ihr nach wie vor zu minder. Sie wünschte sich einen Thron für sich und ihren Gemahl – am liebsten natürlich einen Königsthron.

Häufiger Gesprächspartner war ihr dabei der französische Geschäftsträger M. de Crussol, der ständig zur Verfügung stehen mußte; Louise-Elisabeth schickte oft zehnmal am Tag nach ihm, manchmal hatte er kaum Zeit zu dinieren. Ob es nun dieser anstrengende Dienst war oder, wie behauptet wurde, eine unüberwindliche Leidenschaft für die Herzogin – Crussol fiel in geistige Umnachtung und wurde zur Internierung nach Frankreich zurückgebracht.[22]

Einen neuen Gesprächspartner (oder geduldigen Zuhörer) fand die Herzogin nun in dem Abbé de Bernis, der sich als Botschafter Frankreichs in Venedig und in Wien gerade erste diplomatische Sporen verdiente.

François-Joachim de Pierres de Bernis war das, was man einen „Abbé de cour“ nannte. Da der König die freie Verfügungsgewalt über alle Pfründen hatte, konnte er auch einem Laien eine Abtei in commendam übergeben. Dieser Laienabt zog das oft beträchtliche Einkommen einer solchen Abtei ein und bestimmte einen schlechtbezahlten Geistlichen, der als Abt fungierte. Manchmal strebte ein solcher Laienabt auch tatsächlich eine kirchliche Laufbahn an, vor allem wenn er über wenig oder keine Mittel verfügte, wie es bei Bernis der Fall war. Er empfing die niederen Weihen und begab sich nach Paris, wo sich seine Hoffnungen auf Beförderung allerdings zerschlugen. Bald war er für seine geistreiche Konversation und für seine frivolen Verse bekannt, und Voltaire gab ihm den Spitznamen „Babette la bouquetière“ (Babette das Blumenmädchen), wahrlich nicht sehr passend für einen Geistlichen. Wer damals in Paris arm, aber geistreich war, der konnte zumindest jeden Abend auswärts essen und die Gastgeberin damit entschädigen, daß er für angenehme Unterhaltung sorgte. Genau dies tat Bernis mit großem Erfolg, und unter den Damen, die er zum Diner beehrte, war auch Madame d'Etioles, die spätere Marquise de Pompadour, die er wie schon erwähnt auch im Hofzeremoniell unterwies. Bernis wurde Mitglied ihrer engsten Entourage, erhielt auf ihr Bitten vom König eine gut dotierte Pfründe im Kapitel der Kathedrale von Lyon und schließlich, ebenfalls auf Drängen der Favoritin, den Botschafterposten in Venedig. Dort leistete er ausgezeichnete Arbeit, schlichtete Differenzen zwischen Frankreich und der Republik, sammelte kostbare Informationen über die europä-

Herzog Phillip von Parma und seine Familie.
Gemälde von Giuseppe Baldrighi.

ischen Höfe und führte außerdem ein recht galantes Leben.[23] Auch Giacomo Casanova zählte zu seinem Bekanntenkreis, was ihm die zweifelhafte Ehre eintrug, in dessen Memoiren eine Rolle zu spielen. Es war die Zeit der Abenteuer Casanovas mit der schönen Nonne M. M., die (erwiesenermaßen) auch Beziehungen zu Bernis unterhielt, der ein verschwiegenes, mit kostbarem Geschmack eingerichtetes Casino besaß. Er stellte sein Liebesnest M. M. und Casanova zur Verfügung und soll dessen Liebeskünste als verborgener Zuschauer bewundert und genossen haben.[24] Ob Casanovas Schilderungen nun in allen Details stimmen oder nicht, sie werfen doch ein bezeichnendes Licht auf Bernis, der später auch mit der Herzogin von Parma ins Gerede kam. In seinen 1878 edierten Memoiren, deren Herausgeber Frédéric Masson die Casanova-Episode vehement bestreitet, spricht er nur von der „Wertschätzung und dem Vertrauen“, das ihm die Herzogin entgegenbrachte und bis zu ihrem Tod bewahrte.[25]

Es gibt keine Unterlagen über die Gespräche, die Bernis bei seinen Besuchen in Parma mit Louise-Elisabeth führte, sie werden sich wohl um das ewig gleiche Thema einer besseren Versorgung und bald auch um das einer möglichst glänzenden Etablierung von Isabella gedreht haben. Als der Abbé nach Wien und schließlich nach Versailles zurückberufen wurde, wußte er um Louise-Elisabeths Wünsche und Pläne gewiß genauestens Bescheid, und die Entwicklung wird zeigen, daß sie sich keinen besseren Vertreter ihrer Interessen hätte wählen können.

Gab es nun auch so etwas wie ein „Familienleben“ am Hof zu Parma? Waren Don Philipp und Louise-Elisabeth einander zugetan, liebten sie ihre Kinder? Der Marquis d’Argenson (der Louise-Elisabeth allerdings nicht mochte) behauptete, sie hätte für ihren Gatten wenig Liebe empfunden und die „feurigen“ Stellen in ihren Briefen wären nichts als leere Phrasen gewesen, Stellen wie „Adieu mein Leben, mein Herz, meine Liebe, mein lieber Pippo, ich liebe Dich bis zum Wahnsinn ...[26] Was die Kinder betraf, so sagte man, daß sie die Kleinen, vor allem Louison, der großen Tochter vorzog, so sehr, daß der Maréchal de Noailles es für nötig hielt, Don Philipp zu bitten, er möge doch veranlassen, daß die Prinzessin mehr „geschont“ werde. Einem so kostbaren, „zu höchsten Bestimmungen aus-

Isabella von Parma, Mädchenbildnis.
Miniatur eines unbekannten Künstlers.

ersehenen Pfand“ müsse mit weniger Härte und mehr Zärtlichkeit begegnet werden.[27]

Als der Maréchal de Noailles dies schrieb, war Isabella gerade zwölf vorbei und möglicherweise nichts anderes als frühreif und pubertär aufmüpfig, sie selbst schilderte sich ja als ständig zu Streichen aufgelegten Wildfang. Sie mag ihrer Gouvernante manches aufzulösen gegeben haben, und vielleicht fand es die Herzogin manchmal nötig, auf temperamentvolle Art einzugreifen. Isabella hat später einmal erwähnt, ihre Mutter sei ihr mehr Schwester als Mutter gewesen, und keine Klagen über eine zu rigorose Erziehung geäußert.

Die Galleria Nazionale zu Parma im Palazzo della Pilotta besitzt ein Gemälde von Giuseppe Baldrighi, das die herzogliche Familie darstellt, ein typisches Beispiel höfischer Repräsentationsmalerei, farbenprächtig, detailgetreu und glänzend komponiert. Louise-Elisabeth in weißer Seidenrobe, sichtlich eingezwängt in ihre Corsage, Don Philipp in legerer Haltung, geschmückt mit dem Goldenen Vlies und dem französischen Saint-Ésprit-Orden, haben auf einer Sitzbank Platz genommen, die „Kleinen“ spielen im Vordergrund links, Louison hat Ferdinand gerade seinen kleinen Säbel weggenommen und schaut sehr selbstbewußt drein; vom rechten Bildrand her droht, in Schwarz und Gold, die Figur der gestrengen Gouvernante, Madame de Gonzalès. Ihr Blick ist auf Isabella gerichtet, die im Hintergrund rechts zu sehen ist, schlank und anmutig, im höfischen Reifrock mit Spitzen und Silberstickerei. Die Accessoires deuten vor allem auf Isabellas Lieblingsbeschäftigungen: eine Mappe mit Kupferstichen, aus der sie einen entnommen hat, um ihn dem Papa zu zeigen, ein Stoß Bücher, eine Violine. Malerisch arrangierte Instrumente und Musikalien, Blumenvasen, ein Windspiel und ein Papagei komplettieren die Szene. Trotz aller höfischen Glätte läßt sich aus dem Bild ohne Schwierigkeit herauslesen, daß Madame de Gonzalès keine sympathische Person gewesen sein kann, daß Ferdinand von seiner kleinen Schwester dominiert wurde, daß Don Philipp mit sich recht zufrieden war, während sich Louise-Elisabeth sichtlich nicht wohl fühlte. Und Isabella wirkt wie ein Wesen aus einer anderen Welt, so als gehöre sie eigentlich nicht richtig dazu.

Isabellas Beschäftigungen waren in der Tat vielfältig. Neben ihren höfischen Verpflichtungen – sie hatte ihren eigenen Hofstaat und veranstaltete zusammen mit den kleinen Geschwistern Bälle und Unterhaltungen – und dem Unterricht in Religion, Geschichte, Geographie und Sprachen (Französisch, Italienisch, Spanisch und Deutsch!) wurde dem Musikunterricht viel Raum gegeben. Isabella lernte singen, Clavecin und Violine spielen (hier war der 2. Violinist der Hofkapelle, Antoine Gaspard, ihr Meister), und das so gut, daß sie auch schwierige Konzerte ausführen konnte. Ein kleiner Zettel von

Die Rocchetta in Parma, eigenhändig gezeichnet und gestochen von Prinzessin Isabella (Signatur links unten). Die Rocchetta ist noch erhalten und befindet sich in unmittelbarer Nähe des Ponte Verdi und des Eingangs zum Parco Ducale, in dem der Palazzo Giardino, das Sommerschloß der Farnese, steht.

Isabellas Hand, Anhang zu einem Brief du Tillots, ist erhalten, auf dem sie ihre Wünsche nach diversen in Paris zu beschaffenden Musikalien kundtut: vier Bände Sonaten von Leclair, die „Vier Jahreszeiten" von Vivaldi, die Quartette von Telemann, die Sonaten op. 6 von Locatelli, Stücke für Clavecin von Couperin, aber auch eine Fülle von Opernwerken, hauptsächlich von französischen Komponisten.[28]

Isabella übte sich auch in den höfischen Tänzen, denen sie, zeitgenössischen Berichten zufolge, jegliche „Frivolität" zu nehmen verstand, sie lernte mit Pfeil und Bogen umzugehen und beschäftigte sich mit den Grundzügen der Kochkunst. Sie legte sich sogar ein vor neugierigen Blicken verborgenes Gartenbeet an und züchtete Seidenraupen.[29]

Auch für die bildende Kunst zeigte Isabella Interesse und Talent: Sie zeichnete, malte in Pastell und lernte in Kupfer zu stechen. Von drei Werken Isabellas wissen wir: von einem Pastellbild mit dem Titel „Carità Romana" (eine junge Frau reicht ihrem sterbenden Vater in der Düsternis des Kerkers die eigene Brust) und von zwei Zeichnungen, die eine ein Motiv aus Colorno, die andere den Ponte Verde und die Rocchetta in

Parma darstellend. Isabellas „Carità Romana“ wurde in der 1752 gegründeten „Accademia dei disegni“ ausgestellt, zusammen mit einem enthusiastischen Poem des Hofpoeten Frugoni, der die „Magnanima Isabella“ in bester Hofpoetenmanier als „Novella Augusta Dea“ feierte, an deren Seite Minerva selbst gestanden und der Iris, die Malerin des Himmels, die Hand geführt hatte. Es wird wohl eher die Hand ihres Zeichenlehrers Ferrari gewesen sein, die ein wenig Hilfestellung geleistet hat.[30]

Was die Literatur betraf, so stand Isabella eine wohlausgestattete Bibliothek zur Verfügung, die ständig ergänzt wurde. Auch hier hatte der Pariser Geschäftsträger immer wieder zahlreiche Wünsche zu erfüllen, vor allem die Don Philipps nach Reiseliteratur und naturwissenschaftlichen Werken. Lehrbücher für Isabella waren bei vielen Sendungen dabei, und einmal wurde dringend ein zweisprachiger „Télémaque“ des Fénelon für Isabellas Deutschstudien gesucht, der natürlich nicht aufzutreiben war. Bonnet empfahl statt dessen, einen deutschen und einen französischen „Télémaque“ nebeneinander zu lesen, aber trotz aller Bemühungen war in Paris keine deutsche Übersetzung zu bekommen.[31]

Sehr früh begann Isabella, sich auch selbst literarisch zu betätigen. Sie schrieb Gedichte, eine Trauerrede für einen tapferen Soldaten, eine Abhandlung über die Kunst, Briefe zu schreiben, die sie ihrer Schwester widmete, und pädagogische Betrachtungen, möglicherweise unter dem Einfluß des Abbé de Condillac, der zur Erziehung ihres Bruders Ferdinand nach Parma berufen worden war. Die Biblioteca Palatina in Parma bewahrt einen in goldgepreßtes Leder gebundenen Band mit politischen und militärischen Bemerkungen.[32]

Leider haben sich aus Isabellas Jahren in Parma keinerlei persönliche Aufzeichnungen erhalten, keine Briefe außer den Kinderbriefen, keine Tagebücher, Aufsätze oder Notizen, die Einblick in ihr Innenleben gewähren könnten. Einzig die schon zitierte selbstbiographische Skizze „L’Aventures de l’Etourderie“[33] enthält einige Bemerkungen, aus denen sich schließen läßt, daß sich Isabella in Italien keineswegs wohl gefühlt hat.

Das Klima machte ihr zu schaffen („das Jahr läuft ab zwischen Eiszapfen und extremster Hitze“), die Leute waren ihr zuwider, besonders die hohlköpfigen „Cicisbei“, in denen sie nur „Figuren ohne Seele, perfekte Automaten“ sehen konnte. Sie fand die Menschen, mit denen sie zusammenkam, „stupide und falsch“, nur dazu da, ihr „zehntausend Ärgernisse zu bereiten“, und das Gefühl, unter lauter „Todfeinden“ zu leben, machte sie traurig.

In dieser Zeit begann sie, „sich mit Klugheit zu wappnen“, das heißt, sie gab sich nach außen gesprächig und ließ lieber die „unvernünftigsten Diskurse entstehen“, als jemanden einen Blick in ihr Inneres tun zu lassen. Ihre Studien waren ihr Ablenkung und Unterhaltung zugleich, und sie legte sich eine Philosophie zurecht, die sie lehrte, „immer in Bewegung zu sein“.

Gleichaltrige Freundinnen oder Personen ihres Vertrauens dürfte Isabella in Parma nicht gehabt haben, in ihren erhaltenen Schriften findet sich jedenfalls kein diesbezüglicher Hinweis. Auch wenn man annehmen kann, daß ihr Verhältnis zur Mutter ein gutes war (über das zu ihrem Vater wissen wir nichts) – wieviel Zeit wird die ständig mit politischen Projekten befaßte, korrespondierende und konspirierende Herzogin für ihre Tochter schon aufgewendet haben? Ganz davon abgesehen, daß sie während der elf Jahre, die Isabella am Hof zu Parma lebte, zweimal nach Versailles reiste und insgesamt drei Jahre fern ihrer Familie verbrachte! Wie die meisten ihrer Standesgenossinnen an fürstlichen Höfen war Isabella wohl viel sich selbst überlassen, aber sie vertrödelte ihre Zeit nicht mit Müßiggang und Firlefanz, sondern verstand es, sie auf ihre ganz persönliche und spezifische Art zu nutzen. Die „Untertanen“ sahen es allerdings anders, wie einige Eintragungen[34] bezeugen, die der parmensische Barbier Sgavetti seinem Journal anvertraute, saftige Schilderungen eines Mannes aus dem Volk, für den Prinzen und Prinzessinnen Verschwender und Müßiggänger waren:

„Madama Isabella vergnügt sich bei diesem schönen Wetter des Morgens im Garten, den Tag über bei ihren virtuosen Übungen in Spiel und Gesang, Sprachen, Sticken und Malen – sie kocht sogar, alles zum Spaß natürlich.“ –

„Die Prinzessinnen, jede mit ihrem Hofstaat, sind auf dem Corso erschienen, um die Pazzi zu sehen. Am Abend großes Fest im Theater. Und dann lamentieren sie, daß kein Geld da ist, daß es schlecht geht – aber alle sind sie beim Spiel, beim Tanz, maskiert in der Oper, Tag und Nacht."

„Seine königliche Hoheit sind auf der Jagd, die königlichen Töchter vergnügen sich, und uns speist man ab mit Geschwätz und mit Hoffnungen, wir leben, wie Gott will!"

Während also Don Philipp und seine Älteste in Parma ihren Liebhabereien nachgingen und seine Gattin in Versailles ihre Fäden spann, entfalteten auch die Exponenten der europäischen Kabinettspolitik eine rege Tätigkeit, deren Ergebnisse bald zu einer diplomatischen Revolution führen sollten.

Die Umkehr der Bündnisse

Schon fünf Monate nach dem Frieden von Aachen (18. Oktober 1748), der den Österreichischen Erbfolgekrieg beendete, hatte Wenzel Anton Graf Kaunitz, Maria Theresias Vertreter auf dem Friedenskongreß, seiner Herrscherin eine 126 Folioseiten umfassende Denkschrift vorgelegt, in der er ihr auseinandersetzte, daß die Zeit für ein neues Bündnissystem in Europa gekommen sei. Das Hauptziel eines solchen Bündnisses müsse sein, Preußens Großmachtpläne zu durchkreuzen und Schlesien zurückzugewinnen. Da auf die Seemächte kein wirklicher Verlaß sei, bleibe kein anderer Weg, als sich Frankreich zu nähern und es durch Sakrifizierung einer Provinz in Italien oder den Niederlanden aus dem Bündnis mit Preußen herauszulocken.

Der Kaiser und die Minister der Staatskonferenz waren zunächst dagegen, aber es gelang Kaunitz mit Unterstützung der Kaiserin, die Schlesien in ihrem Herzen nie aufgegeben hatte, seinen Plan durchzusetzen.[1]

Es ist wichtig, sich vor Augen zu halten, daß es nicht nur darum ging, Schlesien seinem Räuber wieder zu entreißen, sondern auch darum, das Entstehen einer zweiten deutschen Großmacht zu verhindern. Maria Theresia hat diese Gefahr sehr deutlich erkannt, als sie in einem späteren Schreiben an Feldmarschall Daun von den „gefährlichsten Umständen“ sprach, in die „der König in Preußen bey seiner dermahligen Macht“ das Erzhaus versetze.[2]

Die diplomatische Vorbereitung des großen Plans begann zunächst durch die Entsendung von Vorboten, die das Terrain zu sondieren hatten, doch die Änderung des Systems, an die sich viele Hoffnungen knüpften, ließ sich nicht so einfach herbeiführen. Zu festgefahren war die Denkweise der meisten französischen Staatsmänner, zu tief verwurzelt die Abneigung gegen den „Erzfeind“, der (noch) mit dem größeren und gefährlicheren Gegner, mit Großbritannien, verbündet war. Auch Kaunitz selbst, der im Herbst 1750 als Botschafter nach Frankreich ging, konnte wenig im Sinn des großen Plans bewirken und mußte einsehen, daß die Zeit dafür noch nicht reif war.

Und doch vermochte Kaunitz zwei sehr wesentliche Punkte für sich zu buchen: Er gewann nicht nur das Wohlwollen Ludwigs XV., sondern – nicht weniger wichtig – auch das der Pompadour. „Es ist wahr“, berichtete Kaunitz am 22. August 1751 nach Wien, „daß der König, Madame de Pompadour und ihre ganze Umgebung viel Güte für mich haben. Solches hat freilich keinen Einfluß auf die eigentlichen Geschäfte, aber diese persönlichen Beziehungen verderben nichts und können bei günstiger Gelegenheit bedeutende Folgen haben.“[3]

Die bedeutenden Folgen sollten nicht auf sich warten lassen, auch wenn Kaunitz am Neujahrstag 1753 wieder von der französischen Hauptstadt Abschied nahm.

Im Mai desselben Jahres zum Leiter der Staatskanzlei bestellt, die er von Grund auf reorganisierte, gedachte er keineswegs, von dem einmal eingeschlagenen Weg in der Außenpolitik abzuweichen.

Inzwischen begann sich der Horizont rund um den Erdball immer mehr zu verdüstern. Der Friede von Aachen hatte in dem seit 1744 zwischen Frankreich und Großbritannien ausgetragenen Ringen um die Vorherrschaft zur See und in den Kolonien nur einen vorübergehenden Waffenstillstand gebracht. Dieser Kampf wurde in Indien, in Mittel- und Nordamerika und auf den Weltmeeren geführt, in Ländern, die vom damaligen Europa aus gesehen unvorstellbar groß und unvorstellbar weit entfernt waren. Dementsprechend gigantisch waren die Nachschubprobleme, und die europäischen Truppenführer suchten nicht selten auch unter den Eingeborenen Verbündete zu gewinnen. So kämpften die Einwohner auf ihrem Grund und Boden auf seiten von Eindringlingen gegen andere Eindringlinge, die nichts anderes im Sinn hatten, als ihnen diesen Grund und Boden früher oder später wegzunehmen.

Doch eine Entscheidung in den weiten Prärien und Flußtälern Nordamerikas oder im indischen Madras konnte keine allgemeine Entscheidung herbeiführen. So war es nur eine Frage der Zeit, wann der Kolonialkrieg auf Europa übergreifen und eine unmittelbare Konfrontation der Mutterstaaten zur Folge haben würde. Die Briten waren den Franzosen im Seekrieg überlegen, doch die französischen Landstreitkräfte bedrohten Hannover, das Kurfürstentum der seit Georg I. (1714) aus dem Haus Hannover stammenden englischen Könige, wenn nicht die Österreichischen Niederlande es abschirmten. Besonders gefährlich mußte die Lage Hannovers werden, wenn in einem neuerlichen Krieg Preußen mit Frankreich marschierte. Die Briten bemühten sich also, Preußen vom Kampf fernzuhalten, und zu diesem Zweck sollte Österreich Truppen in die Niederlande entsenden. Doch Österreich hatte mit Schlesien seinen Preis für den Frieden mit Preußen bereits bezahlt, es konnte keinen Sinn in einem Krieg mit Frankreich sehen, der höchstens die Niederlande verwüsten, die Finanzen zerrütten, aber die verlorene Provinz nicht zurückbringen würde. Auch der Nachfolger Kaunitz' als österreichischer Botschafter in Paris, Georg Adam Graf Starhemberg, berichtete, die französische Regierung wünsche alles zu vermeiden, wodurch sie in einen Krieg mit Österreich geraten könnte. Dies schien ein Fingerzeig zu sein, daß der alte Plan eines Vertragsabschlusses mit Frankreich in greifbare Nähe gerückt war.

Im August 1755 jagten einander Konferenzen und Sitzungen, alle Mitglieder des Staatsrates nahmen teil, die Kaiserin im sechsten Monat schwanger mit ihrem 15. Kind (Maria Antonia). Folgendes wollte man Frankreich anbieten: Luxemburg und weitere territoriale Konzessionen in den Niederlanden für Don Philipp (die italienischen Herzogtümer sollten an Österreich zurückfallen), die Unterstützung des Prinzen Conti bei der polnischen Königswahl (ein alter Wunsch Ludwigs XV.) und die Benützung der niederländischen Häfen Nieuwport und Oostende für die Dauer des Krieges mit Großbritannien.

Im Gegenzug wünschte sich Wien von Versailles die Aufkündigung des Bündnisses mit Berlin und eine finanzielle Beteiligung, sollte es zum Waffengang gegen Preußen kommen.

Graf Starhemberg wurde nun beauftragt, die heiklen Verhandlungen in Paris zu führen, und machte sich mit Feuereifer an die Erfüllung seiner Mission. Er wußte genau, daß bei weitem nicht alle Minister des Königs einem Bündnis mit Österreich geneigt waren, und versuchte unter Umgehung der Regierung direkt an den König heranzukommen. Die geeignetste Kontaktperson hierfür war – wie könnte es anders sein – Madame de Pompadour. Die Marquise, nicht mehr Geliebte, sondern, was viel mehr bedeutete, Freundin und Beraterin des Königs, nahm sich dieser Staatsaffäre hingebungsvoll an. Sie zog ihren alten Protégé, den Abbé de Bernis, ins Vertrauen und empfahl dem König, ihn mit den Verhandlungen mit Starhemberg zu beauftragen. Diese Vorgänge sind in abfälliger Weise oft so dargestellt worden, als wäre das weitere Schicksal Frankreichs nun im Boudoir einer Mätresse mit Hilfe eines geistlichen Seladons gestaltet worden, wozu wohl auch die hämischen Kommentare Friedrichs von Preußen ihren Teil beigetragen haben. Olivier Bernier, der jüngste Biograph Ludwigs XV., und Tibor Simányi, der Biograph Kaunitz', bescheinigen dem König jedoch ein durchaus tiefgreifendes Interesse an der Politik und vor allem den aufrichtigen Willen, dem Wohl des ihm von Gott anvertrauten Staates zu dienen. Sollte die Verbindung zwischen dem neuen und dem alten Feind, England und Österreich, zerrissen werden, so mußte das im Interesse Frankreichs liegen, besonders wenn auch noch territoriale und politische Vorteile hinzukamen. Selbst Ludwig XIV. und Ludwigs XV. langjähriger Minister, Kardinal Fleury, hatten in dieser Richtung bereits Gedanken entwickelt. Auch persönliche Gefühle spielten eine Rolle, denn Ludwig XV. fühlte keine besondere Sympathie für das protestantische Preußen und seinen König, den er für einen Emporkömmling hielt. Viel mehr Zuneigung empfand er für das katholische Österreich und dessen in diplomatischen Berichten so oft gepriesene, kluge und warmherzige Monarchin.

Auch Maria Theresia mochte Ludwig, trotz seines Lebenswandels, der ihren strengen moralischen Grundsätzen widersprach, und Kaunitz hatte während seiner Mission in Frankreich einmal bemerkt, es bedürfe nur einer Begegnung Ludwigs mit Maria Theresia, um die beiden Mächte miteinander auszusöhnen.

Die Zusammenkünfte Starhembergs mit Bernis fanden in Babiole statt, einem verschwiegenen Pavillon, der zum Schloß

Bellevue in Meudon bei Paris gehörte (Eigentum der Pompadour), in Bernis' Wohnung in den Tuilerien und in der Residenz Starhembergs. Die ersten Antworten auf Starhembergs Vorschläge klangen aber eher ablehnend oder zumindest hinhaltend, man wollte zuerst noch mit Friedrich II. über das im kommenden Frühjahr auslaufende Bündnis verhandeln.

Inzwischen war der Seekrieg zwischen Frankreich und England in ein neues, verschärftes Stadium getreten. Britische Kriegsschiffe hatten zwei französische, die „Lys" und die „Alcides", gekapert und auch die französische Handelsflotte angegriffen. Das Barometer deutete auf Krieg. Nun ließen sich auch die den Beratungen hinzugezogenen Minister Ludwigs XV. von dem Gedanken überzeugen, daß das Aufrechterhalten des Friedens auf dem Festland und die Trennung Österreichs von England (analog zu der Trennung Frankreichs von Preußen) die Lage Frankreichs verbessern würden. Ein von Bernis aufgesetzter, vom König und von den drei Ministern gebilligter Vertragsentwurf traf am 12. Januar 1756 in Wien ein, wurde beraten und diskutiert und Starhemberg in Paris mit weiteren Vollmachten zur Fortführung der Verhandlungen ausgestattet. Der Kurier, dessen diplomatisches Gepäck auch ein ganz privates, huldigendes Briefchen Kaunitz' an Madame de Pompadour enthielt, war noch nicht in Paris angekommen, als eine Nachricht die europäischen Höfe erreichte, die Erstaunen und Bestürzung hervorrief: Am 16. Januar hatten die Vertreter Großbritanniens und Preußens in London einen Vertrag unterzeichnet, die „Konvention von Westminster". König Friedrich versuchte zwar, dem französischen Sonderbeauftragten, Duc de Nivernais, weiszumachen, sein Pakt mit London tue seinen freundschaftlichen Beziehungen zu Paris keinen Abbruch, aber Kaunitz in Wien feierte den Westminster-Vertrag bereits als Anstoß zum Bruch zwischen Paris und Berlin.

Nun jagte ein Bericht, eine Weisung die andere, Kuriere galoppierten kreuz und quer durch Europa, denn auch die Engländer entwickelten eine fieberhafte Tätigkeit, um auf dem Kontinent einen Block gegen Frankreich zu bilden, nicht nur in Wien und in Berlin, sondern auch an den Höfen von Madrid und Turin, von Dresden und St. Petersburg. Der Ton, den London dabei anschlug, wurde vor allem in Wien als anmaßend und verletzend empfunden, doch nicht die englische Überheblichkeit bewirkte letztlich die Abkehr Österreichs von der Allianz mit den Seemächten, sondern die grundlegenden Interessengegensätze, die zwischen ihnen in den letzten eineinhalb Jahrzehnten aufgetreten waren. Wenn Österreich etwas wollte, dann war das die Rückgewinnung Schlesiens und nicht, sich von England als „Festlandsdegen" zum Schutz Hannovers mißbrauchen zu lassen.

Am 1. Mai 1756 versammelten sich im Schloß des französischen Außenministers Rouillé der Gastgeber, der Abbé de Bernis und Graf Starhemberg und unterzeichneten die Schriftstücke, die als „1. Vertrag von Versailles" in die Geschichte eingehen sollten. Er beinhaltete einen Neutralitätsvertrag und einen Verteidigungspakt, der die Vertragspartner zu gegenseitiger Hilfestellung verpflichtete, wenn einer von ihnen von dritter Seite angegriffen würde (der bereits angelaufene Krieg zwischen Frankreich und England wurde im Sinn des Neutralitätsvertrags ausgeklammert). Dieser Vertrag, der noch zahlreiche Separat- und Geheimartikel enthielt, war zwar noch nicht ganz das, was sich Maria Theresia und ihr Staatskanzler wünschten, aber ein Anfang war gemacht, der „Renversement des alliances", die „Umkehr der Bündnisse" vollzogen. Am 19. Mai ratifizierte die Kaiserin den Vertrag, und Hofchronist Khevenhüller notierte in seinem Tagebuch, sie hätte dies mit ungemeinem Vergnügen getan, und der gegenwärtige wäre der erste Traktat, den sie gern und „de bon coeur" unterzeichnet hätte.[4]

Der tatsächliche Abschluß des Bündnisses, über das trotz aller Geheimhaltung so manches durchgesickert war, das aber doch niemand so recht für möglich gehalten hatte, bewirkte eine Sensation ohnegleichen. Am meisten betroffen war natürlich der Preußenkönig, der sich plötzlich isoliert und einer Koalition Österreichs, Frankreichs und Rußlands gegenübersah, die auch noch mit der Unterstützung Schwedens, Sachsens und anderer Reichsfürsten rechnen konnte. Von seinem neuen Verbündeten England-Hannover konnte Friedrich im Kriegsfall nicht viel mehr erwarten als finanzielle Unterstützung, der Inselstaat würde kaum bereit sein, mit einer größeren Armee in einen Krieg auf dem Kontinent einzugreifen, zu sehr war man mit dem Kolonialkrieg in Übersee beschäftigt. Friedrich sah diesen Krieg (wie die meisten Kontinentaleuropäer) überhaupt als törichte Aktion, in der England und Frankreich ihre Kräfte und Geldmittel für eine Sache erschöpften, die „gar keine Bedeutung“ hatte.[5] Auch für Voltaire war Kanada nicht mehr als „einige Morgen Schnee“, deren Besitz oder Verlust ihn kalt ließ.[6]

Als im Sommer 1756 die Meldungen der preußischen Auslandsvertreter über Geheimabmachungen und Rüstungen der von Kaunitz zusammengebrachten Koalitionspartner immer bedrohlicher wurden, entschloß sich Friedrich zur Flucht nach vorn.

Am 29. August marschierte er in (das neutrale) Sachsen ein und eröffnete damit den Krieg.

Über die „Kriegsschuldfrage“ von 1756 gibt es inzwischen wohl ebenso viele Meinungen und Publikationen wie über die von 1914, sie sollen hier keineswegs angeführt werden. Bemüht man sich um Objektivität, kann man jedoch auch aus österreichischer Sicht in dem Friedrich von 1756 nicht den gleichen Ruhestörer und bösen Aggressor sehen wie 1740. Es ist bekannt, daß Maria Theresia keinen sehnlicheren Wunsch hatte, als Schlesien zurückzugewinnen, und dieser war es ja auch, der das Grundmotiv zu Kaunitz’ „Umkehr der Bündnisse“ bildete. Andererseits muß man Friedrich II. zugestehen, daß er nicht warten wollte, bis Österreich sich entschließen würde, die Feindseligkeiten zu eröffnen. Also führte er den ersten Schlag, und man muß ihm zubilligen, daß es ein Präventivschlag war. Daß Friedrich den Krieg jedoch nicht mit einer Aktion gegen seine Hauptgegner Österreich oder Rußland begann, sondern mit dem Einmarsch in ein friedliches Land, also mit einem Neutralitätsbruch, löste allgemeine Entrüstung aus. Die auf einen Krieg nicht vorbereiteten sächsischen Truppen konnten Friedrich wenig Widerstand entgegensetzen, und die unter Feldmarschall Ulysses Browne zur Unterstützung heranrückende Hauptarmee der Österreicher mußte bei Lobositz (1. Oktober) eine erste Niederlage einstekken. Die Sachsen kapitulierten am 16. Oktober bei Pirna. Damit hörten die Kampfhandlungen im ersten Kriegsjahr auf, und beide Seiten bezogen Winterquartiere.

Friedrich II. hatte geglaubt, der Koalition mit seinem Überraschungsangriff zuvorzukommen, doch durch seine

Operation gegen das mit Frankreich befreundete Sachsen (der Dauphin war mit der sächsischen Prinzessin Marie-Josèphe verheiratet) bewirkte er zunächst, daß der im französisch-österreichischen Defensivvertrag festgelegte Verpflichtungsfall eintrat: Frankreich mußte mit 24 000 Mann in den Krieg gegen Preußen ziehen. Darüber hinaus beschleunigten die Ereignisse den Abschluß eines weiteren, nunmehr aber offensiven Vertrags zwischen Österreich und Frankreich.[7]

All dies schien aber plötzlich wieder in Frage gestellt, als eine alarmierende Nachricht die europäischen Höfe erreichte: Auf Ludwig XV. war ein Attentat verübt worden.

Anfang Januar 1757 vertauschte der Hof den unwirtlichen Riesenpalast mit dem Grand Trianon. Madame Victoire war mit Influenza im Palast zurückgeblieben, und der König machte seiner kranken Tochter am 5. Januar einen Besuch. Als er wieder seine Kutsche besteigen wollte, drängte sich ein Mann durch die Herumstehenden und versetzte dem König einen Dolchstoß gegen die rechte Seite. Die Wunde erwies sich als leicht, aber der Schock ging tief. Der König sah in dem Attentäter Damiens, einem armen Geistesgestörten, das Werkzeug des ganzen Volks. Er beichtete, bat öffentlich um Verzeihung für das Unrecht, das er der Königin angetan, und das Ärgernis, das er seinen Kindern bereitet hatte. Der Dauphin und die Prinzessinnen wichen nicht vom Bett des Königs, und die aus Trianon herbeigeeilte Madame de Pompadour wurde nicht vorgelassen. Ihre Gegner witterten Morgenluft und ließen das die Marquise auch empfindlich spüren. Als sie der König nach elf Tagen doch wieder aufsuchte, war sie es, der es gelang, ihn wieder aufzurichten. Sie erzählte ihm von der Empörung des Volks von Paris, das Damiens in Stücke reißen würde, säße er nicht in Haft. Sie überzeugte ihn davon, daß Damiens ein Irrer war, der auf eigene Faust die Tat begangen hatte, nicht das Werkzeug einer besonderen Partei, einer Verschwörung oder des ganzen Volks. Am nächsten Tag ging der König wieder auf die Jagd und speiste bei Madame de Pompadour zu Abend – es war alles beim alten.[8] Aber der Marineminister Machault und der Kriegsminister d'Argenson, beide der Marquise und dem Bündnis mit Österreich übel gesinnt, mußten den Hof verlassen, während der Abbé de Bernis in die Ministerkonferenz aufgenommen wurde. Man traf wieder mit

Starhemberg zusammen und setzte den Schlußpunkt hinter das große Werk der „Umkehr der Bündnisse“: Genau ein Jahr nach dem 1. wurde der 2. Versailler Vertrag unterzeichnet, diesmal ein Offensivvertrag, in dem Frankreich sich verpflichtete, sich an der Niederwerfung Preußens mit Truppen und Hilfsgeldern zu beteiligen. Als Gegenleistung kündigte Österreich endgültig das Bündnis mit England, nach der Rückgewinnung Schlesiens sollte Luxemburg an Frankreich und Flandern an Don Philipp fallen.[9]

Die militärische Entwicklung schien den Architekten des Bündnisses vorerst recht zu geben. Zwar gelang es Friedrich, am 6. Mai die Österreicher unter Karl von Lothringen bei Prag zu schlagen (Maria Theresia hatte es wieder nicht lassen können, ihren „lieben Schwagern“ mit dem Oberbefehl zu betrauen), doch am 18. Juni nahm Feldmarschall Daun bei Kolin dem Preußenkönig den Nimbus des Unbesiegbaren. Friedrich mußte die Belagerung Prags aufgeben, Böhmen räumen und sich nach Sachsen zurückziehen.

Maria Theresia hat den Tag von Kolin in einem späteren Schreiben an Daun den „Geburtstag der Monarchie“ genannt und zu seinem Gedächtnis den „Militär-Maria-Theresien-Orden“ gestiftet. In ihn sollten ohne Ansehen von Stand und Herkunft alle jene Militärs aufgenommen werden, „welche nicht nur nach Ehre und Pflichten ihrer Schuldigkeit ein völliges Genüge geleistet, sondern sich noch über das durch eine besondere hertzhafte That hervorgethan, oder kluge und für Unseren Militärdienst ersprießliche Rathschläge nicht nur an Hand gegeben, sondern auch mit vorzüglicher Tapferkeit ausführen geholfen haben“ (Ordensstatuten vom 2. Dezember 1758). Die Legende, die Träger des weißgeschmelzten, achteckigen Kreuzes hätten, um ordenswürdig zu sein, eine Waffentat nicht nur ohne, sondern sogar entgegen erteilte Befehle ausführen müssen, ist nach wie vor verbreitet, aber falsch.[10]

Nun setzten sich auch die Russen in Bewegung und drangen in Ostpreußen ein, und der Maréchal de Richelieu schlug eine englisch-hannoveranische Armee bei Hastenbeck an der Weser.[11] Die Dinge standen so gut, daß man darangehen konnte, das österreichisch-französische Bündnis auch durch Familienbande zu festigen.

Heiratsgeschäfte

Das Archiv zu Parma bewahrt ein von der Herzogin Louise-Elisabeth eigenhändig verfaßtes Memoire mit dem Titel „Observations sur les motifs et les conséquences du mariage de Madame, fille de l'Infant Don Philippe, avec l'Archiduc, fils de l'Impératrice, Reine de Hongrie". Interessant sind weniger die krausen Darlegungen der Herzogin, in denen sie zu beweisen sucht, daß es weit mehr im Interesse Frankreichs gelegen sei, daß der Erzherzog die Prinzessin Isabella heirate und nicht eine der Töchter des Don Carlos (damals König von Neapel und Sizilien). Interessant ist das Datum der „Observations": 30. Januar 1750. Man kann Louise-Elisabeth also durchaus das Verdienst zusprechen, die Idee einer Verbindung Josephs mit Isabella als erste gehabt, sie sozusagen „erfunden" zu haben.[1]

Am Wiener Hof ahnte man damals noch keineswegs, daß die künftige Gattin des Kronprinzen an einem italienischen Duodezhöfchen heranwuchs. Den ersten „Anwurf" machte der neapolitanische Hof, dessen Gesandter in Wien, der Principe di Camporeale, Ende Dezember 1752 bei Obersthofmeister Graf Ulfeld vorfühlte, wie man über eine Verbindung des Erzherzogs Joseph mit einer neapolitanischen Königstochter und der einer seiner Schwestern mit dem für die Thronfolge im Königreich beider Sizilien in Frage kommenden Prinzen denken würde. Maria Theresia erwog den Vorschlag eingehend, wollte sich aber bezüglich ihres Ältesten, auf den viele Höfe für ihre Prinzessinnen hofften, noch nicht festlegen. Der Verheiratung einer ihrer Töchter zeigte sie sich aber durchaus geneigt und schickte ihren Gesandten, Karl Graf Firmian, mit entsprechenden Instruktionen nach Neapel. Bezüglich Joseph sollte möglichst alles in Schwebe gehalten werden, weil, so führte Maria Theresia aus, „eine wahre Vereinigung der Gemüther hauptsächlich von der eigenen und freyen Auswahl abhanget;

als tragen Wir auch ein billiges Bedenken, solche Unserem ältesten Sohn zu beschränken, und ihm verschiedene Jahre voraus eine Gemahlin auszuersehen, von deren künftigen Leibes- und Gemüths-Eigenschaften noch kein gesichertes Urtheil schon dermahlen gefällt werden kann[2]". Joseph stand damals im elften, die in Frage kommende Prinzessin Maria Josepha im neunten Lebensjahr.

Diese Zeilen mögen uns heute ein wenig heuchlerisch erscheinen, denn Maria Theresia hat ihren Kindern mit einer einzigen Ausnahme (Marie Christine) niemals „eigene und freie Wahl" gestattet, und was die „Leibes- und Gemüthseigenschaften" ihrer späteren Schwiegerkinder betraf, so hat sie auf diese auch herzlich wenig Rücksicht genommen. Sie dachte eben politisch und dynastisch, auch in Heiratsangelegenheiten. In erster Linie fühlte sie sich als Mutter ihrer Dynastie, in zweiter Linie als Mutter ihrer Länder und dann erst als Mutter ihrer Kinder.[3] Ihre Nachkommen hatten sich dem zu fügen.

Auch ihre eigene berühmte „Liebesheirat" mit Franz Stephan von Lothringen war schließlich nichts anderes als das Ergebnis einer glücklichen Konstellation gewesen. Vorher hatten Pläne bestanden, die Kaisertöchter Maria Theresia und Maria Anna mit den jüngeren Söhnen Philipps V. von Spanien zu verheiraten (Don Carlos und Don Philipp), ja sogar Kronprinz Friedrich von Preußen und der Kurprinz von Bayern waren als Heiratskandidaten in Erwägung gezogen worden. Der Lothringer, selbst schon ein „Einspringer" für seinen verstorbenen Bruder Clemens, erhielt schließlich den Zuschlag, weil er nach seinem Verzicht auf Lothringen als Fürst ohne Land den Garanten der Pragmatischen Sanktion am besten in den Kram paßte.[4] Daß eine Verbindung daraus wurde, die von echter Zuneigung getragen war, bewies nur, daß auch politische Ehen manchmal im Himmel geschlossen wurden.

Vorerst verliefen die Heiratsverhandlungen zwischen den Höfen von Wien und Neapel aber im Sand, denn man hatte in Wien Wichtigeres zu tun. Die Herzogin von Parma verfügte allerdings über genügend Zeit, sich mit dem Heiratsprojekt zu befassen, und sie diskutierte es sicherlich auch mit dem Abbé de Bernis. Dieser vermerkte später in seinen Memoiren, daß bei den Bündnisverhandlungen mit dem österreichischen Botschafter Starhemberg auch bereits die Möglichkeit dynastischer Verbindungen zwischen den Häusern Bourbon und Habsburg-Lothringen zur Sprache kam.[5]

Es ist verständlich, daß Louise-Elisabeth diese aufregenden Entwicklungen in ihrem parmensischen „Loch“ nicht einfach nur abwarten wollte. Es zog sie an den Ort des Geschehens, wo die Möglichkeit gegeben war, auch persönlich mitzumischen – nach Versailles. Diesmal wählte sie nicht den Seeweg, sondern reiste über Turin, wo sie am piemontesischen Hof Verwandte besuchen konnte: Der Thronfolger Viktor Amadeus war mit einer Schwester Don Philipps verheiratet.

Auch diese Reise gestaltete sich nicht weniger schwierig als die Fahrt übers Meer: Im Gebirge zeigte sich das Wetter schon recht winterlich, und auf dem Mont Cenis geriet die Reisegesellschaft in einen formidablen Schneesturm. Am 3. September 1757 traf Louise-Elisabeth in Choisy ein, und am 4. umarmte sie auf offener Landstraße ihren Vater, der sie frisch und bei bester Gesundheit, aber „ungeheuer fett“ fand.[6]

Kaum wieder in „ce pays-ci“ etabliert, mußte Louise-Elisabeth von Bernis erfahren, daß ihr wunderbares Projekt ins Wanken geraten war. Staatskanzler Kaunitz hatte auf eine diesbezügliche Anfrage mitgeteilt, daß der Wiener Hof bereits gewisse Verpflichtungen gegenüber Neapel habe. Aber Louise-Elisabeth ließ sich nicht entmutigen. Gab es nicht noch andere Erzherzöge am Wiener Hof? Und sollte der nächstjüngere nicht die mit Parma und Piacenza vereinigte Toskana erhalten, falls alles klappte und Don Philipp in die Niederlande übersiedelte? Die Herzogin bombardierte ihren Gatten in Parma mit Briefen und Berichten über den jeweils neuesten Stand der Dinge und beschwor ihn gleichzeitig, nur ja dichtzuhalten und das Geheimnis zu wahren, damit man in Neapel oder Madrid nicht Wind davon bekäme.[7] Es gab genug gespitzte spanische Ohren in Parma, nicht nur die der „rabâcheuse“, Madame Gonzalès.

Der Krieg ging inzwischen weiter, und das Kriegsglück wandte sich wieder von den Verbündeten ab und den Preußen zu. Am 5. November 1757 schlug Friedrich II. ein vom Prince de Soubise geführtes Heer aus Franzosen und Reichssoldaten bei Roßbach unweit Halle, und am 5. Dezember die Österreicher unter Karl von Lothringen bei Leuthen, eine Schlappe, die Karl endgültig den Oberbefehl kostete.[8]

Diese beiden Siege machten Friedrich in Europa ungeheuer populär und umgaben ihn mit der Aura des Kriegshelden, der sich einer vielfachen Übermacht triumphal erwehrt. Dazu kam, daß das Bündnis des Reichs und Österreichs mit Frankreich nicht unbedingt volkstümlich war, viele Deutsche, auch der Vater Goethes, wie wir aus „Dichtung und Wahrheit" wissen, waren „fritzisch" gesinnt.[9] In Frankreich wiederum schwächten die Niederlagen das Ansehen der Krone, und die Pamphletisten hatten erneut Gelegenheit, sich auszutoben.

In London hingegen war der Jubel groß, man veranstaltete Illuminationen und Siegesfeiern und erhöhte die Subsidien für den Preußenkönig. Unterdessen ging der Krieg um die Kolonien in Übersee erbittert weiter, für den England seine besten Kräfte einsetzen konnte (auf dem Kontinent ließ es vor allem die Hannoveraner für sich kämpfen), während Frankreich seine Truppen zwischen den überseeischen und den europäischen Kriegsschauplätzen teilen mußte.[10]

In Versailles fühlte sich der mittlerweile zum Außenminister avancierte Abbé de Bernis immer unbehaglicher. Die Erkenntnis mochte ihm dämmern, daß er sich in Dinge eingelassen hatte, die für ihn um einige Nummern zu groß waren. Auch die Beziehung zur Herzogin von Parma war in ein Stadium getreten, das mehr einer Liaison als einer Freundschaft glich, und die Höflinge hatten ein saftiges Gesprächsthema. Die Liebschaft der Tochter Ludwigs XV. mit dem Abbé ist vielfach behauptet und vielfach abgestritten worden. Der Maréchal de Richelieu, kein Mann von Charakter, aber in Liebesdingen außerordentlich erfahren, widmet ihr in seinen Memoiren eine pikante Passage: Louise-Elisabeth hatte sich eines Abends schon zu Bett begeben, als sie Sehnsucht nach ihrem Liebhaber verspürte und einen Kammerdiener ausschickte, um ihn zu suchen. Der ungeschickte Postillon d'amour wandte sich jedoch peinlicherweise an den falschen Abbé. Als dieser, der Abbé de la Chantaigneraye, Almosenier des Königs, im Appartement der Herzogin erschien, hörte er sich zu seinem Erstaunen aufgefordert, Madame im Bett Gesellschaft zu leisten. Hier bricht Richelieu seine Schilderung ab und fügt nur hinzu, dieses Quiproquo habe nicht wenig dazu beigetragen, die „amoureuse Intrige" zu entschleiern.[11] Bedenkt man die einschlägigen Erfahrungen des Abbé, und nimmt man ferner an, daß Louise-Elisabeth auch auf diesem Gebiet eine wahre Tochter ihres Vaters war, so erscheint die Geschichte nicht unglaubhaft. Man fragt sich sogar, ob das Geraune über den angeblichen „Flirt“ mit dem Bischof von Rennes in Madrid nicht doch ein Körnchen Wahrheit enthielt. Wie immer nun die Dinge lagen, die Affäre muß spätestens zu dem Zeitpunkt ihr Ende gefunden haben, an dem Bernis in Ungnade fiel. Aus dem Vertrauten des Königs und der Pompadour, der am Zustandekommen des Bündnisses mit dem Wiener Hof mitgearbeitet hatte, war mehr und mehr ein Defaitist geworden, der Frankreichs Niederlagen bejammerte und zum Frieden um jeden Preis riet. „Ich sehe wohl“, schrieb er an Botschafter Stainville nach Wien, „daß der Wiener Hof die Erwartung einer bonne campagne nicht aufgibt, doch kein Engel verkündet mir, daß der König von Preußen sich geschlagen gibt und die Engländer uns unsere Kolonien lassen ... Wir haben ja doch immer nur mittelmäßige Generale, und der König von Preußen versteht mehr vom Krieg als wir.“[12] Damit hatte er zweifellos recht, denn die Zeiten eines Turenne, eines Condé, eines Maréchal de Saxe waren vorbei, der Prince de Soubise, der Comte de Clermont oder der Duc de Broglie waren keine Gegner für ein militärisches Genie wie Friedrich. Auch als sich am sächsischen Kriegsschauplatz wieder Erfolge einstellten (am 14. Oktober 1758 schlug Feldmarschall Daun die Preußen bei Hochkirch), hörte Bernis nicht auf, zu jammern und zu klagen und ging damit dem König und der Pompadour gehörig auf die Nerven. Schon im Jahr zuvor hatte Ludwig dem Duc de Broglie geschrieben: „Erinnern Sie sich stets an unser enges Bündnis mit dem Hof von Wien; es ist mein Werk. Ich finde es gut und wünsche es aufrechtzuerhalten.“[13] Wenn man bündnistreu bleiben und weiter Krieg führen wollte, mußte Bernis gehen. „Monsieur-l'Abbé-Comte“, lauteten die Zeilen des Königs an seinen Außenminister, „ich bin betrübt, Ihre Gesundheit leiden zu sehen unter der Last der Aufgaben, die ich Ihnen gestellt habe. Sicherlich wünscht niemand den Frieden mehr als ich, aber es soll ein echter Friede sein und ohne Schande. Meine eigenen Interessen brächte ich wohl dafür zum Opfer, aber nicht die meiner Freunde ...“[14] Mit allen Anzeichen des Bedauerns wies er Bernis an, seine Geschäfte an den Comte de Stainville, Duc de Choiseul, weiterzugeben, und bat ihn, sowohl den Botschafter als auch die Kaiserin zu informieren. Bernis war also verabschiedet, und wahrscheinlich hat er sogar aufgeatmet, um so mehr als er nun endlich den schon lange heißersehnten Kardinalshut erhielt (der König und auch die Kaiserin hatten sich beim Papst für ihn verwendet). Froh, dem gefährlichen Zentrum der Macht entronnen zu sein, ging Kardinal de Bernis auf seine Abtei in Vic-sur-Aisne bei Soissons ins Exil.[15] Er hatte nicht das Zeug in sich gehabt, ein neuer Fleury zu werden.

Der Duc de Choiseul war ein Mann von anderem Format als „Babette la bouquetière". Von der Richtigkeit und Festigkeit des Bündnisses mit Österreich überzeugt, verließ er Wien, wo man die nicht unbegründete Hoffnung hegte, die größere Energie und Tatkraft des Herzogs werde der gemeinsamen Sache zum Vorteil gereichen. Choiseul, keineswegs ein Werkzeug der Politik des Wiener Hofes, wie ihm seine Gegner (und die der Pompadour) vorwarfen, strebte eine Erneuerung des Allianzvertrags an, der am 31. Dezember 1758 unterzeichnet wurde: der 3. Vertrag von Versailles. Er brachte Frankreich insofern Erleichterung, als für die ausständigen französischen Subsidienzahlungen ein Ratenabkommen getroffen wurde.[16] Im Zuge einer Finanzreform ließ Choiseul alle Sinekuren der Hofhaltung, von denen Hunderte profitierten, auf ihre Höhe und Notwendigkeit prüfen. Auch der König selbst beschnitt seine Ausgaben, die Marquise verkaufte fast all ihren Schmuck. Beide schickten große Mengen Silberzeug in die Münzen zum Einschmelzen und nötigten auch den Hof dazu, was mehr Aufsehen machte, als Geld einbrachte, den Porzellan- und Fayencefabriken aber ungeahnte Aufträge verschafften. Der Aufschwung der Manufaktur von Sèvres geht darauf zurück.[17]

In dieser Zeit begab sich auch die Geschichte mit dem Schreibpult der Pompadour.

Maria Theresia, die um die Verdienste der Marquise am Zustandekommen des Bündnisses wußte, wollte sie durch ein Geschenk auszeichnen und bat Starhemberg um einen Hinweis. Der Botschafter schlug einen Secrétaire vor, und die Kaiserin wählte aus ihrer Sammlung einige passende Stücke „Lac des Indes" aus, die nach Paris geschickt und dort geschmack-

Isabella von Bourbon, Prinzessin von Parma.
Nach einem aus Parma gesandten Originalporträt
gestochen von J. Gottfried Haid, Wien 1760.

voll montiert wurden. Nach Wien zurückgebracht, wurde noch eine in Gold gefaßte und reich mit Diamanten besetzte Miniatur der Kaiserin in das Pult eingelassen, und in der Obhut von Franz Anton Khevenhüller ging der Secrétaire wieder zurück nach Frankreich. Die Freude der Marquise über das exquisite und wahrhaft kaiserliche Geschenk war groß, und sie dankte Maria Theresia in bewegten Worten als Ihrer kaiserlichen Majestät „très humble et très obéissante servante Jeanne de Pompadour[18]".

Friedrich II., dem eine Kopie des Briefs zugespielt wurde, verfaßte mit Wonne eine hämische Parodie: „Schönste Königin, die Freundlichkeiten, die Eure Majestät mir zu schreiben geruhen, sind unschätzbar ... zitternd nahe ich mich der unvergleichlichen Fürstin, die mich mit dem Namen bonne amie

Erzherzog Joseph, 1762.
Gemälde von Jean Etienne Liotard.

beehrt ..." und so fort. Friedrichs Machwerk, im Feldlager verfaßt und auf einer Presse in Holland gedruckt, wurde an den kleinen deutschen Höfen verteilt und gelangte in einigen Exemplaren auch nach Paris und nach Versailles. Es bewirkte, daß manche Historiker bis heute Maria Theresia nachsagen, sie habe Madame de Pompadour „chère amie" oder gar „chère cousine" genannt, obwohl fest steht, daß die Kaiserin nie direkt an die Marquise geschrieben hat.[19]

In Wien hatte man inzwischen bereut, sich bezüglich des neapolitanischen Heiratsgeschäfts ein wenig zu weit vorgewagt zu haben. Besonders nach dem „Anwurf" des französischen Botschafters Stainville schien eine Verbindung Josephs mit der Enkelin des verbündeten Königs von Frankreich die wesentlich günstigere zu sein als die mit der neapolitanischen Prinzessin.

Außerdem hatte Graf Firmian über die beiden Heiratskandidatinnen Bericht erstattet, und dieser Bericht, der mit Abstand zugunsten Isabellas ausgefallen war, mag den endgültigen Ausschlag gegeben haben. Am 31. Januar 1759 faßte die Staatskonferenz einstimmig den Beschluß, den Kronprinzen mit Prinzessin Isabella von Parma zu verheiraten. Man war sich allerdings darüber im klaren, daß „das Mißvergnügen, so der neapolitanische Hof und besonders die Königin wegen der Auswahl der Infantin Isabella schöpfen würde, nicht außer acht zu lassen“ sei.[20] Das „Mißvergnügen“ war in der Tat außerordentlich groß, und um die bittere Pille ein wenig zu versüßen, griff man zu einer List. Der Kronprinz habe, so schrieb Maria Theresia an Königin Amalia von Neapel, ein Bildnis der Prinzessin Isabella gesehen und sich so sehr in dieses verliebt, daß er sich standhaft weigere, eine andere zur Frau zu nehmen. Ob man diese „romantische“ Erklärung in Neapel geglaubt hat, bleibe dahingestellt, von vielen späteren Autoren wurde sie jedenfalls für bare Münze genommen und immer wieder kolportiert. Zur weiteren Milderung des „Affronts“ bot man die Hand des nächstgeborenen Erzherzogs Carl Joseph, der seinem Vater als Großherzog in der Toskana nachfolgen sollte. In Neapel war man trotzdem außerordentlich erbost, der König sprach von Verrat und wollte sämtliche Heiratsprojekte auf einmal aufkündigen. Die Wogen haben sich später wieder geglättet, besonders nachdem der König von Neapel als Nachfolger seines am 10. August 1759 in geistiger Umnachtung gestorbenen Halbbruders als Karl III. König von Spanien geworden war. Sein dritter Sohn Ferdinand folgte ihm auf dem neapolitanischen Thron und heiratete später Maria Theresias Tochter Charlotte, die wir als streitbare Königin Marie Caroline kennen; Ferdinands Schwester Marie-Louise wurde als Gattin von Charlottes Bruder Leopold Großherzogin von Toskana und römisch-deutsche Kaiserin.[21]

Als die Entscheidung gefallen war, wandten sich Maria Theresia und Franz Stephan an Ludwig XV. und baten ihn, beim Herzogspaar von Parma um die Hand seiner Enkelin für ihren ältesten Sohn zu werben. Dies teilte Louise-Elisabeth ihrem Gatten am 13. August 1759 triumphierend mit.[22]

Mehr als neun Jahre nachdem Louise-Elisabeth in ihrem Memoire den Gedanken gefaßt hatte, war das Projekt Wirklichkeit geworden. Am 21. August 1759 berichtete der Erste Minister Don Philipps, Guillaume du Tillot, dem kaiserlichen Statthalter in Mailand, Graf Firmian, daß der Sonderkurier aus Versailles mit Briefen für den Herzog und seine Tochter in Parma eingetroffen sei, die die Werbung für den Erzherzog Joseph enthielten:

„Von Freude erfüllt eilte der Infant zu Madame Isabelle, und diese Neuigkeit, zusammen mit ihrer Liebe für den Infanten und ihre Familie, ihre Dankbarkeit für den König und allem anderen, was bei solchen Gelegenheiten die besten und erhabensten Gefühle erregt, ließ sie lange Zeit hindurch in den Armen ihres Vaters Tränen der Rührung vergießen ...“[23]

Ob Isabella wirklich vor Freude und Rührung geweint hat? Die freudige Stimmung an den Höfen von Wien, Versailles und Parma über die „Jahrhundertverbindung“ eines Habsburgers mit einer Bourbonin wurde noch erhöht durch den glänzenden Erfolg, den die nunmehr vereinigten österreichischen und russischen Truppen unter Laudon und Soltykow bei Kunersdorf erringen konnten. „Ich war gezwungen, das Schlachtfeld zu verlassen“, schrieb König Friedrich an seinen Minister von Finckenstein. „Mein Rock ist von Schüssen durchlöchert, zwei Pferde wurden mir getötet; mein Unglück ist, daß ich noch lebe ... Ich habe keine Hilfsmittel mehr, und, um nicht zu lügen, ich glaube, daß alles verloren ist; ich werde den Untergang meines Vaterlandes nicht überleben. Adieu für immer!“[24] Doch auch Kunersdorf brachte keine Entscheidung. Drei Wochen nach dem Debakel konnte Friedrich seinem Bruder Heinrich das „Mirakel des Hauses Brandenburg“ verkünden: „In der Zeit, in der der Feind nach Überschreiten der Oder eine zweite Schlacht hätte wagen und den Krieg beendigen können, ist er von Müllrose nach Lieberose marschiert.“[25]

Das „Wunder“ hatte sehr natürliche Ursachen. Statt unverzüglich die Verfolgung der dezimierten preußischen Armee aufzunehmen, konnten sich die österreichischen und die russischen Generäle über die weiteren Operationen nicht einig werden. Der österreichische Oberbefehlshaber Daun wünschte, von Maria Theresia gedrängt, Schlesien und Sachsen zurückzuerobern (ohne daß der große „Cunctator“ die geschlagenen Preußen tatkräftig verfolgt hätte), Soltykow aber wollte nicht allein gegen Berlin vorrücken und zog sich wieder hinter die Weichsel zurück.[26]

Am 4. September nahmen die Österreicher Dresden ein, und das von König Friedrich zum Entsatz geschickte Corps unter General August von Finck wurde durch ein geschickt durchgeführtes Umfassungsmanöver des Feldmarschalls Daun zur Kapitulation gezwungen, eine für das Prestige Preußens außerordentlich peinliche Niederlage. Nun zeigte man, daß man auch auf österreichischer Seite spotten konnte, und verfaßte hämische Verse über den „Finkenfang zu Maxen":

„Nun sitzt im Garn der Fink, und muß den Lerchen singen,
Er schläget stink, stink, stink, weils ihm nicht wollt gelingen.
Hingegen schwingen sich die Lerchen mit Gesänger
Es lebe unser Nest! Es leb der Finkenfänger!"[27]

Auch in Versailles wurden diese Nachrichten sicher mit Genugtuung aufgenommen, besonders im Hinblick auf die schlimmen Berichte, die ständig aus den Kolonien eintrafen, doch für Louise-Elisabeths politische Ambitionen brachten sie nach wie vor keine Entscheidung. Nur so ist einigermaßen zu verstehen, daß die Herzogin weiterhin am Hof ihres Vaters blieb, statt nach Parma zu eilen, ihre Tochter zu umarmen und bei den Hochzeitsvorbereitungen mitzuwirken. Überraschend kühl schrieb sie an ihren Gatten:

„... es wäre lächerlich, wenn Du schon im vornhinein Feste veranstaltest ... ein Feuerwerk mag hingehen, aber eine Oper, so glaube ich, mein Herz, das muß im Moment nicht sein ... Diese Heirat ist ein Glück für uns, keine Ehre; machen wir's also gut, aber ohne zu übertreiben ..."[28]

Keine Ehre? Was wäre wohl mehr „Ehre" in den Augen von Madame Infante gewesen als ein künftiger Kaiser als Schwiegersohn? Louise-Elisabeth hielt es auch nicht für nötig, ihrer Tochter eine Epistel mit mütterlichen Ratschlägen zu übermitteln (zumindest ist keine erhalten), hingegen schrieb sie eine für ihren nunmehr achtjährigen Sohn, den der nach Parma entsandte Abbé de Condillac zu einem großen Fürsten erziehen sollte. Er verfaßte ein aus dreizehn Bänden bestehendes Lehrwerk für Ferdinand, aber heraus kam – ein Betbruder, zu dessen Lieblingsbeschäftigungen später das Läuten von Kirchenglocken und das Rösten von Kastanien in Gesellschaft von Bauern gehörte.[29] Aus den „Conseils" der Louise-Elisabeth für ihren Sohn spricht ganz die „fille de France", die Königstochter: „Lieben Sie Frankreich, mein Sohn", legte sie Ferdinand ans Herz, „es ist Ihr Ursprung ... Vergessen Sie nie Ihre Dankbarkeit gegenüber dem König, meinem Vater, Sie schulden sie ihm für die Zärtlichkeit, die er seinen Kindern gegenüber hegt und die Mühe, die er sich macht, Sie günstig zu etablieren ... Seien Sie weder ein Heuchler noch ein Frömmler; der erstere kann die Menschen nicht lange täuschen und gereicht ihnen zum Abscheu, der zweite tut niemals etwas Gutes ... Lieben und üben Sie die Tugend; sie allein macht unser Glück aus, in dieser Welt und in der anderen ... Lieben Sie die Gerechtigkeit, aber vergessen Sie nie, daß sie untrennbar ist von der Güte ... Mit Frankreich verbunden werden Sie immer groß sein; wenn Sie selbst es nicht werden, zusammen mit Frankreich werden Sie es sein. Denken Sie darüber nach, mein Sohn ... nur eine zärtliche Mutter kann Ihnen das sagen, die einzig mit Ihrem wahren Wohl beschäftigt ist ..."[30]

Louise-Elisabeth blieb die Enttäuschung erspart, die spätere Entwicklung ihres Sohnes zu verfolgen, und sie durfte auch ihren einzigen, wirklichen Triumph, die Hochzeit ihrer Tochter mit dem Kaisersohn, nicht mehr erleben. Anfang Dezember 1759 erkrankte sie an den Blattern, und ein Sonderkurier nach dem anderen galoppierte mit alarmierenden Bulletins nach Parma. Bevor er noch seine Absicht verwirklichen konnte, an das Krankenbett seiner Gemahlin zu eilen, hielt Don Philipp die Todesnachricht in Händen. „Bewahren Sie Haltung, mein lieber Sohn", schrieb Ludwig XV. an seinen Schwiegersohn, „hören Sie nicht auf, mich zu lieben, und seien Sie meiner gewiß, mehr als je zuvor. Umarmen Sie Ihre Kinder an meiner Stelle. Das ist alles, was ich im Moment imstande bin zu schreiben."[31]

Die furchtbare Krankheit, der Louise-Elisabeth in wenigen Tagen zum Opfer gefallen war, erlaubte weder Aufbahrung noch Zeremonien; am Abend des nächsten Tages setzte sich ein bescheidener Trauerzug in Bewegung, um den eilig in einen Doppelsarg verschlossenen Leichnam von Ludwigs XV. Lieblingstochter nach Saint-Denis in die Gruft ihrer Ahnen zu bringen. Der Hof hatte sich, wie bei Todesfällen üblich, nach Marly zurückgezogen. Kein Mitglied der Familie begleitete den Kondukt.[32]

Erst am 12. Februar des nächsten Jahres wurde zu Notre-Dame de Paris das feierliche Requiem für die „allerhöchste und mächtigste Prinzessin, Madame Louise-Elisabeth de France, älteste Tochter des Königs, Infantin von Spanien und Herzogin von Parma“ zelebriert, der Bischof von Troyes hielt die bei solchen Anlässen übliche „oraison funèbre“, die sich in langatmigen Beschreibungen der Vorzüge und Tugenden der Verstorbenen erging. Am 27. März folgten die Trauerfeierlichkeiten in Parma. Im riesigen Oval der Chiesa dell'Annunziata unweit des Parma-Flusses wurde ein prunkvolles Trauergerüst errichtet, und der Bischof feierte in Gegenwart des Hofes ein majestätisches Requiem.[33]

Sicherlich hat Isabella um ihre Mutter getrauert, wie sehr und wie tief wissen wir nicht. Der Barbiere Sgavetti notierte maliziös, man hätte Madama Isabella in fröhlicher Stimmung spazierenfahren gesehen und das kaum einen Monat nach dem Tod der Mutter – aber was besagt das schon.[34]

Die Trauerzeit am Hof wurde jedenfalls nicht übermäßig ausgedehnt, einzig die Karnevalsopern mußten abgesagt werden, und man stellte bald alle verfügbaren Kräfte in den Dienst des herannahenden großen Ereignisses: der Hochzeit Prinzessin Isabellas mit dem Kaisersohn.

Der Hofpoet Innocenzo Frugoni verfaßte noch einige Trauergedichte und widmete sodann sein Talent der „Grande alleanza della Casa di Borbone e della Casa d'Austria“. Er hatte zuvor auch schon die Siege des „Maresciallo Leopoldo Daun“ und des „Generale di Laudhon in vicinanza delle augustissime nozze“ gebührend gefeiert.[35]

Isabella intensivierte ihre Deutschstudien, stellte die Bibliothek zusammen, die sie nach Wien mitnehmen wollte, und freute sich über die prachtvollen Geschenke, die von den Großeltern aus Versailles und von der Großmama aus Spanien gesandt worden waren.[36]

Ende Juni erschien der Graf Mercy d'Argenteau am Hof, der in Colorno residierte, um im Auftrag Maria Theresias den Heiratsvertrag zu unterzeichnen und die Hochzeitsfeierlichkeiten zu besprechen.[37]

In dieser Zeit erhielt Isabella den ersten Brief ihrer künftigen Schwägerin, der Erzherzogin Marie Christine, auf den sie am 6. Juli freudig antwortete:

„Madame, meine liebe Schwester,

mit unaussprechlicher Freude habe ich Ihren Brief empfangen, ich bin entzückt von der Freundschaft, die Sie mir bezeigen und ich versichere Sie ohne das mindeste Kompliment, daß Sie auch der meinen sicher sein können ... Sie bereiten mir die Freude, meine liebe Schwester, mich durch Ihren ersten Brief auch an dem Sieg General Laudons [Gefecht bei Landshut, 23. Juni] über ein preußisches Corps teilhaben zu lassen. Es war fast zuviel Glück auf einmal, nicht nur den Brief einer Person zu erhalten, die mir im vorhinein schon so lieb ist, sie sprach mir auch noch von einem vollständigen Sieg, also bin ich ganz außer mir ... ich fühle mich immer mehr als Deutsche, und mein Herz ist es schon ganz ...

Seien Sie versichert, daß ich bin und mein ganzes Leben hindurch sein werde Ihre treue Schwester

Isabelle Marie Louise“[38]

Auf einen weiteren Brief Marie Christines antwortete Isabella am 26. Juli, wieder aus Colorno:

„Madame, meine liebe Schwester,

Ihre Briefe enthalten stets die Ankündigung freudiger Ereignisse - diesmal die von zwei Siegen. Ich hoffe, daß beim dritten der König von Preußen endgültig besiegt sein wird. Ich ersehne dies lebhaft, denn ich hoffe, daß Ihnen dies den Frieden bringen wird. Es wäre ein Glück für mich, wenn es wenigstens bei meiner Ankunft soweit wäre. Aber dieses Interesse ist nicht so lebhaft wie jenes, das die Freundschaft mich an allem nehmen läßt, was Sie betrifft und was Ihre Majestät die Kaiserin betrifft, für die meine Dankbarkeit und meine Zuneigung grenzenlos sind ...

Seien Sie versichert, daß meine Zuneigung über die Bande hinaus, die mich an Sie knüpfen werden, die einer wirklichen Schwester und vollkommenen Freundin sind ... Außerdem können Sie damit rechnen, daß ich eine gute Österreicherin bin und mehr denn je Ihre treue Schwester

Isabelle Marie Louise“[39]

Ende August übersiedelte der Hof nach Parma, und Isabella schrieb wieder an ihre neue Freundin in Wien:

„Madame, meine liebe Schwester,

in dem Maße, wie die Zeit heranrückt, sieht man mehr Deutsche in Parma. Ich versichere Sie, daß mir das ein unaussprechliches Vergnügen bereitet, denn dies ist eine Nation, die ich wahrhaft liebe, nicht nur aus Pflicht, sondern aus Neigung. Noch 5 Wochen ungefähr, und ich werde das Glück haben, Sie zu sehen.

Ich kann nicht beschreiben, mit welchem Vergnügen ich diesen Moment erwarte. Das ist alles, was ich wünsche, und so bleibe ich Ihre treue Schwester

Isabelle Marie Louise“[40]

Der Hochzeitstermin rückte in der Tat immer näher heran, und nicht nur in Parma, auch in Wien liefen die Vorbereitungen auf Hochtouren.

Parmensische Brautfahrt

Am 9. Juni 1760 schrieb Maria Theresia an ihre Nichte und Freundin, die Kurprinzessin Maria Antonia von Sachsen: „... Ich bin hier mit der Vorbereitung zur Hochzeit meines Sohnes stark beschäftigt. Ich habe vor, so wenig Ausgaben wie möglich dabei zu machen, was aber nicht hindert, daß sie mich sehr stört und meine Sorgen und Arbeiten vermehrt ... Meinen Sohn finde ich sehr glücklich und er verdient wohl dieses Glück. Ich kann mit ihm sehr zufrieden sein, er hat einen guten Charakter, ist aber wenig zuvorkommend, ich hoffe, daß das mit der Zeit noch kommen wird ... Ich hoffe, daß der Krieg in diesem Jahr zu Ende kommen wird, was mich mit Ruhe und Frieden erfüllen wird. Ich habe sie nötig, denn meine Kräfte und mein Kopf brauchen Ausspannung ...“[1]

Man stand nun schon im vierten Jahr des Kriegs, der einmal der „Siebenjährige“ heißen würde, Triumphe und Niederlagen hatten einander abgelöst, aber die Hoffnung der Kaiserin auf Frieden sollte sich so bald nicht erfüllen. Dazu verschlang der Krieg nicht nur Menschen und Material und verwüstete weite Landstriche, er kostete auch Unsummen an barem Geld – Sparen war also das Gebot der Stunde. Die Vermählung des ältesten Sohns und Thronerben sollte jedoch mit der größtmöglichen Pracht und Herrlichkeit gefeiert werden. Dabei war es ja mit der Ausrichtung der Hochzeit in der Reichs-Haupt- und Residenzstadt Wien keineswegs getan, es mußte auch für die feierliche Einholung der Prinzessin Braut aus Parma Sorge getragen werden. Mit der Bitte, diese ungemein wichtige und aufwendige Mission zu übernehmen, trat die Kaiserin an einen ihrer verdientesten und loyalsten Paladine heran, an den Fürsten Joseph Wenzel von Liechtenstein.

Der hochgebildete und kunstsinnige Fürst, 1696 in Prag geboren, hatte seit jeher seine militärischen und diplomatischen Talente dem Kaiserhaus zur Verfügung gestellt. Als junger Mann hatte er unter dem Prinzen Eugen gekämpft und sich besonders vor Belgrad (1717) ausgezeichnet. Im Österreichischen Erbfolgekrieg stand er 1741/42 als General der Kavallerie gegen die Preußen im Feld und übernahm 1745 den Oberbefehl über die österreichische Armee in Oberitalien, wo er gegen die vereinigten Truppen Spaniens, Frankreichs und Genuas bei Piacenza einen glänzenden Sieg feiern konnte. Seit 1744 hatte er auch die Generaldirektion über die gesamte österreichische Land-, Feld- und Hausartillerie, zu deren großen Reformator, ja Neuschöpfer er wurde. Nicht zuletzt dank ihrer Hilfe standen die Österreicher jetzt gegen die Preußen ganz anders da als zwanzig Jahre zuvor. In diplomatischer Mission reiste Fürst Liechtenstein 1735 als Sonderbeauftragter Kaiser Karls VI. an den preußischen Hof, wo er die Wertschätzung des Kronprinzen Friedrich gewann, die ihm dieser auch später als König und militärischer Gegner bewahrte. Zum Wiener Friedensschluß von 1738, dessen Präliminarien den Polnischen Erbfolgekrieg beendeten, wurde Fürst Liechtenstein vom Kaiser als Botschafter nach Paris entsandt, um die definitiven Friedensbedingungen anzuerkennen und die freundschaftlichen Beziehungen zwischen Wien und Paris zu festigen. In gleichem Auftrag entsandte Ludwig XV. den Marquis de Mirepoix nach Wien. Nach dem Vorbild eines altüberlieferten höfischen Privilegs war es den als „öffentliche Minister ersten Grades“ handelnden Diplomaten zweier souveräner Staaten gestattet, ihre primär auf Zeremoniell und Etikette ausgerichtete Mission mit einem offiziellen Festeinzug, der „entrée publique“, zu eröffnen, die nicht nur Gelegenheit bot, Glanz und Ansehen des vertretenen Souveräns, sondern auch des eigenen fürstlichen Hauses vorzuführen. Dabei mußte die Vermögenslage eines solchen „ambassadeurs“ mehr als bedeutend sein, denn die vom Kaiser angewiesenen Spesen und „Subsistenzen“ reichten bei weitem nicht, um Reise, Einzug und weitere Hofhaltung zu bestreiten. Die „entrée“ des Fürsten Liechtenstein in Paris am 21. Dezember 1738 und zwei Tage später in Versailles gestaltete sich jedenfalls zu einem Schauspiel ersten Ranges, dem auch der König und die Königin mit dem gesamten Hofstaat zusahen. Die prächtigen Galawagen und die edlen Pferde aus dem fürstlichen Gestüt im mährischen Eisgrub bildeten das Tagesgespräch, wobei besonders zwei Wagen Aufsehen erregten, die der Fürst für seinen Einzug eigens in Paris hatte anfertigen lassen: eine über und über vergoldete, mit Malereien geschmückte und mit goldgesticktem, karmesinroten Samt ausstaffierte und eine versilberte Karosse, deren Innenausstattung aus blauem Samt gearbeitet war; wagengeschichtlich handelte es sich um den damals hochmodernen Typ der „Berline", deren Stabilität, Federung und Fahrsicherheit dem älteren „Karossen"-Typ überlegen war.[2]

Maria Theresia hätte also keinen geeigneteren Botschafter für die „Parmasaner Funktion[3]" finden können, und die Zusage des Fürsten, der, immerhin schon in seinem 64. Jahr stehend, nicht zögerte, die beschwerliche und kostspielige Reise auf sich zu nehmen, erfüllte sie mit Freude und Dankbarkeit, der sie in einem Handschreiben beredten Ausdruck verlieh:

„Niemand hätte mit mehrerem Vertrauen und Anständigkeit als der Fürst diese angenehme Commission vor uns und unser Haus verrichten können... Alles, was diese Heurath anbelangt, schickt sich so nach meinem Wunsch, daß recht mir einen glücklichen Ausschlag und ein besseres avenir vor meine alten Tage verspreche, als meine junge passiert haben. Die Freud, die man in Italien haben wird, den Fürsten zu sehen, ist nicht auch eine der geringsten Freuden, die mir mache und hoffe, der Gesundheit wird es auch gut anschlagen. M."[4]

Eine solche Reise bedurfte natürlich langwieriger Vorbereitungen, und der Fürst scheute wahrlich keine Mühen und Kosten, um die ihm übertragene ehrenvolle Mission aufs beste zu erfüllen. Neben zahlreichen Reise- und Gepäckswagen mußten auch vier vom Pariser Einzug her vorhandene Karossen zur Reise gerüstet werden, darunter der schon erwähnte „goldene Wagen" und die silberne Prachtkarosse, die man, da der Wiener Hof über kein passendes Gefährt verfügte, zum Einzugswagen der Braut bestimmte. Nun waren aber seit der Erbauung der Liechtensteinschen Prunkgefährte zweiundzwanzig Jahre vergangen, und der Wagenpark bedurfte einer Generalüberholung, die aus den erhaltenen Akten zur Generalabrechnung der „Parmasaner Funktion" ziemlich lückenlos zu rekonstruieren ist. Ein ganzes Heer von Handwerkern wurde beschäftigt, um die Wagen wieder auf Hochglanz zu bringen, und dabei ging man mit einer Behutsamkeit und Pietät ans Werk, die an moderne Restaurierberichte erinnert.

Bildhauer und Maler kümmerten sich um die Erneuerung des vergoldeten Schnitzwerks und der bemalten Wagentafeln, Sattlermeister um das Leder für die Wagenkasten, Sitzdecken und Pölster, Anstreicher um die Lackierarbeiten an den Fahrgestellen. Wagnermeister besorgten die Herstellung neuer Achsen, Räder, Bodenbretter, Lakaienbrücken und dergleichen, Spiegelmacher die der Wagengläser, Gelbgießermeister betreuten die Muschelleisten, Fußtritte und Schwungriemenschnallen, Gold- und Perlsticker(innen) die Neuadaptierung der Innenausstattung und die Herstellung der Prunkgeschirre, Schabracken und Satteldecken.

Schließlich mußten die Prunkwagen, die ja nicht als Reisegefährte, sondern ausschließlich als Einzugswagen benutzt wurden, auch transportfähig gemacht, das heißt durch diverse Vorkehrungen etwa vor Wetterunbill geschützt werden. Der Arbeitsbericht, den der mit der Aufgabe betraute Hofsattlermeister Maximilian Wahler dem Fürsten Liechtenstein vorgelegt hat, enthält jedes, auch das kleinste Detail, vom Einpakken der Crepinfransen in Seidenwatte, den leinenen Schutzbezügen für die gemalten Wagentafeln, die wachsleinene, mit Flanell gefütterte Schutzdecke für den gesamten Wagenkasten, auf die noch strohgefüllte Matratzen befestigt wurden, um Beschädigungen bei sehr engen Durchfahrten zu vermeiden, bis zu den Stricken, die die Räder der auf Plateauwagen gesetzten Prunkgefährte verbanden, damit sie nicht herunterrollten.[5]

All diese Arbeiten nahmen Monate in Anspruch, und lange bevor der Fürst seinen Reisewagen bestieg, wurden die Prunkkarossen bereits in Richtung Parma in Marsch gesetzt, um rechtzeitig zum Einzug zur Stelle zu sein. Am 9. Juni machte sich der mit der Organisation der Unternehmung betraute fürstlich-liechtensteinsche Fourier (Quartiermacher) Johann Weininger auf den Weg, von dessen Hand ein Spesenverzeichnis[6] erhalten ist, das über sämtliche Schwierigkeiten und Hindernisse während der Reise Aufschluß gibt. Der moderne Leser, an komfortables Reisen in selbstfahrenden Luxus(blech)limousinen auf glatten Asphaltstraßen und Autobahnen gewöhnt, liest mit Staunen und Bewunderung, welche Probleme dieser Johann Weininger und seine Mitarbeiter vorfanden und bewältigten.

Schon in Wiener Neustadt waren Helfer nötig, um die zwei großen Wagen durch den Schwibbogen zu bringen, in Neunkirchen mußten alle drei Tore, die zu passieren waren, ausgegraben, ein Schwibbogen ganz abgeschlagen werden. Beim Wachthaus auf dem Semmering waren die Wagen nicht durchzubringen und mußten über die Wiese geführt werden. Immer wieder sprangen Bauern oder andere Helfer ein, so auch sechs Männer, die über den ganzen Semmeringberg mitgingen, um die Wagen zu halten und zu verhindern, daß eines der kostbaren Gefährte in den Graben rollte. In Mürzzuschlag mußte Weininger 18 Mann und vier Maurer engagieren, um alle drei Tore bis drei Schuh (94,8 cm) tief ausgraben zu lassen, in Bruck fielen zwei Bögen den Wegemachern zum Opfer. Über Leoben, Knittelfeld und Neumarkt gelangten die Wagen nach Friesach, wo die Tore überhaupt nicht zu passieren waren und zwölf Männer die Nacht durch bis zum Morgen beschäftigt waren, um einen Feldweg zuzurichten. Auch Paternion wurde umrundet, und auf der Strecke von Greifenburg bis Lienz geleiteten acht Männer die Wagen über den gefährlichen Paß.

Manchmal fuhr Johann Weininger voraus, so etwa nach Klausen, um den Paß zu visitieren oder eine Verbreiterung des Weges am Ufer des Eisack anzuordnen. Einmal brach einer der Wagen durch eine Brücke, und Wegemacher und Helfer hatten alle Hände voll zu tun, um ihn wieder flottzumachen. Weiter ging es über Brixen, Bozen, Salurn und Trient nach Rovereto, und fast überall gab es Probleme mit den Stadttoren, Schwibbögen und Brücken. Auch Baumäste und Teile von Hausdächern fielen den Wegemachern manchmal zum Opfer, doch wurde immer darauf gesehen, daß die Betroffenen Entschädigungen erhielten. Südlich von Rovereto errichteten fünfzig Mann ein über hundertfünfzig Schritt langes Gerüst, das die Etsch überragte, weil die Wagen den engen Felsenpfad sonst nicht hätten passieren können. Andere felsige Hindernisse, wie auf der Strecke von Peri nach Dolcè, wurden einfach weggesprengt.

Zu all diesen Wegproblemen kamen noch laufend Ausbesserungsarbeiten an den Wagen, die ja ursprünglich nicht für eine beschwerliche Tour durch unwegsame Alpentäler und über gefährliche Gebirgspässe ersonnen und gebaut worden waren. Jede, auch die kleinste Ausgabe verzeichnete Weininger, ob es nun für Bindfaden war (18 Kreuzer), für das Beschlagen eines Pferdes (14 Kreuzer), für Zimmer und Einheizen (30 Kreuzer), für ein beschädigtes Dach (34 Kreuzer), für drei abgeschlagene Äste (45 Kreuzer) oder für Meßlesen (34 Kreuzer). Als Preisvergleich möge dienen, daß in Wien 1760 eine Rundsemmel 1 Kreuzer kostete, 1 Pollen- oder Roggenbrot 6 Kreuzer und 1 Pfund (560 Gramm) Rind-oder Schweinefleisch ebenfalls 6 Kreuzer.[7] Auch die unterwegs engagierten Helfer wurden gut bezahlt, ebenso die Wächter, die auf die Galawagen aufpaßten, wenn Weininger in einem Gasthof den Schlaf des Gerechten schlief.

Summa summarum gab der fürstlich-liechtensteinsche Fourier auf seiner Reise von 9. Juni bis 10. Juli 566 Gulden und 57 Kreuzer aus, ein stattlicher Betrag, aber doch nur ein kleiner Teil der Gesamtkosten der Mission, die den noblen Fürsten 219 725 Gulden und 14 Kreuzer kostete.[8]

Als Weininger mit den Prunkwagen bereits glücklich in Parma eingetroffen war, folgten der k. k. Hof- und Kabinettsfourier Johann Georg Zinner und der Obrist Postamtsofficier Joseph Katschbacher seinen Spuren, um alle Fragen zu klären, die mit der Quartierbeschaffung, Verpflegung von Menschen und Tieren, Pferdewechsel usw. in Zusammenhang standen.[9] Eine Fülle (heute noch erhaltener) Berichte ging nach Wien, mit der genauen Beschreibung der als Quartiere in Frage kommenden Schlösser und der zur Verfügung stehenden Räumlichkeiten, der geplanten Festivitäten, Galatage und zu errichtenden Triumphpforten. Dazu kamen die Stationslisten („Nacht-Stationes, zugleich Mittag-Stationes“), Listen der notwendigen Viktualien, Tafelordnungen usw. Der Hofstaat der Prinzessin Braut, der von Casalmaggiore, der mailändischen Grenzstation, nach Wien zu transportieren war, umfaßte folgende Personen:

„Ihre Königliche Hoheit
Fürst Liechtenstein
Obersthofmeister Graf Salm
Obersthofmeisterin Gräfin Erdödy + 1 Dienerin
2 Kammerfräulein } jede mit 1 Dienerin
2 Hofdamen }
1 Obristpostmeister + Kammerdiener
7 Kammerherren jeweils + Kammerdiener
1 Kammerfrau } jede mit 1 Dienerin
2 Kammerdienerinnen }
1 Kammermensch
Madame Mercier + Tochter und Dienerin
1 Beichtvater 1 Hofkaplan 1 Leibmedikus
1 Kammerdiener 3 Edelknaben samt Instructor und Diener
1 Hoffourier samt Schreiber
1 Hofzahlamtsofficier samt Schreiber
2 Kammerheizer 1 Türhüter 1 Capelldiener
1 Leibwäscherin samt Menschern
1 Hofchirurg samt Gesellen
2 Tapezierer 2 Kammerheizerjungen
1 Wachtmeister mit 12 Mann Hartschieren
8 Leiblakaien 4 Hayduken
4 Fräulein Schneider“

Dazu kamen noch „42 Hof Würtschaftspartheyen vom Hof-Controlor bis zu den Küchenjungen (6), die fürstlich-liechtensteinsche Suite (24), das Obrist Postamts Personale (20) und 61 Postillione“, die zu reiten und zu fahren hatten, nicht zu vergessen die Wagen- und Futtermeister, Sattel- und Stallknechte, Wagenfouriere und Roßärzte.[10]

Die Funktion von „Madame Mercier und Tochter“ ist nicht klar, auf jeden Fall erwiesen sich die Damen im Lauf der Reise als „intrigant und gefährlich“ und wurden aus dem Brautzug entfernt.[11]

Am 13. August konnte das „Wienerische Diarium“ melden, daß sich nunmehr auch Fürst Liechtenstein selbst mit seiner Suite in eigenen Reisewagen nach Parma aufgemacht hatte. Zehn Tage darauf folgten die Mitglieder des Hofstaats der Prinzessin Braut und künftigen Erzherzogin mit der „gewöhnlichen Post[12]“.

Der Fürst traf am 2. September incognito in Parma ein und nahm im Palais der Marchesa Pallavicino di Roma Quartier, wo ihn seine gesamte Livree bereits erwartete.

Ein umgehend abgeschickter Bote verständigte den Ersten Minister, Guillaume du Tillot, von der Ankunft des Fürsten und kehrte mit einer Einladung zur Privataudienz beim Herzog zurück, wo Fürst Liechtenstein seine Urkunden präsentierte.[13] Die Urkunde des Kaisers, ausgefertigt zu Wien am 2. August 1760, stellte gleichsam ein Begleitschreiben dar, in dem allen kundgetan wurde, daß der Fürst Joseph Wenzel von Liechtenstein in der Funktion eines kaiserlichen Bevollmächtigten nach Parma reise, um dort im Namen des Erbprinzen Joseph dessen Prokura-Vermählung mit der Prinzessin Isabella von Parma zu vollziehen. Der Fürst sei allenthalben mit der seiner Mission entsprechenden Reverenz zu behandeln und genieße den besonderen Schutz des Kaisers. Das zweite Schriftstück, die Urkunde der ungarischen, böhmischen etc. Königin und österreichischen Landesherrin Maria Theresia, ausgestellt zu Wien am 8. August 1760, enthielt den gleichen Text wie die ihres Gemahls.[14]

Der große Tag aber war erst der folgende 3. September, an dem der feierliche Einzug des Fürsten in Parma sowie, im Rahmen der offiziellen Audienz bei Herzog Philipp, die eigentliche Brautwerbung in aller Form stattfand. Das „Wienerische Diarium“ brachte am 17. September einen Korrespondentenbericht, der auch die Wiener mit allen Details dieses bedeutenden Ereignisses bekanntmachte.

Dem Zeremoniell entsprechend entsandte der herzogliche Hof einen „Introducteur“ sowie den Marchese Pallavicino di Roma mit etlichen achtspännigen Hofwagen, um den Fürsten abzuholen. Dieser Introducteur eröffnete sodann auch die Auffahrt, gefolgt von der Livree des Fürsten, bestehend aus zwei Torstehern zu Pferde, sechs Läufern, 24 livrierten Dienern, zwei Büchsenspannern und sechs Heiducken. Alle trugen die neuen, für Parma angefertigten Livreen, die Läufer rotblausamtene Schurzkleider, reich mit Goldfransen bestickt, darunter ein goldfarbenes Gilet, weiße Kniehosen und Seidenstrümpfe und schwarze, mit feuervergoldeten Schnallen gezierte Schuhe. Quer über die Brust zog sich die mit Goldfransen besetzte Läufer-Binde, die Läufer-Stöcke zierten Quasten und Schnüre, die Kopfbedeckungen waren ebenfalls mit Quasten und weißen Federn geschmückt. Den Läufern folgten die Lakaien in ihren scharlachroten Tuchfräcken, die mit durchbrochenen Goldborten und blauem Samt reich verbrämt waren. Ihnen schlossen sich die Büchsenspanner an, in goldbordiertem grünen Tuch und grünen Westen. Quer über die Brust trugen sie Bandaliere, an denen an reich verzierten Riemen ein Hüfthorn hing. Kniehosen, Seidenstrümpfe, schwarze Schuhe und ein federngeschmückter Dreispitz komplettierten das Kostüm. Den Zug der Livrierten beschlossen die ungarischen Heiducken in Schnürstiefeln, langen, mantelartigen Kleidern und hohen Galahauben.

Dieser ersten Gruppe von Bediensteten folgte der fürstliche Stallmeister Franz Kernthaler in der ebenfalls neu angefertigten Galalivree der Hausoffiziere, der zwölf Handpferde mit reich gestickten Handdecken mit sich führte, sowie der vom Fürsten als Hof-Cavalier mitgenommene Major von Tamazzoli mit den reich gekleideten fürstlichen Edelknaben (zwei aus Schlesien, zwei aus Mähren, zwei aus Österreich und zwei aus Ungarn).[15]

Erst jetzt erschien der Hofwagen, in dem der Fürst und der Marchese Pallavicino saßen, gefolgt von den (leeren) Galawagen.

Noch war der Zug nicht zu Ende. In drei weiteren Hofwagen fuhren die kaiserlichen Kammerherren und der Legationssekretär, und in zwei wiederum liechtensteinschen Paradewagen die Edelleute der fürstlichen Suite. Die Straßen waren auf beiden Seiten von herzoglichen Truppen flankiert, und „das Gedräng deren Zusehern ware ungemein“, als der Fürst bei Hof seinen Wagen verließ, um sich zur Audienz zu begeben.

Im Audienzsaal angekommen, wo ihn Don Philipp bereits erwartete, brachte der Fürst sein Begehren vor, das freundlich beantwortet wurde. Nun erst erschien Isabella und nahm mit Bewilligung ihres Vaters aus den Händen des Fürsten das mit kostbaren Diamanten besetzte Porträt Erzherzog Josephs entgegen und heftete es an die linke Brustseite ihrer Robe.

Nach dieser Audienz hatte der Fürst auch den kleinen Herrschaften, den jüngeren Geschwistern der Infantin, dem zehnjährigen Ferdinand und der neunjährigen Louise seine Aufwartung zu machen, worauf sein Gefolge in gleicher Ordnung wie bei der Auffahrt wieder abzog, während er selbst bei Hof blieb „mit einigen wenigen Personen zu seiner Bedienung, weilen ihm ein zierlich ausgeziertes Appartement daselbst angewiesen worden".

Am selben Abend fand im Teatro Farnese auch ein musikalisches Ereignis statt, beziehungsreich „Le feste d'Imeneo" genannt, zu dem der Hofpoet Innocenzo Frugoni den Text und der Hofkomponist Domenico Traëtta die Musik beigesteuert hatte. Anschließend gab Fürst Liechtenstein für den anwesenden Adel einen prächtigen Ball in der Casa Pallavicino.[16]

Es muß ein anstrengender Tag für alle Beteiligten gewesen sein, besonders natürlich für Isabella, die im Mittelpunkt der Festlichkeiten stand. In all dem Wirbel fand sie aber am nächsten Tag doch Zeit für ein paar Zeilen an Marie Christine:

Parma, am 4. September 1760

„Madame, meine liebe Schwester, es ist mir unmöglich, Ihnen lang zu schreiben, heute bin ich sehr spät aufgestanden und konnte folglich diesen Morgen nicht schreiben. Übrigens bin ich sehr beschäftigt und was noch schlimmer ist, ich fürchte ich habe vergangene Nacht nicht mehr als ungefähr 5 Stunden geschlafen und der gestrige Tag war ein wenig ermüdend für mich, ich falle um vor Schlaf und weiß wirklich nicht, was ich sage. Adieu denn, meine liebe Schwester, ich umarme Sie von ganzem Herzen und bin Ihre treue Schwester

Isabelle Marie Louise"[17]

Der 7. September war dann endlich „zur Desponsation der Durchlauchtigsten Braut" bestimmt, und Fürst Liechtenstein begab sich des Nachmittags mit seinen Wagen und zahlreichem Gefolge zum Dom. Als der Hof eintraf, war der Fürst der Prinzessin Braut beim Aussteigen behilflich, und mit dem Bräutigam des Zeremoniells an ihrer linken und ihrem Vater, dem Herzog, an ihrer rechten Seite betrat Isabella die festlich geschmückte Kathedrale. Vor dem Hochaltar, unter der gewaltigen, von Correggio ausgemalten Kuppel, erwartete sie Fürstbischof Christiani von Piacenza, da der Sitz von Parma wegen des Ablebens von Bischof Marazzani gerade vakant war. Dort wurde zuerst die päpstliche Dispens (für die Verwandtschaft der Brautleute im vierten Grad) und sodann das Mandatum procuratorium des Erzherzogs Joseph verlesen, der Auftrag an den Fürsten, ihn bei der Trauung zu vertreten. Gleich darauf wandte sich der Bischof an den Fürsten Liechtenstein mit der Frage, ob es sein Wille und seine Absicht sei, in Sinn und Umfang seiner Vollmacht mit Ihrer Königlichen Hoheit, der spanischen Infantin und Prinzessin von Parma, die Ehe zu schließen. Der Fürst antwortete „volo et ita promitto“, und die Prinzessin erteilte die gleiche Antwort, nachdem sie sich mit einer Reverenz gegen ihren Vater gewendet hatte. Dann weihte der Bischof die Ringe, und der Fürst präsentierte der Prinzessin den ihr gewidmeten auf einer Tasse, damit sie ihn sich selbst an den Finger stecke. Der für Joseph bestimmte Ring verblieb auf der Tasse, „um nach der Hand Ihrer Königl. Hoheit der Infantin von dem Bischoffen zugestellet zu werden, welcher alsdann die gewöhnlichen Gebetter ausgesprochen, so von der Ablesung des darüber verfaßten Notariatinstrument gefolget wurde“. Nach Empfang des bischöflichen Segens kniete das durch Prokuration vermählte Paar noch zu einem kurzen Gebet nieder. Aus dem Dom schritt man in der gleichen Ordnung wie beim Einzug, der Fürst zur Linken, der Herzog zur Rechten der nunmehrigen Erzherzogin und Kronprinzessin. In den herzoglichen Palast zurückgekehrt, erfüllte Isabella ihre erste offizielle Funktion in dieser ihrer neuen Eigenschaft: Sie empfing den Fürsten und alle kaiserlichen und königlichen Kammerherren als ihre Untertanen zum Handkuß. „Abends wurde auf das prächtigste das Hochzeitsmahl gehalten“, gefolgt von einer „prächtigen Illumination, Feuerwerk und Ball bey Hof und anmit die Festivitäten beschlossen[18]“.

Isabella war nun Erzherzogin, Kronprinzessin, Gattin eines zukünftigen Kaisers, Schwiegertochter der großen Maria Theresia – ein Glückskind, mochten viele meinen, eine Märchenprinzessin, die eine glanzvolle Zukunft vor sich hatte. Was mochte in ihr vorgegangen sein in den wenigen Tagen, die sie noch in vertrauter Umgebung, mit vertrauten Gesichtern um sich, verbringen konnte? Trennte sie sich schwer von ihrem Vater, von ihren kleinen Geschwistern? Von der Mutter wäre der Abschied sicher schmerzlich gewesen, aber die Mutter war tot, ihr Grab in weiter Ferne, sie hatte dieses glanzvolle Fest, das sie für so viele Enttäuschungen in ihrem Leben hätte entschädigen können, nicht mehr erleben dürfen.

Leider sind keine Tagebuchblätter erhalten geblieben, die über Isabellas damalige Gedanken und Gefühle Aufschluß geben könnten, und die Briefe an Marie Christine aus Parma und Colorno mit ihren Tönen der freudigen Erwartung klingen doch ein wenig nach Zweckoptimismus. Sie hätte ja schwerlich schreiben können, sie freue sich nicht auf ihr neues Leben in Wien. Wie aus einer später in Wien verfaßten selbstbiographischen Skizze Isabellas hervorgeht, hatte sie sich wohl in Frankreich, niemals aber in Italien so richtig heimisch gefühlt. Wie ihre Mutter, und gewiß auch von ihr beeinflußt, betrachtete sie den Aufenthalt dort als eine Art Verbannung und verließ das Land, in dem sie sich elf Jahre „so sehr wie nur möglich gelangweilt" hatte, ohne das geringste Bedauern.[19]

Über ihr eigenes Prinzessinnenschicksal formulierte sie noch weit kritischere Gedanken - sie mögen ihr so oder ähnlich schon damals durch den Kopf gegangen sein, wenn sie zwischen den Hochzeitsfestlichkeiten und den Vorbereitungen zum großen Aufbruch nach Wien Zeit zur Besinnung fand:

„Worauf hat die Tochter eines großen Fürsten zu warten? Ihr Schicksal ist unstreitig das unglücklichste. Den Vorurteilen des Volkes schon bei ihrer Geburt ausgesetzt, wird sie zu nichts anderem geboren als dem Plunder von Ehre und Etikette ausgesetzt zu sein, der der Größe und ihrem Stand in der Welt anhaftet - eine Strafe, sobald sie stammeln kann. Ihre Lage beraubt sie der Bekanntschaft mit den Menschen, von denen sie umgeben ist, ihr Rang, weit davon entfernt, ihr den geringsten Vorteil zu verschaffen, nimmt ihr die größte Annehmlichkeit des Lebens, die allen Leuten gegeben ist, die Gesellschaft. Oft ist die Familie selbst schon betrüblich. Ist sie zahlreich, so setzen sie die Verschiedenheit der Charaktere, die bei Hof sehr häufigen Intrigen täglich der Gefahr aus, verdorben oder unschuldig verstrickt zu werden; ist sie weniger zahlreich, so entschädigt sie die Einigkeit, die regiert, nicht für die Zeit, die sie lästigen Verpflichtungen oder langweiligen Zeremonien widmen muß.

Das sind Porträt und Situation einer jungen Prinzessin, die selbst in ihrer Familie die Hilfe nicht finden kann, die der letzte Privatmann von seiner kleinen Sippschaft erhält. Verpflichtet, inmitten der großen Welt zu leben, hat sie niemanden, mit dem sie reden kann, weder Bekannte noch Freunde.

Das ist aber nicht alles. Am Ende sucht man sie unterzubringen. Sie wird also verdammt, alles zu verlassen, Familie und Land – und für wen? Für einen Unbekannten, einen Menschen, dessen Charakter und dessen Art zu denken sie nicht kennt, für eine Familie, die sie vielleicht nur mit Eifersucht betrachtet, aber zumindest mit Vorsicht: als Opfer einer angeblich wohlwollenden Öffentlichkeit, viel eher aber der unglückseligen Politik eines Ministers, der keinen anderen Weg findet, um die beiden Häuser durch eine Allianz zu verbinden, die er als unlösbar ankündigt ..."[20]

So also dachte das Glückskind, die gefeierte und bewunderte Märchenprinzessin, in Wahrheit über das Schicksal, das ihresgleichen bestimmt war: all die Ehren – nichts als Plunder, die Etikette – eine Strafe, keine Hilfe, auch nicht von der eigenen Familie, niemand, mit dem man reden kann, keine Bekannten, keine Freunde, nichts als lästige Repräsentation und langweilige Zeremonien. Begann damals schon die Melancholie zeitweise von Isabella Besitz zu ergreifen, der Lebensüberdruß und die sehnsüchtige Hoffnung, nicht allzulange in diesem irdischen Jammertal leben zu müssen? Für ihre Umgebung war jedenfalls nichts von allfälligen trüben Stimmungen zu merken, denn in der Kunst, ihre wahren Gedanken klug zu verbergen, war sie längst Meisterin.[21] So gelang es ihr auch, alle, die in ihre Nähe kamen, nicht nur durch ihre Erscheinung, sondern auch durch ihr Wesen zu bezaubern, nicht zuletzt ihren „Bräutigam" Liechtenstein, der an die Kaiserin in Wien geradezu hymnische Berichte sandte:

„Sie hat meine Erwartung zur Gänze übertroffen, und ich kann Eure Kaiserliche Majestät versichern, daß keines ihrer Porträts ihr ähnlich sieht und ein Maler es schwer hat, sie zu treffen. Diese erlesenen Gesichtszüge, diese mit Würde gepaarte Anmut und Bescheidenheit stellen ein Hindernis dar. Seine Königl. Hoheit, der Erzherzog, wird der glücklichste Prinz auf Erden sein, denkt man an seinen Charakter und sein Herz. Ich darf hinzufügen, Eure Majestät, daß sie die Bewunderung aller Kavaliere meiner Suite erregt ..."[22]

Ein Bericht dieser Art mußte Maria Theresia als Kaiserin wie als Mutter in gleicher Weise entzücken, und voll freudiger Erwartung schrieb sie am 6. September an Don Philipp:

„... ich werde in Zukunft mein Möglichstes tun, daß

meine Gefühle auch nicht den geringsten Wunsch ihrerseits offen lassen ... Ich weiß sehr wohl, wie hoch der Preis ist, den ich mit ihr gewinne ... So können Königl. Hoheit bezüglich ihres Erfolges bei uns ganz beruhigt sein ... Mittlerweile ist es sicher, daß Sie nichts anderes als Komplimente und Dank von unserer Seite zu erwarten haben für das Geschenk, das Sie uns machen ..."[23]

Nur mehr wenige Tage verblieben, bis Isabella den Reisewagen bestieg und der Brautzug sich in Richtung Casalmaggiore, der mailändisch-österreichischen Grenzstadt, in Bewegung setzte, wo die „Entregna", die feierliche „Übergabe" der ehemaligen Infantin von Spanien und Prinzessin von Parma, nunmehrigen Erzherzogin von Österreich und Kronprinzessin von Böhmen und Ungarn, stattfinden sollte. Wie mag Isabella sie verbracht haben? Blieb ihr nach der Turbulenz der Hochzeitsfeierlichkeiten und Empfänge ein wenig Zeit für sich selbst? Konnte sie sich vielleicht den einen oder anderen Tag nach Colorno zurückziehen? Dort war es zwar auch nicht „gemütlicher" als im düsteren Stadtpalast, das ließen schon die riesigen Ausmaße dieses „farnesischen Versailles" nicht zu, aber doch heller, freundlicher. Ein weitläufiger Park und ausgedehnte Auwälder, die sich bis zum Po hin erstreckten, umgaben das Schloß. Im Appartement ihrer Mutter hat sie dann gewiß verweilt – es war nach deren Tod unverändert geblieben und barg eine Fülle von Erinnerungen.

Hochzeitsreise ohne Bräutigam[1]

Casalmaggiore ist ungeachtet seines Namens auch heute noch ein bescheidenes Städtchen, unmittelbar am Po gelegen, der sich hier zu einer weiten Schlinge krümmt. Dichte Auwälder begleiten seine Ufer, sandige, baumbestandene Inseln und breite Kiesstreifen unterbrechen seinen Lauf.

Niemand kam zum Glück auf die Idee, Isabellas Entregna müsse auf solch einer Insel mitten im Strom stattfinden, wie es zehn Jahre später bei der Übergabe Marie Antoinettes auf einer Rheininsel bei Kehl der Fall sein sollte.[2] Es wurde auch kein Holzbau errichtet wie in St-Jean-Pied-de-Port für Isabellas Mutter. In Casalmaggiore ging es zwar auch nicht ohne Pomp und Prunk, im ganzen aber doch gemütlicher zu.

Der „Generalbevollmächtigte der Lombardei", Karl Graf Firmian, hatte vom mailändischen zum parmensischen Ufer des Po eine Schiffbrücke schlagen und zwei Triumphpforten errichten lassen, und um halb zwölf Uhr mittag des 13. September kündigte Kanonendonner das Herannahen des Brautzuges an: voran der „Cabinets-Courier", die parmensische Leibgarde und die Wagen der Kavaliere und Damen und dann der von acht Apfelschimmeln gezogene Wagen der Erzherzogin-Kronprinzessin, in dem Isabella mit ihrer nunmehrigen Obersthofmeisterin, der Gräfin Antonia Erdödy, saß, gefolgt von Hartschieren, Edelknaben, Stallmeistern, Reitknechten, Kammerdienerinnen und Lakaien. Am mailändischen Ufer begrüßte der Höchstkommandierende der Militärprovinz, Graf d'Aspremont-Linden, die Erzherzogin, und im Schritt fuhr der Zug bis zum „Hauptquartier, des Marchese Vanini Behausung", wo schon zahlreiche Standespersonen der näheren und weiteren Umgebung versammelt waren. Fürst Liechtenstein begrüßte Isabella am Wagenschlag und führte sie in den Festsaal, wo sie auf einem Thronsessel unter einem Balda-

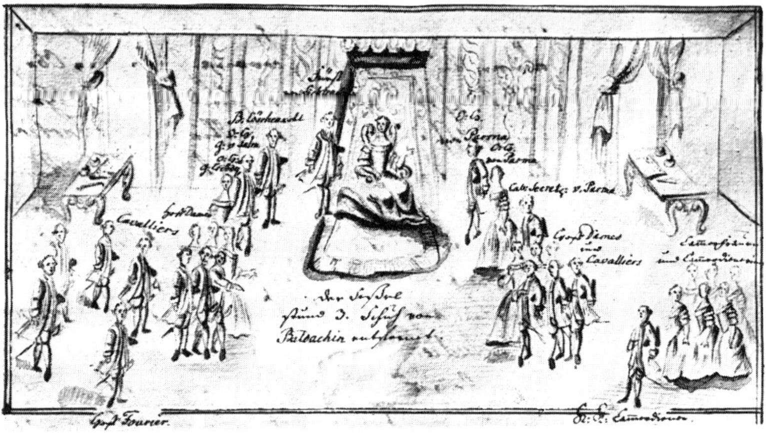

Situationsskizze aus dem Bericht des k. k. Hoffouriers Johann Georg Zinner. Entregna-Zeremonie in Casalmaggiore am 13. September 1760.

chin Platz nahm. Baron Löschenkohl verlas nun die Übernahmsvollmacht, und der parmensische Hofstaat wurde nach Gewährung des Handkusses beurlaubt. Nach einer kurzen Ruhepause in der Retirade empfing Isabella den persönlichen Botschafter der Majestäten, Fürst Auersperg, in Audienz, der die besten Grüße und Wünsche überbrachte, „zur glücklichen Ankunft in meinen Staaten“, wie Maria Theresia es in ihrem Schreiben ausdrückte. Sie freue sich, Isabella nun den „süßen Namen Tochter“ geben zu können und finde die Idee höchst angenehm, daß sie jeden Tag ihrem Bestimmungsort näher komme. „Ich nehme mir vor“, schloß die Kaiserin, „mein ganzes Leben hindurch Ihre gute Mutter zu sein“, und der Kaiser zeichnete mit „Ihr liebevoller Vater“.[3]

Anschließend wurde öffentlich gespeist und nach der Tafel der Hofstaat aus Parma beschenkt und verabschiedet.

Inzwischen war der Saal, ein eigens im Garten aufgeführtes Gebäude aus Holz, zum Konzert hergerichtet worden, das um halb sieben Uhr seinen Anfang nahm: Im Licht von tausend Kerzen ließen sich fünfzig Musiker auf ihren Instrumenten hören, den gereichten Erfrischungen (Limonade, Gefrorenes, Früchte und Zuckerwerk) hatten dreißig Zuckerbäcker ihre Kunstfertigkeit gewidmet.

Am nächsten Tag, einem Sonntag, begab sich Isabella mit ihrem gesamten Gefolge zur Pfarrkirche, wo der Bischof von Cremona das Hochamt feierte. Audienzen schlossen sich an, die Besichtigung des Frauenklosters und die Verabschiedung des Oberstallmeisters aus Parma, der sich auf den Heimweg machte. Am Abend gab es wieder ein Konzert, allerdings nicht in dem neuerrichteten Saal, der sich einigen Wolkenbrüchen gegenüber nicht als widerstandsfähig genug erwiesen hatte, sondern in der Anticamera. Am folgenden Tag sollte dann die große Reise endlich beginnen.

Mittlerweile war am Wiener Hof zuerst ein vorläufiger Bericht von dem in Parma abgehandelten Vermählungsgeschäft eingetroffen, und am 14. September der ältere Sohn des Staatskanzlers Kaunitz „per Postam von Parma mit der höchst angenehm und vergnüglichen Nachricht zu Schönbrunn angelanget, daß den 7. die Desponsation per Procurationem auf das herrlichst und vortrefflichste vollzogen worden." Endlich eine erfreuliche Botschaft, denn mit solchen von den Kriegsschauplätzen war man in letzter Zeit nicht verwöhnt worden. Trotz

Situationsskizze aus dem Bericht des k. k. Hoffouriers Johann Georg Zinner. Abendkonzert in Casalmaggiore am 13. September 1760.

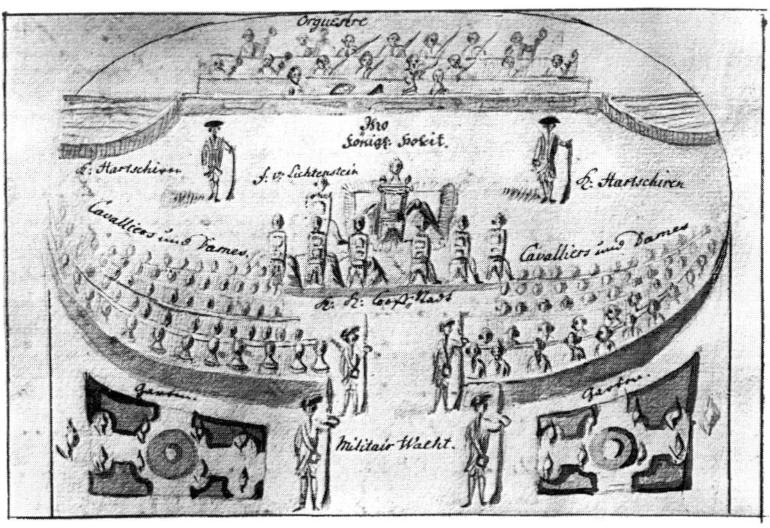

eines glänzenden, vom Oberbefehlshaber Graf Daun entworfenen Angriffsplans hatte das von Graf Laudon geführte Armeekorps am 15. August bei Liegnitz eine Niederlage erlitten, an der, wie manche behaupteten, die Uneinigkeit der österreichischen Heerführer Daun, Laudon und Lacy schuld gewesen sein soll. Tatsächlich war es aber wieder einmal das Genie König Friedrichs (er kam Daun mit einem Nachtmarsch zuvor und war mit seiner Hauptmacht dem Korps Laudon naturgemäß überlegen), das die Oberhand behielt.[4]

Die Freude über die Nachrichten aus Parma war jedenfalls groß: Zur Feier des Tages legte der gesamte Hof Galatracht an, die Majestäten und Kronprinz Joseph empfingen den päpstlichen Nuntius, die Botschafter und den Hochadel zur Gratulation. Zu Mittag speiste man bei schöner Tafelmusik öffentlich, und abends war Bal paré und großes Souper in Schönbrunn. Die Bürger von Wien haben sicher mit Anteilnahme auf „ihren" Joseph geblickt und sich das Glück ausgemalt, das nun in Gestalt dieser Prinzessin aus dem fernen Italien auf ihn zukam, von deren Klugheit und Liebreiz man sich Wunderdinge erzählte.

Und Joseph selbst? War er so „glücklich", wie seine Mutter in ihrem Schreiben an Maria Antonia von Sachsen vermeinte? Die Briefe, die er an seinen ehemaligen Kammerherrn, den Grafen Anton Salm, richtete, der sich als nunmehriger Obersthofmeister Isabellas auf der Reise von Parma nach Wien befand, gewähren höchst aufschlußreiche Einblicke in seinen damaligen Seelenzustand:

„Mein lieber Salm,

Mit großem Vergnügen habe ich Ihren Brief gelesen ... Die Beschreibung, die Sie mir von der Prinzessin geben, ist zu günstig, als daß ich nicht hoffen sollte, glücklich zu sein ... so meine ich, daß ich diese große Gnade Gottes durch den vollkommenen Gleichmut verdient habe, den ich stets der Wahl einer Gattin entgegengebracht, die ihre Majestäten für mich getroffen haben ... Nun, ob ich will oder nicht, ich bin für die Infantin bestimmt, die ich heirate und was mich betrifft, so werde ich sicherlich mein Möglichstes tun, um ihre Wertschätzung und ihr Vertrauen zu gewinnen. Was die Liebe betrifft, so wissen Sie, daß es gegen meine Natur ist, den Angenehmen und den Liebhaber zu spielen. Bereiten Sie sie gelegentlich darauf vor, daß sie in mir keinen geschniegelten Jüngling finden wird, der ihr hundert reizende Nichtigkeiten sagt, sondern einen Mann, der entschlossen ist, vom ersten Augenblick an jegliche Rücksicht und Aufmerksamkeit walten zu lassen, die sie nur wünscht. Ich glaube, dies ist meine Pflicht, und ich werde sie erfüllen, komme, was da wolle. Ein Mittel jedoch, vielleicht das einzige, das mein Herz gewinnen könnte, wäre das, wenn sie die Güte hätte, mir ihr Vertrauen zu schenken und gelegentlich meinen Rat einzuholen, den ich ihr stets aufrichtig und nach bestem Wissen geben werde ... Da haben Sie also die recht alberne Rede eines Liebhabers, der in drei Wochen heiraten soll. Aber mein Ruhm, der Dienst der Kaiserin und das Wohl des Volkes könnten mich veranlassen, direkt vom Altar in die Schlacht zu ziehen, wenn man mir dies erlaubte. Noch vor dem Altar würde ich die Prinzessin beim

Situationsskizze aus dem Bericht des k. k. Hoffouriers Johann Georg Zinner. Hochamt in der Pfarrkirche zu Casalmaggiore am 14. September 1760.

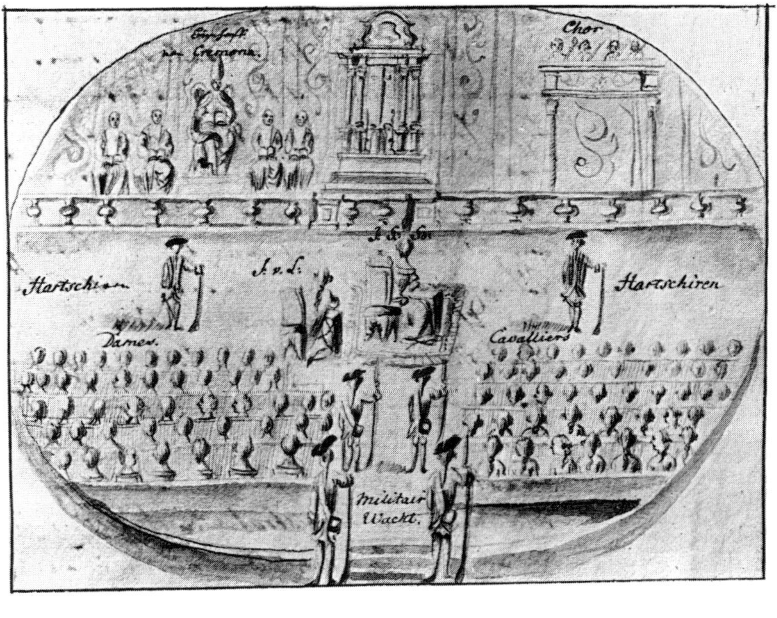

Kopf nehmen und con gusto conforto mich zur Armee begeben... ich habe die Reize der Liebe, die mir vielleicht den Kopf verdrehen wird, noch nie empfunden, aber sie hat es schon bei vielen Leuten getan, die weiser sind als ich.

Adieu, bleiben Sie wohlauf und marschieren Sie schwungvoll als kommandierender General vor einer Legion von Damen. Ich bin stets, mein lieber Salm,

Ihr getreuer Joseph"[5]

10. September 1760

Herzensergießungen eines unerfahrenen und einigermaßen gehemmten Jünglings, der sein Opfer viel lieber auf dem Feld der Ehre als auf dem Altar der Ehe gebracht hätte, aber als gläubiger Christ und gehorsamer Sohn sein Kreuz auf sich nahm.

Josephs Brief war noch unterwegs, als der Brautzug sich am 15. September um halb acht Uhr morgens von Casalmaggiore in Richtung Mantua in Bewegung setzte. Gleich zu Beginn fiel ein „mit Bagage ihrer Hoheit beladener Wagen" in einen Wassergraben, „wodurch verschiedene Sachen beschädiget und ruiniret worden" – zum Glück der einzige (berichtete) Unglücksfall dieser Art auf der ganzen Reise.

Am Ufer des Lolio, der Grenze des Mantuaner Gebiets, erwartete Graf Firmian die Reisegesellschaft und geleitete sie in das von Seen umgebene Mantua, das damals noch ganz den Charakter einer Insel hatte.[6] Lange Zeit war Mantua die Stadt der kunstsinnigen Gonzaga gewesen, denen Kaiser Karl V., Ahnherr Josephs und Isabellas, 1530 die Herzogswürde verliehen hatte. Mantegna und Monteverdi, Tasso und Rubens hatten hier gewirkt. Seit 1707, dem Erlöschen der Gonzaga-Herrschaft, war Mantua habsburgisch, und die Garnison begrüßte Isabella mit dreimal fünfzig Schüssen von den Wällen der Festung.

Man nahm im Palazzo Ducale Quartier, der aus ursprünglich zwei Palästen zusammengewachsen und im Lauf der Jahrhunderte zu einer der glänzendsten Residenzen Europas geworden war, geschmückt mit Fresken von Pisanello und Mantegna und ausgestattet mit Kuriositäten wie den Pferdetreppen und den Wohnungen der Hofnarren.[7]

Ob Isabella auch Zeit gefunden hat, sich im Schloß umzusehen? Kaum. Eine Repräsentationspflicht jagte die andere: Audienz für den Adel, öffentliche Tafel, Konzert im kleinen Kreis, und um sieben Uhr Ball im Komödienhaus, wo Isabella unter Beweis stellte, daß sie nicht nur ein zierliches Menuett, sondern auch einen „Deutschen" zu tanzen verstand.

Der folgende Tag, ein Rasttag, begann mit einem Hochamt in der als Hofkirche dienenden Basilica di Santa Barbara, dem Isabella in einem kostbar ausgestatteten Oratorium beiwohnte, und schloß mit einem Konzert im Komödienhaus.

Der nächste Reisetag führte eine Strecke über venezianisches Gebiet; an der Grenze warteten bereits der Podestà von Verona und zahlreiche venezianische Kavaliere. Isabella stieg in Castelnovo im Haus des Podestà ab, wo man einen Bretteranbau errichtet hatte, in dessen Saal sich 13 Tafeln unter den herrlichsten Meeresfrüchten der Adria und köstlichen Konfitüren bogen. Die Signoria hatte es sich auch nicht nehmen lassen, Isabella mit einigen kostbaren Erzeugnissen veneziani-

Situationsskizze aus dem Bericht des k. k. Hoffouriers Johann Georg Zinner. Ball im Komödienhaus zu Mantua am 15. September 1760.

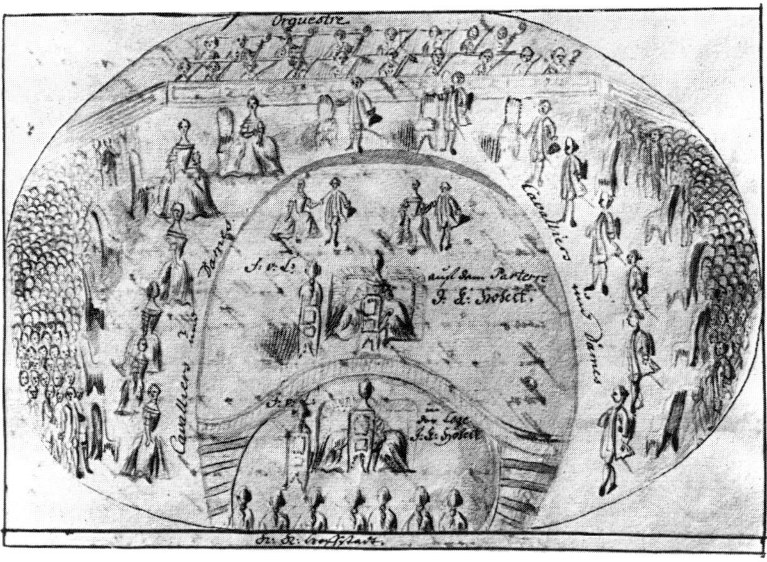

scher Glasbläserkunst zu überraschen, worunter fünf Spiegel aus blauem Glas besonders prächtig anzusehen waren.

Anschließend geleiteten die venezianischen Kavaliere und der kaiserliche Gesandte bei der Signoria Graf Rosenberg den Zug über die über die Etsch geschlagene Schiffbrücke.

Das nächste Nachtlager wurde zu Ala aufgeschlagen, womit man den südlichsten Zipfel von Welschtirol, also wieder habsburgisches Gebiet, erreicht hatte.

In Wien schrieb Erzherzog Joseph erneut an den getreuen Salm:

„Von allen Berichten und Erzählungen, die ich über die Infantin gehört habe, hat nichts mir soviel Freude gemacht wie Ihre Mitteilung, daß sie die Aufrichtigkeit liebt und einen Gemahl haben will, der zugleich auch ihr Freund ist ... mein Herz, bisher steinern und unempfindlich gegenüber den Reizen der Liebe, läßt sich in ihre Netze ziehen ...
... mein Herz ist schon ein wenig aufgeregt, obwohl ich es nicht zugebe ... heute in 14 Tagen sehen wir einander in Laxenburg, wo ich eine recht verlegene und alberne Figur machen werde, gegen mein Naturell willens, den Liebenswürdigen zu spielen und vielleicht nach einiger Zeit schon den Verliebten. Für Sie, die Sie mich kennen, wird es dort etwas zum Lachen geben ... Bitte danken Sie an meiner Stelle der Infantin für die Oper, die sie mir geschickt hat und sagen Sie ihr etwas Hübsches und Galantes, denn ich bin zu schlicht in meiner Art, um mir solche Dinge auszudenken ...“[8]

Wenn auch sein Herz langsam Regungen zeigte – zu galant gedrechselten Phrasen konnte sich Joseph nicht aufschwingen.

Inzwischen war Isabella unterwegs von Ala nach Rovereto, einer ansehnlichen Stadt mit schönen Kirchen, stattlichen Palästen und einem mächtigen Kastell aus dem 15. Jahrhundert, das die Venezianer errichtet hatten, bevor ihnen Kaiser Maximilian den Platz entriß und habsburgisch machte. Blickte man über die Val Lagarina hinweg, wie das Etschtal zwischen Ala und Calliano genannt wird, sah man das schon vom ersten Schnee bedeckte Massiv des Monte Bondone.[9]

Rovereto wurde nur passiert, aber der Magistrat versäumte nicht, seine Aufwartung zu machen, und man fuhr durch einige Triumphpforten, vorbei an geschmückten Häusern und Kaufmannsläden.

Auf der Weiterfahrt nach Trient erschien auf halbem Weg rechts der Straße in beherrschender Hügellage die größte Burg Welschtirols, Pisein, eine kleine Stadt mit Türmen, Mauern und Bastionen, seit 1470 Sitz der Grafen von Trapp. Als Christine von Schweden 1655 nach Rom reiste, wurde sie in Pisein von Graf Trapp empfangen, und der Donner des Saluts der ihr zu Ehren gelösten „Stücke" war talauf, talab zu hören.[10]

Von alldem hatte die Reisegesellschaft vom September 1760 gewiß keine Ahnung, aber es ist reizvoll, sich vorzustellen, wenn die beiden einander - über die Zeiten hinweg - begegnet wären, die blonde Amazone aus dem Norden, Tochter des großen Gustav Adolf, die nicht Königin sein wollte, und die dunkeläugige Märchenprinzessin aus dem Süden, Tochter des kleinen Don Philipp, die über das Gebirge nach dem fernen Wien unterwegs war, um einmal Kaiserin zu werden.

Eine Stunde nach Mittag erreichten Isabella und ihr Gefolge die Bischofsstadt Trient, türmebewehrt und mit Mauern umgürtet, die zum Teil noch aus staufischer Zeit stammten. Hier nahm Maximilian I. den Titel „Erwählter Römischer Kaiser" an, nachdem ihm die Venezianer den Weg zur Krönung in Rom versperrt hatten, hier tagte (mit Unterbrechungen) von 1545 bis 1563 das Tridentinische Konzil, aus dem der Katholizismus der Gegenreformation hervorging.[11] Vor dem „Magno Palazzo", dem im Süden der Bischofsburg, dem Castel del Buonconsiglio, im 16. Jahrhundert errichteten prachtvollen bischöflichen Residenzpalast, paradierte eine Schützenkompanie des Regiments Baden-Baden mit fliegender Fahne und klingendem Spiel. Der Fürstbischof persönlich begrüßte den hohen Gast am Wagenschlag und sprach bei der festlichen Tafel das Tischgebet.

Am Nachmittag besuchte Isabella den Dom des heiligen Vigilius, dessen spätromanisch-strengen Innenraum ein barocker Hochaltar kontrapunktierte, und die Marienkirche Santa Maria Maggiore, ein Meisterwerk der Renaissance.[12] An beiden Kirchenportalen erwartete und begrüßte sie der Fürstbischof. Am Abend Illumination von Schloß und Stadt, aber zeitige Retirade wegen des frühen Aufbruchs am nächsten Tag.

Sechs Stunden dauerte bei anhaltendem Dauerregen die Fahrt nach Bozen - eine Strecke, die heute auf der Autobahn bequem in einer halben Stunde „erledigt" ist. Von dem prachtvollen Bergpanorama wird Isabella wegen des Schlechtwetters nicht viel gesehen haben, aber der Empfang, diesmal durch den Tiroler Landeshauptmann Graf Wolkenstein und den Generalfeldwachtmeister von Krammer, war „geziemend". Isabella überraschte die Herren nicht wenig, als sie ihnen auf eine „zierliche und lobreiche Art in Teutscher Sprache" antwortete! Die Schützen paradierten und durften sogar, ihren Privilegien gemäß, am Tor von Isabellas Quartier zwei Schildwachen aufstellen. Die Bozener strengten sich überhaupt besonders an und feierten die Anwesenheit der Erzherzogin Braut mit einer glanzvollen Illumination, die am Rathaus sehr vorteilhaft zur Geltung kam.

Über Klausen, wo sich das Tal schluchtartig verengte und der Eisack neben der Straße gefährlich dahinschäumte (man erinnert sich, daß der Fourier Weininger und seine Helfer hier große Mühe hatten, den Weg passierbar zu machen), ging es am 20. September weiter in die älteste städtische Siedlung Tirols, die Bischofsstadt Brixen.

„Wir von Gottes Gnaden Bischof des Heiligen Römischen Deutschen Reichs Fürst von Brixen"[13] lautete der offizielle Titel des Fürstbischofs, der Isabella begrüßte, zusammen mit dem aus Innsbruck herbeigeeilten k. k. Kämmerer und wirklichen Geheimen Rat Freiherrn von Enzenberg und anderen Herren, die wieder mit einer Antwort in deutscher Sprache ausgezeichnet wurden. Isabella nahm in der bischöflichen Residenz Wohnung, wo auch getafelt und anschließend eine musikalische Darbietung zur Unterhaltung der Prinzessin Braut veranstaltet wurde. An diesem Tag schrieb eine glückliche Maria Theresia aus Wien an den Fürsten Liechtenstein:

„Ich kann Ihnen gar nicht genug versichern, wie groß meine Anerkennung und Befriedigung darüber ist, wie Sie diese große und interessante Commission ausgeführt, die Sie nun mit so großer Würde beendet haben. Ich warte mit äußerster Ungeduld, daß Sie uns den Schatz bringen, der in Ihrer Obhut ist, und ich werde nicht weniger erfreut sein, Sie wiederzusehen, um Ihnen sagen zu können, wie sehr ich Ihnen stets gewogen bin."[14]

Der nächste Tag war zur Freude der Bevölkerung und des anwesenden Adels ein „Ausruhungstag", den die Reisegesellschaft gewiß schon bitter nötig hatte. Isabella begab sich am

Vormittag mit Gefolge zu Fuß in den Dom, um dem öffentlichen Gottesdienst beizuwohnen, und nach der Tafel fand im Schloßtheater eine Opernaufführung statt. Vielleicht blieb Isabella zwischendurch sogar Zeit, die Terrakottastatuen zu betrachten, die die Galerien im Schloßhof schmückten und nach dem Vorbild des Maximiliansgrabmals in Innsbruck Mitglieder des Hauses Habsburg und deren Vorfahren darstellten.[15]

Auf jeden Fall fand sie Zeit zum Briefschreiben, so auch an Marie Christine:

„Madame, meine liebe Schwester,

alle meine Briefe heute beginnen mit einer Bitte um Entschuldigung. Ich bin wirklich ein bißchen schuld daran, daß ich Ihren Brief vom 10. d. M. nicht beantwortet habe. Tausend Gründe wären zu meiner Rechtfertigung anzuführen, aber sie sind alle wenig wert. Ich könnte sagen, daß die Reise, die Ermüdung, die Zeitknappheit, die Schonung, die ich für meine Gesundheit brauche (Sie selbst haben sie mir empfohlen!) mich gehindert haben. Was die Ermüdung betrifft, so sind die Tagestouren nicht lang genug, um mich so zu überanstrengen, daß ich nicht schreiben kann ... Und die Schonung führe ich zwar an, aber man stirbt nicht, wenn man einen Brief schreibt, ebensowenig, wenn man eine Viertelstunde weniger schläft – falls es nötig ist, schläft man eben im Wagen. Sie sehen also, daß ich jegliche Rechtfertigung aufgebe und nur auf Ihre Freundschaft zähle, die mir meine Faulheit verzeihen wird. Schließlich hoffe ich, daß Sie von meinen Gefühlen für Sie überzeugt sind und von der Freude, die mir die Ihren verursachen! Sie ist unaussprechlich, meine liebe Schwester, wie die Ungeduld, mit der ich den Augenblick erwarte, in dem ich Sie sehen werde. Ich verbleibe, was ich Ihnen auch stets zu beweisen mich bemühen werde, Ihre getreue Schwester

Isabelle Marie Louise“[16]

Brixen, am 21. September 1760

Welcher Freimut und welche Selbstironie einer Person gegenüber, die sie noch nie gesehen hatte! Aus den (leider nicht erhaltenen) Briefen Marie Christines muß ein so unmittelbarer Herzenston zu Isabella gesprochen haben, daß sie sofort

Vertrauen faßte und mit der künftigen Schwägerin korrespondierte wie mit einer alten Freundin.

Isabella dürfte jedenfalls trotz der Strapazen auf der Reise recht guter Dinge gewesen sein – warum soll sie es auch nicht genossen haben, als strahlender und akklamierter Mittelpunkt dieser ganzen Expedition gefeiert zu werden, ungeachtet dessen, was sie über Zeremoniell und Etikette dachte!

Mittlerweile war auch wieder ein Schreiben Erzherzog Josephs an den „lieben Salm" unterwegs:

„. . . je mehr der Moment heranrückt, desto aufgeregter bin ich, ich gestehe es, nicht aus Vergnügen, sondern aus Furcht nicht glücklich zu werden. Ich fühle mich sehr jung und kaum imstande mich selbst zu leiten – wie soll ich eine Frau lenken? Ich habe noch niemals die Reize der Liebe erfahren, Gott weiß, wie es mir ergehen wird . . ."[17]

In Brixen wurde die Reisegesellschaft am 22. September „unter Abfeurung einiger Pöller, Läutung der Glocken und Paradirung des Militaris" bereits um sieben Uhr früh vom Fürstbischof verabschiedet, der seine beiden Neffen, den Kanonikus Graf Spauer und dessen Bruder, voraus nach Bruneck, dem Grenzort des bischöflichen Territoriums, entsandt hatte, um der Erzherzogin Braut im Namen des Bischofs nochmals „für die höchste Gnade des Aufenthaltes geziemend" zu danken und „fernere höchstbeglückteste Reise anzuwünschen". Die ging an diesem Tag bis Niederdorf, wo sich Isabella zurückzog, um einmal richtig auszuruhen, während der übrige Hofstaat „sich mit einem Spaziergang belustigte, weillen die dasige Gegend ungemein angenehm" war.

Am folgenden Tag traf man dann „in vollkommensten Wohlstande" in Lienz ein, wo eine Kompanie des Andlauschen Regiments und eine Schützenkompanie paradierten. Der Generalfeldwachtmeister Baron von Krammer war ebenso zugegen wie die bereits aus Klagenfurt angereisten Herren, Graf von Zobeck (Landespräsident von Kärnten) und Graf Heißler.

Nach der Tafel, am Nachmittag, unterhielt man die Erzherzogin Braut mit Aufzug und Tanz einer Bauernhochzeit, die „Höchstdieselbe sich gnädigst gefallen ließ von dero Fenster anzusehen". Dero Fenster befand sich in der „Liebburg", dem Familien- und Amtssitz der Grafen von Wolkenstein-

Rodenegg aus dem 17. Jahrhundert, die bis heute ein Wahrzeichen im Stadtzentrum von Lienz geblieben ist. Der Tiroler Landesfürst Erzherzog Maximilian (der „Deutschmeister") hatte dem Geschlecht Adelsfreiheiten verliehen, von welchen („liber") sich auch der Name herleiten könnte. Nach einem Brand im Jahr 1609 wiederhergestellt, erhielt das Bauwerk in den zwanziger Jahren des 18. Jahrhunderts das Aussehen, das es bis heute behalten hat, bestimmt von den beiden mächtigen, zwiebelhaubenbekrönten Ecktürmen.[18]

Am folgenden Tag, dem 24. September, stieg die Reisegesellschaft in einem besonders prächtigen Schloß ab, dem „Sr. fürstlichen Gnaden des Herrn Fürstens von Portia" zu Spittal an der Drau, der selbstredend am Wagenschlag stand, gemeinsam mit Graf Zobeck, der Isabella nicht nur in Lienz, sondern auch an der Kärntner Landesgrenze, in Oberdrauburg, willkommen geheißen hatte.

Schloß Porcia lag damals noch unmittelbar am Ortsausgang, ein Mittelding zwischen Palast- und Schloßanlage, ab 1533 für Gabriel von Salamanca, Graf von Ortenburg, erbaut. Der Innenhof zählt bis heute zu den schönsten Arkadenhöfen außerhalb des Mittelmeerraums und dient bekanntlich sommerlichen Theaterfesten als Spielort. Auch für das Divertissement der Erzherzogin Braut war zu Schloß Porcia gesorgt: Schon bei der Tafel gab es ein Virtuosenkonzert und nach einer Promenade im Garten eine neuerliche musikalische Darbietung, wobei auch „teutsche Arien" zu Gehör gebracht wurden. Anschließend fand ein „von denen Bergknappen vor dem Schlosse mit Gesang und ihren Gebräuchen" aufgeführtes Lustspiel statt, dem Isabella von ihren Fenstern aus zusah. Komödienspiele auf Schloß Porcia anno 1760!

Der nächste Reisetag war der längste bisher: Acht Stunden (von sieben Uhr früh bis drei Uhr nachmittag) benötigte die Wagenkolonne für die Strecke von Spittal nach Klagenfurt, wo Isabella im Palais des Grafen Rosenberg auf dem Neuen Platz, dem heutigen Neuen Rathaus, abstieg, wo 1728 die letzte Erbhuldigung in Anwesenheit des Kaisers stattgefunden hatte.[19]

Dem Palais gegenüber war eine Triumphpforte aufgerichtet, auf welcher sich Musikanten mit Pauken und Trompeten hören ließen. Der Isabella nun schon wohlbekannte Graf Zobeck, der gesamte Adel und die Offiziere mußten sich allerdings ein wenig gedulden, denn als erster wurde der „von beeden Kaiserl. und Königl. Majestäten, wie auch Sr. Königl. Hoheit dem Durchl. Bräutigam abgeschickte würkliche Cammerherr und General Anton Graf von Hamilton zur gnädigsten Audienz gelassen", der „Courier d'amour", mit Grüßen und Briefen aus Wien an Isabella und, wie wir wissen, auch an den Grafen Salm.

Am Abend gab es im Theater eine italienische Komödie, nach der Isabella noch die Feder ergriff, um an Marie Christine zu schreiben:

„Clagenfurt, am 24. September 1760
Madame, meine liebe Schwester,

ich schreibe Ihnen einen Tag im voraus, denn ich glaube, ich werde morgen keine Zeit haben. Es ist ein Rasttag, wo ich ständig zu tun und zu schreiben habe, auch für Herrn Hamilton, der mich gebeten hat, ihn so bald als möglich zu depechieren. Sie können sich die Freude denken, die mir Ihr Brief bereitet hat und die Ungeduld, die Sie mir bezeigen, mich zu sehen. Ich versichere Sie, daß die meine nicht geringer ist, und ich sehe den Augenblick meiner Ankunft mit der lebhaftesten Begeisterung herannahen. Um meine Gesundheit brauchen Sie sich nicht zu sorgen, sie ist, Gott sei Dank, vorzüglich. Bis jetzt hat mich die Reise nicht geschwächt, sondern sehr gut getan. Mein Appetit ist gewaltig, und man behauptet sogar, daß ich wieder fett werde. Übrigens ist das Wetter so schön, daß man schon sehr empfindlich sein müßte, um sich durch eine Reise derangieren zu lassen, die gar nicht so mühsam ist, da die Tagesreisen sehr kurz sind. Trotzdem wanke ich ein wenig vor Schlaf, wegen einer italienischen Komödie, die ich besucht habe. Da sie sehr gut war, hat sie mein Souper um eine Stunde hinausgeschoben. Ganz honett für jemanden, der jeden Tag um fünf Uhr aufsteht!

Adieu, meine liebe Schwester, ich lege mich jetzt hin und ende wie stets nicht ohne Sie fest zu umarmen. Ich liebe Sie und bin in Wahrheit Ihre getreue Schwester

Isabelle Marie Louise"[20]

Isabella muß wahrlich wenig „empfindlich" gewesen sein, wenn sie eine (natürlich immer nach unseren Begriffen) derart strapaziöse Reise nicht besonders mühsam fand. Außerdem verfügte sie ja durchaus über Vergleichsmöglichkeiten. Vielleicht waren die Reisen, die sie als Kind von Madrid nach Versailles und von Versailles nach Parma mitgemacht hatte, wesentlich „mühsamer“ gewesen als die jetzige.

Diesmal konnte sie wenigstens ausschlafen, denn der Hofstaat begab sich anderntags erst um elf Uhr in die Pfarrkirche, um dem vom Prälaten des Stifts Viktring zelebrierten Gottesdienst beizuwohnen. Dann die Damen zum Handkuß, öffentliche Tafel, am Abend wieder italienische Komödie im schön ausgezierten Theater. Bei der Rückkunft strahlte die Triumphpforte gegenüber dem Palais Rosenberg im Lichterglanz, wie sich denn Klagenfurt überhaupt in seinen Devotions- und Freudenbezeugungen besonders auszeichnete.

Die nächste Station war das bereits in der Steiermark gelegene Fürstlich Schwarzenbergische Schloß Schrattenberg bei Murau, zu welchem „Se. Fürstl. Gnaden von Schwarzenberg die Weege sehr gut zurichten und, wie auch die Auffahrt zum Schloß sehr schön mit Triumphpforten auszieren liessen.“ Mit dem Fürsten standen auch der Landeskommandant Generalfeldzeugmeister Freiherr von Andlau sowie der Landeshauptmann Graf Kynberg und andere Deputierte zum Empfang bereit. Carlstädtische Husaren und fünfzig Mann vom Regiment Neipperg paradierten. Zur öffentlichen Tafel hatte der Fürst Musik bestellt, für den Nachmittag eine Serenade, und am Abend erstrahlten Schloß und Park in prächtiger Illumination, die Isabellas „gnädigstes Wohlgefallen“ erregte.

Am nächsten Tag langten Isabella und ihr Gefolge schon um zwölf Uhr mittag im Lackowitzschen Schloß Spielberg bei Knittelfeld an und dies „bey höchst vergnüglichen Wolstand“. Steirische Deputierte und der Fürstbischof von Seckau, Graf Firmian, machten ihre Aufwartung sowie Frau von Lackowitz „nebst ihrem unmündigen Sohn, dem dieses Schloß zugehörig“. Nachmittags „erlustigten sich Ihre Königl. Hoheit mit Spatzierengehen in der nächst dem Schloß gelegenen Alee und hatten sich sodann retiriret“.

An diesem Tag, dem 28. September, schrieb Joseph aus Wien ein letztes Mal an den Grafen Salm:

„... ich bin sehr unruhig und fürchte mich mehr davor, mich zu vermählen, als ob ich in eine Schlacht zöge ... besonders, seit ich die Instruktionen von S. M. dem Kaiser empfangen habe, die mich erschreckt und aufs äußerste überrascht haben ... schon der Gedanke an das, was mir bevorsteht, fällt mir schwer und erregt meinen Ekel ... niemals im Leben habe ich mich so niedergeschlagen und bekümmert gefühlt und das einzig aus Furcht, nicht gut anzukommen. Wäre ich ein Privatmann, ich würde alles rückgängig machen und mich niemals entschließen zu heiraten. Aber als Opfer des Staates gebe ich mich eben hin und hoffe, daß Gott dieses Opfer gütigst annehmen und mich entschädigen wird, wenn nicht in dieser dann in der anderen Welt. Das sind nun meine Besorgnisse, die die Majestäten zu zerstreuen suchen, aber sie wachsen von Augenblick zu Augenblick ...“[21]

Seine Majestät, der kaiserliche Herr Papa, scheint bei der „Aufklärung“ seines immerhin schon im zwanzigsten Lebensjahr stehenden Sohnes nicht ganz die richtigen Worte gefunden zu haben – hätte Joseph sonst das ihm Bevorstehende als „ekelhaft“ empfinden können? Dabei verfügten Seine Majestät doch über einen reichen Erfahrungsschatz – nicht nur aus 24 Ehejahren, aus denen insgesamt 16 Kinder hervorgegangen waren, sondern, wie man in den letzten Jahren verstärkt munkelte, auch sonst ...[22] Aber über die letzteren konnte er natürlich mit seinem Sohn nicht sprechen.

Sympathisch und für die damalige Zeit vor allem in fürstlichen Kreisen unüblich erscheint das Vertrauensverhältnis Josephs zu seinen Eltern. Er konnte mit seinen „Besorgnissen“ zu ihnen kommen, und sie suchten sie zu zerstreuen, so gut es eben ging. Vergleicht man seine Situation mit der Isabellas, so ging es ihm ungleich besser: Er hatte nicht nur liebevolle Eltern, bei denen er Rat suchen, er hatte in Graf Salm auch einen väterlichen Freund, dem er zumindest brieflich sein Herz ausschütten konnte.

Am 29. September erreichte der Brautzug Schloß Neuwieden, wo sich neben dem Freiherrn von Andlau auch der Landpräsident der Steiermark, Graf Schaffgotsch, und eine so große Zahl Adelige eingefunden hatten, daß nicht alle an der Hoftafel teilnehmen konnten. Sie wurden vom Fürsten Liechtenstein bewirtet.

Vor dem Schloß war ein offenes Amphitheater aufgebaut worden, wo eine Bauernhochzeit mit Einzug der Wagen, Tafel und Tanz nach den Landesgebräuchen vorgeführt wurde.

Am nächsten Tag mußte wieder „mit dem frühesten" aufgebrochen werden, denn es war nicht nur der Semmering zu überwinden, sondern auch das „letzte Nachtlager Stuppach bei guter Zeit" zu erreichen, wohin Seine Majestät Kaiser Franz der Prinzessin Braut höchstselbst entgegengereist war.

Nach Bezwingung des Semmerings, dessen herbstlich bunte Wälder damals einzig von Feldern, Wiesen und Gehöften unterbrochen wurden, rollte die Wagenkolonne durch den Schwarzagraben dem Ort Stuppach und dem von einem Park umgebenen Schloß entgegen, das sich seit 1659 im Besitz der Grafen von Walsegg befand. Der 1763 geborene Sohn des damaligen Schloßherrn ist als Auftraggeber von Mozarts „Requiem" in die Musikgeschichte eingegangen.[23]

Isabella zog sich kurz in ihre Retirade zurück, um sich zu erfrischen, und wurde dann von der Gräfin Erdödy zu ihrem Herrn Schwiegerpapa geleitet:

Franz Stephan, entthronter Herzog von Lothringen, Großherzog von Toskana, als römisch-deutscher Kaiser Franz I.

Wie mag er auf sie gewirkt haben?

Trotz kleiner Statur, Embonpoint und Doppelkinn galt der in seinem 52. Jahr stehende Kaiser für damalige Begriffe als gut aussehend, besonders die Schönheit seiner dunkelblauen Augen und die Frische seiner Gesichtsfarbe wurden hervorgehoben. Graf Podewils, zwischen den Kriegen Gesandter Friedrichs II. am Hof zu Wien, bemerkte, daß manche Leute die Züge des Kaisers etwas „gewöhnlich" fanden. Vielleicht meinten sie damit, sie wären nicht so markant wie die mancher Vorfahren seiner Gemahlin. Der gelegentliche Hang des Kaisers zum Grimassenschneiden wirkte sich auch nicht gerade vorteilhaft aus. Gang und Haltung waren etwas gebückt und ziemlich „nachlässig", also keinesfalls das, was man damals unter „majestätisch" verstand. Auch in den Umgangsformen liebte Franz Stephan die Ungezwungenheit, er haßte Pomp und Prunk und ganz besonders Zeremoniell und Etikette. Man meinte, er ginge in all diesen Dingen manchmal zu weit und wäre selbst schuld, wenn man es ihm gegenüber an Ehrfurcht fehlen ließ. Von Natur aus fröhlich und ausgeglichen, überkamen ihn bisweilen auch melancholische Stimmungen, doch im allgemeinen war er meist gut aufgelegt, liebte es zu plaudern und zu scherzen (manchmal auch albern) und gelegentlich

einen harmlosen Schabernack zu inszenieren.[24] Sein Bruder Karl sagte ihm nach, daß er auch spöttisch und ironisch sein konnte, was nicht jedermann gefiel.[25]

Des Kaisers persönlicher Charme und seine natürliche Liebenswürdigkeit haben gewiß dazu beigetragen, daß diese erste Begegnung viel ungezwungener verlief, als Isabella vielleicht gefürchtet hatte. Bei der bekannten Schwäche Franz Stephans für das schöne Geschlecht mag auch die Anmut der Prinzessin Braut ein übriges getan haben, um diesem Beisammensein eine angenehme Atmosphäre zu verleihen.

„Öffentlicher Einzug Ihrer Königl. Hoheit der Durchlauchtigsten Prinzessin Braut von Parma, Isabella". Gouache von Johann Gfall, 1761.

Der Kaiser stieß jedenfalls das Zeremoniell gleich um, sagte die vorgesehene öffentliche Tafel ab und speiste mit Isabella à deux, „wobei die Damen allein aufwarteten, nach welcher Bedienung auch die Hofstatt zum Speisen gingen; Ihre Majestät verblieben jedoch allzeit bei Ihrer Königl. Hoheit in der zweiten Antichambre". Auch das Souper nahm der Kaiser mit Isabella allein, nachdem man sich an einem Instrumentalkonzert und den Darbietungen einer „besonderen Sängerin" ergötzt hatte.

Der letzte Reisetag war kurz, nach bequemer Fahrt über

die weite Ebene des Steinfeldes, die der Kaiser im Wagen Isabellas zurücklegte, traf der Brautzug schon um elf Uhr vormittag in Laxenburg ein. Man stieg im „Sinzendorfschen Haus“ ab und erwartete die Ankunft der Kaiserin und des Kronprinzen, die noch nicht eingetroffen waren.

In den wildreichen Auen von Triesting und Schwechat hatten Maria Theresias Vorfahren schon im 14. Jahrhundert gejagt, und Herzog Albrecht III. hatte dort einen in der Größe eher bescheidenen, aber innen reich ausgestatteten Jagdsitz errichten lassen. Kaiser Maximilian I. ließ um 1500 die Umgebung des Schlosses neu gestalten und hielt sich auch zweimal zur Jagd dort auf.

Unter verschiedenen „Pflegern“ verfiel das Gebäude wieder, bis es unter Kaiser Ferdinand II. erneut gründlich instand gesetzt wurde, bevorzugter Aufenthalt nicht nur von kaiserlichen Jägern, sondern auch von deren Gemahlinnen. 1683 wurde Schloß Laxenburg wie die gesamte Umgebung von den Türken verwüstet, doch Kaiser Leopold I., Maria Theresias Großvater, begann nach glücklich überstandenem Türkensturm von 1693 an mit der Wiederherstellung. Er kam regelmäßig im Frühjahr zur Reiherbeize und ließ sich zur bequemeren Reise die vom Lustschloß Favorita vor den Mauern von Wien bis nach Laxenburg führende Straße ausbauen und mit Alleebäumen bepflanzen.

Auch die Kirche im Markt, die der Zerstörungswut der Türken zum Opfer gefallen war, erfuhr durch den kaiserlichen Bildhauer Mathias Steinl eine Neugestaltung.

Maria Theresias Vater, Karl VI., liebte Schloß und Jagdgründe ganz besonders und ließ durch den Ingenieur Jacob Marinoni 1716 eine Übersichtsmappe der Herrschaft Laxenburg anlegen, in der außer dem Schloß und seinen Nebengebäuden auch die Sitze der Hofleute eingezeichnet waren: das gräflich Sinzendorfsche Haus etwa, der „Blaue Hof“, der damals noch dem Grafen Schönborn gehörte, die Sitze des Fürsten Schwarzenberg und des Grafen Kaunitz und abseits das kleine Landhaus des Fürsten Leopold Dietrichstein. Die Hofleute hatten hier nur Sommersitze ohne Landbesitz, eingestreut zwischen die Bauernhöfe des Ortes. Obwohl die Zeitgenossen das Schloß weder prächtig noch bequem fanden, hielt sich der Kaiser gern hier auf, „theils wegen der angenehmen Situation, theils wegen der Jagd und Reiherbeitz[26]“.

Maria Theresia konnte sich erst nach dem Frieden von Aachen (1748) wieder um Laxenburg kümmern, und sie tat es um so lieber, als auch Franz Stephan die Reiherjagd und die Gegend um Laxenburg schätzte. Nun reifte langsam der Plan, ein geräumigeres Wohnschloß zu errichten, denn der Hof und die ständig wachsende Kinderschar fühlten sich im Alten Schloß schon mehr als beengt.

Die Kaiserin erwarb also den nunmehr im Besitz des Feldmarschalls Daun befindlichen „Blauen Hof“ und weitere Parzellen, die nach dem teilweisen Abbruch des Sinzendorfschen Hauses mit dem 1753 errichteten Theater und dem zum Park hin gelegenen Fest- und Speisesaal verbunden werden sollten. Der Ausbruch des letzten Krieges (1756) verzögerte die Ausführung der Pläne, die Gesamtanlage war also zur Zeit von Isabellas Eintreffen noch unvollendet.[27]

An jenem denkwürdigen Tag trafen Maria Theresia und ihr Sohn nach ein Uhr in Laxenburg ein und stiegen im „Daunischen Hauß“ ab.

Die Kaiserin stand in ihrem 44. Jahr, und die Last der Staatsgeschäfte und die 16 Geburten hatten ihre Spuren hinterlassen. Ihre kaum mittelgroße, einstmals schlanke Gestalt war füllig geworden, aber ihr Gang hatte die Leichtigkeit, ihre Bewegungen hatten die Grazie und Würde bewahrt. Viel mehr noch aber als ihre Erscheinung beeindruckte ihre majestätische Haltung, die mit so viel natürlicher Ungezwungenheit gepaart war, daß selbst die Schüchternsten ermutigt wurden.[28]

Joseph überragte seine Eltern, war schlank und gerade gewachsen, und sein gut geschnittenes Gesicht mit den hellen Augen, der hohen Stirn, der leicht gebogenen Nase und den fein geschwungenen Lippen konnte schön genannt werden.[29]

Der „würckliche Empfang“, die erste Begegnung en famille, fand nun im „Daunischen Garten“ statt, den der Kaiser mit Isabella vom Sinzendorfschen Haus und die Kaiserin mit Joseph vom Daunschen Haus her betreten hatten.

Machte Joseph die „verlegene und alberne Figur“, wie er befürchtet hatte?

Wir wissen es nicht. Ihrem Wesen entsprechend wird die Begrüßung der im Umkreis der hellhäutigen und blauäugigen

Habsburg-Lothringer fremdländisch anmutenden Prinzessin Braut mit ihren dunklen Augen und dem gebräunten Teint auf Seiten der Kaiserin mütterlich herzlich, auf Seiten Josephs eher zurückhaltend gewesen sein.

Und Isabella selbst?

Sie betrachtete die Angelegenheit gewiß ziemlich kühl als das, was sie nun einmal war: als einen politisch-dynastischen Akt, der sie mit einem gut aussehenden, nicht unsympathischen, aber doch wildfremden jungen Mann zusammenführte, mit dem sie in wenigen Tagen Tisch und Bett teilen sollte.

Im Wien Maria Theresias

Zu Isabellas Residenz vor ihrem offiziellen Einzug in Wien war das Lustschloß Belvedere ausersehen, von Johann Lukas von Hildebrandt in den ersten Jahrzehnten des Jahrhunderts für Prinz Eugen von Savoyen erbaut. Maria Theresia hatte es der Nichte und (unwürdigen) Erbin des Prinzen, Victoria von Sachsen-Hildburghausen, 1742 abgekauft. Die Schloßanlage verdiente ihren Namen in doppelter Hinsicht: Nicht nur die Bauten des Unteren und des Oberen Schlosses und die dazwischenliegenden, sanft emporsteigenden Gärten waren prächtig anzusehen, das Obere Belvedere bot auch, von seiner beherrschenden Lage auf einem Hügel vor der Stadt aus, eine eindrucksvolle Aussicht auf das ummauerte Wien und seine Umgebung bis hin zu den Hügeln des Wienerwaldes. Wir genießen diese Aussicht bis zum heutigen Tag, wenn sich das Panorama in manchen Details auch einigermaßen verändert hat.

Wie sich der Blick auf die Stadt zu Isabellas Zeit darbot, hat uns Canaletto auf seiner berühmten Vedute aufs exakteste überliefert.

Die markanten Punkte, die monumentalen Kuppelbauten der Karlskirche am linken und der Salesianerkirche am rechten Bildrand, mit dem Stephansdom als beherrschendem Mittelpunkt, sind uns auch heute noch vertraut, ebenso die Gartenfassaden des Palais Schwarzenberg und des Unteren Belvedere. Die Karlskirche erhebt sich allerdings noch wie ein erratischer Block aus der Fluß- und Baumlandschaft des Glacis, das sich unverbaut zwischen der Stadtmauer und den Vorstädten hinzieht. Verfolgt man die Silhouette der Türme, erkennt man die Hofburg mit dem Türmchen der Hofburgkapelle, die Hofbibliothek, den Turm der Minoritenkirche, die Kirchen der Augustiner und des Bürgerspitals, die Türme von St. Michael und St. Dorothea, die Schottenkirche, St. Anna, die Kuppel der Peterskirche, St. Agnes, St. Maria am Gestade, den Stephansdom, das Türmchen der Deutschordenskirche, die Franziskanerkirche, die Sternwarte der Universität, Kirche und Observatorium der Jesuiten, St. Laurenz, St. Jakob und Kirche und Kloster der Dominikaner. Von den Vorstadtkirchen sind die Karmeliterkirche und die Kirche der Barmherzigen Brüder in der Leopoldstadt, der Turm der Elisabethkirche auf der Landstraße und die Piaristenkirche nahe dem Palais Auersperg in der Josefstadt zu sehen. Den Horizont bilden die Hügel des Wienerwaldes mit dem Kahlenberg und dem Leopoldsberg und die Donauebene mit dem in der Ferne liegenden Bisamberg. Von all diesen Türmen und Kuppelbauten sind die meisten bis heute erhalten (nur die Kirche des Bürgerspitals, die Türme von St. Michael, St. Agnes, St. Jakob und das Observatorium der Jesuiten wurden zwischen 1783 und 1816 abgebrochen), wenn auch teilweise durch Bauten des 19. und 20. Jahrhunderts „verstellt" und vom Oberen Belvedere aus nicht mehr sichtbar.[1]

Der Garten des Belvedere, heute vor allem Tummelplatz von Touristen aus aller Welt, zählte damals zu den beliebtesten Ausflugszielen der Wiener Bürger, vor allem wegen seiner schattigen Alleen und Wasserkünste. Besonders die Damenwelt machte häufigen Gebrauch von der Möglichkeit, sich im Belvedere-Garten zu einem Spaziergang zu treffen, „denn was die Weiber im Österreichischen und besonders in Wien betrifft", schrieb ein französischer Reiseschriftsteller, „so herrscht unter ihnen eine Art von gefährlichem Wetteifer, welche von ihnen ihren Geschmack und ihre Eitelkeit am besten befriedigen könne: und es sind nicht etwa bloß die Damen der Großen, die zu diesen Excessen geneigt wären, sondern es geben diesen vornehmen Damen auch selbst die vom Bürgerstand in diesen Artikeln nicht das Geringste nach!"[2]

Man legte allgemein viel Wert auf Kleidung und Putz, auch die Bürgersleute. „Die Liebe zum Putz ist auch bey den niedrigen Ständen allgemein", notierte ein Wien-Besucher aus deutschen Landen, „und ein Friseur oder ein Kopist bey einer Hofstelle erscheint oft viel netter und aufgeputzter als der Hofrath, den jener des Morgens frisirt, oder dessen Dekrete

Blick vom Oberen Belvedere 1759/60. Gemälde von Bernardo Bellotto.

dieser, durch die vierte Hand, abgeschrieben hat. Sogar bis auf die Geistlichen erstreckt sich oft die Begierde, durch Putz zu glänzen. Die Abbés pupins sind in Wien beynahe so häufig wie in Paris, und dienen auch beynahe zu eben diesen Zwecken, wie daselbst. Eine Mannsperson, die Gesellschaften besuchen will, muß nicht allein nach der neuesten Mode, sondern auch nach der Jahreszeit und nach den verschiedenen Abwechslungen, welche jede Art der Gesellschaft erfordert, gekleidet sein. Die beliebtesten Farben sind lila, apfelgrün, hellgrau, hellgelb, lichtblau, blassrot. Männer tragen einen ponceauroten Frack, dazu eine weißseidene Weste mit bunter Stickerei, kurze Beinkleider aus paillegelbem Kaschmir, hohe Reitstiefel mit silbernen Sporen oder Schuhe mit stählernen oder silbernen Schnallen. Das Haar ist stark gepudert zu einem Zopf geflochten oder im Beutel. Dazu trägt man einen Dreispitz mit sehr breiten schwarzen Cocarden, welchen man bei Allongeperücken in der Hand hält. Weiters Lorgnetten an farbigen Bändern, zwei möglichst lange Uhrketten, musterhaft weiße Handschuhe, ein Paar Brillantrosenringe und ein ‚spanisches Rohr' mit großem goldenen oder silbernen Knopf. Die Hosen sollen möglichst eng, der Rock möglichst weit mit hohem Stehkragen und

Ärmelaufschlagen mit Gold-, Silber- und Seidenstickereien an den Kanten sein. Dazu kommen noch Jabots und Manchettes mit Spitzen."[3]

Haupttoilettenstücke der Damen waren Schönheitspflästerchen à la Pompadour, Fächer, duftende Blumenbouquets und das Seitentäschchen, in dem sich Riechfläschchen und Schminktöpfchen befanden, und hellrote, möglichst hohe Schuhabsätze. Reifrock, Manteau (Oberkleid) und Korsage waren dem Adel vorbehalten, doch die zeitgenössischen Beobachter stellten immer wieder fest, daß auch die Bürgersfrauen und -töchter höchst aufwendig gekleidet gingen, mit „eingehakten Schürzen aus Seide, Goldhauben, gepudertem Haar und um den Hals einige Perl- oder Goldschnüre ... Die Stubenmädchen, eine Art von schönen Dienstmädchen, die Wien ganz eigen sind, machen gleichsam einen medium terminum aus, womit sowohl die vornehmen als die niedrigen Stände zusammenhangen. Sie sind sämmtlich schön, von zarter Haut, schminken sich wohl noch dazu, haben niedliche Füßchen und gestickte Schuhe, halten sich sehr sauber in Kleidern, gehen beständig in Seide; und sie mögen Schlepphauben oder böhmische Hauben tragen, so wissen sie an denselben mit feiner Koketterie, abgeschnittene auf die Stirn fallende Tupeen, und breite, fallende Chignone anzubringen, die ihnen oft ein anlockenderes Wesen geben, als der neueste französische Putz den Damen von Stande."[4] Gegen die Einfuhr ausländischer, besonders französischer Luxuswaren hatte schon Maria Theresias Vater, Karl VI., Verordnungen erlassen, ohne viel Erfolg, denn seine Tochter mußte sich erneut mit dem Problem auseinandersetzen.[5]

Innerhalb der Stadtmauern herrschte schon von den frühen Morgenstunden an ein reges Leben und Treiben, angeführt von den Dienstmädchen, die aus den Küchen der Palais und aus den Zimmern der Bürgerhäuser in die Kirchen zur Frühmesse eilten. Dort wurde nicht selten neben der Religion auch den jeweiligen Herzensbedürfnissen Genüge getan, denn auch die Verehrer und Liebhaber der dienstbaren Weiblichkeit, die Kutscher und Reitknechte, die Leibhusaren und Hausdiener pflegten sich einzufinden. Auf dem Heimweg wurde dann in einem der zahlreichen Kaffeehäuser Station gemacht und das Frühstück eingenommen.

Indessen war auch das Treiben auf den Märkten lebhaft geworden: Die Marktweiber waren mit ihren Butten angekommen und legten ihre Waren aus. Bald umlagerte sie ein Heer von Köchinnen oder von Hausfrauen, die sich keine Köchin leisten konnten und selber einkaufen und feilschen mußten. Es ging höchst bunt zu, und man hörte Höflichkeiten und Schimpfreden in spaßhafter Abwechslung, wobei die halb heiseren und scharfen Stimmen der Marktweiber zumeist die Oberhand behielten.

Vor neun Uhr sah man keine vornehmen Kutschen auf den Straßen, wohl aber Holz- und Bierwagen, Fleischwagen und andere ökonomische Fuhrwerke, zwischen denen sich die Armee der Sekretäre, Adjunkten, Konzipisten, und Kanzlisten tummelte, die ihren Ämtern zustrebten, gefolgt von zahlreichen Wagen, in denen Kanzler und Präsidenten, Referenten und Archivare, Räte und Registratoren zu den verschiedenen staatlichen Stellen unterwegs waren.

Gegen zehn Uhr wurde es in den Hauptstraßen noch lebhafter. Man fuhr zum Frühstück oder zu Toilette-Visiten, zwischen halb zwölf und zwölf dann zur Kirche, wobei auch die „höheren Töchter der Freude" nicht fehlten, wenn sie über die entsprechende Garderobe verfügten. Mit Guckgläsern ausgestattete Stutzer und sonstige Müßiggänger warteten dann auf dem Graben und vor dem Milanischen Kaffeehaus, um „über das zurückkommende andächtige Geschlecht Musterung zu halten".

Zwischen zwölf und eins rasselte so mancher mit hochadeligen Damen und deren Kindern und Freundinnen besetzter Wagen in Richtung Prater, um ein wenig Bewegung in frischer Luft zu genießen, aus dem gleichen Grund nahmen die Bürgersleute ihren Weg nach der Bastei. Der gemeine Mann speiste um zwölf, der mittlere Bürger und Beamte, der um drei wieder in der Kanzlei sein mußte, um eins, Leute von Stand um zwei und einige vom Hochadel noch später.

In den frühen Nachmittagsstunden lagen die Straßen recht still und einsam da, erst gegen halb fünf Uhr füllten sie wieder Menschen, Pferde und Wagen: Man ging, ritt und fuhr zur Abendpromenade auf die Bastei, in die Gärten, nach den Vorstädten. Nach sechs wuchs der Lärm am heftigsten, die Kanzleien schlossen, ebenso die Handwerksbetriebe und ein Großteil der Warenstände und Buden. Die Stunde der Abendgesellschaften, die Öffnung der Komödienhäuser nahte heran, die Bürgersleute strebten den Bierhäusern zu, und das Gewühl nahm stellenweise lebensgefährliche Formen an. Nach einer Atempause zwischen sieben und neun Uhr erneuerte sich das Getöse für kurze Zeit, wenn die Spektakel zu Ende waren und die Gesellschaften auseinandergingen. Um zehn wurden alle Privathäuser geschlossen, um die Menge von „liederlichem Gesindel" daran zu hindern, sich in Höfen und Gängen zu verkriechen. Nach zehn Uhr mußte dem Hausmeister für die Öffnung des Haustors ein Groschen bezahlt werden.

Von halb elf an patrouillierte Kavallerie in der Stadt und in den Vorstädten, nach elf wurde es immer stiller, und zwischen zwölf und halb eins fuhren nur noch vereinzelt Wagen aus den großen Palästen vom Souper nach Hause.

Um zwei Uhr wurden die Laternen ausgelöscht, und die Stadt versank endgültig in Schlaf, bis vier Stunden später der Lärm und das Gewimmel wieder von vorn begannen.[6]

Was die Sittlichkeit betraf, so schrieb ein Zeitgenosse, daß die Libertinage in Wien ungemein groß und das Weibervolk sehr kokett gewesen sei. Niemand mißbilligte die Gemeinschaft der Geschlechter (außer der Geistlichkeit natürlich), solange nicht die „Früchte einer allzu großen Vertraulichkeit" an den Tag kamen.

Maria Theresia hat bekanntlich versucht, die Sitten in ihrer Haupt- und Residenzstadt mit Hilfe der berühmt-berüchtigten „Keuschheitskommission" zu verbessern, sie durch die vielen damit verbundenen Mißbräuche aber eher verschlimmert. Selbst der Hofchronist Khevenhüller vermerkte in seinem Tagebuch, daß die bestellten Commissarii die Sache oft zu weit getrieben und manchmal völlig unschuldige Personen belästigt hatten, worüber in auswärtigen Zeitungen öffentlich gespottet wurde.[7] Auch Casanova kam bei einem Wienbesuch mit der Kommission in Konflikt und wurde ausgewiesen.[8]

Anders als in Frankreich, wo Wohnung und Residenz der Herrscherfamilie in Versailles, fern der Hauptstadt und fern dem Volk eine Welt für sich bildete, wohnten die Habsburger inmitten ihrer Untertanen, zumindest in der kalten Jahreszeit, wenn sie in der Hofburg residierten, einem in rund fünf Jahrhunderten gewachsenen Gebäudekomplex, der mehr einem wunderlichen Torso als einer imposanten Residenz ähnlich war. Bis zur endgültigen Niederringung der Türken mehr Festung als Palast, trug sich Kaiser Leopold I. in seinen letzten Lebensjahren bereits mit dem Gedanken, die Hofburg zu einer prunkvollen kaiserlichen Residenz auszubauen. Doch erst sein jüngerer Sohn Karl VI., dem die Förderung der Künste, vor allem der Architektur, als Zeichen von Macht und Majestät besonders am Herzen lag, gab entscheidende Umbauten in Auftrag. Während seiner Regierungszeit wurden die Hofbibliothek und die Winterreitschule errichtet, der Reichskanzleitrakt und die Rotunde zum Michaelerplatz hin, die allerdings nur bis zum Kranzgesims gedieh (die Michaelerfront erhielt erst zwischen 1889 und 1893 ihr heutiges, im Sinn der alten Pläne fertiggestelltes Aussehen).[9]

Trotz ihrer besonderen Vorliebe für Schönbrunn zeigte auch Maria Theresia Interesse für die Hofburg, doch hat keine der größeren Konzeptionen über das Stadium der Planung hinaus Gestalt gewonnen, eine Folge der Kriege und des notorischen Geldmangels (der Um- und Ausbau Schönbrunns kostete ohnedies schon genug). In den Jahren 1746/47 entwarf sogar der große Balthasar Neumann drei Alternativpläne für eine durchgreifende Umgestaltung des Burgkomplexes, die allerdings eine Preisgabe der drei alten Haupttrakte (Alte Burg, Amalienburg und Leopoldinischer Trakt) zur Folge gehabt hätte. Ausgeführt wurden jedoch nur einige kleinere Bauvorhaben, so etwa die Umwandlung des alten Ballhauses am Michaelerplatz in ein Theater (das Burgtheater) und die Errichtung der Redoutensäle am Tummelplatz (heute Josefsplatz), wo Kaiser Joseph I. sein italienisches Opernhaus gehabt hatte. In der Alten Burg wurden zwischen 1753 und 1756 die oberen Teile der mittelalterlichen Türme abgetragen, der (heutige) Josefsplatz begann seine vertraute Gestalt anzunehmen: Hofarchitekt Nikolaus Pacassi brachte die seitlichen Fronten mit dem Bibliotheksbau auf gleiche Trauf- und Firsthöhe und glich sie in den Fassaden dem Werk Fischers von Erlach an (die östliche Begrenzung des Platzes, das Palais Fries-Pallavicini, wurde erst in den Jahren 1783/84 errichtet).[10]

Maria Theresia bewohnte mit ihrer Familie den Leopoldinischen Trakt, den sie hatte neu ausstatten lassen; auch waren die Fenster des zweiten Stockwerks vergrößert und eine Auffahrtsrampe zu den kaiserlichen Appartements (die sogenannte „Bellaria") geschaffen worden.

Die kaiserlichen Wohn- und Zeremonialräume befanden sich im ersten Stock zwischen der Botschafter- und der Adlerstiege. Die großen Zeremonialräume lagen gegen den Schweizerhof zu: Ritterstube und erste (kleine) und zweite (große) Antekammer, denen sich die Ratsstube (auch Audienz- und Tafelzimmer) und die eigentlichen Wohngemächer des Kaisers anschlossen: Retirade, Billardzimmer und Kabinett. Gegen den Amalienhof zu lagen Spiegelzimmer, Audienzzimmer sowie zweite und erste Antekammer der Kaiserin (heute Bestandteil der Amtsräume des Bundespräsidenten). Genau die Mitte zwischen den Zimmerfluchten hielt der allerprivateste Raum: das gemeinsame Schlafzimmer des Herrscherpaares, in fürstlichen Kreisen geradezu unerhört in der damaligen Zeit. Neben und hinter den angeführten Räumlichkeiten befanden sich noch Arbeits-, Schreib- und Spielkabinette, Aufenthaltsräume für das Kammerpersonal, Garderoben, Innenretiraden und, beiderseits der Stiegenaufgänge, Räume für die Hartschiere, Trabanten und Garden.

Auch am Wiener Hof herrschte die Etikette, das Zeremoniell nach spanischem Vorbild; Auswüchse wie in Versailles kamen allerdings nicht vor, wenn auch bei offiziellen Anlässen gewisse Regeln eingehalten werden mußten, etwa die, wem zu welchen der kaiserlichen Gemächer der Zutritt gestattet war: in die Ritterstube dem gesamten Hofstaat, selbst dem geringsten Hoffähigen, in die erste Antekammer den Kavalieren der Botschafter und Kardinäle, den Edelknaben und Kapellmeistern, in die zweite Antekammer den Freiherren, Grafen, Hofkriegsoffizieren und Prälaten, in die Ratsstube den Botschaftern, Kur- und Reichsfürsten, den Capi der Hofämter, den Geheimen Räten, Kämmerern, Erzbischöfen und Bischöfen.

Bei Hoffesten speisten die kaiserlichen Herrschaften entweder öffentlich in der zweiten Antekammer oder in ihrem gewöhnlichen Speisezimmer, der Ratsstube, die übrigen Personen an Tafeln in den ihrem Rang nach zustehenden Räumen.

Die Audienzen erfolgten je nach dem Grad und der Stellung zum Herrscherhaus nach dem Durchschreiten des Wachtraums, der Ritterstube und der ersten Antekammer entweder in der zweiten Antekammer, in der Ratsstube oder selbst auch in der Retirade des Kaisers. Diese Reihenfolge galt auch auf der Seite der Kaiserin, doch mit dem Unterschied, daß anstelle der Ratsstube die Audienz im Spiegelzimmer stattfand, auf das die Retirade der Kaiserin folgte.[11]

Bei Hofempfängen war „spanische Tracht" vorgeschrieben, mit roten Strümpfen, Perücke, Degen und „Mantelkleid" (das Franz Stephan ganz besonders haßte), bei Eintritt und Verlassen des Empfangsraums dreimal spanische Reverenz, selbstverständlich immer mit dem Gesicht zum Herrscher, was beim Verlassen des Raums, wobei man nach rückwärts gehen mußte, oft Schwierigkeiten bereitete.

Speisten die Majestäten öffentlich, so brachten die Haushofmeister in spanischen Mänteln unter Vorantritt des Obersthofmeisters die Platten, die vom Oberküchenmeister angerichtet und vom Silberkammermeister begutachtet worden waren, eine Schar von Kammerherren bot kniend Wasser, Gläser und Teller dar – bevor ein Teller die Majestäten erreichte, war er bereits durch 24 Hände gewandert! Der Monarch speiste mit bedecktem Haupt und nahm den Hut nur beim Tischgebet ab oder wenn die Kaiserin auf seine Gesundheit trank. Das diplomatische Corps blieb stehen und zog sich zurück, wenn der Kaiser den ersten Schluck zu sich genommen hatte. Ein Orchester sorgte für Tafelmusik.

Der Oberstkämmerer Graf Johann Joseph Khevenhüller, eifriger Tagebuchschreiber und minutiöser Chronist aller Ereignisse bei Hof, profunder Kenner des Protokolls und voll tiefem Respekt vor der geheiligten Tradition, wachte mit Argusaugen darüber, daß alle Vorschriften der Etikette eingehalten wurden, aber oft und oft beklagte er, wie sehr die Sitten sich lockerten. Da marschierte etwa Prinz Karl von Lothringen, der Bruder des Kaisers, in Stiefeln über das Parkett, da befahl Ihre Majestät einen Gardeleutnant zur Tafel, der „kein Geborener" war, da duldete Seine Majestät der Kaiser bei Hoffestlichkeiten die Anwesenheit bürgerlicher Offiziere! Gar nicht zu reden von der Nachlässigkeit, die in Kleiderfragen herrschte, wobei die Majestäten selbst das schlechte Beispiel gaben.[12]

Viel lieber als in der düsteren, verwinkelten Hofburg hielt sich die Kaiserin mit ihrer Familie in Schloß Schönbrunn auf, benannt nach dem „Schönen Brunnen", den Kaiser Matthias

auf dem Areal des Jagdschlößchens „Katterburg“ entdeckt haben soll, als er in den Wäldern rundum auf der Pirsch war. Damals lag das Schloß weit vor der Stadt, eine halbe Stunde außerhalb der Mariahilfer Linie am Ufer des Wienflusses, unweit der Reichs-Poststraße (heute Linzer Straße), von der man damals noch den schönen Anblick des Schlosses mit seinen weitläufigen Nebengebäuden und Gärten ungestört genießen konnte: „kein etikettenstolzes Aranjuez, kein üppig schwelgendes Versailles, sondern der würdige Wohnsitz einer patriarchalischen Regentenfamilie“, wie es ein späterer Wien-Chronist einmal beschrieb. Johann Bernhard Fischer von Erlach hatte die Anlage im Auftrag von Maria Theresias Großvater Leopold I. für dessen älteren Sohn Joseph in grandiosen Ausmaßen entworfen, die Versailles noch übertrumpfen sollten, doch wie (fast) immer fehlte das Geld, und Fischer mußte seine architektonischen Höhenflüge der kaiserlichen Kasse

Der Ehrenhof des Schlosses Schönbrunn mit dem Einzug des Überbringers der Siegesnachricht von Kunersdorf, Joseph Graf Kinsky, am 16. August 1759. Gemälde von Bernardo Bellotto.

anpassen. Joseph I. liebte das Schloß von Anbeginn und feierte in dem erst halbfertigen Gebäude bereits glänzende Feste. Nach seinem frühen Tod diente es seiner Gattin Amalia Wilhelmine als Witwensitz, die es zu pflegen suchte, so gut sie konnte, doch ihre Mittel reichten kaum für das Nötigste. Auch Josephs Bruder und Nachfolger, Maria Theresias Vater Karl VI., ließ Gärten und Gebäude warten, einiges sanieren und fertigstellen, doch sein Herz hing nicht an dem Ort. Als Lustschloß sagte ihm die prächtige und intakte Favorita (heute Theresianum) ungleich mehr zu, und was er an Geldern für Neubauten erübrigen konnte, floß in die Karlskirche, die Hofburg oder in seinen unvollendet gebliebenen Traum vom zweiten Escorial, nach Klosterneuburg. Erst mit Maria Theresia kam wieder Leben in das entseelte Gebäude, und sie ist die bestimmende Bauherrin und Hausfrau geblieben, bis auf den heutigen Tag. Trotz der Veränderungen, denen Schönbrunn im Laufe der Zeiten unterworfen war, vermochte es das Antlitz und die Atmosphäre seiner großen Zeit, der Jahre von 1750 bis 1780, zu bewahren.

1743, im Jahr von Maria Theresias Krönung zur Königin von Böhmen, begann Hofarchitekt Nikolaus Pacassi mit der Um- und Neugestaltung, die 1749 in ihren wichtigsten Teilen abgeschlossen war; aber durch zwanzig weitere Jahre hörte die Bautätigkeit nie gänzlich auf, ständig war etwas eingerüstet oder aufgegraben. Handwerker gehörten zum ständigen Bild der Schönbrunner Hofhaltung. War die Kaiserin anwesend, inspizierte sie täglich die Arbeiten, redete überall drein und sparte nicht mit Kritik, besonders wenn sie entdeckte, daß wieder einmal Materialankäufe oder Arbeitsaufträge getätigt beziehungsweise vergeben wurden, ohne mehrere Kostenvoranschläge einzuholen.

Pacassi erweiterte den Bau auf seine heutige Breite und Höhe und zog an den Schmalseiten ebenso wie an der Südfront der Seitenflügel jeweils ein Zwischengeschoß ein. Jedem der Kinder stand ja ein Vorzimmer (Antekammer), ein Wohnzimmer (Retirada) und eine Schlafkammer zu, dem Kronprinzen ein Audienzzimmer extra. „Hofstaatführende Mitglieder" brauchten gemäß spanischem Protokoll fünf Räumlichkeiten: zwei Vorzimmer, ein Audienzzimmer, eine Retirada und den Schlafraum. Beim Elternpaar in Schönbrunn erhöhte sich der Gesamtbestand auf zehn Gemächer, die in der östlichen Nobeletage eingerichtet wurden. Kinder, für die hier unten kein Platz mehr war, wurden im neueingerichteten Zwischengeschoß und im Oberstock untergebracht. Ein ausländischer Gesandter mußte also bei der Antrittsvisite, die er dem Herrscherpaar, dem Kronprinzen, der Kronprinzessin und gegebenenfalls noch weiteren erlauchten Sprößlingen des Hauses Habsburg-Lothringen abzustatten hatte, eine beachtliche Wegstrecke zurücklegen. Im Zwischengeschoß konnte man außer diversen Hofämtern auch den Obersthofmeister, Hofdamen, Erzieher, Erzieherinnen, Ammen und jenen Teil der Kavaliere unterbringen, für die in den Kavalierstrakten am Ehrenhof kein Platz mehr war. Auch das Gesinde, Kammerjungfern, Kammermenscher (für niedrige Arbeiten), Lakaien, Läufer, Barbiere, Perückenmacher usw., fand jetzt größtenteils im Zwischengeschoß und im Oberstock Platz; bis dahin waren die Bediensteten dazu verhalten gewesen, in den nahe bei Schönbrunn gelegenen Dörfern Quartier zu nehmen. Sänftenträger, Laternenträger, Ofenheizer, Strapaziermenscher (für schwere und schwerste Verrichtungen), Schneider, Musikanten, usw. hatten ihre Wohnstuben seit jeher in den Nebengebäuden des Schlosses.

Der Mitteltrakt, das „Corps de logis", blieb Festlichkeiten und Empfängen vorbehalten, in den Seitenflügeln wohnte man; links, im Ostflügel, die Töchter, rechts, im Westflügel, die Söhne.

Die Schloßkapelle, zu Josephs I. Zeiten noch von sehr bescheidenem Aussehen, wurde ebenfalls neu und prächtiger ausgestaltet; Pacassi gewann dafür die ersten Künstler der Zeit, den Bildhauer Raphael Donner und die Maler Paul Troger und Daniel Gran.[13]

Auch in Schönbrunn lebte das Kaiserpaar mit- und nicht nebeneinander in getrennten Flügeln, wie es in Versailles oder, noch weiter voneinander entfernt, in getrennten Schlössern, wie es in Potsdam üblich war. Der preußische Gesandte am Kaiserhof zwischen den Kriegen, Otto Graf von Podewils, schilderte seinem Herrn dieses unübliche herrscherliche Eheverhältnis sehr ausführlich, und versäumte nicht, auch Anekdotisches einzubeziehen:

Wie Podewils aus „guter Quelle" erfahren haben will, beklagte sich der Kaiser eines Tages gegenüber einem seiner Günstlinge, dem lothringischen Oberst Rosières, über seine Gattin, die ihm während einer Konferenz Schweigen geboten und zu verstehen gegeben habe, er solle sich nicht in Angelegenheiten mischen, von denen er nichts verstünde. „Sire", habe Rosières darauf geantwortet, „erlauben Sie mir zu sagen, daß Sie die Kaiserin falsch behandeln. Wenn ich an Ihrer Stelle wäre, ich würde sie so schmiegsam wie einen Handschuh bekommen." - „Wie denn?", fragte der Kaiser. „Ich würde getrennt schlafen. Glauben Sie mir, daß sie Sie auf diese Art liebt, und daß Sie so alles bei ihr erreichen können!" Dieser Ratschlag brachte dem Obersten kein Glück, denn die Unterredung wurde der Kaiserin hinterbracht, und sie verfolgte Rosières so sehr mit ihrem Zorn, daß ihm nichts anderes übrigblieb, als den Hof zu verlassen, was Franz Stephan sehr bedauerte, aber nicht verhindern konnte.[14]

Sämtliche Räume im Schloß hatten Öfen, teils ältere, barocke, teils die reich verzierten und verschnörkelten des Rokokos, die alle von außen, von einer unsichtbar angebauten Heizkammer aus, beheizt wurden. Maria Theresia selbst legte allerdings wenig Wert auf warme Temperaturen, arbeitete am liebsten bei offenen Fenstern (und das nicht nur im Sommer), und nicht selten saßen ihr ihre Mitarbeiter und Berater frierend und in Pelze gehüllt gegenüber. Nur wenn der überempfindliche, hypochondrische Kanzler Kaunitz erschien, durften die Fenster geschlossen werden.

Beleuchtet wurde das Schloß, vor allem bei Festivitäten, durch Unmengen von Wachskerzen, die an Lustern, Wandappliken oder Traggirandolen befestigt waren. Oft schwelten und tropften sie und verursachten neben hohen Kosten auch viel Mühe und Arbeit.

Badezimmer gab es, im Gegensatz zu Versailles, in Schönbrunn keine, das erste ließ Kaiserin Elisabeth einbauen, aber eine Unmenge von „Abtritten“, die „Retiraden“ hießen, genauso wie die Wohnzimmer der Suiten. Von diesen gingen noch bis 1890 „Abfallstränge“ in die bisweilen allzu nahe am Schloß angelegten Senkgruben. Sanitäre Zustände wie in Versailles, wo sich in Vorzimmern und Innenhöfen Abfälle und Exkremente häuften, sind aus Schönbrunn nicht bekannt. Auch transportable, oft künstlerisch gestaltete „Leibstühle“ standen in Verwendung, die von Lakaien und „Kammermenschern“ in den Park geschleppt wurden, wo man ihren Inhalt an geeigneter Stelle vergrub.

Von den Schauräumen des Schlosses, die dem Besucher von heute offenstehen, ist noch ein rundes Dutzend der vierzig von mehr oder weniger starken Nachklängen aus Maria Theresias Tagen erfüllt. Die Decken der Kleinen und der Großen Galerie mit ihren Malereien, die wertvolleren Tapisserien und die großen Gemälde samt Wandschmuck aus Glas und Porzellan wurden so gut wie nicht verändert, von den ursprünglichen Fußböden sind allerdings nur mehr Reste vorhanden, die Intarsienböden wurden erst um 1890 gelegt.

Im „Chinesischen Rundkabinett“, das schon zu Josephs I. intimen Gemächern gehört hatte, richtete die Kaiserin ihre „Konspirationstafelstube“ ein, das Geheimkabinett, von dem eine verborgene Wendeltreppe ins Zwischengeschoß führte, wo sich Staatskanzler Kaunitz zur Verfügung hielt. Der zweideutige Ausdruck „table de conspiration“ gefiel Maria Theresia bald nicht mehr, und sie änderte ihn auf „table d’union“. Im Rundkabinett gab es auch ein „Tischleindeckdich“, das mittels einer Winde von unten heraufgehoben [illegible]rden konnte, damit die Gäste ungestört durch [illegible]inander plaudern konnten. Maria Ther[illegible]n der servierenden Dienerschaft durcha[illegible]nd ließ die Vorrichtung wieder entfernen [illegible]en Speisenaufzug ist in einer Rosette des [illegible]ens erkennbar).

Im „Frühstückszim[illegible] goldgerahmte Blumenbildkartuschen au[illegible]d an die Stickkünste der Kaiserin und [illegible]usammen mit ihrem Vater auch einige de[illegible]eichnungen im „Porzellanzimmer“ angefer[illegible] die Dekoration im „Vieux-Laque“ und im [illegible]mer“, ganz nach Wunsch und Geschmack de[illegible]staltet, kann heute noch bewundert werden. Das [illegible] gilt für das Schloßtheater, das Pacassi zwischen den westlichen Torbau und die anschließenden Nebengebäude einfügte, heute das älteste noch erhaltene (und bespielte) Bühnenhaus Wiens.

War das Schloß Maria Theresias Domäne, so zählten das von Bäumen, Blumen und Getier belebte Areal des Parks, die Menagerie und der Botanische Garten zu Franz Stephans Reich, der sich um ihre Ausgestaltung in vorbildlicher Weise kümmerte. Und dieser Park war nicht etwa nur der kaiserlichen Familie und dem Hof vorbehalten, er stand von Anfang an mit Gärten, Wald und Menagerie Besuchern aller Stände und Altersstufen offen. Im Mittelpavillon der Menagerie, aus deren Fenstern man die „Thierabteilungen“ sehen konnte, nahm das Kaiserpaar gelegentlich das Frühstück ein.[15]

Es konnte auch durchaus vorkommen, daß in den kühlen Wandelgängen der beschnittenen Alleen lustwandelndes Volk seiner Herrscherin begegnete, die auf einem ihrer Arbeitsspaziergänge unterwegs war, eine Schreibplatte mit Feder und Tintenfaß wie einen Bauchladen umgeschnallt. So konnte sie bequem im Auf- und Abgehen Aktenstücke studieren, Briefe schreiben, ein Buch lesen und dabei die frische Luft genießen. Auch Audienzen gab sie gern im Gehen, was (laut Podewils) nicht jedermanns Zustimmung fand.[16]

Familie Habsburg-Lothringen

Anders als in Versailles gab es also in der Hofburg und in Schönbrunn ein Familienleben, das sich geradezu „bürgerlich" gestaltete. Das begann damit, daß Kaiser und Kaiserin einander liebevoll zugetan waren, tatsächlich miteinander lebten, Tisch und Bett teilten, und dies nicht nur aus Pflicht, sondern aus aufrichtiger Zuneigung. Sie verbrachten, zumindest in jüngeren Jahren, auch die Freizeit soviel wie möglich gemeinsam, beide waren schneidige Reiter, unermüdliche Tänzer und schätzten das Glücksspiel. Der Kaiser war überdies ein begeisterter Waidmann; die Kaiserin liebte die Jagd weniger, nur Franz Stephan zuliebe nahm sie manchmal daran teil.

Zeitgenössischen Berichten zufolge waren beide völlig uneitel, was ihr Äußeres betraf, legten weit mehr Wert auf bequeme als auf elegante Kleidung und warfen sich nur in Staat, wenn dies unumgänglich war. „Niemand", schrieb Graf Podewils, „wird die Kaiserin der Koketterie beschuldigen, und niemals hat sie zu einem solchen Vorwurf den geringsten Anlaß gegeben. Aufrichtig liebt sie den Kaiser, aber sie fordert auch von ihm die gleiche Anhänglichkeit. Es ist sicher, daß sie sehr eifersüchtig auf ihren Gemahl ist und alles tut, um zu verhindern, daß er irgend einer anderen seine Neigung zuwendet. Deutlich gab sie ihren Mißmut einigen Damen zu erkennen, welche der Kaiser zu bevorzugen schien. Die strengste Sittenreinheit trachtete sie am Hofe aufrecht zu erhalten, und sie zeigte ganz unverhohlen denjenigen ihre Verachtung, welche sich wider sie vergingen. Ihre Kinder liebt sie zärtlichst und sie umgibt sich fortwährend mit ihnen. Ein rein bürgerliches Hauswesen zu führen, wäre ihr gewiß am liebsten."[1]

Auch Maria Theresias Lebensweise war eher bürgerlich zu nennen. Im Winter erhob sie sich um sechs, im Sommer um fünf, manchmal schon um vier Uhr. Mit Ausnahme des Got-

Maria Theresia und Franz Stephan.
Gemälde von Jean Etienne Liotard.

tesdienstes war der ganze Morgen den Geschäften gewidmet. Um ein Uhr speiste sie, anschließend gönnte sie sich ein, zwei Stunden Erholung, bis wieder die Geschäfte an die Reihe kamen. Gegen sieben begann das Spiel, das meist nicht länger als eineinhalb Stunden dauerte. Nach dem Souper, noch vor zehn Uhr, begab sie sich gewöhnlich zur Ruhe.

Hatte sie in ihrer Jugend gern und unermüdlich getanzt, so bestand auch in späteren Jahren ihr Lieblingsvergnügen in der Bewegung im Freien, zu Fuß oder zu Pferde. Sie hielt sich auch viel lieber auf dem Land auf als in der Stadt, nicht nur in Schönbrunn und in Laxenburg; sie machte gern Ausflüge zu den Lustschlössern des Hochadels und besuchte die Esterházys in Kittsee oder Esterház, die Batthyánys in Trautmannsdorf oder die Trautsons in Goldegg, Kaunitz in Austerlitz oder Liechtenstein in Feldsberg.[2]

An Franz Stephan wurden immer wieder Einfachheit und Bescheidenheit gerühmt, freilich auch ein Hang zur Bequemlichkeit und keine große Liebe zur Arbeit konstatiert. Faßt man aber seine „Hinterlassenschaften" zusammen, so muß er fleißiger gewesen sein, als manche meinten. Sowenig er als Feldherr glänzen konnte, so begabt war er auf allen Gebieten, die mit Wirtschaft und Finanzen zu tun hatten. Er legte nicht nur den Grundstein zum späteren habsburgischen „Familienversorgungsfonds", er schuf auch landwirtschaftliche Musterbetriebe, richtete ein Münzkabinett und ein Naturalienkabinett ein (das heutige Naturhistorische Museum in Wien geht darauf zurück) und förderte den Austausch von Künstlern zwischen Wien und Florenz, der Hauptstadt seines Großherzogtums Toskana. Daneben beschäftigte er sich gern mit mechanischen Arbeiten, stand an der Drehbank und verfertigte Schnitzerein. Der sonst so vorsichtige und nüchterne kaiserliche Geschäftsmann hatte auch eine Schwäche für Abenteurer und Wundermänner, Alchimisten und Rosenkreuzer und suchte mit ihnen, wie viele seiner Zeitgenossen, vergeblich den Stein der Weisen.

Die schon erwähnte, bis heute volkstümlichste Hinterlassenschaft Franz Stephans sind allerdings der Park und die Menagerie von Schönbrunn, wo er seiner Liebe zu Blumen und Pflanzen Ausdruck geben konnte.

Die wenigsten Spuren hat Franz Stephan als „Herrscher" hinterlassen: In den Erbländern herrschte seine Gemahlin, und für das Reich, dessen gewählter und gekrönter Kaiser er war, konnte seine Funktion nur mehr als eine repräsentative angesehen werden. Anläßlich einer Hoffestlichkeit zog er sich einmal in einen Winkel des Saals zurück, um sich auf einem Stuhl niederzulassen, und meinte zu zwei Damen, die sich erheben wollten: „Achten Sie nicht auf mich, ich will hier warten, bis der Hof sich entfernt. Der Hof", setzte er erläuternd hinzu, „sind die Kaiserin und meine Kinder. Ich bin hier nur ein einfacher Privatmann."[3]

1760 waren von insgesamt 16 kaiserlichen Kindern noch 13 am Leben: Maria Anna, Joseph, Maria Christina, Elisabeth, Carl, Amalia, Leopold, Johanna, Josepha, Charlotte Carolina, Ferdinand, Maria Antonia und Maximilian. Maria Anna, Marianna genannt, mit 22 Jahren die nunmehr Älteste, war gewiß nicht die hübscheste, sicherlich aber die Klügste der kaiserlichen Töchter. Schon der Neunjährigen bescheinigte der preußische Gesandte Podewils viel Geist und Urteilskraft, allerdings auch eine gehörige Portion Hochmut. Sie war lebhaft und begabt, hatte Freude daran, sich zu produzieren, und ihre Musikalität soll überdurchschnittlich gewesen sein. Marianna schrieb in späteren Jahren selbst über ihre Jugend: „Ich bin mit einem Feuer und Heftigkeit der Passionen geboren, so eine nur männliche und ziemlich zerstreute Erziehung immer mehr vermehret hat. Ich lebte in der Blüte meiner Jugend an einem der lustigsten Höfe unter einer großen Anzahl Jugend, welcher kein Zaum angelegt war. Ich war durch meine Geburt eine der ersten, durch meine besondere Denkungsart die Vertraute aller, und durch mein Feuer die Anführerin von allen. Es ist keine erlaubte Freud, so ich nicht bis zum Unsinn trieb, es ist keine strafmäßige Leidenschaft, der ich nicht mit Heftigkeit anhing; ich brachte in diesem Taumel die siebzehn schönsten Jahre meines Lebens zu.“[4]

Mit 19 Jahren erkrankte Marianna schwer, wahrscheinlich an einer Lungenentzündung, die so bedrohlich verlief, daß man für ihr Leben fürchtete. Marianna wurde wieder gesund, aber die Ärzte vermuteten, daß während des Heilungsprozesses eine innere Verwachsung stattgefunden hätte, die der Grund dafür war, daß sich Marianna fortan etwas schief hielt. Diese „schiefe“ Haltung hatte nach und nach eine Rückgratverkrümmung zur Folge, die zu der unrichtigen Behauptung führte, Marianna wäre von Geburt an verwachsen gewesen. Marianna verstand es, diesen Schönheitsfehler durch geschickt gewählte Kleidung zu kaschieren, doch das Jagen und Tanzen, das ihr soviel Spaß gemacht hatte, mußte sie aufgeben. Auch damit, daß sich kein Freier für sie einstellen würde, mußte sich Marianna abfinden; frühe Projekte hatten sich wieder zerschlagen, und nun war ihre schwache Gesundheit wohl das Haupthindernis.

Mariannas Unterricht war, wie auch der ihrer Schwestern, ziemlich ungeregelt, für sie blieben gleichsam nur die Brosamen übrig, die von Josephs, des Thronerben, Tisch abfielen.[5]

Die Erziehung der Töchter am kaiserlichen Hof bildete überhaupt ein schwieriges Kapitel. Man war zwar bereits allgemein der Ansicht, daß der Frau ein Recht auf Bildung zustünde, aber es gab keinen Pädagogen, der ihr das Recht zugebilligt hätte, ein selbständiges Wesen zu sein; alle wollten sie nur auf den zukünftigen Ehemann hinerzogen wissen.[6]

Trotz Staatsgeschäften und Repräsentationspflichten kümmerte sich das Kaiserpaar durchaus persönlich um die Erziehung der Kinder und gab sich viel Mühe, geeignete „Ajos“ und „Ajas“ zu finden. Maria Theresia forderte, daß die Erziehung unmittelbar nach der Geburt beginnen müßte, und die bestellten Erzieher(innen) erhielten genaueste Instruktionen. Äußerste Reinlichkeit, keine Verweichlichung und Verwöhnung, keine Überfütterung, viel Bewegung in frischer Luft lag der Kaiserin am Herzen, aber auch ein strenges Regiment, denn „die Kinder seynd geboren zu gehorsamen, mithin bey zeitten selbes gewohnen sollen“, schrieb sie einmal an die Gräfin Lerchenfeld.[7]

An das Zeremoniell, soweit es den Eltern wichtig schien, wurden die Kinder schon sehr früh gewöhnt; an jedem Geburts- oder Namenstag war große Gala, und die jungen Herrschaften empfingen den Adel und die Gesandten zur Gratulation, speisten mit den Majestäten öffentlich und wurden von den Kämmerern (bzw. Hofdamen) bedient. Maria Theresia war der Meinung, ein Fürst und seine Familie müsse sich durch höfische Sitte von „Privatleuten“ zu unterscheiden wissen, ohne daß dadurch ein künstlicher Hochmut gezüchtet würde, was sich natürlich nicht immer vermeiden ließ.

Allergrößten Wert wurde auf die religiöse Erziehung gelegt, wobei Franz Stephan die Verinnerlichung und stille Aussprache mit Gott für wichtiger hielt, während Maria Theresia auch auf die Beachtung der äußeren religiösen Zeremonien und Gebräuche bedacht war, wie etwa auf die Heiligenverehrung oder auf die strenge Einhaltung der Fastenzeit, in der außer der Enthaltsamkeit von Fleisch und fetter Kost auch kein Vergnügen erlaubt war und mehr geistliche Übungen gemacht werden mußten als sonst.[8]

Von den Schwestern im Alter am nächsten stand Marianna Maria Christina, geboren am 13. Mai 1742, dem Geburtstag ihrer Mutter, im zweiten Jahr des Erbfolgekrieges. Maria Theresia, die gern an wundersame Fügungen glaubte, sah es als glückliche Vorbedeutung an, daß dieses Kind gerade an ihrem Geburtstag zur Welt gekommen war, und es wurde von Anfang an ihr verwöhnter Liebling. Es hat sich eingebürgert, von dieser „Lieblingstochter“ der Kaiserin als „Marie Christine“ zu sprechen, obwohl sie niemals so genannt wurde; in der Familie war sie „die Marie“, bei Khevenhüller „unsere Frau Maria“. Vater Franz Stephan sagte mitunter „Madame Mimi“, Maria Theresia Mimi oder Mimerl, auch später, als sie längst erwachsen war; in Bruder Leopolds 1778 verfaßter Familienbestandsaufnahme, in der sie so schlecht wegkommt, ist sie „die Maria“.[9] Mimis Sonderstellung bei der Mutter machte bei den Geschwistern schon früh böses Blut, auch sie neigten (wie ihre Mutter) zur Eifersucht, und es gab ausgeprägte Rivalitäten in den Kinderzimmern, eifersüchtigen Argwohn, üble Nachrede und boshafte Streiche, die man einander spielte.[10]

Über die noch nicht ganz fünfjährige Mimi berichtete Podewils: „Die Erzherzogin Marie Christine ist von sehr hübscher Gestalt und zeigt viel Geist. Sie spricht ebenso gern französisch wie ihr Bruder es haßt, und sie will nicht, daß man mit ihr in einer anderen Sprache spricht.“[11]

Marie Christine erhielt den üblichen „Mädchenunterricht“, Religion, Sprachen und Musik, aber ihr Hauptinteresse galt dem Zeichnen und Malen. Auch Liotard hat sie mit ihren Malutensilien abgebildet.[12] Das Bildnis eines unbekannten Hofmalers zeigt sie vor einem schöngedrechselten Pult sitzend, mit dem Pinsel in der Hand, ein anders inmitten der kaiserlichen Familie mit einem eben fertiggestellten Porträt ihres Vaters.[13] Mimis Talent war nicht schöpferisch, sie kopierte gern, meist nach niederländischen Vorlagen, aber es entbehrte nicht des Charmes. Wer kennt nicht ihre „Nikolausbescherung“[14] (nach einem Kupferstich von Cornelis Troost), die die bürgerlich-gemütliche Atmosphäre in der kaiserlichen Familie so treffend wiedergibt: der Kaiser im Schlafrock, mit einer turbanähnlichen Haube auf dem Kopf, beim Zeitunglesen vor dem Kamin, die Kaiserin, die ihm eine Tasse Kaffee reicht, und Marie selbst mit ihren drei jüngsten Geschwistern: Max auf dem Fußboden, einen Teller mit Bäckereien und einem Spielzeug-Reiter vor sich, Toni (Maria Antonia) stolz ein Püppchen präsentierend und Ferdinand, der sichtlich gerade eins draufgekriegt hat. Der kleine Herr im modischen Frack wischt sich die Augen, und in der Hand der großen Schwester ist eine Rute zu sehen.

Mimis Sonderstellung in der Gunst ihrer Mutter hatte auch ihren Preis: Sie blieb inmitten ihrer vielen Geschwister isoliert, man vertraute ihr kein Geheimnis an, zu manchem Spiel zog man sie nicht hinzu, und lustige Streiche plante man ohne sie – man fürchtete, Marie würde der Kaiserin alles hinterbringen. Auch über ihren ersten „Schwarm", den Prinzen Ludwig von Württemberg, wird sie wohl nur mit ihrer Mutter gesprochen haben, doch ein Herzogssohn kam für eine Kaisertochter ohnedies nicht in Betracht.[15] Außerdem hatte Ludwig in Paris nicht nur Lebensart und Manieren, sondern auch allerhand Fehler und Laster angenommen, wie man sie am Wiener Hof keinesfalls goutierte, vor allem nicht seine Einstellung zur Religion und eine gewisse Leichtfertigkeit in Rede und Prinzipien.[16]

Zu Beginn des Jahres 1760 stellten sich zwei sächsische Prinzen am Wiener Hof vor, Albert und Clemens, jüngere Söhne König Augusts III. von Polen, Kurfürst von Sachsen. Ihre Mutter war eine Cousine Maria Theresias, Tochter Kaiser Josephs I., die beiden jungen Herren somit Neffen der Kaiserin.

Als kleine Buben hatten sie den unglücklichen Kaiser Karl VII. in Dresden gesehen und mit Friedrich II. von Preußen im Dresdener Opernhaus Hasses „Arminio" gehört, als Sachsen noch auf seiten der Gegner Österreichs stand. Dies hatte sich mittlerweile geändert, und die Prinzen kamen direkt vom Treffen von Maxen, an dem sie am 20. und 21. November unter Marschall Daun teilgenommen hatten, wo ein preußisches Korps von ca. 12 000 Mann unter General Finck zur Kapitulation gezwungen worden war.

Die sächsischen Prinzen stiegen am Neuen Markt im Gasthof „Zur Mehlgrube" ab und begaben sich am nächsten Tag zu Hof, wo sie zuerst dem Kaiser vorgestellt und dann auch von der Kaiserin empfangen wurden. Albert hielt später in seinen Memoiren fest, wie sehr ihn die Güte und offene Art des Kaisers und die Herzlichkeit der Kaiserin bei dieser ersten Begegnung beeindruckten. Am Abend fand dann in den Appartements der Kaiserin ein Konzert statt, bei dem die Erzherzoginnen Maria Anna und Marie Christine ihr musikalisches Können unter Beweis stellten. „Beide waren hübsch", notierte Albert, „die jüngere aber vereinigte mit ihrem reizenden

Äußeren, der tadellosen Figur, dem entzückenden Gesicht eine Lebhaftigkeit des Geistes, ein Temperament, alles Eigenschaften, die mich vom ersten Augenblick an für sie begeisterten."

Es scheint sich bei Albert um einen „coup de foudre", um Liebe auf den ersten Blick, gehandelt zu haben, und man versteht sein Entzücken, als ihm der Zufall (oder Fügung?) auch bei der Schlittenfahrt des Hofes von der Hofburg nach Schönbrunn die Erzherzogin Marie als Partnerin bescherte. „Man kann sich vorstellen, was ich damals empfand", erinnerte er sich später, „um so mehr als die Konversation mich mehr und mehr entzückte. Ich wagte jedoch nicht einmal, mir selbst solche Gefühle einzugestehen, die bestehende Distanz zwischen dieser Prinzessin und einem armen petit cadet wie mir erlaubte nicht den geringsten Gedanken daran." Der Weg vom „petit cadet", vom jüngeren Sohn eines Herrschers ohne Geld und mit wenig Aussichten, zum Lieblingsschwiegersohn der Kaiserin und Begründer der Albertina war allerdings noch weit!

Albert und Clemens von Sachsen blieben noch den ganzen Jänner in Wien, nahmen an Festen und Hofbällen, Diners und Soupers in Wiener Adelspalästen teil, besuchten französische Sprechstücke und italienische Opern, aber auch das Theater am Kärntnertor, „wo der Hanswurst in dieser Zeit noch seine Späße machte".

„Eigentlich atmete das Wien der damaligen Zeit", heißt es in Alberts Memoiren, „und in seiner Mitte der Hof, trotz des Krieges, der sich außerhalb abspielte, Freude und Frohsinn. Die Neigung des Kaisers dafür, die innige Beziehung der Kaiserin zu ihrem Gemahl und die ganze junge Familie trugen viel dazu bei ... Es gab kaum etwas Reizenderes zu sehen als die lange Reihe der Familie, wenn sie ihren erlauchten Eltern bei den öffentlichen kirchlichen Zeremonien folgte."[17]

Konnten Marie und selbst Marianna als hübsch gelten, so war die 1743 geborene Maria Elisabeth, „Liesl", zweifellos die Schönheit unter den kaiserlichen Töchtern. Von klein auf kokett und eitel, zeigte sie keinerlei besondere Interessen und Begabungen und konzentrierte sich ausschließlich auf ihr Äußeres. Liotard hat wohl gewußt, warum er sie vor einem aufgeklappten Toilettespiegel porträtierte! Liesl wurde zusammen mit ihrer um drei Jahre jüngeren Schwester Maria Amalia erzogen, und die Aja der beiden, die Gräfin von Heister, soll es mit ihren Schützlingen nicht leicht gehabt haben. Beide waren lebhaft, kritisch, vergnügungssüchtig und oberflächlich. Ihre Redelust artete gelegentlich in Schwatzhaftigkeit aus, und vor allem Liesl machte nichts mehr Freude, als zu klatschen. Dabei liebte sie Bonmots und kleine Bosheiten, gab sich gern schnippisch und schlagfertig, Eigenschaften, die sie mit ihrem Bruder Joseph teilte und die ihrer Mutter in tiefster Seele verhaßt waren.

Aus Maria Amalias Kinderzeit ist wenig bekannt, außer der Eigenschaft, daß sie sich mehr als alle anderen Schwestern für die Jagd interessierte. Vater Franz Stephan schätzte und förderte diese Neigung und ließ sich oft und gern auf seinen Jagdausflügen von Maria Amalia begleiten.

Nach Maria Amalia und dem Unglück mit der ersten Carolina, die unmittelbar nach der Geburt gestorben war, kamen als nächste Mädchen Johanna Gabriele (1750) und Maria Josepha (1751) zur Welt.

Zur Aja bestellte die Kaiserin die Gräfin Lerchenfeld, an die bemerkenswerte Instruktionen erhalten sind, denen zu entnehmen ist, wie streng die kaiserlichen Kinder gehalten wurden. Sie mußten essen, was auf den Tisch kam, Johanna auch Fisch, obwohl sie sich ganz besonders davor ekelte. Furcht vor Gewittern, Feuer, Geistern, Hexen und anderen „Kindereien" war nicht zu gestatten, auch über Krankheiten sollte ganz natürlich geredet werden, selbst über die Blattern und über den Tod, „denn", so meinte die Kaiserin, „es ist allezeit gut, ihnen denselben bei Zeiten bekannt zu machen". Keine Familiarität mit dem Personal, aber höflich mit allen, besonders mit Fremden, keine Aversionen, weder gegen Dinge noch gegen Personen, keine Befehle an Türhüter oder Kammerheizer.

Der „Stundenplan" füllte den ganzen Tag, vom Aufstehen um halb acht bis zum Rosenkranz um fünf, und enthielt Schreib- und Leselektionen, Französisch, Geographie, Religion, Handarbeit und Tanzen. Erst am Abend waren Spiel, Visiten und bisweilen Theater und Ausgehen erlaubt.[18]

Die beiden jüngsten Mädchen in der Kinderschar, Charlotte und Maria Antonia, kamen 1752 und 1755 zur Welt. Sie bildeten eine Art Schicksalsgemeinschaft, die sich hauptsächlich gegen ihre Erzieherin, die Gräfin Brandis, richtete, der die beiden das Leben recht sauer machten. Anstifterin war zumeist Charlotte, die die gutmütigere und lenksamere „Toni" immer wieder gegen die Erzieherin aufstachelte, nicht zuletzt deshalb, weil sie sich ärgerte, daß die Aja Antonia bevorzugte und verhätschelte.[19]

Tonis Liebreiz wurde von der Wiege an gerühmt, sie wikkelte Erzieherinnen und Lehrer um den Finger und mogelte sich zumeist mit Charme durch die Unterrichtsstunden, so daß im Lauf der Zeit wenig mehr haften blieb als (spärliche) Kenntnisse in Lesen, Rechnen und Musik.

Maria Antonia stand im Alter genau zwischen den beiden jüngsten Söhnen des Kaiserpaares, dem 1754 geborenen Ferdinand und dem 1756 geborenen Maximilian Franz, 1760 also sechs und vier Jahre alt, zwei lebhafte Knaben, die gern den Unterricht schwänzten und mehrere Ajos „verbrauchten". Ajo Anton Thurn lobte Maxens Offenheit und Wahrheitsliebe und sein heiteres und freimütiges Wesen. Ferdinand war höflicher und hatte mehr Unterhaltungsgabe, Max wurde leicht verlegen und war, wie fast alle seine Brüder, recht dickköpfig.[20]

Nächstälterer Bruder war Peter Leopold (Peter genannt, um die wichtige Bundesgenossin, Zarin Elisabeth Petrowna, Tochter Peters des Großen, zu ehren), geboren 1747, in der Familie sein Leben lang „der Poldl". Von klein auf machte Leopold einen wesentlich gesetzteren und ernsthafteren Eindruck als seine Brüder:

„Nach dem Urteil der Lehrer faßte Joseph schnell, aber nicht mit Anhaltung; Leopold hingegen langsamer, aber fester. Joseph war voller Feuer; Leopold immer gemäßigt. Joseph wollte mit Ungeduld alles erschöpft wissen. Leopold ging stufenweise."[21]

Als die Kaiserin den Grafen Franz Thurn zum Erzieher Leopolds bestellte, gab sie ihm eine geradezu schonungslose Charakteristik des (damals 14jährigen) Prinzen:

„Er ist träge und faul, in diesem Punkt müssen Sie mit Genauigkeit arbeiten ... Leopold hat von Natur ein gutes, großmütiges und mitleidiges Herz. Er ist wissensdurstig ... recht geschickt in seinen Aufgaben, aber er hat zugleich eine falsche Scham, die ihm unendlich schadet. Er sucht seine Ziele durch

Listen und auf krummen Wegen zu erreichen, die man ihm nicht angehen lassen darf . . ."[22]

Auch Graf Thurn verfaßte eine „Getreue Schilderung" des Prinzen, das in düsteren Farben gemalte Bild eines verschlossenen, stets übelgelaunten, kindischen, trägen und gehemmten Burschen, streitsüchtig und unaufrichtig, der sein Äußeres bewußt vernachlässigte, um nicht in den Ruf eines Stutzers zu geraten, mit einer ausgesprochenen Vorliebe für den Umgang mit Domestiken, für Straßenklatsch und das Deutsch der niedrigsten Volksklassen. „Allemand autrichien", Wiener Dialekt, wurde allerdings bei Hof ganz allgemein gesprochen, auch von Franz Stephan und Maria Theresia, man setzte ihn ganz bewußt als Mittel ein, um gemütlich und leutselig zu erscheinen.[23] Betrachtet man Liotards Porträt von Leopold, den adretten, kleinen Herrn im Frack, mit dem ordentlich unter den Arm geklemmten Dreispitz, kann man gar nicht glauben, daß sich Graf Thurn nicht nur über schlechte Haltung und vernachlässigtes Äußeres seines Schützlings beklagen mußte, sondern auch über dauerndes Spucken und Nägelbeißen ...

Zwei Jahre vor Leopold kam Carl Joseph Emanuel zur Welt, in der letzten Phase des Österreichischen Erbfolgekrieges, die Maria Theresia zwar den Verlust Schlesiens, aber auch die Krönung ihres Gemahls zum römisch-deutschen Kaiser brachte.

Carl scheint von den drei älteren Söhnen den meisten Charme besessen zu haben, Khevenhüller nennt ihn in seinem Tagebuch den Lieblingssohn der Kaiserin, „son fils bien-aimé". Seine Erzieher seufzten allerdings auch über seinen Mangel an Konzentrationsfähigkeit und seine Wutausbrüche.

1751 nahm die Kaiserin ihre Buben auf den Landtag nach Preßburg mit, alle drei in reichgestickter ungarischer Tracht, was die Magyaren in Entzücken versetzte. Dieses erhöhte sich noch, als der sechsjährige Knirps Carl im Rittersaal des Preßburger Schlosses einige Sätze in ungarischer Sprache „ohne Stockung und akzentfrei" hersagte.[24]

Unter dem Datum des 1. Februar 1759 (Carls 14. Geburtstag) notierte Graf Khevenhüller weniger Schönes über den Erzherzog:

„Den 1. februarii wurde zwar wegen des Ertzherzogs Carl Geburtstags-Gala angesagt. Er empfienge aber keine Complimenten, aus vorschützender Unpäßlichkeit; in der That aber geschah es aus Straff und um ihn zu demütigen, weillen dieser kleine Herr von einem ungemein hochtrabenden Geist ist und zumahlen seinen Cammerherrn und Bedienten die chocant- und empfindlichsten Sachen zu sagen weiß."[25]

Es gab also durchaus Strafen für die kaiserlichen Kinder und manchmal recht harte. Es mag kein großes Unglück gewesen sein, auf eine Cour von 150 Gratulanten zu verzichten, aber nicht nur die „Complimente" entfielen, sondern auch die „Angebinde", Geschenke und Leckereien, auf die sich die wenig verwöhnten Kaiserkinder besonders freuten.

Selbstverständlich verzeichnete Khevenhüller in seinem Tagebuch auch erfreuliche Ereignisse, wie eine musikalische Aufführung aller Kinder, die zum Namenstag des Vaters heimlich einstudiert worden war:

„Den 5. (Oktober 1759) hatte die Kaiserin nach den Rosencrantz ein kleines Impromptu und Cammerfest zu Ehren des gestrigen hohen Nahmens-Tags angestellet, so vor dem Kaiser ein Geheimnuß und Surprise sein sollen. Sämmtliche junge Herrschafften ... producirten ein Concert. Der Ertzherzog Ferdinand (5) machte die Ouvertüre mit der Paucken, sodann recitirte der kleinste Herr Maximilian (3) einen wälschen Glückwunsch ... Die kleinste Ertzherzogin Antonia (4) sange ein französisches Vaudeville, die übrige alle italiänische Arien. Der Ertzherzog Carl (14) spiellete ein Concert auf der Violine und der älteste Herr (Joseph, 18) auf den Violoncello ..."[26]

Auf Liotards Porträt macht Carl einen besonders aufgeweckten und intelligenten Eindruck. Er muß sich auch schon früh für militärische Dinge interessiert haben, denn er ist gerade damit beschäftigt, den Plan zu einer Festung zu zeichnen.

Die größte Aufmerksamkeit zog naturgemäß der älteste Sohn und Thronfolger auf sich, der am 13. März 1741 geborene Joseph, in der Zeit der größten Bedrängnis seiner Mutter. Am 20. Oktober des Vorjahrs war Kaiser Karl VI. plötzlich gestorben und hatte seine Erbtochter ohne Geld, Truppen und fähige Berater zurückgelassen, die „Pragmatische Sanktion" erwies sich binnen kurzem als wertloses Stück Papier, Friedrich II. von Preußen marschierte in Schlesien ein, und die böhmischen Stände huldigten Karl Albrecht von Bayern (Gatte einer

Cousine Maria Theresias) als ihrem König. Man meinte allgemein, man würde leichtes Spiel mit der unerfahrenen jungen Frau haben, aber da täuschte man sich ganz gewaltig. Als nun, nach drei Mädchen, – endlich! – ein Thronfolger geboren wurde, kannte der Jubel keine Grenzen. Von den Basteien donnerten die Kanonen, Freudengerüste wurden errichtet, die Bevölkerung sang und tanzte auf den Gassen und Plätzen Wiens, und die Handwerker schmückten ihre Fenster mit Sinnsprüchen wie:

„Nun können die Feinde losen,
weil Österreich tragt Hosen.“[27]

Nun, der Kronprinz in den Windeln beeindruckte die Feinde vorerst wenig. Kaum einen Monat nach seiner Geburt brachten die Preußen den Österreichern bei Mollwitz wieder eine empfindliche Niederlage bei, und Maria Theresia beschloß, sich an die Ungarn um Hilfe zu wenden. Begleitet von ihrem Gatten, fuhr sie mit großem Gefolge zu Schiff nach Preßburg, seit den Tagen der türkischen Besetzung Ungarns Haupt- und Krönungsstadt. Die dreijährige Maria Anna und das Baby Joseph folgten zu Lande. Maria Theresias unzählige Male im Bild dokumentierter und legendär ausgeschmückter Auftritt vor den ungarischen Magnaten, die säbelschwingend gelobten, ihrer jungen und schönen Königin „vitam et sanguinem“ zu weihen, ist in die Geschichte eingegangen. Dabei wird oft übersehen, daß die tatsächliche Unterstützung dann recht kümmerlich ausfiel. Die moralische allerdings kann nicht hoch genug bewertet werden, und bald gab es auch wieder ein wenig mehr „fortune“ im Militärischen.[28] Um die Jahreswende 1741/42 rückten die Österreicher gegen die Bayern vor, die Linz besetzt hielten, und Maria Theresia sandte ihrem Feldmarschall, dem „lieben und getreuen Khevenhüller“, ins Lager bei Linz ihr eigenes und des kleinen Joseph Bildnis, zusammen mit dem berühmt gewordenen Handschreiben, in dem sie ihn anflehte, als „Held und getreuer Vasall“ im Sinne seines Lehrmeisters, des unsterblichen Prinzen Eugen, zu handeln. „Lebe und streite wohl“ lautete die trotz allem hoffnungsvolle Schlußzeile.[29]

Der Feldmarschall trat mit den Bildnissen vor seine Soldaten und las ihnen den Brief vor (ein zeitgenössischer Stich hat die Szene festgehalten), und sie stritten wohl, Khevenhüller und seine Soldaten. Ende Jänner war Linz wieder österreichisch, und am 12. Februar zog Maria Theresias Armee in München ein, während der „Hausherr", der bayerische Kurfürst Karl Albrecht, in Frankfurt als Karl VII. zum Kaiser gekrönt wurde.[30]

Der Betreuung und Erziehung des Kronprinzen wurde von Anfang an die größte Aufmerksamkeit gewidmet. Seine „Menage", der Haushalt, der ihm schon im zartesten Alter zustand, enthielt eine lange Liste von Posten: Lehrer und Kammerherren, Friseur, Garderobier und Beichtvater, Kammerdiener und Kammerdienerinnen, deren Diener und Dienerinnen, ein „Kammermensch" und schließlich, als letzte in der Reihe, „das Mensch vom Kammermensch" (die Putzfrau).

Die Kammerdiener waren nicht nur dazu da, den jungen Herrn zu bedienen, sie hatten auch für seine Sauberkeit zu sorgen, „... damit der Erzherzog täglich fruh und spat den Mund und die Hände wasche und wochentlich einmal die Füße, auch ihn fleissig kammen und das mindeste, was sie an seiner Personne in allem diesem wahrnehmeten, es möchte eine Empfindlichkeit, Schmerzen oder Flecklein, oder Erhöhung sein, alles gleich ohn Verweilen dem Wegger, den Cammerherrn oder in dessen Abwesenheit auch selbsten denen Doctoren anzeigen ..."[31]

Im Oktober 1747 wurde Karl Graf Batthyány zum Ajo Josephs ernannt, nachdem sich Graf Khevenhüller (der Hofchronist, nicht der Feldmarschall) lange und standhaft gewehrt hatte, dieses „schwäre Creutz", wie er es nannte, auf sich zu nehmen. Der Posten eines Ajo, der die Oberleitung über Haushalt und Erziehung innehatte (wenn der Zögling einen eigenen Hofstaat erhielt, avancierte er zum Obersthofmeister), war ebenso begehrt wie gefürchtet. Die Herren, die ihn übernahmen, hatten ein enormes Maß an Verantwortung zu tragen, viel Ärger und so gut wie keine Freizeit. Der Fürstentitel, der als Abschluß einer Tätigkeit als Ajo winkte, schien für die ausgestandenen Mühen ein nicht immer ausreichendes Äquivalent zu bieten.[32]

In ihrer Instruktion für den Grafen Batthyány entwarf Maria Theresia ein ziemlich ungeschminktes Bild ihres damals zehnjährigen Sohnes, der, wie sie offen zugab, allzusehr verwöhnt worden war. Nun zeigten sich unangenehme Eigenschaften, denen der Ajo zu Leibe rücken sollte: eine große Abneigung, eigene Fehler zuzugeben, und eine große Lust, sie bei anderen zu beobachten und sich dann darüber lustig zu machen. Gestalt, Haltung oder Sprache eines Menschen beeindruckten ihn oft so sehr, daß er die wahren Qualitäten nicht mehr erkennen konnte. Als unumgänglich notwendig empfahl die Kaiserin, daß der Ajo das Vertrauen des Knaben gewinne, nur so wäre es möglich, ihn im Zaume zu halten. „Sein Point d'honneur soll in dem bestehen", schloß die Kaiserin ihre ausführliche Epistel, „seiner Eltern Gnade und Liebe durch seinen Fleiß und gute Aufführung zu verdienen, und die übrigen Menschen durch Freundlichkeiten und gütige Antworten in allen erdenklichen Gelegenheiten an sich zu ziehen, die Fehler der anderen entschuldigen, gern fürbitten, wenn es ihm erlaubt ist, aber nicht nur durch Particularaffection, sondern aus einem wahren, guten Gemüt angetrieben, wovon er so viel gute Exempel seiner Vorfahren vor sich hat und wodurch er auch schuldig ist Anderen zum Vorbild zu dienen."[33]

Der Ajo sollte nun gutmachen, was in den ersten Jahren verdorben worden war, und dem jungen Herrn den Kopf ein wenig zurechtrücken – wahrlich keine leichte Aufgabe!

Joseph hatte schon im Volksschulalter einen Lehrstoff zu bewältigen, der große Anforderungen stellte, doch zum Glück verstand es der Augustinerpater Franz Joseph Weger, der in den ersten Jahren den Unterricht des Kronprinzen leitete, seinem Zögling auch die sprödeste Materie nahezubringen und altersgemäß „aufzubereiten". Josephs Vorliebe galt den realistischen Fächern, der Mathematik und jenen Gegenständen, die mit dem Militär zusammenhingen, so etwa der Feldmesserei und der Kriegsbaukunst. Auch das Erlernen von Sprachen bereitete ihm keine großen Schwierigkeiten, er beherrschte im Lauf der Zeit Französisch, Italienisch und Latein fließend, Ungarisch und Tschechisch passabel, nur auf die in Wort und Schrift korrekte Beherrschung der Muttersprache wurde so gut wie kein Wert gelegt. Wie fast alle Kinder Maria Theresias war auch Joseph musikalisch und lernte bei seinem ersten Musiklehrer, Johann Georg Reutter, das Clavecin und das Violoncello spielen. Beide Instrumente beherrschte er bald so gut, daß er bei Hofkonzerten mitwirken konnte.

Nach dem Tod von Pater Weger 1751 übernahm Johann Christoph Bartenstein die Oberleitung von Josephs Unterricht, der nun bereits ganz gezielt auf die künftige Herrscheraufgabe hin konzipiert wurde. Bartenstein beschäftigte sich nicht nur damit, welche Fächer unterrichtet werden sollten, sondern auch mit der Unterrichtsmethode. Strafe und Belohnung sah er als Mittel zum bestmöglichen Unterrichtserfolg an, ebenso aber auch den Wetteifer, und da Joseph der natürliche Wettbewerb mit anderen fehlte, wurden ihm zeitweise „Lernkameraden“ zugeteilt, um ihn anzuspornen, eine Idee, die besonders seinen Vater begeisterte: „Es ist aber wohl zu suchen, daß selbe von einem lebhaften Temperament seien, um den Sohn aus seiner Schläfrigkeit oder Indolenz herauszuziehen und er sehen könne, wie derlei Subjekte arbeiten ...“

Möglicherweise hat Joseph auf die ständige Überforderung, der er ausgesetzt war, zeitweise mit passiver Resistenz reagiert, was nicht wundernimmt, wenn man einen Blick auf seinen Stundenplan wirft: Aufstehen um dreiviertel sieben Uhr, Beten, Anziehen und Frühstücken im Eilzugstempo, dann Latein, Geschichte, deutsche Lektüre, Schreibübungen (oder Reitstunde) bis halb zwölf, Rekreation, Speisen und Konversation bis zwei, dann Geographie bis drei, Dienstag und Donnerstag bis vier Uhr, Mittwoch, Freitag und Samstag Latein und Geschichte bis fünf, eine halbe Stunde Rekreation, dann Rosenkranz, Musik- oder Tanzlektion und einige Unterhaltungen bis acht, Abendmahl um halb neun, Billardspiel bis viertel zehn, Abendgebet, ab dreiviertel zehn Uhr Nachtruhe.[34] Wahrlich geballte Ladung und sehr wenig Zeit für „Rekreation“, denn auch an Sonn- und Feiertagen hatte der Kronprinz keineswegs „frei“!

Wie schon bei Bruder Leopold erwähnt, faßte Joseph schnell auf, vergaß aber ebenso schnell wieder und hatte gelegentlich Konzentrationsschwierigkeiten; aber im allgemeinen dürfte er sein ungeheures Pensum, das mit den Jahren natürlich noch wuchs, recht gut bewältigt haben.

An Josephs Erziehung ist von manchen seiner Biographen viel herumkritisiert worden, vergleicht man sie jedoch mit der Erziehung oder besser „Unerziehung“, die manche andere Fürstensöhne der Zeit genossen, war sie gewiß eine der umfassendsten. König Karl von Neapel-Sizilien etwa hatten die Höflinge eingeredet, sein ältester Sohn sei nur deswegen blödsinnig geworden, weil man ihn viel zu früh und in zu jungen Jahren mit dem Lernen unzähliger schwerer Dinge geplagt habe. Also fiel der Vater von einem Extrem ins andere und gab Befehl, seinen Sohn Ferdinand vor allem körperlich zu ertüchtigen, was dazu führte, daß er noch als junger König sich hauptsächlich mit der Jagd oder mit kindischen Spielen befaßte, über keinerlei Kenntnisse verfügte und sich als einziger Sprache des pöbelhaftesten neapolitanischen Dialekts bediente (er sollte einmal der Gatte von Josephs Schwester Charlotte Carolina werden).[35]

Nach Vollendung seines 18. Lebensjahrs wurde Kronprinz Joseph auch in die Praxis der Regierungsgeschäfte eingeführt. Er nahm regelmäßig an den Sitzungen des „Directorium in publicis et cameralibus" teil, und Staatskanzler Kaunitz schickte ihm auch die wichtigsten Akten der Staatskanzlei zum Studium.[36] Auf einem Gebiet verfügte Joseph allerdings über keinerlei Erfahrungen, weder über theoretische noch gar über praktische: Wie wir aus seinen Briefen an den Grafen Salm wissen, hatte er „die Reize der Liebe noch nicht empfunden" und sah seiner Vermählung eher mit ängstlicher als mit freudiger Erwartung entgegen, vor allem seit ihn der kaiserliche Papa über seine ehelichen Pflichten aufgeklärt hatte.

Nun, da er seiner Braut aber persönlich begegnet war und feststellen konnte, daß die hymnischen Berichte Salms und Liechtensteins den Tatsachen entsprachen, erwartete er seinen herannahenden Hochzeitstag wohl mit weniger gemischten Gefühlen und betrachtete die allenthalben auf Hochtouren laufenden Zurüstungen mit anderen Augen.

Das letzte Fest des Barocks

Am 6. Oktober war es endlich so weit, daß Isabella vom Belvedere aus ihren feierlichen Einzug in Wien nehmen konnte, um noch am selben Tag gemeinsam mit Erzherzog Joseph in der großen Hofkirche bei den Augustinern eingesegnet zu werden.

Von diesem Ereignis und allen damit im Zusammenhang stehenden „Solennitäten" besitzen wir nicht nur verbale Beschreibungen wie im „Wienerischen Diarium",[1] sondern auch die Kolossalgemälde des Hofmalers Martin van Meytens und seiner Schüler, die noch heute den weißgoldenen Zeremoniensaal des Schönbrunner Schlosses schmücken. Sie zeigen Isabellas Einzug, die Trauung in der Augustinerkirche, die Hoftafel in der großen Antekammer, das Souper und die festliche Serenade im Redoutensaal.[2]

Den oberen Abschluß des Gemäldes, das den Einzug darstellt, bildet die Gebäudesilhouette des Palais Silva-Tarouca (heute Albertina) über Kloster und Kirche der Augustiner, die Hofbibliothek (davor der später abgebrochene Augustinergang), den Hofburgtrakt mit Redoutensälen und Winterreitschule bis zum Burgtheater und dem noch unvollendeten Reichskanzleitrakt, während der übrige Raum wie ein riesiger freier Platz gestaltet ist, um Raum für die Wagenauffahrt zu schaffen. Weder Häuser noch Straßen sind zu sehen, dafür aber zwei Triumphpforten und unzählige prächtige Kutschen mit großer Bespannung, die in wohlgeordneten Serpentinen über die freie Fläche fahren.[3]

An diesem Einzug beteiligte sich alles, was damals bei Hof Rang und Namen hatte, allein die Aufzählung der Namen von Kaunitz, Harrach, Traun und Colloredo über Daun, Schönborn, Schwarzenberg und Lobkowitz bis zu Montecuccoli, Batthyány und Esterházy, ein Spiegel des farbigen Länder- und Völkergemischs der Monarchie, würde mehrere Absätze füllen.

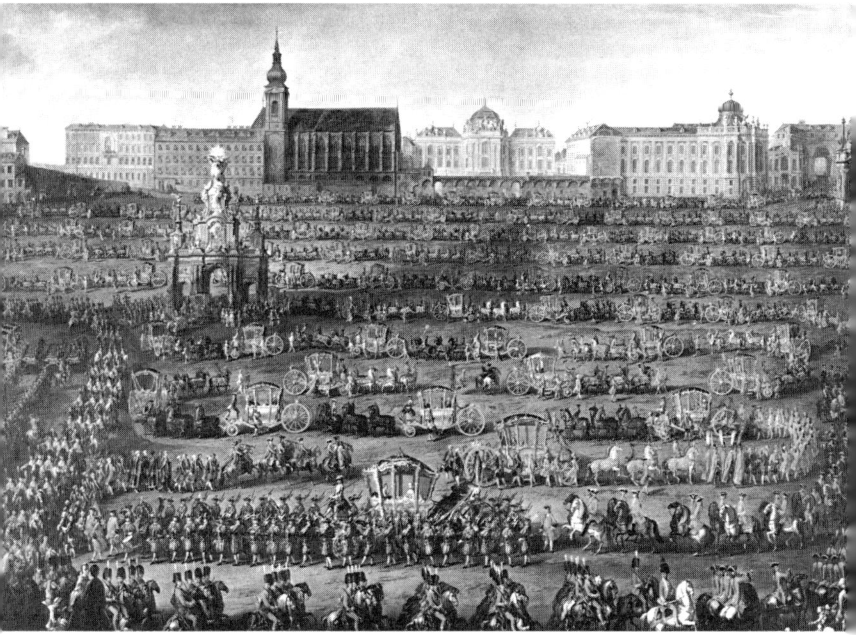

Einzug Isabellas von Parma in Wien.
Gemälde von Martin van Meytens, 1760 – 1763.

An der Spitze ritten kaiserliche Einspänner, Hoffouriere, Trompeter und Pauker, an die sich die imposante Auffahrt von 94 mit je sechs Pferden bespannten Galawagen anschloß, von denen 23 mit niederösterreichischen Landständen, 25 mit k. k. Kammerherren und 46 mit k. k. geheimen Räten besetzt waren. Zwei kaiserliche Hofwagen sowie Trompeter und Pauker zu Pferd bildeten die Vorhut für den Galawagen des kaiserlichen Oberstallmeisters Fürst Auersperg, der von verschiedenen Bediensteten des Oberstallmeisterstabs begleitet wurde. Es folgte die prächtige Equipage des Brautbotschafters Fürst Joseph Wenzel von Liechtenstein, umgeben von seinen Pagen, Hausoffizieren, Lakaien und dem „hochfürstlichen Mohren" Angelo Soliman, alle in den für die „parmasanische Funktion" angeschafften prachtvollen Livreen. Die Braut saß mit ihrer Obersthofmeisterin Gräfin Antonia Erdödy im zweiten Liechtensteinschen Prunkwagen, der, in Ermangelung eines geeigneten Gefährts im kaiserlichen Wagenpark, als Brautwagen neu adaptiert worden war. Im Gegensatz zum „goldenen Wagen" des Fürsten (er befindet sich noch heute in den Sammlungen des Regierenden Fürsten von Liechtenstein zu Schloß Vaduz) war der Brautwagen in Blau und Silber gehalten: silbergestickter, himmelblauer Samt im Inneren, blau und silbern die reichen Schnitzereien an der Außenseite und an den Rädern und die allegorischen Malereien in den Türfeldern. Auch der Pferdeaufputz, die Geschirre und die Sitzdecken der Kutscher waren aus blauem Samt gearbeitet, mit Silberstickerei und silbernen Quasten verziert.[4]

Die kaiserliche Schweizergarde, Läufer, Leiblakaien und Heiducken ergänzten das Bild, dessen Farbenpracht durch die Abordnungen der Hartschieren- und der ungarischen Leibgarde noch gesteigert wurde. Den Schluß des Zuges bildeten vier kaiserliche Wagen mit den Hofdamen und ein Detachement Dragoner vom Regiment des Bräutigams mit Standarte und rührenden Trommeln zu Pferde.[5] Um zwei Uhr nachmittags brach der Zug vom Unteren Belvedere auf, bewegte sich durch die Vorstadt Wieden, über das Glacis, und an der Karlskirche vorbei über die Wienbrücke zum Kärntnertor. Von dort ging es durch ein Spalier bewaffneter Bürger mit Fahnen und Feldmusik und unzähligen Schaulustigen weiter durch die Kärntner Straße zum Stock-im-Eisen-Platz, wo die Bürgerschaft eine prächtige Triumphpforte errichtet hatte, an der der Stadtmagistrat die Prinzessin Braut begrüßte. Von da über den Graben und den Kohlmarkt zum Michaelerplatz, wo wieder ein Triumphbogen errichtet war und Pauker und Trompeter für festliche Klänge sorgten. Um fünf Uhr traf der Brautwagen vor der Augustiner Hofkirche ein.[6]

Drei Stunden Wagenfahrt im Schritt, drei Stunden lächeln, winken und strahlend aussehen – zum Glück hatte Isabella wenigstens die Gräfin Erdödy zur Gesellschaft und zum Plaudern. Kurz vor Isabellas Eintreffen hatten sich auch die Majestäten, begleitet von ihren Gardehauptleuten, dem Prinzen Karl und der Prinzessin Charlotte von Lothringen sowie dem gesamten Hofstaat nach der Augustinerkirche begeben, die mit kostbaren niederländischen Tapisserien geschmückt und festlich beleuchtet war.

Triumphpforte auf dem Kohlmarkt beim Michaelerplatz, errichtet anläßlich der Vermählung Josephs mit Isabella. Stich von Georg Nicolai.

Die Trauung Josephs und Isabellas in der Augustinerkirche. Gemälde von Martin van Meytens, 1760–1763. Der Ausschnitt zeigt den Altarraum mit dem Brautpaar und der Obersthofmeisterin Gräfin Erdödy, die Isabellas Schleppe trägt; links unter dem Baldachin die Majestäten, davor auf den Stühlen die kaiserlichen Kinder und das Geschwisterpaar Karl und Charlotte von Lothringen.

Joseph erwartete seine Braut an der Kirchentür, half ihr aus dem Wagen und führte sie über einen aufgebreiteten Teppich in die Kirche, wo beide auf zwei Samtpölstern niederknieten. Der von großer Assistenz umgebene päpstliche Nuntius Monsignore Borromeo reichte dem Brautpaar das Weihwasser und das Kreuz zum Kuß dar.

Nachdem sie sich wieder erhoben hatte, bot die Kaiserin Isabella die Hand und führte sie in die Lorettokapelle, der Kaiser folgte mit Joseph. Dort hielt der Nuntius, assistiert von der Hofmusikkapelle, eine Litanei, während sich indessen der Chor mit den „durchlauchtigsten Herrschaften“ und ihren Gästen füllte. Dann erschien das Brautpaar wieder, von den

Majestäten geleitet, schritt durch den Mittelgang zum Hochaltar und kniete zum Gebet nieder.

Nach dem Gebet erhoben sie sich und traten vor den Nuntius, der die Einsegnung vornahm und darauf den Ambrosianischen Lobgesang anstimmte.

Auf dem Gemälde des Hofmalers blickt der Beschauer etwa aus der Höhe der Orgel in das hohe, nur in der unteren Hälfte von unzähligen Kerzen erleuchtete gotische Kirchenschiff, in dem sich die festlich gekleideten Gäste drängen, bis in die dicht besetzten Oratorien hinauf; die kaiserliche Familie auf der Evangelienseite des Hochaltars mit den Majestäten unter dem Baldachin und den Geschwistern Lothringen und den kaiserlichen Kindern auf Stühlen – einer dreht sich vorwitzig um, ist es Carl? Auf der Epistelseite die große Zahl der Bischöfe, Prälaten und Äbte und in der Mitte das Brautpaar während der Einsegnung durch den Nuntius, ganz in silberweißem Drap d'argent beide, Märchenprinz und Märchenprinzessin.

Nach dem Pontifikalsegen stattete der Nuntius den Majestäten, den königlichen Hoheiten und dem Brautpaar seine Glückwünsche ab, und die kaiserliche Familie und der Hof begaben sich durch den Augustinergang in die Hofburg.

Wenig Zeit war der neuvermählten Erzherzogin und Kronprinzessin von Ungarn und Böhmen zum Ausruhen gewährt, denn die niederösterreichischen Landstände und die Angehörigen der Generalität und des Adels, die dieser Gnade noch nicht teilhaftig geworden, erschienen zum Handkuß.

Gegen halb neun begaben sich die Majestäten, die Geschwister Lothringen, die Erzherzöge Carl und Leopold, die Erzherzoginnen Maria Anna, Maria Christina, Maria Elisabeth, Maria Amalia, Johanna Gabriele und Maria Josepha mit ihren Damen und Kavalieren in den festlich geschmückten und beleuchteten Redoutensaal zur Hochzeitstafel. Die Majestäten nahmen unter einem Baldachin Platz, die Jungvermählten nebeneinander, zu Seiten des Kaisers. Man speiste von einem neuverfertigten, kostbaren goldenen Service bei instrumentaler und vokaler Tafelmusik. Als die Majestäten den ersten Trunk taten, ertönte eine Gewehrsalve vom Michaelerplatz und Kanonendonner von den Basteien, wie schon zuvor bei Isabellas Abfahrt vom Belvedere und bei ihrer Ankunft vor

Hoftafel in der Großen Antekammer in der Hofburg am 7. Oktober 1760. Gemälde von Martin van Meytens, 1760 – 1763. Der Ausschnitt zeigt die präsidierenden Majestäten, Joseph und Isabella einander gegenüber; danach reihen sich die kaiserlichen Kinder, den Beschluß bilden die Geschwister Lothringen.

der Kirche. „Der sehr große Saal war mit einer ungemeinen Menge von Dames und Cavalliers angefüllet“, berichtete das „Wienerische Diarium“, „und man hat auch dem Volk den Trost gegönnet, nach und nach dahin eingehen, und zusehen zu dörfen. Nach geendigtem Hochzeitmahl erhuben sich ihre Kaiserl. und Königl. Majestäten mit deren sammentlichen Durchleuchtigsten Herrschaften nacher Hof zuruck, und geruheten das Durchleuchtigste Brautpaar nach dero prächtigst zubereiteten Wohnzimmer zu führen.

Es kan mit keiner Feder genugsam ausgedrücket werden, mit was Pracht und Herrlichkeit dieser feyerliche und höchst vergnügte Tag begangen worden, da selbst die angenehmste Witterung hierzu mit eingestimmet ... das inbrünstige vergnügen eines unzählbaren Volks legte sich durch in immerwährenden Jubelaufruf allenthalben am Tage.

Alle diese Vortefflichkeiten übertrafe aber bey weiten der rührend lieblichste Anblick, und das so ausnehmend gnädigst leutseelige Bezeigen der Durchl. Prinzeßin Braut gegen jedermänniglich, welches die sammentlich getreue Unterthanen Ihrer Kaiserl. und Königl. Majestäten nicht nur in eine Ehrforchtsvolle Bewunderung, und in das angenehmst innigste Vergnügen auf eine ganz entzückende Art versetzte, sondern anbeynebens auch aller Herzen an sich zoge."[7]

Isabella hatte nicht nur Josephs Herz und die Herzen der kaiserlichen Familie, sie hatte auch die Herzen der Wiener im Sturm erobert.

Und Isabellas Herz?

Hatte es heftiger geschlagen unter dem kostbaren Drap d'argent des Brautkleides, als sie ihre Hand vor dem Altar in die Josephs legte?

Als sie an der Hochzeitstafel saß, neugierig betrachtet von den kaiserlichen Schwägern und Schwägerinnen, von den Kavalieren und Hofdamen, von den Zaungästen aus dem Volk?

Als die Stunde immer näher rückte, da sie Joseph zum erstenmal angehören sollte?

Keine Feder hat aufgezeichnet, was zwischen den beiden jungen Menschen geschah, die einander nun lieben sollten, weil die Staatsräson es befahl, während an den Triumphpforten zu ihren Ehren viele tausend Lampen brannten und die Bürger sie bei Freibier und Freiwein hochleben ließen.

Sicher gab es aber auch nicht wenige, denen nicht nach Feiern zumute war, weil sie eine traurige Botschaft erhalten hatten, die besagte, daß der Vater, der Sohn, der Bruder nicht mehr heimkehren würde, weil ihn eine preußische Kugel getötet hatte, weil er auf einem Verbandplatz verblutet oder in einem Lazarett gestorben war.

Denn der Krieg, nun schon in seinem vierten Jahr, ging weiter, und es war kein Ende abzusehen. Auch das „Wienerische Diarium" brachte nicht nur Berichte von den Hochzeitsfeierlichkeiten, sondern auch solche seiner Frontkorrespondenten an den sächsisch-schlesischen, den westdeutschen und den amerikanischen Kriegsschauplätzen.[8]

Trotzdem wurde weitergefeiert.

Festliche Serenade im Redoutensaal am 11. Oktober 1760 anläßlich der Vermählung von Joseph und Isabella. Gemälde von Martin van Meytens, 1760 - 1763.

Schon am nächsten Tag, dem 7. Oktober, war am Vormittag große Gratulationsgala bei den Neuvermählten, deren Appartements, parallel zu denen der Majestäten, nach der Bastei hinaus lagen, dem heutigen Heldenplatz.[9] Anschließend Einsegnungsmesse in der Augustiner-Hofkirche und sodann wieder öffentliche Tafel mit Musik in der zweiten Antekammer, wobei man diesmal nicht auf Gold, sondern auf Silber speiste.[10]

Der Abend gehörte einem musikalischen Genuß. Der Hof begab sich zu diesem Zweck ins Burgtheater, um der Festoper beizuwohnen, die Pietro Metastasio gedichtet, Johann Adolf Hasse komponiert und der Hofmusikdirektor Graf Durazzo mit seinen Helfern auf die Bühne gebracht hatte: die „Festa teatrale per le nozze dell'Arciduca Giuseppe con Isabella di Borbone - Alcide al Bivio", der antike Stoff von Herkules am Scheidewege, zur zeremoniellen Huldigung entsprechend aufbereitet und mit allem Prunk der alten Barockoper in Szene gesetzt.[11]

Nach der Beschreibung in Metastasios „Opere poetiche“ zeigt die erste Szene einen Waldprospekt und zwei lange, sehr verschiedene Wege: der eine bequem, lieblich und mit Blumen geschmückt, der andere beschwerlich, unheilvoll und wild. Alcide muß sich entscheiden, welchen von beiden er wählen soll, und sein Ajo teilt ihm mit, daß er diese Entscheidung ganz allein zu treffen hat. In einem „Meer des Zweifels“ zurückgelassen, ruft er die Götter um Hilfe an. Schon will er sich dem beschwerlichen Weg zuwenden, da erscheint Edonide, sucht ihn davon abzubringen und läßt die ganze „Reggia del Piacere“, das Reich der Freude, vor ihm erstehen. Da ertönt von fern kriegerische Musik, der Tanz der Genien und Nymphen wird unterbrochen, und das Reich der Freude verflüchtigt sich. Aretea tritt auf, ermahnt Alcide, sich nichts vorgaukeln zu lassen und den Pfad der Tugend zu beschreiten. Schon ist Alcide entschlossen, da melden sich wieder Zweifel: „Dove andò? – Wohin soll ich gehen?“ An diesem kritischen Punkt erscheint Alcides Ajo Fronimo und bestärkt ihn in seinem zuerst gefaßten, heroischen Entschluß. Nun verdunkelt sich die Szene, füllt sich mit Larven und Monstern, Blitze zucken auf. Alcide zieht den Degen und bahnt sich durch Flammen und Ungeheuer den Weg zur Straße der Tugend, an deren Ende schon der hell strahlende Tempel zu erblicken ist. Dort erwarten ihn Aretea, Fronimo und – Edonide. Nach bestandener Prüfung darf auch die Freude nicht fehlen. In einem leuchtenden, von Pfauen gezogenen Wagen schwebt Iride, die Botin der Juno, aus olympischen Gefilden herab und überbringt Beifall und Wohlwollen der Götter. Ein Füllhorn des Glücks soll sich über Alcide und Ebe, die ihm bestimmte himmlische Gefährtin, ausgießen:

Da questo in ciel formato
Nodo, che stringerà la Coppia eletta
La sua felicità la terra aspetta.
A fabbricar si belle
Amabili catene
Tutto s'impiega il ciel.
Non furon mai le stelle
Più fauste, o più serene;
Non vi fu mai fra quelle
Concordia più fedel.[12]

Kein Zweifel, daß mit der „Coppia eletta“, dem auserwählten Paar, Joseph und Isabella gemeint waren, Metastasio verstand sein in langen Jahrzehnten des Hofdiensts geübtes Huldigungshandwerk vorzüglich. Glückverheißend und heiter wie nie zuvor würden die Sterne einen Bund treuester Eintracht bescheinen, im Himmel geschmiedete Ketten, ein im Himmel gewebtes Band das erwählte Paar umwinden. Daß nodo auch Fessel heißt und stringere zuschnüren, irritiert gewiß nur den heutigen Leser. „La sua felicità la terra aspetta - die Erde erwartet ihr Glück“ - würde es kommen?

Vorerst kamen weitere Festlichkeiten.

Am 11. Oktober fand im großen Redoutensaal eine festliche Serenade statt, ein von dem kursächsischen Legationsrat und Hofdichter Gianambrosio Migliavacca verfaßtes Melodram mit dem Titel „Tetide“ wurde aufgeführt, in dem es wieder von Göttern und Heroen wimmelte und beziehungsreiche Anspielungen nicht fehlten. Die Bühne war zu einem Meerschloß umgestaltet, und am Clavicembalo waltete der Komponist: Christoph Willibald Gluck.[13]

Auch dieser festliche Abend ist auf einem der Meytens-Gemälde dargestellt, wobei der Beschauer nicht auf das Bühnengeschehen, sondern auf Orchester und Zuschauerraum blickt, der bis auf den letzten Platz mit festlich gekleideten Menschen gefüllt ist. In der ersten Parterrereihe ist die kaiserliche Familie vollzählig versammelt, auch die Jüngsten, Ferdinand, Antonia und Max, die bei der Hochzeitstafel fehlten, dürfen an diesem Abend dabeisein. In der Mitte das Kaiserpaar, Maria Theresia in Weiß und Gold, Franz Stephan in Zyklam, neben ihm Joseph in Rot, anschließend Leopold und Max, vier Erzherzoginnen und Prinz Karl von Lothringen. Links von der Kaiserin Isabella in Türkis und Silber, ein Notenbuch auf dem Schoß, neben ihr Erzherzog Carl, sichtlich hingerissen mit ihr plaudernd, anschließend Ferdinand, vier Erzherzoginnen und Charlotte von Lothringen.

Am 15. Oktober konnte das „Wienerische Diarium“ endlich wieder eine erfreuliche militärische Meldung bringen: Am 12. zu Mittag war der kaiserliche Generalmajor Prinz Johann Carl von Liechtenstein, Neffe des Fürsten Joseph Wenzel, begleitet von zwölf blasenden Postillionen und zwei Postmeistern mit der Nachricht in Wien eingetroffen, daß die „Königl.

Die Ruine der im Juli 1760 von den Preußen zerstörten Kreuzkirche zu Dresden. Radierung von Bernardo Bellotto, 1765.

Preußische Residenzstadt Berlin von denen Kaiserl. Königl. Waffen erobert worden[14]". Der Jubel war groß, auch wenn der militärische Gewinn, ähnlich wie bei Hadiks Handstreich im Vorjahr, eher gering anzusetzen war. Nach der Enttäuschung bei Liegnitz hatte Daun schon für Ende September einen Angriff gegen den König von Preußen geplant, dem sich dieser jedoch durch eine geschickte Bewegung entzog, um sich alsbald in einem neuen, noch besser gesicherten Lager zu verschanzen. Unter diesen Umständen kamen Österreicher und Russen überein, eine „Diversion" gegen Berlin zu unternehmen, mit der man den König zumindest zu schwächen hoffte. Feldmarschall Graf Lacy leitete die Expedition und traf vor Berlin mit dem russischen General Totleben zusammen. Es kam zu einer fast einwöchigen Besetzung der preußischen Hauptstadt, wobei die Russen den Löwenanteil der Beute davonführten, während die Österreicher, sehr zum Mißfallen Lacys, im Schloß Charlottenburg hausten (davon stand natürlich nichts im Wienerischen Diarium). Die Reichsarmee eroberte inzwischen Torgau, und Friedrich sah sich durch die

Berliner Aktion gezwungen, sein Lager bei Bunzelwitz zu räumen und in Richtung Berlin zu marschieren, von wo sich die ungebetenen Gäste rechtzeitig entfernten.[15]

Am Abend des Tages, der die frohe Nachricht gebracht hatte, tanzte der Hof auf einem Maskenball im großen Redoutensaal, zu dem jedermann eingelassen wurde, der entsprechend gekleidet war.

Am 14. Oktober gaben die niederösterreichischen Landstände im Festsaal des Landhauses in der Herrengasse den Majestäten und dem Kronprinzenpaar ein Souper mit Ball, und am 15. Oktober beschloß Maria Theresias Namensfest (allerhöchster Galatag) die Kette der Festlichkeiten.

Gleichsam zur Abrundung erschien im Samstagsanhang des Wienerischen Diariums vom 15. Oktober noch ein Huldigungsgedicht des Franciscus Carolus Pankl, Poeta Laureatus, in lateinischer und in deutscher Sprache, den hohen Neuvermählten verehrungsvoll gewidmet.

Bella gerant alii, sed felix Austria nubat,
Austria Semideum prodigiosa parens.
Gloria JOSEPHUS solii fit Sponsus, & illi
Additur in socium dulcis ELISA thorum.

Dies die ersten vier der insgesamt 32 lateinischen Verse, die „Paraphrasis vernacula", die einheimische Version, war gar vierzig Verse lang.[16] Der Autor konnte sich des traditionsreichen „bella gerant alii" nicht entschlagen, wobei er außer acht ließ, daß Österreich zur Zeit selbst in einen blutigen und verlustreichen Krieg verstrickt war.

Dem Samstagsanhang des Wienerischen Diariums mit den barocken Schnörkeln des Huldigungsgedichts war noch ein „Extrablatt" mit ausführlichen Berichten über die Lage der Hauptarmee in Schlesien beigefügt. Es fanden zur Zeit keine größeren Aktionen statt, aber diese würden nicht mehr lange auf sich warten lassen.

Leben am Kaiserhof

Der allgemeinen Festesfreude und der Euphorie über die (kurzfristige) Besetzung der Hauptstadt König Friedrichs durch österreichische und russische Truppen folgten im November wieder schlimme Nachrichten vom Kriegsschauplatz. Die feindlichen Heere trafen bei Torgau an der Elbe aufeinander, geführt von Feldmarschall Daun auf österreichischer und König Friedrich auf preußischer Seite. Am Abend des ersten Schlachttages sah es ganz nach einem österreichischen Erfolg aus: Nach empfindlichen Verlusten mußte der König den Kampf abbrechen und sich zurückziehen. In der Nacht gelang es jedoch dem kühnen preußischen General Ziethen, die zuvor von den Österreichern besetzten Süplitzer Höhen einzunehmen und einen Umschwung herbeizuführen. Zum schließlichen Verlust der Schlacht trug aber sicher auch die schwere Verwundung Dauns und der Munitionsmangel der Österreicher bei, die sich in der etwa sechsstündigen Schlacht, dem blutigsten Gemetzel des ganzen Krieges, „verschossen" hatten. Der geschlagene Sieger Daun mußte der bereits verfrüht nach Wien gelangten Siegesbotschaft eine ernüchternde Relation folgen lassen, in der er aber immerhin melden konnte, daß in der ersten, siegreichen Phase der Schlacht über hundert preußische Offiziere und 3 500 preußische Soldaten in Gefangenschaft geraten waren und 43 Fahnen, zwei Standarten und acht Kanonen erbeutet werden konnten. Weit wichtiger als diese Trophäen aber war der Umstand, daß Daun schon vor der Schlacht die Bagage über die Elbe zurückgesandt und auf diese Weise gerettet hatte. „Gott hat es absolute so haben wollen," meinte er in einem anderen Bericht, „sonsten wäre es nicht möglich, daß es so unglücklich hätte endigen können. Dieu est juste."

Der Feldmarschall begab sich nach Dresden, wo er wochenlang das Bett hüten mußte, und beklagte, daß er nicht einmal zu Pferd seine Armee inspizieren konnte.

Unter den Dokumenten über die Schlacht bei Torgau befindet sich auch ein Bericht des Leibchirurgen Marschall Dauns, du Creux, den dieser nach Torgau entsandt hatte, um dort die verwundeten österreichischen Gefangenen aufzusuchen. Er fand sie zwar in einem Schloß untergebracht, aber „im unerträglichen Unflat und Gestank, ohne Stroh und Kochgeschirre, ohne Krankenwärter, die ihnen auch nur eine Suppe gereicht hätten, da alle gesunde Mannschaft vom Feind abtransportiert wurde".

Der österreichische Arzt erreichte beim preußischen Generalchirurgen, daß von den nächsten Dörfern Geschirr und Stroh geliefert und auch Bauern kommandiert wurden, die das Lazarett säubern mußten. Nach Ansicht des preußischen Arztes war es kein Wunder, wenn die Verwundeten zum größten Teil sterben mußten, denn es herrschte zwar kein Mangel an Medizinen und Verbänden, wohl aber an Verpflegung, denn der preußische König gebe für die preußischen Verwundeten neben der täglichen Löhnung ein halbes Pfund Fleisch aus, ferner würden arme Weiber und Bürger zum Krankendienst verwendet, und jeder Verwundete und Kranke verfügte über ein Bett mit Strohsack, eine Decke und einen Kopfpolster. Für die österreichischen Verwundeten standen nicht mehr als täglich fünf Kreuzer zur Verfügung (ein Pfund Fleisch kostete zehn). Die verwundeten österreichischen Offiziere, die in der Stadt untergebracht waren, hatten es natürlich besser, aber der Leibchirurg blieb so lange am Ort, bis auch die Versorgung der Mannschaft besser geregelt war. Wie bei Liegnitz gegenüber Laudon ließen auch bei Torgau die Majestäten, der Staatskanzler, ja sogar die Verbündeten und die Öffentlichkeit dem unglücklich geschlagenen Daun volle Anerkennung widerfahren, doch dies änderte nichts an der Tatsache, daß nach wie vor nichts entschieden war. Die Armeen bezogen die Winterquartiere und sammelten Kräfte für neuerliche Auseinandersetzungen.[1]

Isabella mußte sich nun in den Jahresablauf einfügen, wie er am kaiserlichen Hof zu Wien üblich war, ein Jahresablauf, der vor allem von den Festen des kirchlichen Jahreskreises und von familiären Feiern geprägt war. Sie sind nicht nur in den „Hofzeremonialprotokollen", sondern auch im „Wienerischen Diarium", Vorläufer der „Wiener Zeitung", genauestens festgehalten. Leider fällt der getreue Hofchronist Graf Khevenhüller für Isabellas Wiener Jahre aus, da seine Tagebücher der Jahre 1760 bis 1763 nicht erhalten sind. Es wären ihnen sicher eine Fülle interessanter Details zu entnehmen gewesen!

Am Andreastag, dem 30. November, war das Hochfest des Ordens vom Goldenen Vlies in St. Augustin, am 3. Dezember wurde in der Universitätskirche Franz Xaver, am 8. Dezember Maria Empfängnis in St. Stephan gefeiert, wo auch die weihnachtlichen Hochämter stattfanden. Vor Weihnachten machte Maria Theresia alljährlich Exerzitien und blieb drei Tage zurückgezogen, während der Kaiser, manchmal von den älteren Erzherzögen begleitet, die Gottesdienste und „Toison-Vespern" für die Ritter vom Goldenen Vlies besuchte. Weihnachten war damals noch ein rein kirchliches Fest ohne „Bescherung" und ohne Christbaum. Es gab auch keine „Weihnachtsferien", schon gar nicht für das Herrscherpaar, von dem das „Wienerische Diarium" am Silvestertag 1760 meldet, es wäre auch diese Tage hindurch mit Staats- und Landessachen beschäftigt gewesen.

Der 31. Dezember war aber doch ein besonderer Tag, denn es galt den 19. Geburtstag Isabellas zu feiern, von der man hoffte, sie werde das 20. Jahr „im anwünschend beglückten Wohl zurücklegen[2]".

Nicht alle Mitglieder der kaiserlichen Familie befanden sich allerdings im „höchst beglückten Wohl". Schon zu den Weihnachtsfeiertagen war Erzherzog Carl erkrankt, und man fürchtete bald um sein Leben. Ob es sich bei Carls Erkrankung um eine (höchst seltene) Rezidive der schon einmal glücklich überstandenen Blattern handelte oder um eine andere Krankheit – Prinz Albert spricht in seinen Aufzeichnungen von „Skorbut-Fieber"[3] – ist nicht ganz klar. Niemand, der die Blattern noch nicht gehabt hatte, durfte jedenfalls den Kranken besuchen, und die Botschaften über seinen Zustand gingen brieflich von Appartement zu Appartement. Isabella, die vom Kaiser persönlich informiert wurde, gab die Nachrichten an ihre Schwägerin Marie weiter, mit der sie ja schon von Parma und von der Reise korrespondiert hatte.

Die persönliche Bekanntschaft der beiden fast gleichaltrigen Schwägerinnen muß die bereits brieflich gefaßten Sympathien bestätigt und verstärkt haben, denn Isabella vermerkte in ihrer selbstbiographischen Skizze: „Ich schloß mich an sie von dem Augenblick an, als ich sie sah."[4]

Der Ton von Isabellas Botschaften, drei Monate nach ihrem Eintritt in die kaiserliche Familie, ist bereits ein sehr familiärer und inniger. Isabella an Marie:

„Mein Bruder Carl hat eine bessere Nacht verbracht als die vorhergehende. Ich werde Einzelheiten später hören, wollte aber nicht versäumen, Ihnen die ersten Nachrichten zu geben, glücklich, wenn ich Sie überzeugen kann, wie sehr ich Sie liebe. Adieu."[5]

Und wenige Tage später:

„Endlich fange ich an zu hoffen: der Bruder Carl hat eine recht gude nacht gehabt, anstatt daß diese hette sollen grausame seyen. Du kannst dich wohl einbilden, wie frohe man ist. Die nacht war nicht vom besten für uns, weil man ist beständig in forcht gewesen, doch beßere als die Vorige. adieu. Weil ich gestern en train [im Zuge] von portrait war, so schicke ich dir die zwey, die ich gemacht habe."[6]

Die Hoffnung erwies sich als trügerisch.

Erzherzog Carl, Lieblingssohn seiner Mutter, starb am 18. Januar 1761, wenige Tage vor seinem 16. Geburtstag. Prinz Albert, der sich mit seinem Bruder Clemens zu dieser Zeit wieder in Wien aufhielt, berichtet von den Hoffnungen, die man in den Prinzen gesetzt hatte, dessen scharfer und klarer Geist und frühen Talente ihn zum Liebling seiner Eltern und der ganzen Familie machten, wenn ihm auch seine Spottsucht nicht die allgemeine Zuneigung eingebracht hatte.[7]

Der Leichnam Carls wurde im Mantelkleid auf einem drei Staffel hohen, mit Wachslichtern erleuchteten Totengerüst unter einem schwarzen Baldachin mit allen vom Zeremoniell vorgesehenen Accessoires drei Tage lang in der großen Hofkapelle aufgebahrt, Herren und Damen des Hochadels hielten Betstunden in schwarzer Trauerkleidung. Am Leichenbegängnis nahmen der Kronprinz und seine Gemahlin mit den ältesten Geschwistern und dem gesamten Hofstaat teil, die Schauspiele und musikalischen Aufführungen wurden abgesagt und die öffentlichen Tänze eingestellt.[8]

So hatte Isabella in kaum vier Monaten Glanz und Prunk kaiserlicher Festesfreude und den ebenso zeremoniellen Ablauf von Aufbahrung und Begräbnis kennengelernt – er mag sie an den nicht viel mehr als ein Jahr zurückliegenden Tod ihrer Mutter erinnert haben, von deren einsamem Begräbnis in Saint Denis sie hoffentlich nie erfahren hatte.

Albert von Sachsen wurde während seines Wiener Aufenthalts natürlich auch der Kronprinzessin vorgestellt und zeigte sich von ihrer Persönlichkeit tief beeindruckt:

„Gleich nach meiner Ankunft war ich der neuvermählten Prinzessin vorgestellt worden. Diese wirklich erstaunliche Frau war noch nicht zwanzigjährig und nicht nur versehen mit allen Vorzügen des Herzens, die sie schätzenswert machten, sondern auch mit allen Kenntnissen und Talenten, die man bei einem noch so vollendeten jungen Mann hätte suchen können. Ihre Mutter, Infantin von Parma [eigentlich Infantin von Spanien und Herzogin von Parma] geborene Prinzessin von Frankreich, hatte ihr dieselbe sorgfältige Erziehung, die sie genossen hatte, angedeihen lassen und ihren Charakter gebildet, so daß sie nicht nur in jenen Bereichen, die für eine Dame von Stand notwendig sind, sondern vielmehr auch auf abstrakten Gebieten, von der Mathematik bis zur Taktik, sich eingehende Kenntnisse erworben hatte. Sie hatte zu alledem noch ein besonderes Talent für Musik – sie spielte unter anderem hervorragend Violine – und für Zeichnen und Malerei, aber auch für das Kunsthandwerk, in welchem sie die von ihr beschäftigten Künstler anzuleiten wußte. Sie schrieb mit besonderer Leichtigkeit und voll Geist. Ich besitze noch einige Briefe von ihr, die dafür den besten Beweis liefern ... Im Vergleich mit ihren Schwägerinnen konnte sie zwar nicht strahlend schön genannt werden; zu reserviert in ihren Gesprächen, verriet ihr Gesicht – bei aller Mühe, die sie sich gab, es zu verbergen – einen Hang zu schwermütigen Ideen, wodurch sich erwies, daß sie nicht vollkommen glücklich war. Allerdings hat sie sich über dieses Thema niemals klar ausgesprochen, nicht einmal mit Personen, denen sie volles Vertrauen schenkte. Sie schien damals eine tiefe Neigung zur zweiten Erzherzogin, ihrer Schwägerin Marie gefaßt zu haben und wurde deren intimste Freundin. Ich habe also bei der Gelegenheit auch diese wiedergetroffen.“[9]

Diese bemerkenswerte Charakteristik Isabellas in Alberts viel später verfaßten „Mémoires de ma vie“[10], einer vierbändigen, handschriftlichen Darstellung seines Lebens, beruhte sicherlich nicht nur auf persönlich gewonnenen Eindrücken, sondern auch auf Erzählungen Marie Christines. Sie nimmt für unsere Darstellung einiges vorweg, was erst in späteren Kapiteln näher ausgeführt werden soll.

Alberts Gefühle für die Erzherzogin Marie hatten sich in der Zeit seiner Abwesenheit vom Wiener Hof nicht geändert. Um so schmerzlicher mußte er es empfinden, daß sein „Rivale“, Prinz Ludwig von Württemberg, noch immer das Feld behauptete. Alberts Chancen, Maries Herz und in weiterer Folge gar ihre Hand zu gewinnen, schienen zu dieser Zeit überhaupt gleich Null, und er dachte ernsthaft daran, den Gedanken an eine Heirat überhaupt aufzugeben und in den Deutschen Orden einzutreten. Als der Hochmeister, der Kurfürst Clemens August von Köln, ein Onkel von Alberts Schwägerin Maria Antonia, im Februar 1761 starb, bewarb sich Albert bei Maria Theresia um die Nachfolge, doch zu seiner Enttäuschung war die Antwort der Kaiserin abschlägig. Noch stand Maria Theresia der „liebe Herr Schwager“ näher als der sächsische Neffe, so sehr sie diesen bereits liebgewonnen hatte, und Karl von Lothringen wurde Hoch- und Deutschmeister.[11]

Während sich die kaiserliche Familie noch in der Hofburg aufhielt, wurde in Schönbrunn bereits fleißig gearbeitet, geputzt, renoviert und neu dekoriert; am 18. Februar meldete das „Wienerische Diarium“, daß der Kaiser, sein Bruder Karl von Lothringen und Kronprinz Joseph sich nach dem Lustschloß begeben hatten, um die für „Eh Joseph und dero Frauen Gemahlin erbauende prächtige Sommerzimmer in Augenschein zu nehmen“.[12] Alles sollte aufs schönste gerichtet sein, wenn Joseph mit seiner jungen Gattin nach Schönbrunn übersiedelte! Die Zimmer lagen im Westflügel des Schlosses, es sind die ersten, die der heutige Besucher der „Schauräume“ durchwandert, und sie bewahren keinerlei persönliche Erinnerungen an Joseph und Isabella, da sie immer wieder verändert wurden, zuletzt für Kaiser Franz Joseph und Kaiserin Elisabeth. Auch der Ausblick zum Park war noch ein anderer als der, den wir heute gewohnt sind: Der Neptunsbrunnen, als südliche Begrenzung des Gartenparterres, war noch nicht errichtet, und der dahinter ansteigende Hügel präsentierte sich als ein grünes Stück Natur – ohne „Gloriette". Auch die Steinskulpturen fehlten noch, von denen, einer nicht genau definierbaren Tradition gemäß, das Paar „Olympia mit ihrem Sohn Alexander" Joseph und Isabella darstellen soll.[13]

Joseph hatte aber auch anderes zu tun, als sich um seine Sommerwohnung zu kümmern. Schon sechs Wochen nach seiner Vermählung war damit begonnen worden, Sitzungen der Hauptabteilungen der Zentralverwaltung in seinen Appartements und unter seinem Vorsitz abzuhalten, um den Thronerben in die Staatsgeschäfte einzuführen. Joseph bemerkte später in einem „Memorandum"[14], er habe zwar die Gesichter und die Perücken der Anwesenden aufmerksam betrachtet, sonst aber nicht viel gelernt und auch nicht hart gearbeitet, da er keine Gelegenheit fand, seiner Ruhmsucht zu frönen. Trotzdem meint Joseph-Biograph Derek Beales, daß Josephs Teilnahme an diesen Sitzungen und noch mehr an denen des von Kaunitz begründeten „Staatsrats" (erste Sitzung am 26. Januar 1761) merkbar zur staatspolitischen Erziehung des Thronerben beitrug. Er konnte wichtige Informationen über die Länder der Monarchie sammeln und mit vielen Problemen vertraut werden, mit denen die Regenten und ihre Berater konfrontiert wurden.[15]

Anfang März machte der russische Botschafter Graf Tschernitscheff auf dem Weg nach Paris mit seiner Gemahlin in Wien Station und wurde mit einer französischen Komödie und einem prachtvollen Feuerwerk geehrt; beides fand im „Collegium Theresianum" auf der Wieden, der ehemaligen Favorita, in Anwesenheit der kaiserlichen Familie statt, die den Abgesandten der verbündeten Zarin Elisabeth auf diese Weise besonders auszeichnete.[16]

Am 15. März weihte der päpstliche Nuntius Borromeo bei den Augustinern die Palmbuschen, und am Gründonnerstag fand die traditionelle Fußwaschungszeremonie statt, bei der der Kaiser zwölf armen Männern und die Kaiserin zwölf armen Weibern die Füße wuschen. Das stets gut informierte „Wienerische Diarium" vermerkte hierzu, daß das Lebensalter der Männer, zusammengezählt, 998 und das der Weiber 1 017 Jahre insgesamt betragen hätte.[17]

Am Karfreitag standen Gottesdienst und Passionspredigt bei den Augustinern sowie die „Pumpermette“ in der Hofkapelle auf dem Programm, am Karsamstag folgte die traditionelle „Gräbertour“ von Kirche zu Kirche. An diesem Karsamstag, dem 21. März 1761, besuchte der Kaiser in Begleitung der Erzherzöge Joseph und Leopold sowie des päpstlichen Nuntius nicht weniger als siebzehn, während die Kaiserin, begleitet von Isabella, der Prinzessin Charlotte von Lothringen und den Töchtern Maria Anna, Maria Christina, Elisabeth, Amalia, Johanna und Josepha nur acht Heilige Gräber „schaffte“ (möglicherweise fielen ihre Andachten länger aus als die der Herren).

Am Abend folgte die Auferstehungsfeier bei den Augustinern, am Ostersonntag das Toison-Amt in St. Stephan und anschließend öffentliche Tafel mit Musik. Am Ostermontag wieder Toison-Amt in der Hofkapelle (für die Herren) und Gottesdienst in der Kammerkapelle (für die Damen).

Ein reiches Repräsentationsprogramm für die kaiserliche Familie, von dem sich die Herren wenige Tage später auf der Jagd erholten: der Kaiser und Joseph zunächst auf der Schnepfenjagd jenseits der Donau, dann der Kaiser und sein Bruder in Schloß Eckartsau, und schließlich der Kaiser, Joseph und die älteren Prinzessinnen in Stammersdorf. Die Kaiserin hielt bei keiner dieser Jagdpartien mit – einmal wegen einer Erklältung, zumeist aber, wie im „Wienerischen Diarium“ vermerkt, wegen Beschäftigung mit „Staats- und Landessachen“.

Ende April erfolgte die Übersiedlung nach Schönbrunn, wo sich „beede kk Majestäten mit den ältesten königl. HH in erfreulich höchst beglückten Wol“ befanden und ihrer guten Laune auch in einer musikalischen Akademie Ausdruck gaben, die von den jungen Herrschaften veranstaltet wurde. Auch Albert weilte wieder auf Besuch (hatte ihm jemand „gesteckt“, daß Ludwig von Württemberg – aus welchen Gründen immer – zur sächsichen Armee abgegangen war?) und wurde als lieber Verwandter und Freund der Familie empfangen.

Am 29. April erschien der kaiserlich russische Kämmerer Baron Stroganoff als Sonderbotschafter der Zarin Elisabeth bei Joseph und Isabella, um (spät, aber doch), „Ihrer Russischen kaiserlichen Majestät compliment zur hohen Trauung“ zu überbringen. Am nächsten Tag begaben sich die Majestäten mit dem Kronprinzenpaar und den vier ältesten Erzherzoginnen (also Maria Anna, Maria Christina, Elisabeth und Amalia) zur Mittagstafel nach Laxenburg, wo man zur Reiherbeize bis in den Mai hinein zu bleiben gedachte.[18]

Schon während der Regierungszeit Kaiser Karls VI. war die Reiherbeize eine der Hauptattraktionen der Aufenthalte in Laxenburg gewesen. Die Kunst, mit Vögeln zu jagen, galt seit den Hohenstaufen als ein fürstliches Vergnügen, das immer wieder Liebhaber fand; Kaiser Friedrich II. (von Hohenstaufen) hatte persönlich das Standardwerk „De arte venandi cum avibus" verfaßt.[19]

Dem Tierfreund und Tierschützer von heute erscheint unbegreiflich, wie man ein so blutiges und grausames Schauspiel, wie die „Reiherbeize" es bot, wobei die Vögel einander oft geradezu zerfleischten, ein „Vergnügen" genannt werden konnte, an dem auch Damen teilnahmen. Aber bekanntlich gibt es ja nach wie vor Menschen, die an Hunderennen oder Hahnenkämpfen Geschmack finden – gar nicht zu reden vom Publikum der spanischen Corrida.

Hoflager in Laxenburg hieß nicht, daß man sich ständig dort aufhielt: Man fuhr zu Empfängen in die Burg oder nach Schönbrunn, zu einer Profeß nach St. Ursula, zur Audienz für den Bischof von Olmütz, zum Titularfest des Sternkreuzordens, Gegenstück des Ordens vom Goldenen Vlies für die Damen, zur Geburtstagsgala für Erzherzog Leopold, zur festlichen Aufnahme der Erzherzoginnen Johanna Gabriele und Josepha als jüngste Sternkreuzordensdamen.

Die Gala zum 44. Geburtstag der Kaiserin und zum 19. von Marie Christine am 13. Mai sah den Hof bereits wieder in Schönbrunn, und am 21. Mai nahmen die Festlichkeiten zum Fronleichnamsfest ihren Anfang, wobei es beileibe nicht mit einem einzigen „Umgang" sein Bewenden hatte.[20]

Die Festlichkeiten begannen mit der großen Fronleichnamsprozession am Fronleichnamstag, die von St. Stephan ihren Ausgang nahm. Wer alles ganz genau sehen und erleben wollte, mußte schon mindestens zwei Stunden vor Beginn der eigentlichen Prozession seinen Platz einnehmen, also ungefähr um sieben Uhr früh. Die verschiedenen Handwerkszünfte begannen bereits um vier Uhr morgens Kreuze und Prozessionsfahnen aus Gold und Silberstoff nach St. Stephan zu führen, gegen acht Uhr wurde der Altar vor der Dreifaltigkeitssäule am Graben errichtet, neben dem ein Bataillon Soldaten Posten bezog. Der Boden wurde mit Brettern belegt und mit Gras und Blumen bedeckt. Um neun Uhr begann der Auszug aus St. Stephan. An der Spitze der Prozession schritten die Vertreter der 47 Zünfte, ihnen folgten die Waisenkinder, Mönche der verschiedenen Klöster, Pfarrherren und Benefizianten. Anschließend die Bruderschaften, Offiziere des Wiener Bürgerregiments, der Stadtrat, die kaiserliche Hoflivree, zahlreiche Edelknaben, die Geistlichkeit, die erzbischöfliche Kurgeistlichkeit, die Ritter vom Goldenen Vlies und vom St. Stephans-Orden, die Dekane der Universität und der Rector magnificus. Endlich der Kardinalerzbischof mit dem Corpus Christi unter dem Thronhimmel, der von Ratsherren getragen wurde. Unmittelbar nach dem Venerabile die Majestäten und der Hof, alle mit brennenden Wachslichtern, begleitet von je einem Detachement der adeligen deutschen und ungarischen Leibgarde. Mitglieder des hohen und des niedrigen Adels und viel Volk schlossen sich der Prozession an, die sich in feierlich gemessenem Schritt über die Kärntner Straße und den Platz vor dem Bürgerspital (heute Lobkowitzplatz) zu den Augustinern und über Kohlmarkt und Graben wieder zurück nach St. Stephan bewegte. Den Abschluß bildete eine Truppe Grenadiere mit klingendem Spiel.

Am 23. Mai folgte der Corpus-Christi-Umgang der Gesellschaft Jesu am Hof, am 25. der Umgang in Schönbrunn und am 28., zum Beschluß der Corpus-Christi-Oktav, nochmals großer Fronleichnahmsumgang in St. Stephan, der diesmal seinen Weg über den Graben und den Hohen Markt wieder zurück nach St. Stephan nahm, wobei die Soldaten der Wiener Garnison bei der Pestsäule am Graben mit Feldmusik und fliegenden Fahnen paradierten. Zu Fronleichnam gab es für die schaulustigen Wiener fürwahr eine Menge zu sehen.

Dabei waren die Prozessionen zu Fronleichnam zwar die festlichsten, aber bei weitem nicht die einzigen im alten Wien. Es gab Zeiten, da verging keine Woche, ja es waren sogar wenige Tage im Jahr, wie ein Chronist beschreibt, wo nicht aus den zahlreichen Kirchen, Klöstern und Kapellen der Stadt irgendeine mehr oder minder ansehnliche Prozession auszog und eine benachbarte Kirche, ein nahes Dorf oder auch einen entfernten Wallfahrtsort besuchte: „Da Müßiggang, Schwelgerei und Ausgelassenheit eher verziehen wurden, wenn sie einen Anstrich von Heiligkeit oder Andächtelei hatten, so waren diese Prozessionen dem Pöbel aus allen Ständen sehr willkommen. Wenn sich der Österreicher einen guten Tag auftun wollte, so ging er wallfahrten; dagegen durfte kein Mensch was einwenden." Selbst der frommen Maria Theresia wurde dieses Prozessions- und Wallfahrtsunwesen zuviel, und sie verhängte Einschränkungen oder sogar Verbote, „zum großen Verdruß der Mönche, der Wirte, der Verliebten und Faulenzer, welche unendlich mehr dabei verloren als die Heiligen im Himmel . . ."[21]

Zu einer Wallfahrt ganz anderer Art brach das Kronprinzenpaar nach den Fronleichnamsfestlichkeiten auf. Mit der Post und kleinem Gefolge ging es von Schönbrunn nach Mariazell, eine Wallfahrt und verspätete „Hochzeitsreise" mit besonderem Anliegen: Das junge Paar sollte die Gnadenmutter und „Magna Mater Austriae" persönlich um ihren Segen bitten, wie dies vor nunmehr 25 Jahren auch die Jungvermählten Franz Stephan und Maria Theresia getan hatten. Immerhin waren seit der Hochzeit sieben Monate vergangen, ohne daß sich bei Isabella Anzeichen einer Schwangerschaft gezeigt hätten.

Von dieser Reise sind zwei Briefe Josephs an seine Mutter erhalten geblieben, denen einige Details der folgenden Schilderung entnommen sind.

Die kleine Reisegesellschaft verließ am 29. Mai Schönbrunn in einem Vier- und einem Zweispänner, der alte Marschall Batthyány begleitete die Wagen zu Pferd, und je zwei Mann der ungarischen Leibgarde erwarteten sie an jeder Pferdewechselstation. Maria Theresias „schwarzköpfiger Lieblingspostillion" machte den Führer.[22]

In Perschling bei St. Pölten, an der heutigen Bundesstraße 1, kann eine solche alte Poststation noch besichtigt werden: Vier reizvolle barocke Fassadenstatuen und ein prächtiger Doppeladler zieren aber leider nur mehr ein traurig heruntergekommenes Gebäude.

In Sieghartskirchen änderte Joseph die Sitzordnung: Er setzte sich mit Isabella allein in den Zweispänner und ließ die

Der Wallfahrtsort Mariazell um 1800. Nach der Natur gezeichnet und gestochen von C. Spaengler.

anderen im Vierspänner hinter sich, die Reihenfolge, in der man auch in St. Pölten eintraf.

Dort wurde zuerst den Karmeliterinnen ein Besuch abgestattet, die für den hohen Besuch – laut Joseph – eine gar nicht so schlechte Jause vorbereitet hatten. Die Mutter Oberin beeindruckte den Kronprinzen nicht nur durch ihre Würde, sondern auch durch ihre vernünftigen Ansichten.

Vom schlichten Klosterbau der Karmeliterinnen gingen die Besucher die wenigen Schritte zum Institut der Englischen Fräulein mit seiner prunkvollen, mit Engelatlanten und Heiligenstatuen reich geschmückten Fassade, wo man Kirche und Kloster besichtigte und ein wenig plauderte, bevor man die Reise fortsetzte.

Nun ging es die Traisen entlang, auf die Berge der Voralpen zu, auf „hervorragenden" Straßen, wie Joseph seiner Mutter berichten konnte.[23] Tagesziel war die Zisterzienserabtei Lilienfeld, 1202 von dem Babenberger Leopold VI. dem Glorreichen als Tochterkloster von Heiligenkreuz gegründet, Begräbnisstätte des Herzogs und seiner unglücklichen, von König Ottokar von Böhmen verstoßenen Tochter Margarethe, aber auch einer habsburgischen Ahnfrau: Cimburgis von Masowien, Großmutter Kaiser Maximilians I., die während einer Wallfahrt nach Mariazell 1429 in Türnitz starb und im Altarraum der Stiftskirche beigesetzt wurde.

Der Abt des Stifts, Dominik Peckenstorfer, erwartete die hohen Besucher am Portal der Stiftskirche und führte sie in den imposanten mittelalterlichen Kirchenraum, in den sich die einheitliche, in den dominierenden Farben Schwarz und Gold gehaltene, erst 15 Jahre zuvor fertiggestellte Inneneinrichtung harmonisch einfügte. Man lauschte einer Litanei und dem Salve Regina, bevor man sich kurz auf die Zimmer zurückzog, um den Reisestaub loszuwerden. Joseph und Isabella logierten im Westtrakt, mit Blick auf die Traisen und die bewaldeten Ausläufer des Lindenbergs; heute ist dort das Stiftsgymnasium untergebracht.[24]

Vor dem Abendessen ging die Gesellschaft noch zum Forellenfischen, und Joseph konnte mit Stolz vermelden, daß er das meiste Glück hatte und den größten Fang erzielte. Dem Reisebericht an die Mutter fügte Joseph noch einige schwärmerische Zeilen über seine Gattin hinzu:

„Ich habe das Glück, E. M. zu versichern, daß es allen gut geht und daß meine Frau in meinen Augen angenehmer ist denn je, da sie sich heute bei allen Gelegenheiten so gut geführt hat. Vor allem aber auch deshalb, weil ich in ihr das sehe, was E. M. lieben. Sie fühlt diese Liebe von den Füßen bis zum Kopf, ganz so wie ich – besser kann ich mich nicht ausdrücken."

Isabella und Joseph nahmen gemeinsam das Abendessen ein, doch Isabella litt ein wenig an Kopfweh, so daß man sich schon um halb zehn zurückzog.[25]

Am nächsten Morgen wurde zeitig gefrühstückt, und nach der Messe verließen die Reisenden um viertel nach acht die Abtei. Der Weg führte über die wiesengrünen, von blühenden Obstbäumen bestandenen Talböden der Traisen und der Türnitzer Traisen zunächst sanft dahin. Nach Türnitz trat der Weg dann in den „Langen Wald" ein, das walddunkle und enge Tal des Türnitzbachs zwischen Tirolerkogel und Hennesteck. Joseph leistete Marschall Batthyány nun zu Pferd Gesellschaft, blieb jedoch immer nahe an Isabellas Wagenschlag.

Das Institut der Englischen Fräulein in St. Pölten.

Der beschwerlichste Teil der Reise, über Annaberg und Josefsberg, stand jetzt bevor, er mag Isabella an die Überquerung des Semmerings im vergangenen Herbst erinnert haben! Die Mönche von Lilienfeld, die die Pfarre Annaberg betreuten, hatten zwar schon Ende des 17. Jahrhunderts anstelle des Fuß- und Saumpfads einen Fahrweg anlegen lassen und einen Vorspanndienst eingerichtet, doch der Weg auf den fast tausend Meter hohen Annaberg war immer noch beschwerlich genug. Schon lange hatte die Gesellschaft die Wallfahrtskirche mit ihrem eigenartigen, mehrfach eingekerbten Turmhelm vor Augen, bis sie endlich um halb elf Uhr auf der Höhe ankam. Die Mönche boten zur Labung ein Gabelfrühstück an, das allerdings (laut Joseph) „ziemlich schlecht aussah". Die Suppe wollte überhaupt niemand kosten, nur Joseph überwand sich, fand sie aber schließlich „ganz passabel“. Joseph konnte Isabella sicher manches erklären, denn er war schon vier Jahre zuvor mit seinen Eltern und sechs Geschwistern hier auf Wallfahrt gewesen. Ob die „Hirnschale“ der heiligen Anna (1660 als kaiserliches Geschenk überbracht) besichtigt wurde, ist nicht überliefert.[26]

Lange kann sich die Reisegesellschaft auf dem Annaberg nicht aufgehalten haben, denn schon um halb zwei Uhr traf man in Mariazell ein. Das Wetter war inzwischen ein wenig regnerisch geworden, aber nach wie vor frühlingshaft warm. Am Portal der Basilika wartete Prälat Berthold Sternegger und begrüßte das Kronprinzenpaar feierlich, nicht ohne darauf hinzuweisen, daß Maria Theresia und Franz Stephan 25 Jahre zuvor auch im Mai in Mariazell gewesen waren (damals nichts anderes als ein landloses Herzogspaar, dessen junges eheliches Glück noch keine politische Wolke trübte).

Vor der Tafel war wieder Zeit, die Zimmer aufzusuchen und sich zu erfrischen, der Ritt hatte Joseph doch so sehr erhitzt, daß er das Hemd wechseln mußte. Anschließend erschienen Vertreter des Herren- und Landstandes zur Aufwartung, und Joseph bedauerte sehr, daß ihn die zeremonielle Sitzordnung bei der Tafel von seiner Gattin trennte.[27]

Die Basilika erhob sich zu jener Zeit noch beherrschend auf einem weiten, freien Platz, nur von verstreuten Häusern und den damals wie heute unvermeidlichen Devotionalienbuden umgeben.[28] Die königlichen Hoheiten wären über die bauliche Enge und das Menschen- und Fahrzeuggewimmel im heutigen Mariazell gewiß äußerst erstaunt gewesen. Joseph schreibt weiter nichts über den Mariazeller Aufenthalt, nichts über Andachten und Besichtigungen, auch nicht, ob die Narzissen schon in Blüte standen oder ob auf dem gewaltigen Ötschermassiv noch Schnee lag.

Sicherlich hat das junge Paar vor der Gnadenkapelle lange und andächtig gebetet, vor dem in glitzernde Pracht gehüllten und von funkelnden Kostbarkeiten umgebenen einfachen Gnadenbild aus Lindenholz. Sicherlich zeigte man ihnen die aufgehäuften Schätze, kaiserliche, königliche und fürstliche Weihegaben, unter ihnen auch eine kostbare Ampel mit acht Silberherzen, die Maria Theresia 1746 gestiftet hatte; zwei Herzen für sie und Franz Stephan und je ein Herz für die damals lebenden Kaiserkinder: für Maria Anna und Joseph, für Maria Christina und Maria Elisabeth, für Carl und Maria Amalia. Sie weihten in diesen Herzen ihre eigenen der jungfräulichen Mutter von Zell, Beschützerin des Hauses Österreich, Virgini cellensi Austriacae Domus Matri protectrici, wie die lateinische Widmung lautete.[29]

Die Rückreise wurde bereits am nächsten Tag, dem 31. Mai, angetreten, denn das „Wienerische Diarium" meldete in seiner Ausgabe vom 3. Juni, daß das Kronprinzenpaar am 1. Juni, unmittelbar nach der Rückkehr aus der Steiermark, mit den Majestäten zu Mittag gespeist habe.

Das erste Enkelkind

Am 5. August 1761 brachte das „Wienerische Diarium“ die Nachricht, daß „Ihre Königl. Hoheit die Erzherzogl. Frau Gemahlin Infantin von Spanien sich die erste Ader öffnen lassen, dabey der hohe Adel die Aufwartung gemacht“[1] habe, was nichts anderes hieß, als daß die Kronprinzessin – endlich! – schwanger war. Der erste Aderlaß bei einer solchen Gelegenheit wurde stets festlich begangen, und der gesamte Hof erschien in Gala zur Gratulation. Das „zur Ader lassen“, ein Heilmittel, dem man Wunderkräfe zuschrieb, war so ziemlich der einzige medizinische Eingriff, um das Wohlbefinden der werdenden Mutter während einer Schwangerschaft zu heben, doch nicht selten vergrößerte er nur die Gefahren, die ohnehin groß genug waren.[2]

Isabellas Befinden schien jedoch ausgezeichnet zu sein, denn am 17. August begleitete sie mit Joseph, Maria Anna und Marie Christine die Majestäten zu einem Jagdausflug nach Holitsch in Oberungarn, wobei man auch die Schlösser Eckartsau und Schloßhof im Marchfeld besuchte. Holitsch (heute Holíč in der ČSSR), nicht weit von der österreichischen Grenze in der Nähe der Marchauen gelegen, war eines der Güter Franz Stephans, wo er sich als das fühlen konnte, was er eigentlich am liebsten gewesen wäre: als adeliger Privatmann. Er baute Holitsch nicht nur zu einem landwirtschaftlichen Musterbetrieb aus, er installierte dort auch die erste Majolikamanufaktur der Monarchie zur Erzeugung von Kacheln, Tafelgeschirr und feinen Fayencen und richtete im nahen Sassin (heute Šaštinske Stráže) eine Kattunfabrik ein. Der Ertrag der Fabriken und der Land- und Forstwirtschaft war so groß, daß der Kaiser die alte Burganlage von Holitsch erneuern und die Wohnräume mit Badestuben und Toilettenanlagen versehen ließ, was einen im 18. Jahrhundert auch in fürstlichen Kreisen nicht alltäglichen Komfort darstellte.[3]

Auf den Kriegsschauplätzen tat sich in diesem Sommer wenig, alle kriegführenden Staaten spürten die Länge und Härte der Auseinandersetzung; weder für Preußen noch für Österreich konnten die hohen Verluste bei Torgau gleichgültig sein, und neben den Schwierigkeiten, die die Ergänzung der Heere mit sich brachte, machte sich in beiden Lagern ein immer fühlbarer werdender Geldmangel bemerkbar. Während der König von Preußen mit fortgesetzter Münzverschlechterung und immer rigoroserer Aussaugung der von ihm beherrschten Länder sich zu behelfen suchte, führte die schlechte Finanzlage in Wien trotz des Abratens der Generalität zu einer Truppenverringerung, die allerdings erst im nächsten Jahr zum Tragen kommen sollte.[4]

General Laudon sorgte Anfang Oktober für einen Lichtblick, als er die Festung Schweidnitz im Handstreich nahm, ungeachtet des Heerlagers der Preußen, das sich nur zwei Tagesmärsche entfernt befand. Dies war auch der Grund, warum Laudon rasch und auf eigene Faust handelte, ohne die Zustimmung des Hofkriegsrates einzuholen, was ihm sehr verübelt wurde. Franz Stephan, Kaunitz und Fürst Wenzel Liechtenstein mußten ihren ganzen Einfluß aufbieten, um den General vor Bestrafung zu schützen.[5]

Nach dem Erfolg Laudons bei Schweidnitz trat auch die Daunsche Armee in Aktion, und Prinz Albert von Sachsen erhielt sein erstes selbständiges Kommando, wobei er sich mit seinem Corps bei Hainichen und Döbeln auszeichnen konnte. Die militärische Situation war für Österreich Ende des Jahres 1761 überhaupt sehr günstig und hätte genützt werden müssen. Statt dessen beschlossen Maria Theresia und Kaunitz wegen der angespannten Finanzlage die Reduktion der Truppen, was nicht nur die Generalität, sondern auch Franz Stephan, der Kronprinz und der im Feld aktive Albert als schweren Fehler ansahen.[6]

Dabei stand es in der Tat schlecht um den Preußenkönig in diesem Winter. Die Gespräche mit seinem Vorleser Henri de Catt und seine Briefe an den Marquis d'Argens zeugen von großen Stimmungsschwankungen, Todeswünschen und Lebensüberdruß. Schon im Getümmel von Kunersdorf soll Friedrich ausgerufen haben: „Gibt es denn heute keine verwünschte Kugel für mich?“, und de Catt berichtet, der König habe ihm einmal eine Büchse mit achtzehn Pillen Opium gezeigt und erklärt, er denke nicht daran, „den Ruin und die Verwüstung des Vaterlandes zu überleben". Man fragt sich, warum der König Ruin und Verwüstung nicht durch einen Friedensschluß zu beenden suchte, statt sich Todes- und Selbstmordstimmungen hinzugeben.

Von englischer Seite wurde Friedrich mehrmals nahegelegt, vor allem nach einem Kompromiß mit seinem Hauptgegner Österreich zu suchen, doch der König war nicht dazu zu bewegen, um den Preis der Rückgabe Schlesiens und anderer Zugeständnisse mit Maria Theresia Frieden zu schließen.[7]

Als er sich auf erneutes Drängen Englands weigerte, irgendwelche Landabtretungen zu erwägen, stellte die Londoner Regierung die Zahlung der Hilfsgelder an Preußen ein. Englands neuer König Georg III., der erste „englische", im Land geborene Hannoveraner, hatte es satt, den unbelehrbaren Preußenkönig weiterhin zu unterstützen. Der Krieg auf dem Kontinent paßte schon lange nicht mehr in das politische Konzept des Inselstaates, der auf dem Weg war, auf Kosten Frankreichs zur ersten See- und Kolonialmacht der Welt aufzusteigen.

Damit hatte Friedrich seinen letzten Verbündeten verloren. Zu Beginn des Jahres 1762 schien es für Preußen keine Chance mehr zu geben, Friedrichs Großmachtträume schienen ausgeträumt. In den Kreisen um seinen Bruder Heinrich rechnete man sogar damit, daß Preußen den Krieg bestenfalls in der Größe und Gestalt des früheren Kurfürstentums Brandenburg überleben werde.

Aber nun ereignete sich das zweite „Mirakel des Hauses Brandenburg" in Gestalt des plötzlichen und unerwarteten Todes der Zarin Elisabeth am 5. Januar 1762.[8] Elisabeth Petrowna, Tochter Peters des Großen und der baltischen Bauerntocher Martha Skawronskaja (als Herrscherin Katharina I.), unversöhnliche Gegnerin Friedrichs II. und treue Verbündete Maria Theresias, deren Truppen den großen Sieg Laudons bei Kundersdorf möglich gemacht hatten – Elisabeth Petrowna war tot.

Was würde nun werden?

Zwar erschien am 24. Januar der russische Botschafter Fürst Gallitzin in Audienz bei den Majestäten mit dem Notifikationschreiben des neuen Monarchen Peter III., in welchem

„besagter Monarch von seiner Gesinnung zur unverbrechlichen Aufrechterhaltung der zwischen beiden Höfen durch Bündnisse befestigten Freundschaft die Versicherung in verbindlichsten Ausdrücken“[9] gab, aber mit der Gesinnung und der Freundschaft war es nicht weit her. Peter III., Neffe der verstorbenen Zarin (aus der Ehe ihrer Schwester Anna mit Karl Friedrich von Holstein-Gottorp), ein tückischer, trunksüchtiger Psychopath mit einem infantilen Faible für den Herrn von Sanssouci, dachte nicht daran, das Bündnis gegen Preußen weiter aufrechtzuhalten. Er rief die siegreiche russische Armee aus Pommern und Ostpreußen zurück, ohne die geringste Gegenleistung zu verlangen, und schloß einen Frieden, der Rußland keinerlei Vorteil einbrachte, was nicht nur seine im Stich gelassenen Bundesgenossen, sondern auch viele russische Patrioten empörte. Er schloß sogar ein Bündnis mit Preußen und verpflichtete sich zur Stellung einer Hilfstruppe in der Stärke von 20 000 Mann unter der Führung des Generals Tschernitscheff.

Peter steigerte sich geradezu in eine Preußen-Euphorie hinein, tat jedem, der es hören wollte, kund, es sei ehrenvoller, preußischer General als russischer Imperator zu sein, führte im russischen Heer preußische Uniformen und preußische „Ordnung“ ein und ließ betagte Würdenträger nach preußischen Reglement exerzieren. Er besetzte führende Posten in der Armee mit holsteinischen Verwandten, ließ sich in außenpolitischen Fragen vom preußischen Gesandten von der Goltz beraten und merkte nicht, wie die Unruhe in den traditionsbewußten Garderegimentern wuchs, während seine von ihm verachtete und vernachlässigte Gattin Katharina (geborene Prinzessin von Anhalt-Zerbst) auf ihre Stunde wartete; offiziell auf die ihrer zweiten Niederkunft, inoffiziell jedoch auf eine weit bedeutendere.[10]

Nach Rußland verließ auch das knapp vor dem Staatsbankrott stehende Schweden die antipreußische Koalition, der es ohne große Aktivitäten seit 1757 angehört hatte, und die Hauptlast des Krieges, der sich noch ein volles Jahr hinschleppen sollte, verblieb auf den Schultern der Österreicher.[11]

Die betrübliche politische Lage in diesem Frühjahr durfte aber in Wien über einem freudigen Familienereignis vergessen werden: Die Niederkunft der Kronprinzessin nahte heran.

Auf Anregung des Leibarztes der kaiserlichen Familie, des von Maria Theresia 1745 aus Leyden nach Wien berufenen Boerhaave-Schülers Gerard van Swieten, war schon um die Mitte des Jahrhunderts ein geregelter und systematischer Unterricht für Hebammen eingeführt worden. In ihren Händen lag ja seit jeher der Hauptanteil der geburtshilflichen Leistungen, die von den gelehrten Doctores der Medizin nicht selten als standeswidrig und herabwürdigend angesehen wurden. Nur in schwierigen Fällen zog man „Chirurgen“ hinzu, die aber zumeist so schlecht ausgebildet waren, daß ihre Tätigkeit „dem Ausüber Schande, den Beystehenden Entsetzen, der Kunst Verachtung und der Nachkommenschaft Furcht zuzogen“. Von einem gewissen Deisch wird berichtet, er habe sich in seinem „Würgungskreis Augsburg“ den Ruf eines „Kinder- und Weibermetzgers“ erworben, und im Jahr 1751 erschien in London sogar eine Satire mit dem Titel „The petition of unborn Babes“, in der die Ungeborenen um Gnade flehten.

Auch van Swieten stand der praktischen Geburtshilfe, also der persönlichen Handanlegung, fern, aber er brachte den Ärzten und Hebammen Wiens jene Männer und ihre Erkenntnisse nahe, die in den vergangenen Jahrzehnten der Geburtshilfe eine grundlegende anatomische und physiologische Basis geschaffen hatten. Er bereitete vor allem den Grundsätzen einer natürlichen Geburt die Bahn, bei der Arzt und Hebamme die tätige Hilfe der Natur so wenig wie möglich durch Eingreifen stören sollten.[12]

Van Swieten hatte auch mit dem betulichen und störenden Getümmel zahlreicher Hofdamen und Bediensteter um die Gebärende aufgeräumt, nur mehr er selbst und die Hebamme waren zugegen. Auch der „Kindsstuhl“, von Maria Theresia noch verwendet, stand nicht mehr in Gebrauch: Die Geburt fand im Bett statt.

Das Zeremoniell schrieb zwar vor, daß der Hochadel sich bei einer Geburt am kaiserlichen Hof zu versammeln hatte, doch er drängte sich nicht wie in Versailles im, sondern außerhalb des Zimmers der Gebärenden; die Herren in der Ratsstube, die Damen im Spiegelzimmer. Im Burghof wartete das Volk auf die hoffentlich gute Nachricht: die Geburt eines Prinzen. Diesmal war es allerdings „nur“ eine Prinzessin, und das „Wienerische Diarium“ meldete, daß am 20. März „Abends

Erzherzog Joseph am Wochenbett seiner Gemahlin Isabella. Gouache von Erzherzogin Marie Christine nach einer Vorlage von Cornelis Troost.

um 7 Uhr S. Königl. Hoheit des Königl. Cronprinzen Erzherzogs Josephi Durchl. Gemahlin ... mit einer wolgestalteten Erzherzogin zu allgemeiner Freude beeder Kaiserl. Königl. Majestäten und des ganzen Hofes, wie auch der sammentlichen Erbländer beglücktest entbunden, worauf sofort auf 3 Täge die Gala angesagt worden[13]."

Das „nur" mag in Wien nicht allzuschwer gewogen haben, da ja auch Maria Theresia selbst anfangs nur Mädchen geboren hatte, drei an der Zahl, bis endlich der ersehnte Kronprinz sich einstellte. Ob Isabella allerdings imstande sein würde, ihrem Gatten einen auch nur annähernd so reichen Kindersegen zu bescheren, stand abzuwarten.

Schon am nächsten Tag, einem Sonntag, fand nach dem Vormittagsgottesdienst in der zweiten Antekammer der „öffentliche Taufactus“ statt. Als Taufpaten fungierten Maria Theresia und Franz Stephan sowie König Ferdinand und Königinwitwe Isabella von Spanien und der Herzog von Parma, Don Philipp. Die drei abwesenden Paten wurden von Erzherzogin Maria Anna und den Erzherzögen Ferdinand und Leopold vertreten.

Exzellenz Borromeo, der päpstliche Nuntius, spendete unter großer Assistenz das Taufsakrament, und das jüngste Mitglied des Kaiserhauses erhielt die Namen Maria Theresia sowie Elisabetha Philippina Ludovica Josepha und Johanna. Als der Nuntius das Tedeum anstimmte, feuerte das auf der Burgbastei aufgezogene ungarische Infanterieregiment des Erzherzogs Ferdinand dreimal Salut, und rings um die Stadt donnerten die Kanonen von den Befestigungsmauern. Hernach begab man sich zur Tafel und delektierte sich an kulinarischen und musikalischen Genüssen, in Anwesenheit des ungemein zahlreichen und prächtigen Hofstaats.

Drei Tage trug der Hof große Gala und feierte die Geburt der kleinen Maria Theresia, die sich, wie auch ihre Mutter, „Gott Lob im erwünschten Wolstand“ befand.[14]

Bis zu ihrem „Hervorgang“, dem ersten öffentlichen Erscheinen nach der Niederkunft, hatte Isabella nun einige Wochen Zeit, um sich zu erholen. Es war seit jeher in der kaiserlichen Familie üblich, diesen Anlaß festlich zu begehen, konnte man sich doch erst so richtig freuen, wenn alle Gefahren für Mutter und Kind glücklich überstanden waren.

Maria Theresia allerdings, dank ihrer robusten Natur, hatte sich selbst auch in dieser Zeit niemals völlig geschont und so bald wie möglich wieder den Geschäften gewidmet.[15] Und das bei 16 Schwangerschaften und Geburten in 19 Jahren!

Ähnlich wie bei der „Nikolausbescherung“ verdanken wir dem Pinsel der Erzherzogin Marie Christine auch eine liebenswürdige Szene vom Wochenbett Isabellas: Die Wöchnerin liegt, hochaufgestützt, zu Bett, im nahegerückten Lehnstuhl sitzt Joseph im Morgengewand, in trautem Gespräch mit seiner Gattin. Die Amme hält die neugeborene Maria Theresia auf dem Schoß und füttert sie, und dahinter steht die Künstlerin selbst und blickt liebevoll auf ihre kleine Nichte herab.[16]

Eine wahre Idylle. Oder etwa nicht?

Die schöne und kluge Kronprinzessin, geliebt und bewundert vom Kaiserpaar, verehrt von ihren Schwägern und Schwägerinnen (Maria Anna ausgenommen), angebetet von ihrem über beide Ohren verliebten Gatten, dem sie soeben das erste Kind geschenkt hatte – mußte sie nicht über die Maßen glücklich sein?

Sie war es nicht.

Obwohl auch sie verliebt war, „à la rage“, wie sie es nannte, „verliebt wie ein Narr“.[17]

Allerdings nicht in ihren Gemahl, sondern in dessen Schwester. Isabella liebte Marie Christine, ihre Schwägerin.

Amitié amoureuse

Die Freundschaft, die Isabella mit ihrer Schwägerin Marie Christine verband, ist unter Historikern seit jeher ein umstrittenes Thema und der Gegenstand verschiedenster Interpretationen gewesen, die von harmloser Schwärmerei bis zum intimen Liebesverhältnis reichen, doch sind sie zumeist spekulativer Art. Ich wage zu bezweifeln, daß die Autoren und Autorinnen, in deren Joseph- oder Maria-Theresia-Biographien Isabella naturgemäß vorkommt, sich die Mühe gemacht haben, Isabellas erhaltene Briefe an Marie, soweit sie lesbar sind, gründlich und vor allem im Original zu studieren.

Einer, der dies gewiß getan hat, war Alfred von Arneth, und er war es auch, der einige dieser Briefe aussonderte und mittels handschriftlicher Notiz empfahl,[1] sie, wenn schon nicht zu vernichten, so doch wenigstens nicht zu veröffentlichen. Der Direktor des Haus-, Hof- und Staatsarchivs und große Maria-Theresia-Biograph hielt es zwar für angezeigt, die heikelsten Briefstellen nicht der Öffentlichkeit preiszugeben, näherte sich aber in seiner Charakteristik dem Kern der Sache durchaus: „Die Freundschaft aber, welche die Erzherzogin Isabella mit Josephs Schwester Marie verband, überschreitet in ihrer Schwärmerei fast die Grenzen, innerhalb deren es nach unseren heutigen Begriffen wünschenswerth erscheint, daß eine solche Zuneigung sich bewege."[2] Ein diplomatisches Meisterstück! Arneth meint weiter, daß Isabellas „Herzensergüsse von einer gewissen Überspanntheit nicht freizusprechen" seien, „denn wenn auch die Erscheinungen, welche in diesem Briefwechsel ans Licht treten, der rasche Wechsel zwischen schwärmerischer Hingebung und schmollendem Zurückziehen, dann die fieberische Wiederannäherung, bei Liebespaaren etwas millionenmal Wiederholtes und daher gewöhnliches sind, so tragen sie doch, wenn sie zwischen zwei so sehr jungen

Frauen vorkommen, wie beide Erzherzoginnen es waren, etwas Gemachtes, Unnatürliches an sich."[3] Schon Arneth gibt also zu, daß es sich um Liebesbriefe handelt, wobei er offenläßt, ob er das „Gemachte" und „Unnatürliche" mehr dem Umstand zugute hält, daß die beiden „so sehr jung" waren, oder jenem, daß beide dem weiblichen Geschlecht angehörten.

Genaugenommen handelt es sich bei diesen rund zweihundert Briefen, Zetteln und Zettelchen (oft wurde eine herausgerissene Heftseite oder ein Kartonblättchen als Schreibunterlage benutzt) um keine „Korrespondenz", denn nur Isabellas Briefe sind erhalten, von Maries Hand existiert einzig die „Charakteristik" Isabellas (siehe Seite 215ff.). Es wird wohl so gewesen sein, daß Marie nach Isabellas Tod ihre eigenen Briefe an sich nahm und vernichtete, während sie die Isabellas auf all ihren Reisen mit sich führte und bis zu ihrem Lebensende aufbewahrte. Nach Maries Tod hinterlegte sie ihr Gatte im Familienarchiv des Palais auf der Augustinerbastei (heute Albertina), wo sie bis 1918 verblieben.[4]

Wie Alfred von Arneth konnte auch Adam Wolf, Biograph der Erzherzogin Marie Christine, die Originalbriefe noch im Albertina-Archiv einsehen. Er schien nur solche gelesen oder zur Kenntnis genommen zu haben, die „mädchenhafte Schwärmerei, die Naivität der Jugend, den vollen Zauber eines jungen, reinen Gemüthes"[5] ausdrückten. Von Isabellas Beziehung zu Joseph schreibt Wolf, sie hätte ihn „mit allem Feuer ihrer Seele" geliebt, nur in ihm gelebt und nach jedem Blick von ihm gegeizt. Sie wäre trostlos gewesen, wenn er einen Tag entfernt war und glücklich über „einige einsame Wochen" in Eckartsau (hier kann es sich nur um Tage gehandelt haben).[6] Den einzigen Beleg für diese Inbrunst bildet ein kurzer Zettel Isabellas an Marie, auf den ich noch zurückkomme.

Nach 1918 gelangten das Albertina-Archiv und somit auch Isabellas Briefe nach Ungarisch-Altenburg (heute: Mosonmagyaróvár). Von dort ließ sich Josef Hrazky, bisher einziger Herausgeber von Briefen Isabellas und Verfasser einer Studie, 1955 Mikrofilme senden, die er seiner Edition zugrunde legte (sie werden im Österreichischen Staatsarchiv aufbewahrt). In der Vorbemerkung zu seiner Publikation im Rahmen der Mitteilungen des Österreichischen Staatsarchivs führt Hrazky an,

Kronprinzessin Isabella.
Miniatur eines unbekannten Künstlers.

daß die Originale im Oktober 1956 durch einen Brand des Archivs in Mosonmagyaróvár vernichtet worden seien.[7] Worauf sich diese Fehlinformation Hrazkys gründet, läßt sich nicht mehr feststellen; Tatsache ist, daß das Konvolut mit Isabellas Briefen, Aufzeichnungen und Aufsätzen, eingeschlagen in das Originalpackpapier und mit der Originalbeschriftung von der Hand Herzog Alberts von Sachsen-Teschen, heute im Ungarischen Nationalarchiv in Budapest aufbewahrt wird, zusammen mit Korrespondenzen, die Marie Christine als Statthalterin der Niederlande mit ihrem Neffen, Kaiser Franz II., führte. (Die Sammlung enthält auch einen der letzten Briefe ihrer unglücklichen Schwester Marie Antoinette.)[8] Ein Brand, der 1956

Erzherzogin Marie Christine, 1762.
Gemälde von Jean Etienne Liotard.

während der sowjetischen Intervention in Budapest tatsächlich im Archiv ausbrach, hat dem Konvolut nur geringfügigen Schaden zugefügt. Josef Hrazky hat seiner Edition der Aufsätze und Briefe Isabellas (in Auswahl, die französichen Texte im Original) auch einen Aufsatz über die Persönlichkeit der Schreiberin vorangestellt, in der Isabellas überschwenglicher Briefstil eine ganz erstaunliche Interpretation erfährt.

Von der Kaiserin zur Bundesgenossin erwählt, sollte Isabella mithelfen, das durch den Verzicht auf den Prinzen Ludwig von Württemberg etwas verdüsterte Gemüt Maries wieder aufzuheitern, und sie „von dem frivolen Blender Louis zu dem soliden, bescheidenen Albert hinlenken". Aus diesem Grund spielte Isabella (nach Hrazky) anfangs humoristisch und dann mit immer größerem Ernst die Rolle des unglücklich verliebten „Zerbin“, der seiner „Laurette“ Szenen macht, erblaßt, wenn ihm seine Angebetete Untreue vorwirft usw. „Es ist ein drolliges Spiel“, fährt Hrazky fort, „und die Französin eine wundervolle Komödiantin. So ernst sie am Hofe wirkt, für ihre geliebte Mimi ist sie Schauspielerin; um sie zu erheitern, hat sie tausend entzückende Einfälle und lebt ihr ein übermütiges Backfischdasein vor. Das ist, so jung und vom Spaß begeistert sie scheint, keineswegs leicht für sie. Sie ist sich ihrer Verantwortung bewußt und hält sich eisern im Zaum. Nie hat ihr ein Mann etwas bedeutet, nun ist sie selbst manchmal in Gefahr, sich zu vergessen, aber sie spielt ja und solange sie *spielt,* ist alles unverfänglich ...“[9]

Diese Interpretation gründet sich auf keinerlei greifbare Unterlagen, und es bleibt nur die Frage, warum Hrazky diese seltsame Geschichte erfunden hat. Wollte er, in sicher gutgemeinter, noch dem 19. Jahrhundert und der Tradition Arneths und Wolfs verhafteter Moralität eine „Ehrenrettung“ vornehmen und die wahren Hintergründe der Beziehung verschleiern? Darauf läßt jedenfalls der Umstand schließen, daß er nicht nur Billetts, die in sein „Konzept“ absolut nicht hineingepaßt hätten, gar nicht in seine Edition aufnahm, sondern auch edierte Briefe „redigierte“, das heißt wegstrich, was ihm unpassend erschien, ohne jedoch auf diese Kürzungen hinzuweisen. Man denkt unwillkürlich an das Vorgehen der Nachkommen des Grafen Fersen, die durch Verstümmelung seiner Korrespondenz mit Marie Antoinette die Legende einer „reinen“ Seelenfreundschaft zu bewahren suchten.[10]

Ähnlich wie Hrazky ging auch Eduard P. Danszky in seinem Isabella-Roman vor, der zwar viel authentisches Material verarbeitet, das Liebes- und Eheglück Isabellas und Josephs – mit einigem Übergewicht auf Josephs Seite – aber doch in recht rosigen Farben malt.[11]

Modernere Autoren sind nicht mehr so zurückhaltend.

In Gertrud Fusseneggers dichterischer Interpretation figuriert Isabella als zauberhaft hochgezüchtete, wenn auch vielleicht nicht ganz ungiftige Orchidee, eingepflanzt in den doch mehr oder weniger biederen habsburgischen Hausgarten, die, in widernatürlicher Leidenschaft entbrannt, die Lieblingstochter der tugendhaften Kaiserin möglicherweise zu ähnlicher Verirrung verführt habe.[12]

Joseph-Biograph Hans Magenschab stellt sich vor, daß die beiden Schwägerinnen durch die gemeinsame Beschäftigung mit ihrer Kleidung in ständigen körperlichen Kontakt kamen, der hinter den Paravents der Chinoiserien und vor den Spiegeln der Rokokoboudoirs seinen Anfang nahm[13] - eine reichlich banale Vermutung. Sie liegt auf der Linie altgewohnter (männlicher) Betrachtungsweise, die in der Liebe zwischen Frauen bestenfalls einen Scherz oder spielerischen Zeitvertreib zu sehen beliebt.

Auch Humbert Fink, jüngster Joseph-Biograph über Ätherwellen[14], findet Magenschabs Partnerschaftstheorie von „Haut und Seide“ überraschend, aber logisch, wobei beide Herren außer acht lassen, daß die Prinzessinnen in getrennten Appartements logierten und über einen jeweils eigenen Hofstaat und eigenes Bedienungspersonal verfügten, das für die „Anprobe der Rokoko-Kostüme“ zuständig war. Ganz so wie im „Figaro“ ist es in der Hofburg und in Schönbrunn sicher nicht zugegangen.

Wie stand es nun tatsächlich um Isabella und Marie - war es Freundschaft, war es Liebe, was sie verband, wie „intim“ war ihre Beziehung wirklich? Läßt sich die „Wahrheit“ heute überhaupt noch herausfinden?

Es ist klar, daß Spekulationen und Interpretationen naturgemäß subjektiv sein müssen, doch im vorliegenden Fall ist es möglich, Isabella in ihren Briefen selbst sprechen zu lassen, und der Leser möge sich vorerst sein eigenes Urteil bilden. Natürlich mußte eine Auswahl getroffen werden, der ungekürzte Inhalt sämtlicher erhaltenen Briefe und Zettel würde nicht nur den Rahmen dieser Biographie sprengen, sondern den Leser auch auf die Dauer ermüden.

Was den Text der Briefe betrifft, so verfaßte sie Isabella mit wenigen Ausnahmen in französischer Sprache, sie werden hier in deutscher Übersetzung vorgestellt. Als Grundlage diente sowohl die Edition Hrazkys, die nur ungefähr die Hälfte des Materials berücksichtigt, als auch die Originalbriefe im Budapester Archiv. Bei den deutschen Billetts wurde die originale Orthograpie beigehalten, um das Zeitkolorit zu wahren, nur die zumeist fehlende Interpunktion gelegentlich ergänzt.

Leider hat Isabella ihre Briefe so gut wie nie datiert, was ja bei einer täglichen Korrespondenz von Appartement zu Appartement auch nicht nötig war. Eine zeitliche Einordnung ist meist nur dann möglich, wenn Isabella bestimmte Ereignisse erwähnt, so etwa bei den bereits zitierten Briefen aus der Zeit der Krankheit des Erzherzogs Carl.

Die folgenden Zitate sind Auszüge aus einer ganzen Reihe von Briefen, die oft respektable Längen erreichen. Sollte der Verdacht aufkommen, daß nur solche Zitate ausgewählt wurden, die auf eine intensive Beziehung zwischen Isabella und Marie schließen lassen, so möchte ich mit allem Nachdruck betonen, daß sich in der Briefsammlung kaum ein Billett findet, das *keinen* solchen Hinweis enthält.

Schon die Anreden, die Isabella wählt, sprechen eine beredte Sprache, sie steigern sich von „Liebe Schwester", „Liebe Freundin", „Liebes Herz", „Mein Trost" oder „Mein Engel" bis zu „Anbetungswürde Schwester", „Anbetungswürdigste aller Kreaturen", oder „Liebenswürdige, anbetungswürdige, liebe, heilige Schwester"; mitunter heißt es auch „Grausame Schwester", „Allerliebster Esel", „O du Eserl", oder einfach „Liebe Alte".

Abgesehen von den Herzensergießungen geht es zumeist um Alltägliches: Wie man geschlafen hat, wie man sich fühlt, ob und an welchen Unpäßlichkeiten man leidet, ob man gut aufgelegt ist oder nicht. Der wienerische Begriff „Grant" für üble Laune und Mürrischsein scheint Isabella gefallen zu haben, nicht selten schreibt sie „je suis krantig", manchmal ist sie sogar „très", sehr grantig. „Mauvaise humeur", schlechte Laune, kommt meist dann vor, wenn die Freundinnen einander nicht sehen können, sich gezankt haben und aus irgendeinem Grund „faché" oder „brouillé", verärgert oder einfach bös aufeinander sind – sehr lang dürften diese Zustände aber nie gedauert haben.

Auch Undelikates ist nicht ausgespart, ob es sich nun um Hämmorrhoiden handelt, die Beschwerden verursachen, oder um ein Mißgeschick, das Isabella mit ihrem Nachtstuhl passiert ist. Solche „pots de chambre" oder „chaises percées" werden als Geschenke ausgetauscht, Isabella hat den ihren von Marie erhalten und die Freundin auch mit einem solchen Möbel überrascht, wobei sie in dem begleitenden Briefchen der Hoffnung Ausdruck gibt, Marie möge doch stets ihrer gedenken, wenn sie es benütze.[15]

Isabella an Marie:

„Guten Morgen, liebe Schwester, Da ich kaum die Augen offen habe, so kann ich nicht gut auf Ihre Fragen antworten. Ich werde Ihnen aber doch sagen, daß es mir gut geht, daß ich gut geschlafen habe, daß ich Sie rasend liebe und daß ich hoffe, Sie gut zu küssen, auch daß ich entzückt sein werde, Sie zu sehen, Sie zu küssen und von Ihnen geküßt zu werden. Der Kaiser wollte auf die Jagd gehen, ich weiß nicht, ob er geht. Der Erzherzog wird auch gehen, Sie werden bei mir speisen, in diesem Fall wird an diesem Abend kein Cercle und kein Spiel sein... Ich kann vermelden, daß ich voll Ungeduld bin, an Ihrem Busen zu sterben... Adieu, ich küsse Sie und bete Sie an bis zu einem Grade, den ich nicht sagen kann, und der mich zu Ihren Füßen erbeben läßt..."[16]

„Ich nähere mich also der anbetungswürdigsten aller Kreaturen... Behandeln Sie mein armes Herz schonend und mit Verzeihung! Es ist wahr, daß es sehr süß wäre, aber noch mehr könnte ich Sie nicht lieben. Lassen Sie mich denn leben, um Sie ewig anzubeten!"[17]

Als Marie die Masern hatte und die Freundinnen einander drei Wochen lang nicht sehen konnten, dürfte es auf Maries Seite zu eifersüchtigen Verstimmungen gekommen sein. Isabella schrieb an Marie:

„Wenn ich nicht so milde und geduldig wäre, liebes Herz, so wäre ich sicherlich schlechter Laune und hätte Ihnen einen zündenden Brief gesendet. Aber ich habe während dieser drei Wochen zu sehr gelernt, geduldig zu sein. Ich hoffe, daß Sie mich trotz Ihres Billetts genügend kennen, um von der Freude überzeugt zu sein, die ich haben werde, wenn ich Sie übermorgen umarmen kann und ich werde versucht sein, mich gar nicht zu rechtfertigen wegen der Dinge, deren Sie mich anklagen, um Sie zu strafen, nicht einmal, daß Sie sie gedacht haben... Glauben Sie mir, daß meine größte und ich wage auch zu sagen, meine einzige Seligkeit ist, Sie zu sehen und mit Ihnen beisammen zu sein, und niemals werden weder Himmel und Erde, noch Ihre Abwesenheit, noch irgend jemand mich davon abbringen, anders darüber zu denken. Ich flatterhaft werden? Schönste Lisette, Ihr Zweifel beleidigt mich. Adieu. liebes Herz, ich küsse Sie millionenmal aus allen meinen Kräften."[18]

Isabella ist nicht nur oft unaufmerksam bei der Beichte, bei Gottesdiensten und Andachten, weil sie an Marie denken muß, sie verfaßt auch manchmal ganz ungeniert bei solchen Gelegenheiten eine ihrer Botschaften an die Freundin: „Mitten in einem Miserere schreibe ich Ihnen, daß der Erzherzog nicht ausreitet. Man kann nicht in allen Punkten glücklich sein . . ."[19]

Die Freundinnen besuchten einander gegenseitig in ihren Appartements, sie gaben sich aber auch im Schönbrunner Park Rendezvous, ein zur Zeit des Rokokos gern aufgesuchter Ort für verschwiegene Zusammenkünfte, wie aus der Literatur bekannt ist. „Ich bin sehr unruhig, liebe Schwester, Sie beim Rosenkranz nicht gesehen zu haben, aber es ist nicht nur wegen der Neuigkeiten, daß ich Ihnen schreibe, sondern auch, um Ihnen zu sagen, daß ich Sie wegen des Windes nicht am Fuß der Treppe erwarten kann. Ich werde deshalb in die überdachte Allée gegen Hietzing hin gehen und ich rate Ihnen eilends zu kommen, denn ich fühle ein beträchtliches Herzklopfen herannahen und werde deshalb heute vielleicht nicht lange bleiben. Adieu."[20]

Wie schon erwähnt, sind die meisten von Isabellas Briefen französisch abgefaßt, doch manchmal schreibt sie auch deutsch, und die erhaltenen Beispiele beweisen, daß sie das Deutsche fließend beherrscht haben muß:

„Die Rauschinn [Kammerfrau] kommt in dem Augenblick herein und ich habe sie für dich genohmen das ist wohl ein Zeichen wie ich beständig von dir occupirt bin denn die ressemblance scheint mir nicht so groß zu seyen. Wir werden keine repetition haben, denn ich will mich nicht erhitzen . . . Adieu, ich sterbe aus lieb und umarme dich zärtligst."[21]

„. . . allerlieblichster, allerschätzbarichster Schatz, ich habe dir schon schreiben wollen vor als die Englische Cammerdienerin kommen ist, aber wer kann vor 7 Uhr schon auf seyen. Adieu mein trost, du bis gar zu gut, daß du auf mich denckst, ich hoffe dich heute zu sehen um halber 11. Adieu nochmal, ich küße dein ertzengliches arscherl und ich lege mich der Wasques unterthänigst zu füssen.“[22] (Maria Anna Gräfin Vasquez war Obersthofmeisterin der Erzherzogin.)

„Allergnädigste Fräulein, Abwesend von Ihnen zu seyen ist eine marter, die man nicht leicht übertragen kan ... Keine Freude mehr, kein Vergnügen, alles wird abgeschmackt, ... nichts anderst ist mehr zu hoffen als traurigkeit und schmertzen, die angenehmsten sachen verlieren ihre annehmlichkeiten. Die Music selbst, der Trost von allen Menschen, ist nimmer genugthunlich, um die verwirrten Gedancken in der ordnung zu bringen ... wenn man betrübt ist, kann man nichts besser finden als heilige und traurige lesungen ... Wie trostreich sind die beschreibungen, die man darinnen findet, wie freudenreiche sind die trähnen, welche sie herauspressen; unglückseeligste leute zu sehen erleuchtert die Schmertzen, die man empfindet ... was kann die Freude vergleichen, die man empfindet, wenn man wieder zu Ihren Füßen fallen kann? Die Gnade werde ich, hoffe ich, bald haben ...

Schönbrunn, den 23.Oct.1761“[23]

„O du Eserl, weil ich ein esel selbst bin, so werde ich dir gantz curz schreiben, obwohl dass ich die schönsten Sachen zu sagen hätte. Du willst, ich soll dir schreiben baadwaschel, ich bin gantz gehorsam und werde von jetzt an allerweil Dich so heißen, weil es dich so sehr gefreut, adieu.“[24]

Es wird heute wohl niemanden mehr geben, der diese Briefe nicht für das nimmt, was sie tatsächlich sind: Zeugnisse einer leidenschaftlichen Zuneigung Isabellas, die von Marie vielleicht nicht mit der gleichen Intensität, aber doch erwidert wurde, einer Zuneigung, die über „jungmädchenhafte Schwärmerei“ um einiges hinausging und intime Zärtlichkeiten mit einschloß.

Joseph war zwischen Isabella und Marie so gut wie kein Thema, es sei denn, es gab Streitigkeiten zwischen den Geschwistern zu schlichten, in denen Isabella vermittelte, oder es war eine Abwesenheit Josephs anzukündigen (Staatsrat, Reitausflug, Jagd usw.), was fast immer gleichbedeutend mit einer Möglichkeit zum Rendezvous war. Niemals nennt Isabella ihren Gemahl mit dem Vornamen, niemals benützt sie eine Koseform wie bei Marie; von ihren Schwägern und

Schwägerinnen schreibt sie als „mein Bruder Carl", oder „meine Schwester Johanna" – Joseph ist stets nur „der Erzherzog", in kühler Sachlichkeit.

Ein einziges, von den Biographen immer wieder zitiertes Billett ist erhalten, das beweisen soll, daß Isabella auch für Joseph etwas empfand:

„Der Ertzherzog ist wieder gantz gesund und du kannst dich einbilden, wie ich frohe bin. Das were wahrhaftig kein Spaß gewesen, wenn es so gedauert hette. Er hat recht gehabt, es waren nur winde, und nachdem daß er ein viertelstund lang ärger als der Favorit war so ist er wieder gantz gesund worden. Wir haben alle zwey unvergleichlich geschlaffen und ich hoffe, wir werden auf die jagdt gehen. Adieu, so starck als ich dich liebe, so habe ich gestern empfunden, daß der ertzherzog gehet vorhero. Adieu."[25]

Es ist dies, wie gesagt, das einzige erhaltene Zeugnis einer Gefühlsregung Isabellas für Joseph, gegenüber den unzähligen Liebesbeteuerungen, die an Maries Adresse gerichtet waren. Spekulationen über Verlorengegangenes erübrigen sich, wenn man an die schon erwähnte Passage aus den Memoiren Alberts von Sachsen denkt, wo er davon spricht, daß die Härte in Josephs Charakter Isabella daran hinderte, auch nur einen Funken Zärtlichkeit für ihn aufzubringen, was sie aber stets zu verbergen wußte.

War Josephs „Härte" der einzige Grund, der es Isabella unmöglich machte, ihn zu lieben?

Sehr aufschlußreich über ihre Einstellung zur Männerwelt ist ein Aufsatz mit dem Titel „Traité sur les hommes",[26] in dem sie ihre Ansichten ungeschminkt darlegt. Der Mann ist ihrer Meinung nach nichts anderes als ein „unnützes Tier", zu nichts anderem auf der Welt, als Böses zu tun. Gefühllos wie sie sind, lieben die Männer einzig sich selbst und sind auf nichts anderes aus, als ihren Bedürfnissen Befriedigung zu verschaffen. An anderen (also wohl an den Frauen) alles zu tadeln und an sich selbst alles zu billigen, ist ihre Gewohnheit. Obwohl mit Vernunft ausgestattet, benehmen sie sich im Grunde unvernünftiger als die unvernünftigen Tiere, verbringen ihr Leben damit, sich zu zerstreuen und nur das zu tun, was ihrer Eigenliebe schmeichelt. Obwohl zum Denken geboren, beschäftigen sie sich meist mit Dingen, die keinerlei Nachdenken erfordern. Und bei all diesen Torheiten müssen die Frauen ihnen Gesellschaft leisten, obwohl sie sie nach sämtlichen Regeln der Kunst unterdrücken! Hier schlägt Isabella ungewöhnlich emanzipatorische Töne an. Sie meint nämlich, die Männer wären aus der Welt längst verbannt, hielten sie nicht die Macht in Händen, und die Knechtschaft der Frau hätte im Grunde keine andere Ursache als die, daß die Männer sehr wohl wüßten, daß sie den Frauen unterlegen seien. Eine Frau könne viel eher auf den Mann verzichten als umgekehrt, müsse allerdings in Kauf nehmen, als widerwärtiges Geschöpf bezeichnet zu werden. Außer zu „einer Sache" seien die Männer im Grunde zu gar nichts gut, aber, so schließt Isabella resignierend ihr Traktat, „da sich ja doch der Teufel hineingemischt hat, so will er, alles in allem genommen, daß man Geduld übt und mit ihnen in Frieden lebt".[27]

Liest man diese Aussagen im Hinblick auf Isabellas Ehe und ihre Beziehung zu Joseph, so kann man sich schwer ein vernichtenderes Urteil vorstellen.

Über die Gründe, die zu Isabellas Abneigung führten – sie war sichtlich eine allgemeine, keine persönliche, nur auf Joseph bezogene –, können natürlich nur Vermutungen angestellt werden. Sicher spielten Kindheitserlebnisse eine Rolle, vielleicht vor allem die, die sie in Versailles hatte; einer wachen Intelligenz wie der ihren können die Zustände, die dort herrschten, kaum entgangen sein. Möglicherweise hat sie auch ihre Mutter, mit der sie ein vertrautes, schwesterliches Verhältnis verband – der Altersunterschied betrug schließlich nur 14 Jahre –, sehr früh in Dinge eingeweiht, die ihrer späteren Abneigung förderlich waren. Über die Beziehung zu ihrem Vater wissen wir leider gar nichts; sie lernte ihn ja erst im Alter von acht Jahren kennen – der Kontakt wird über den konventionell-höfischen wohl nicht hinausgegangen sein. Wie zumeist waren es wohl mehrere Komponenten, die Isabellas Gefühlsleben in der Richtung beeinflußten, die es schließlich genommen hat.

Auch die moderne Forschung ist sich bis heute nicht einig, wodurch Abweichungen dieser Art verursacht werden. Die Vertreter eines rein biologischen Ansatzes auf der einen und eines rein psychologischen auf der anderen Seite bekämpften einander zeitweise vehement, doch heute neigt man eher zu der Ansicht, daß die Wahrheit, wie so oft, in der Mitte liegen dürfte. Manche Forscher sehen sie auch in der von ihnen angenommenen grundsätzlichen Bisexualität des Menschen begründet.[30]

Liebesbeziehungen zwischen Frauen hat es in der uns bekannten Menschheitsgeschichte immer gegeben, nicht erst seit den Tagen der Sappho von Lesbos. Die wenigen erhaltenen Verse und Fragmente der größten Dichterin der Antike sind bis heute von suggestiver Kraft und vermitteln zwei Hauptmerkmale solcher Beziehungen: Intensive Emotionalität und starke ästhetische Qualität, das heißt Liebe zur Schönheit, zu Anmut und Liebreiz, zu Charme und Poesie. Gelebte Emotionen und ein geradezu romantisches Streben nach seelischer Vereinigung stellen das wirkliche Wesen der Liebe von Frauen füreinander dar, die zu physischen Kontakten führen kann, aber nicht muß. Im alten Griechenland war sie ein Stück Kultur und ebenso wie die Knabenliebe eine Selbstverständlichkeit, der nichts Unnatürliches anhaftete. Man betrachtete sie als eine der verschiedenen, gleichberechtigten Möglichkeiten der erotischen Bindung zwischen zwei Menschen.[29] Erst das Judentum und vor allem das Christentum stempelten die gleichgeschlechtliche Liebe zu einer unerwünschten und schmachvollen Neigung, zu Sünde und Todsünde. Dabei war die Aversion der Jahwereligion gegen die (männliche) Homosexualität nicht nur in dem Bestreben begründet, sich von Kult und Sitte der synkretistischen Umwelt abzuheben, sie widersprach auch der Pflicht, Nachkommen zu zeugen, dem für den Juden ersten und wichtigsten Gebot. Außerdem sah man in der Homosexualität rein sexuelle Kontakte, keine den Menschen prägende Disposition, die geistig-seelische Werte einbezieht und dauerhafte Liebesbeziehungen ermöglicht. In den Evangelien des Neuen Testaments ist die Homosexualität überhaupt kein Thema, erst Paulus, der sich in der im Niedergang befindlichen griechisch-römischen Welt mit ihr konfrontiert sah, stellte sie in eine Reihe mit andern „heidnischen" Lastern wie Götzendienst, Habsucht und Betrug. Als Liebesbeziehung war sie ihm völlig unbekannt. Im Anschluß an das Alte Testament und an Paulus lehnten auch die Kirchenväter die Homosexualität ab, was dann die so oft grausame und brutale Verfolgung Homosexueller zur Folge hatte, wobei sich die Ächtung

Selbstporträt der Erzherzogin Marie Christine.

in erster Linie gegen Männer richtete. Da man Frauen ohnedies als zweitrangig betrachtete, nahm man auch solche Neigungen bei ihnen nicht wichtig, sofern man sie überhaupt für möglich hielt und zur Kenntnis nahm.[30]

Im 18. Jahrhundert waren „schwärmerische, romantische" Freundschaften zwischen Frauen geradezu in Mode und durchaus wohlgelitten, vor allem deshalb, weil man gar nicht in Erwägung zog, das „platonische“ Ideal könnte verletzt werden.[31]

Die Brüder Goncourt haben diese „Intimités sentimentales“ in ihrer Kulturgeschichte der Frau im 18. Jahrhundert sehr farbig geschildert:

„In diesen Liaisons ... steckte ein Gefühl, eine lebendige Illusion, eine Art Leidenschaft. Man schwor sich Freundschaft, die das ganze Leben dauern sollte ... Man konnte einander nicht lassen, konnte eine ohne die andere nicht leben; und alle Morgen wechselte man Briefe. Mein Herz, meine Liebe, meine Königin, nur so nannte man sich ... Man sprach nur von den Reizen der Freundschaft und war stolz darauf, seine intimité sentimentale offen kundzugeben ...“[32]

Auffällig war zur Schau getragene Innigkeit zwischen Freundinnen in jener Zeit also keineswegs, man belächelte sie höchstens, um so mehr als auch die zeitgenössische Literatur solche Beziehungen eingehend schildert. In Rousseaus Briefroman „Julie ou la nouvelle Héloise“ (erschienen 1761), ein Buch, das auch Isabella und Marie kannten und schätzten,[33] droht die Intensität der Beziehung zwischen den Freundinnen Claire und Julie manchmal die sehr leidenschaftlichen heterosexuellen Beziehungen der Geschichte in den Hintergrund zu drängen: So schreibt Claire im 5. Buch des Zweiten Teils an Julie: „Meinst du etwa, es könne zwischen uns nur eine alltägliche Verbindung bestehen? Zeigen dir nicht meine Augen die süße Freude, die ich jeden Tag aus den deinigen schöpfe, wenn wir uns begegnen?“[34]

Und Julies Geliebter Saint Preux schildert im 38. Brief des Ersten Teils, wie die Freundschaft der beiden Cousinen, deren Zeuge er wird, seine eigene Liebe noch wachsen lassen: „Welch ein entzückender Anblick, oder vielmehr, welche himmlische Freude war es, zwei so einnehmende Schönheiten einander zärtlich umarmen zu sehen, der einen Gesicht sich auf der andern Busen neigen ... über eine so zärtliche Freundschaft ward ich eifersüchtig ... Nein, nichts auf der Welt ist fähig, so rührende Zärtlichkeit zu erregen als eure gegenseitigen Liebkosungen; und der Anblick zweier Verliebter hätte meinen Augen kein so köstliches Gefühl gegeben ...“[35]

An anderer Stelle schreibt Claire an Julie: „Das Wichtigste in meinem Leben ist meine Liebe zu Dir. Von Anfang an war mein Herz an Deines gefesselt ... Ich lebte einzig, um Deine Freundin zu sein."[36]

Madame de La Fayette, bekannt als Autorin von „La Princesse de Clèves" und Freundin von La Rochefoucauld, schrieb 1691, wenige Jahre vor ihrem Tod, an Madame de Sévigné: „Glaube mir, Du bist die Person, die ich auf der Welt am aufrichtigsten geliebt habe."[37]

Und rund hundert Jahre später illustriert die Korrespondenz zwischen Germaine de Staël und Juliette Récamier erneut die Intensität, die für „romantische Freundschaften" in Frankreich charakteristisch war. Die beiden Frauen waren einander durch Jahre hindurch innig zugetan, unbeschadet ihrer zahlreichen Affären mit Männern.

Germaine an Juliette: „Adieu meine Liebe und Angebetete. Ich drücke Dich an mein Herz ... Mein Engel, sag mir am Ende Deines Briefes, daß Du mich liebst. Die Erregung, die ich bei diesen Worten fühlen werde, wird mich glauben machen, daß ich Dich an meinem Herzen halte ..."[38]

Und an anderer Stelle: „Sie haben mich erkennen lassen, wieviel wirklich Schönes es in der zärtlichen Zuneigung zu einer Frau gibt. Es ist das Bündnis zwischen zwei schwachen Geschöpfen, die gemeinsam ihre Unterdrücker betrachten."[39]

Man konnte einer solchen Liebe also ganz unbefangen Ausdruck verleihen, da sie sich innerhalb der von der Gesellschaft akzeptierten Grenzen bewegte. Dazu kam noch, daß man gar nicht in Erwägung zog, körperliche Kontakte zwischen Frauen, wie Küsse, Umarmungen und Liebkosungen, könnten auch intimere Zärtlichkeiten mit einschließen. Möglicherweise haben auch viele „romantische" Freundinnen, die ihre emotionelle Zuneigung völlig offen zur Schau trugen, den Wunsch nach solchen Zärtlichkeiten gar nicht aufkommen lassen, da den Frauen ja von Kindheit an eingeredet wurde, nur Männer oder „schlechte" Frauen hätten Regungen dieser Art.[40]

Die Freundschaft mit einer Geschlechtsgenossin, welcher Intensität auch immer, war für die Frau des 18. und weiterhin des 19. Jahrhunderts meist die einzige Möglichkeit, echte Zuneigung, Zärtlichkeit und Liebe zu erleben, denn – die Freundin konnte frei gewählt werden, der Ehemann nicht. Die Eheschließung war eine rein geschäftliche Angelegenheit, von den Eltern eingefädelt und beschlossen. Das junge Mädchen wurde gar nicht gefragt und einfach vor vollendete Tatsachen gestellt. Bei den Herrschenden waren politische Gründe ausschlaggebend (man denke an Isabellas Aufsatz über das Schicksal der Prinzessinnen!), in adeligen Kreisen Rang und Vermögen, Größe und Lage von Besitztümern. Ein Bürgermädchen konnte zwar erwarten, umworben und hofiert zu werden, doch einmal verheiratet, fand sich die junge Frau bald in einer untergeordneten Position: Der Ehemann war zugleich und vor allem Gebieter. Frauen der niedrigeren Klassen waren noch weit schlechter dran, und der Bauer schätzte sein Pferd wesentlich höher ein als seine Frau, da es für seinen Lebensunterhalt wichtiger war.

Kam Liebe auch selten ins Spiel, so war die Ehe oft das einzige Mittel, um der Tyrannei der Familie zu entkommen, wie einem Brief Claires an Julie zu entnehmen ist: „Wäre es von mir abgehangen, so hätte ich niemals geheiratet, aber unser Geschlecht kann sich Freiheit nur durch Sklaverei erkaufen. Es ist notwendig, daß man als Dienerin beginnt, um eines Tages als Herrin zu enden..."[41]

Die Brüder Goncourt erzählen von Madame d'Houdetot, daß sie eines Tages, vom Wein ihres Tischnachbarn Diderot ein wenig berauscht, eingestand, sie habe sich nur verheiratet, um Gesellschaften, Bälle, Promenaden, die Oper und das Theater zu besuchen, und eine andere Dame, Madame de Puiseux, gab zu, sie hätte um einer reichvergoldeten Kutsche, einer schönen Livree, prächtiger Diamanten und hübscher Pferde willen auch den unliebenswürdigsten Mann geheiratet, nur um all diese köstlichen Dinge zu bekommen.[42]

War die Frau einmal verheiratet und besaß sie Persönlichkeit genug, sich zur „Herrin" zu machen, dann genoß sie im 18. Jahrhundert Freiheiten, die ihr weder im 17. noch im 19. Jahrhundert vergönnt waren - vorausgesetzt, sie gehörte der herrschenden Klasse, also der Aristokratie an. Sie wurde nicht mehr als ein Kind angesehen, das man beschützen muß, und sie war auch noch nicht eingesperrt in die Mutterrolle, der einzige Status, der ihr im 19. Jahrhundert Respekt eintragen würde.

Die Frau des Ancien régime, die es zu Einfluß und Bedeutung brachte, war intelligent und gebildet, besaß oft außergewöhnliche, im Selbststudium erworbene Kenntnisse auf dem

Kronprinzessin Isabella.
Gemälde von Martin van Meytens.

Gebiet von Literatur, Philosophie und Politik, und konnte sich dank ihrer Belesenheit anmaßen, selbst Schriftstellerin oder die Muse eines Schriftstellers zu sein. Sie hatte die Herrschaft im Theater, bestimmte, was gelesen, gespielt und mit Beifall bedacht wurde und entschied über den Erfolg von Malern, Architekten und Komponisten. Die höchste Wissenschaft dieser Frauen war jedoch die Kenntnis der Männer, die es ihnen erlaubte, alles, was nur hohler Schein war, zu durchschauen, die tatsächlichen Beweggründe zu erfassen und zu beeinflussen.

Und doch – so manche hellsichtige Frau hatte ein schreckliches Gefühl des Versagens und der Nutzlosigkeit. Mochte sie auch am Ruhm der Männer weben, den Herrscher beraten und sich mit Philosophie, Politik und Kriegführung befassen, so konnte sie doch nur indirekt handeln, innerhalb des ihr von den Männern zugewiesenen Spielraums. Das sittlich-gesellschaftliche Leben war ihre Domäne, aber zu den eigentlichen Zentren der Macht hatte sie keinen Zugang – es sei denn, sie war selbst Herrscherin, wie Maria Theresia oder Katharina von Rußland.[43]

Wie viele Züge einer solchen intelligenten, gebildeten, und geistig emanzipierten Frau sich auch in Isabella entdecken lassen – Ehrgeiz oder Ambitionen irgendwelcher Art scheint sie nicht besessen zu haben. Noch war sie Kronprinzessin, doch bald würde sie als Gattin Josephs römische Königin, in fernerer Zukunft Kaiserin sein – Aspekte, die sie scheinbar weder interessierten noch beschäftigten. Vielleicht lag der Grund darin, daß sie gar nicht damit rechnete, je Kaiserin zu werden. Womit sie nämlich sehr wohl rechnete, und zwar in allernächster Zeit, das war ihr Tod.

Todessehnsucht

Es wurde schon erwähnt, daß Erzherzogin Marie wohl Isabellas Briefe, ihre eigenen, an Isabella gerichteten jedoch nicht aufbewahrt hat. Das einzige Schriftstück von Maries Hand, das sich im Konvolut der Isabella-Briefe befindet, ist eine „Charakteristik“ Isabellas, die Marie auf Wunsch der Freundin verfaßt hat. Sie soll im folgenden ungekürzt wiedergegeben werden, da sie nicht nur anschaulich schildert, wie Marie Isabella sah und beurteilte (wobei sie auch Negatives nicht aussparte), sondern weil sie auch ein beredtes Zeugnis der Gefühle Maries für Isabella darstellt.

Die Übersetzung hält sich so eng wie möglich an das französische Original, wobei als Anrede durchgehend „Du“ gewählt wurde, obwohl die Autorin in ihrem Text zwischen „Du“ und „Sie“ schwankt.

„Du willst unbedingt, daß ich Dein Portrait mache, obwohl ich wenig geistreich schreibe. Und doch könntest Du Dich an niemanden wenden, der Deine Persönlichkeit und Deine bedeutenden Eigenschaften besser im Herzen trüge als ich, die Dich zärtlich liebt. Ich werde Dir aufrichtig sagen, was ich von Dir denke und werde Dein Portrait bei Deiner Gestalt beginnen.

Ich werde Dir also sagen, daß ich keine kenne, die angenehmer ist: Schöne Augen und Haare, ein hübscher Mund und alles so ausdrucksvoll, daß man trotz Deiner schelmischen Miene den Geist erkennt, den du besitzt. Ein Busen, wie er reizender nicht sein könnte. Hier endet die Beschreibung Deines Äußeren. Da ich Dir aber keineswegs schmeicheln will, so sage ich Dir, daß Deine Gesichtsfarbe im Vergleich zu Deinen Haaren ein wenig zu dunkel ist und daß Deine Hände nicht so schön sind wie der Rest Deiner Figur, obwohl man sie nicht häßlich nennen kann.

Was Dein Inneres betrifft, so ist es noch viel liebenswerter als Dein Äußeres. Ein ganz und gar zärtliches Herz für Deine Freunde, wovon ich täglich Beweise erhalte; Eine gute Tochter, eine gute Frau, eine gute Schwester, eine gute Herrin – die Güte macht den Grund Deines ganzen Charakters aus. Ein bißchen boshafte Schelmerei fehlt auch nicht, aber niemals verletzend und nur im Scherz mit Deinen Freundinnen. Was Deinen Geist betrifft, so möchte ich mich dispensieren von ihm zu reden, Deine Schriften sind Zeugnis genug. Du bist voll Liebenswürdigkeit für die, denen Du verbunden bist; die, die Du nicht liebst, haben daran keinen Anteil. Du bist großzügig und mitfühlend.

Ich habe nichts über die Zuneigung zu Deiner Tochter gesagt, aber da sie sich nicht stark äußert, will ich lieber schweigen.

Was die Religion betrifft, so ist dies ein Punkt, an dem nicht zu zweifeln ist. Trotzdem werfe ich Dir vor, daß Du gegenüber jenen, die Du liebgewonnen hast, ein wenig zu voreingenommen bist und Deine Meinung schwer änderst. Du liebst es, die Leute zu quälen, aber wenn Du Dein Ziel erreicht hast, und die Leute verärgert sind, dann bist Du verzweifelt, daß es Dir gelungen ist.

Erlaube mir, Dir zu sagen, daß die große Sehnsucht, die Du nach dem Tode hast, ein Gefühl ist, das fehl am Platze ist, ob es nun aus der Eigenliebe kommt, oder von dem Wunsch, heldenhaft zu erscheinen. Wolltest Du damit die Menschen betrüben, die Dir so zugetan sind, so würde dies Dein Herz Lügen strafen. Diese Idee müßte Dich erniedrigen, denn nur der Überdruß am Leben und am Leiden, die von Gott kommen, lassen Dich so denken. Das kommt von der Eigenliebe, obwohl Du im Scherz ja behauptest, keine solche zu besitzen. Sie könnte allerdings nicht besser angebracht sein, denn niemals wirst Du jemanden finden, der liebenswerter ist als Du selbst.

Hier also ist das, was ich von Dir denke, im Guten und im Schlechten, obwohl ich sicher bin, daß Du auch ohne das weißt, daß meine Zärtlichkeit, meine Dankbarkeit, meine Freundschaft und meine Wertschätzung für Dich grenzenlos sind. Ich hätte meine völlige Ergebenheit nicht besser ausdrükken können als durch diese Zeilen, die meiner Eigenliebe sehr

Isabella von Parma. Miniatur von Erzherzogin Marie Christine.

zugesetzt haben. Du weißt, daß nichts mir schwerer fällt als mich zu erniedrigen. Das ist etwas, das Du in meinem Portrait vergessen hast.

Empfange das Deine von einer Person, deren Aussehen und Geist dem Deinen weit unterlegen ist, aber das spielt keine Rolle in einer zärtlichen Freundschaft.“[1]

Auch wenn Maries Stil bei weitem nicht so überschwenglich ist wie der Isabellas, so wird man doch nicht fehlgehen, aus den Zeilen herauszulesen, daß Marie Isabella nicht nur bewundert, sondern innig geliebt hat. Interessant sind die Hinweise auf die Widersprüche in Isabellas Charakter, der Güte und boshafte Schelmerei in sich vereinte, etwas befremdend die mangelnde Zuneigung zu ihrem Töchterchen. Unklar bleibt, was Marie gemeint hat, wenn sie sagt, es falle ihr schwer, sich zu „erniedrigen" – möglicherweise sind die entsprechenden Passagen des Textes nicht erhalten, ebensowenig wie die Charakteristik, die Isabella über Marie verfaßt hat.

Von der Todessehnsucht, die Marie so gar nicht verstehen konnte, muß Isabella zeitweise geradezu besessen gewesen sein. In ihren „Exercices de l'Ésprit ou Reflections pour trois jours de la Retraite"[2], geistigen Übungen oder Betrachtungen für drei Tage der Zurückgezogenheit, wahrscheinlich während vorweihnachtlicher Exerzitien verfaßt und an Marie gerichtet, gibt sie Einblick in ihr Herz, das ein Bild qualvoller Zerrissenheit bietet. Man könnte diese Betrachtungen eine „Weise von Liebe und Tod" nennen, eine seltsam kunterbunte Mischung verliebter und melancholischer, frommer und unfrommer, ja stellenweise geradezu blasphemischer Gedanken, die ein einziger Wunsch durchzieht: das Jammertal dieser Erde zu verlassen, um im Jenseits das Glück zu finden, das im Diesseits nicht zu gewinnen ist.

Dem französischen Text ist ein Bibelspruch in deutscher Sprache vorangesetzt, der im Laufe der „Betrachtungen" mehrfach wiederkehrt:

> Der Mensch wird
> eingehn in das Haus
> seiner Ewigkeit, Eccles. 12[3]

Maria Theresia, die annehmen mußte, daß ihre Schwiegertochter sich ähnlich wie sie in den Tagen der Zurückgezogenheit frommen Meditationen widmete, hätte sich gewiß entsetzt, wären ihr Zeilen wie diese vor die Augen gekommen:

„Alles, was mich zu dieser Stunde beschäftigt, ist zu sagen, wenn ich *sie* nur sehen könnte; welche Süßigkeit wäre das, könnte ich nur diese Nase betrachten, deren Anmut und Gra-

Erzherzogin Marie Christine. Selbstporträt.

zie mich so oft hingerissen hat, diesen Mund, so geeignet, mit seinen Küssen zu trösten, diese Augen, deren Ausdruck so berührend ist, diese Züge, die alles zusammen nichts als Heiligkeit atmen, alles das schließlich, das so anbetungswürdig ist, daß man nichts anderes tun kann als jubeln ... Bedenke, o Seele, wie unersättlich man ist in dieser Welt, und wie unmöglich es ist, im Laufe dieses unseligen Lebens glücklich zu sein ... Man denkt nach über die Sünde, man setzt mir auseinander, was der Mensch tut, wenn er sündigt, was er verliert, wenn er sündigt, was er gewinnt, wenn er sündigt ... Langeweile erfaßt einen, und man würde bald verrückt, hätte man nicht die Hoffnung, daß in drei Tagen alles vorbei sein wird. Diese Hoffnung hält mich aufrecht, aber mein Zustand beweist mir gut, daß der sündige Mensch das Glück nicht besitzen kann, dem er so sinnlos nachrennt, da er ja sein wahres Glück nur im Haus der Ewigkeit finden kann, wohin zu gelangen er all seine Anstrengungen einsetzen sollte ... Wann wird sich meine Seele von den Fesseln befreien, die sie an diese Maschine binden, um ihrer ewigen Wohnung zuzufliegen? Es ist dort, wo ich nicht mehr fürchten muß, von der getrennt zu sein, die ich liebe ... wo ich mich für immer dem Gegenstand meiner Zärtlichkeit beigesellen werde, um den Herrn zu loben und zu preisen ohne Ende ...“[4]

Isabella ist dessen gewiß, daß das sicherste Mittel, zur ewigen Seligkeit zu gelangen, jenes ist, seine Gedanken immer und überall Gott zu widmen, doch die ihren sind erfüllt von Marie, dem Gegenstand, den sie anbetet und der sie ohne Unterlaß beschäftigt:

„Die Natur reißt mich hin, mich unausgesetzt mit der zu beschäftigen, die mich bezaubert und ihretwegen den Herrn zu vergessen ... Laßt uns aus diesem Gefühl der Natur Vorteil ziehen, daß mein Geist sich, wann immer ich an sie denke, über dieses Geschöpf sich zu seinem Schöpfer erhebt! Wenn sie so viele Reize besitzt, wie viele muß erst der haben, dem sie ihr Dasein verdankt, der Urheber eines so schönen Werkes, wie vollkommen muß er sein! Es ist durch dieses Mittel, daß ich zu meinem höchsten Glück beitragen werde ... daß ich eingehen werde, so hoffe ich, in das Haus der Ewigkeit.“[5]

Isabella muß sich ihres Gefühlsüberschwangs und der Überspanntheit ihrer Gedanken durchaus bewußt gewesen sein, denn sie schließt ihre „Betrachtungen“ mit dem (in italienischer Sprache abgefaßten) Schlußsatz:

„In niedrigster Ergebenheit Eurer königlichen Hoheit unterwürfigste, niedrigste und hingebungsvollste Dienerin und Schwester: Die verrückte Erzherzogin.“[6]

Auch in den Briefen an Marie ist viel vom Tod die Rede,

Erzherzog Joseph. Miniatur von Erzherzogin Marie Christine.

besonders als eines der Kaiserkinder, die zwölfjährige Johanna, an den Blattern erkrankte. Nur wer wie Joseph und Maria Anna die schreckliche Krankheit schon überstanden hatte, durfte die Kleine besuchen, alle anderen Familienmitglieder mußten streng separiert bleiben. So schickte Isabella wieder, wie während Carls Erkrankung, Bulletins an Marie.

„Ich bin recht zufrieden mit meiner Schwester Johanna, und ich beginne sogar, mir zu schmeicheln, daß sie nicht sterben wird ... Warum befinde ich mich nicht an ihrer Stelle? Der Tod ist eine gute Sache, ich schwöre Ihnen, daß ich mein ganzes Leben hindurch nie ernsthafter darüber nachgedacht habe ... Der einzige, kaum überwindbare Schmerz, wäre der, Sie zu verlassen ... Was habe ich in dieser Welt verloren? Ich bin zu nichts nütze, ich tue nur Schlechtes. Je mehr ich das betrachte, desto mehr Hindernisse finde ich für mein Seelenheil. Wenn es erlaubt wäre, freiwillig zu sterben, ich wäre versucht, es zu tun. Vielleicht erweist mir Gott die Gnade und holt mich bald zu sich. Adieu, ich umarme Sie ... Seien Sie mir nicht böse, daß ich so schwarz geschrieben habe.“[7]

In der Tat, unter den „billets noirs“ Isabellas ist dies wohl eines der pessimistischsten. Sie muß in dieser Zeit eine tiefe Depression durchgemacht haben, verstärkt durch das Leiden der so liebenswerten und sanften kleinen Johanna.

Wie ganz anders reagierte da Maria Theresia, die mit Johanna ihr fünftes Kind hergeben mußte: „Ihre Schwester hat dreiviertel Stunden gebeichtet“, schrieb sie an Marie, „mit einer Genauigkeit und allen Zeichen der Zerknirschung und Ergebung, der Beichtvater hat geweint vor Rührung; seither ist sie sehr schwach.

Ich kann Gott nicht genug danken, daß er mir diesen Trost gegeben hat; ich gebe dies Kind gänzlich in seine Hand und erwarte ihr Ableben, das nicht glücklicher sein könnte ...“[8]

Von keinerlei „schwarzen“ Gedanken geplagt, konnte die Kaiserin in ihrem unerschütterlichen Gottvertrauen selbst dem Tod ihres Töchterchens noch Trost abgewinnen.

Das Gefühl, „zu nichts nütze zu sein“, von dem Isabella in ihrem Brief spricht, bezieht sich wohl auf die Hoffnung der Familie auf einen Thronfolger, die sie bisher nicht erfüllen konnte.

Im Sommer 1762 war sie erneut schwanger gewesen, während eines Jagdausflugs nach Holitsch jedoch von Unwohlsein befallen worden. Am 20. August erlitt sie eine Fehlgeburt und wurde in einer Sänfte nach Schönbrunn zurückgebracht, wo sie sich zum Glück rasch wieder erholte.[9] Trotzdem wäre Schonung angezeigt gewesen, um so mehr als man ja bemerkt haben mußte, daß Isabella bei weitem nicht über eine ähnlich robuste Natur verfügte wie ihre Schwiegermutter. In ihren Briefen sind immer wieder Hinweise auf Unpäßlichkeiten zu finden: Schnupfen, hartnäckige Katarrhe, Kopf- und Gliederschmerzen, Koliken und rheumatische Zustände, auch Mißmut und üble Laune, das „Je suis krantig" – ich bin grantig – liest man immer wieder. Vielleicht waren viele dieser Zustände psychosomatischer Natur und hatten auch mit dem ständig qualvoll auf ihr lastenden Erwartungsdruck zu tun:

„Ich weiß schon", heißt es in einem Brief an Marie, „daß die Kaiserin wünscht, mich schwanger zu sehen, aber das kann man nicht machen, wie man will, und es ist verrückt, wenn man traurig ist, wenn es nicht gelingt."[10]

Ebenso wie die Frage nach der Deviation in Isabellas Gefühlsleben stellt sich die nach den Ursachen ihrer melancholischen Veranlagung, die auch in der Memoirenliteratur Gegenstand von Betrachtungen ist.

Karoline Pichler erzählt in ihren „Denkwürdigkeiten", Prinzessin Isabella habe sich früh dem Kloster bestimmt und am Sarg der Mutter eine Stimme vernommen, die die Zahl drei ausgesprochen. Sie hoffte nun, in drei Tagen mit der geliebten Mutter vereinigt zu werden, doch dies geschah nicht, ebensowenig nach drei Wochen und nach drei Monaten. Nur ungern und aus Zwang hätte sie dann die Werbung Erzherzog Josephs angenommen, dessen leidenschaftliche Zuneigung sie nicht erwiderte. Solange sie lebte, glaubte er sich jedoch von ihr geliebt.[11]

Karoline Pichler schreibt, sie hätte diese „Anekdote" erzählen hören, wahrscheinlich von ihrer Mutter, die Kammerdienerin und Vorleserin Maria Theresias war; es ist fast alles daran falsch. Über den Wunsch, ins Kloster zu gehen, gibt es keinen Beleg, und Isabella konnte schon deshalb keine „Stimme" am Sarg der Mutter vernehmen, weil diese in Versailles starb, während sich Isabella in Parma aufhielt. Es kann sich hier also nur um Hoftratsch handeln, den Karoline Pichler in ihren Memoiren reichlich verwendet. Sie hat auch noch ein anderes Gerücht in die Welt gesetzt, auf das ich später zurückkommen werde.

Eine weitere, oft kolportierte Legende, die aber schon Arneth in den Bereich der Fabel verwiesen hat, enthält die Behauptung, Isabella habe am Hof zu Parma eine unglückliche

Liebe gehabt, die der wahre Grund für ihre Schwermut gewesen sei. Auch dafür gibt es nicht den geringsten Beweis. Die Erzählung wurde allerdings immer wieder aufgegriffen und diente auch der französischen Autorin Mireille Brocey als Kern eines Isabella-Romans im Illustriertenstil („L'Amour d'une Archiduchesse"), dessen Handlung der Kuriosität halber hier kurz skizziert sein soll:

Am selben Tag wie Isabella kommt der Sohn einer Ehrendame am spanischen Hof zur Welt, dessen Mutter bei der Geburt stirbt. Louise-Elisabeth verspricht, ihn gemeinsam mit ihrer Tochter erziehen zu lassen, und Isabella und „Mariano" wachsen miteinander auf, bis sie sich schließlich (nun bereits in Parma) ineinander verlieben. Da kommt die Schreckensnachricht, daß Isabella den Sohn Maria Theresias heiraten soll. Als sich die Liebenden im Park von Colorno zu einem letzten Rendezvous treffen wollen, wird Mariano ermordet. Sein Leben aushauchend, flüstert der Sterbende die Worte: „Lita . . . dans trois . . ." („In drei . . ."; auch Mireille Brocey hat Karoline Pichler gelesen). Isabella heiratet Joseph, der sie abgöttisch liebt, und nach drei Jahren stirbt sie, ohne krank gewesen zu sein, in Josephs Armen einen „Liebestod": „A l'appel de son bien-aimé, Lita était morte d'amour"... Mariano hat sie geholt, genau nach drei Jahren, wie prophezeit.[12]

Von der Freundschaft zwischen Isabella und Marie Christine scheint Madame Brocey nie etwas gehört zu haben – sie kommt in dem Bändchen überhaupt nicht vor.

Was mögen nun tatsächlich die Gründe für Isabellas Schwermut und Todessehnsucht gewesen sein?

Isabella war ganz gewiß das, was in der psychiatrischen Terminologie eine depressive Persönlichkeit genannt wird; die depressiv gefärbte, pessimistische Lebensgrundstimmung, ihre Neigung zu Zweifeln an Wert und Sinn des Erdenlebens und zu grüblerischer Selbstzerpflückung, wie sie in ihren Betrachtungen und Briefen zutage tritt, all dies sind Symptome eines solchen Persönlichkeitsbildes. Dazu gehört auch, daß sie es verstand, ihre seelische Verfassung vor anderen zu kaschieren und ihre innere Trostlosigkeit hinter einer heiteren Fassade zu verbergen.[13] Immer und überall gelang ihr das natürlich nicht, auch Albert von Sachsen war, wie wir gelesen

Erzherzogin Maria Theresia, Tochter Isabellas und Josephs, im Alter von drei Jahren. Gemälde aus der Meytens-Schule, um 1765.

haben, ihr „Hang zu schwermütigen Ideen" nicht verborgen gelieben, „bei aller Mühe, die sie sich gab, dies zu verbergen"[14].

Es dürfte sich bei Isabella um eine vor allem erblich bedingte depressive Veranlagung gehandelt haben, was nicht wundernimmt, wenn man bedenkt, daß sie ja von beiden Großvätern her diesbezüglich belastet war. Was sich bei Ludwig XV. nur in mehr oder weniger melancholischen Stimmungen äußerte, konnte bei Philipp V. von Spanien den Charakter länger andauernder depressiver Phasen annehmen; während einer solchen hatte er zugunsten seines ältesten Sohnes Luis abgedankt. Auch Isabellas Onkel, Ferdinand VI. von Spanien, der Halbbruder ihres Vaters, war schwer depressiv veranlagt und starb in geistiger Umnachtung.[15]

Der formale Erbgang einer solchen Veranlagung ist noch unbekannt, man vermutet eine Hirnstoffwechselstörung, die genetisch nicht absolut determiniert werden kann. Es darf jedoch nicht übersehen werden, daß auch Umweltfaktoren eine große Rolle spielen.[16]

Isabellas frühe Kindheit in Spanien war mit ziemlicher Sicherheit wenig erfreulich; in Versailles fühlte sie sich laut Aussage ihrer selbstbiographischen Skizze wohler, während die Jahre in Parma wahrscheinlich keine besonders glücklichen waren. Inwieweit dies alles Isabellas seelische Verfassung beeinflußt hat, ist nach den spärlich erhaltenen Unterlagen schwer zu beurteilen. Von nachhaltiger Wirkung auf ihr Gemüt war zweifellos der frühe Tod der Mutter im fernen Versailles, während der Gedanke an den neuen Wirkungskreis in Wien, soweit aus den Briefen ersichtlich, Isabellas Innenleben eher erhellt als verdüstert haben dürfte.

Die anfängliche Euphorie, die die triumphale Brautfahrt, die liebevolle Aufnahme in der kaiserlichen Familie und die Liebe zu Marie Christine sicher gebracht haben, muß langsam immer häufiger wiederkehrenden melancholischen Stimmungen gewichen sein, zusätzlich gefördert durch das Gefühl der Nutzlosigkeit und des Ungenügens gegenüber den dynastischen Erwartungen, die man in sie setzte. Die andauernde Spannung, in die sie dadurch versetzt war, daß sie Joseph die liebende Gattin vorspielen mußte, während sie im Grunde nichts anderes wünschte, als mit Marie zusammenzusein, muß ihr ebenso zugesetzt haben wie das Bewußtsein, daß ihre leidenschaftliche Zuneigung sie bisweilen die Grenzen des „Erlaubten“ überschreiten ließ. Was sollte außerdem aus dieser Liebe werden? Marie würde irgendwann heiraten, von Wien wegziehen, einen eigenen Wirkungskreis haben, Kinder bekommen . . . ein Gedanke, der Isabella mehr gequält haben muß als alles andere.

Ablenkung, Entspannung, wo waren sie zu finden? Wirklich „zu tun“ hatte sie ja nichts, außer den oft lästigen repräsentativen Aufgaben, die keinerlei geistige Ansprüche stellten. Da half nur die Flucht in künstlerische Betätigung, für die sie ja vielseitige Begabung besaß: musikalische, zeichnerische und literarische.

Gemalt und gezeichnet hatte Isabella schon in Parma, nun in Wien war ihr Marie gewiß anregende Partnerin auf diesem Gebiet. Die Freundinnen zeichneten einander gegenseitig, doch ist nur ein kleines Porträt Isabellas von Maries Hand erhalten geblieben, es hängt mit anderen Familienporträts und den schon erwähnten Genreszenen „Nikolausfest“ und „Wochenbett“ im sogenannten Schreibzimmer Erzherzog Franz Carls in Schönbrunn.

Marie muß mehrere Porträts von Isabella gemalt haben, Sir Nathanael Wraxall berichtet in seinen „Historischen Denkwürdigkeiten“, sie im Schloß zu Preßburg gesehen zu haben, und hielt sie für „schmeichelnd ähnlich“.[17] Es gelang mir nicht, etwas über ihren Verbleib herauszufinden, ebensowenig wie über den des Porträts, das Liotard während seines zweiten Wiener Aufenthalts gemalt hat, dem wir auch die bezaubernde Serie „Die Kinder der Kaiserin“ verdanken, die heute das Genfer Kunstmuseum besitzt.[18]

Isabella an Marie:

„Ich bin untröstlich, mein Engel, daß ich nicht zu dir gehen kann, aber der Lyotard mahlet mich jetzt und ich därf ihm nicht verlassen. Das seyen unglücke, um sich zu hencken. Was kann ich aber darvon? Die angenehmsten augenblicke verliere ich, ich möchte gern weinen; weil es doch nicht recht were zum portrait, so muß ich mich trösten...“[19]

Auch Kunsthandwerker soll Isabella angeregt und angeleitet haben, die Ausstattung des Schönbrunner „Porzellanzimmers“, dessen blau und weiß gemalte Holzornamente einen porzellanähnlichen Effekt erzielen, auf einen Entwurf ihrerseits zurückgehen. Möglicherweise rühren auch einige der blauen Tuschzeichnungen, die in verschiedenen rechteckigen Feldern des dekorativen Systems angebracht sind, von ihrer Hand. Zum Großteil stammen sie von Franz Stephan und Erzherzogin Marie Christine, angefertigt nach Vorlagen von Boucher und Pillement, wie eine Inschrift bezeugt.[20] Später wurden dann noch vier Porträtreliefs angebracht, die Franz Stephan und Isabella auf der einen und Marie Christine und Albert von Sachsen auf der anderen Seite zeigen. Vielleicht ist der Raum, dessen bis heute erhaltene Ausstattung erst 1772 vollendet wurde, ganz bewußt als Gedenkraum an Franz Stephan und Isabella gestaltet worden, die um diese Zeit schon lange nicht mehr lebten.

Mehr noch als der bildenden Kunst war Isabella der Musik verbunden; sie spielte selbst hervorragend Geige, was in der musikalischen kaiserlichen Familie sicher freudig begrüßt wurde. Man betrieb oft und gern Hausmusik oder inszenierte kleine musikalische Familienfeste wie das bereits erwähnte zum Namenstag des Kaisers im Jahr 1759. Leider besitzen wir keine Schilderung einer musikalischen Festivität, an der Isabella mitwirkte, da die Tagebücher des getreuen Hofchronisten Khevenhüller aus den Jahren 1760 bis 1763 verschollen sind.

Am 13. Oktober 1762 war Leopold Mozart mit seinen Kindern Gast in Schönbrunn und berichtete an Lorenz Hagenauer nach Salzburg:

„Nun läßt die Zeit mehr nicht zu in Eyl zu sagen, daß wir von den Mayestetten so außerordentlich gnädig sind aufgenommen worden, daß, wenn ich es erzehlen werde, man es für eine fabl halten wird. Genug! Der Wolferl ist der Kayserin auf die Schooß gesprungen, hat sie um den Hals bekommen und rechtschaffen abgeküßt. Kurz, wir sind von 3 bis 6 Uhr bei ihr gewesen und der Kaiser kam selbst in das andere Zimmer heraus mich hineinzuhollen, um die Infantin auf der Violin spielen zu hören."[21]

Leopold Mozart hat uns sein fachmännisches Urteil über das Violinspiel der „Infantin", also Isabellas, bedauerlicherweise vorenthalten – wie interessant wäre es doch gewesen!

Auch bei großen musikalischen Ereignissen im Theater fehlte Isabella nicht, und ein solches war zweifellos die Uraufführung der Oper „Orfeo ed Euridice" von Calzabigi und Gluck, die am 5. Oktober 1762 im Burgtheater stattfand. Gluck selbst hatte die musikalische Leitung, die szenische der Textautor, die Ausstattung hatte Giovanni Maria Quaglio entworfen, für die Ballettszenen zeichnete Gasparo Angiolini.

Die Aufnahme der als „Azione teatrale“ bezeichneten Novität war durchaus ehrenvoll, wenn auch das Publikum für das Neuartige des Gebotenen noch nicht volles Verständnis aufbringen konnte, „schon die erste Vorstellung erregte, wenn auch nicht ein ganz reines Vergnügen, so doch Überraschung und Erstaunen“, meinte ein Augenzeuge.[22] Zuviel des Neuen strömte auf die Hörer und Seher ein: die kühlen und klaren Verse des Calzabigi anstelle der gewohnten poetischen Schnörkel des Metastasio, der unbedingte Primat, den Gluck im Sinn seiner Reformidee dem menschlichen Drama zuteilte, unter Verzicht auf jegliches motivische Beiwerk von Intrige und Eifersucht - und schließlich die wuchtige hell-dunkle Quadern-Dekoration Quaglios anstelle der überfeinerten, aller Schwere entkleideten Linienfälle der Galli-Bibiena.[23]

Auch die Kaiserin war nicht sonderlich entzückt, und der Musikhistoriker Charles Burney berichtet, Gluck selber habe ihm erzählt, daß die Oper „vom Publikum mit Beyfal aufgenommen worden, der Kayserinn-Königinn nicht habe gefallen wollen; allein, als Ihro Majestät jedermann bey Hofe mit Lobe davon sprechen gehört und gefunden, daß sie der allgemeine Vorwurf der Unterredung sey, haben sie beschlossen, sie noch einmal anzuhören, worauf denn Ihro Kayserliche Majestät ihren Beyfall über diese Oper dadurch bezeigt habe, daß sie dem Dichter Calsabigi einen brillantenen Ring und Gluck eine Börse mit hundert Ducaten geschenkt ...“[24]

Isabella schrieb am Tag nach der Uraufführung an Marie: „Ich war gestern sehr brav in der Oper; ich war nur mit der Schönheit der Musik beschäftigt und mit meiner Handarbeit, ohne mich anzustrengen. In einem schwarzen Augenblick war es sehr heiß. Sie wissen vielleicht schon, daß ich zwischen dem Erzherzog und meinem Bruder Leopold saß, damit Sie mich nicht der Untreue anklagen können. Ich gestehen Ihnen, ich hätte dort keine andere Person ertragen, denn ich habe immer gedacht: Was ist aus meiner teuren Euridice geworden? Und ebenso wie Orphée hätte ich allein bei dem Gedanken geweint, daß Sie sterblich sind ...“[25]

Viel mehr als mit Musik und Malerei hat sich Isabella jedoch mit dem Schreiben beschäftigt. Schreiben dürfte das eigentliche Ventil gewesen sein, das ihr Ablenkung und Entspannung verschaffte.

Femme des lettres

Natürlich war Isabella keine „Literatin“ im Sinn des großen literarischen Jahrhunderts, in dessen Mitte sie lebte. Blättert man jedoch in der Geschichte schreibender Frauen[1] des 17. und 18. Jahrhunderts, so kann man sich vorstellen, daß sie durchaus eine hätte werden können. Sie verfaßte „Portraits“, wie dies schon die bourbonische Amazone, Mlle de Montpensier Mitte des 17. Jahrhunderts getan hatte, und sie war vor allem eine exzessive Briefschreiberin. Briefe waren der wichtigste „Schreibort“, die Schule der schreibenden Frauen vom 17. bis weit ins 19. Jahrhundert hinein, die in der Briefkultur ein neues Medium der Kommunikation und des Selbstausdrucks fanden. Sie ersetzte ihnen die vielfach fehlenden Reise- und persönlichen Kontaktmöglichkeiten und gab ihnen auch die Möglichkeit, sich vieles „von der Seele“ zu schreiben. Briefe unterwanderten auch die Literatur und wurden zu einem konstitutiven Element der sich neu entwickelnden Prosaformen der moralischen Wochenschriften und des Romans. Von den Briefromanen Richardsons („Pamela“, 1740, und „Clarissa“, 1747) führt eine direkte Linie über Rousseaus „Nouvelle Héloise“ (1761) und die „Geschichte des Fräuleins von Sternheim“ der Sophie von La Roche (1771) bis zu Goethes „Werther“ (1774). Es ist reizvoll, sich vorzustellen, Isabella hätte die Geschichte ihrer Liebe zu Marie Christine in einem Briefroman dargestellt oder Memoiren verfaßt, wie sie aus der Feder ihrer Zeitgenossinnen Wilhelmine von Bayreuth oder Katharina von Rußland erhalten sind. Isabella lebte leider nicht lange genug, um über Ansätze hinauszukommen. Ihre Interessen waren viel zu sehr zersplittert, zu ungeordnet, das Talent, das sie zweifellos besaß, hatte keine Zeit auszureifen. Sie selbst schildert das wirre Durcheinander, das in ihrer Bibliothek und in ihrem Kopf herrschte, in einem Brief an die Freundin Marie:

„Erkennen Sie nun die Verwirrung, die in so einer Lade bei mir herrscht, wo man ohne einen Reim und ohne Vernunft eine politische Schrift, einen Haufen Briefe, eine komische Oper, ein Singspiel, eine Erziehungsschrift, einen Cembalo-Auszug, moralische Überlegungen, eine Rede, angeschlossen an eine Abhandlung über die Unbesonnenheit, verschiedene Gebete in einem geweihten Papier, die Ihnen meine Liebe erklären sollen, Briefe des Kaisers, gemischt mit Briefen von hundert Personen, die mir nichts bedeuten und diese Briefe, die mir so teuer sind, und die die Süße meines Lebens ausmachen. Hier das Bild, das sich Ihnen von meinem Kopf offenbart: Philosophie, Moral, Erzählungen, Meditationen, Chansons, Geschichte, Physik, Logik, Metaphysik, Begeisterung für Sie – schließlich könnte man es als das kompletteste Magazin der Unordnung und der Vernunft ansehen, ein Magazin, von dem Sie behaupten, daß ich es in einem Augenblick entwirre, was ich während 20 Jahren angehäuft habe und trotz aller meiner Bemühungen nicht in Ordnung bringen konnte . . .“[2]

Aus diesem „Magazin der Unordnung“ ist eine Fülle von Schriften erhalten geblieben, von zahlreichen kleineren Aufsätzen über Betrachtungen und Abhandlungen bis zu einem kompletten Meditationsbüchlein, das Maria Theresia nach Isabellas Tod drucken ließ. Manches davon ist abgeschrieben, manches augenscheinlich zum Studium oder zur späteren Verwendung gesammelt, wie eine französische Studie über Prinzenerziehung und eine deutsche, die darzulegen sucht, wie ein junger Erzherzog in historiis zu unterrichten sei.

Von Isabellas „Reflections sur l’Education“ (Betrachtungen zur Erziehung) ist nur der zweite Band erhalten, der immerhin 168 (halbbrüchig) beschriebene Seiten stark ist.[3]

Isabella befindet sich in dieser Schrift durchaus auf der Höhe ihrer Zeit, die die Erziehungswissenschaft pflegte wie nie zuvor, die Ausbildung der Vernunft und „natürliche“ Methoden propagierte und fest davon überzeugt war, daß durch eine Verbesserung der Erziehung eine Erneuerung der Menschheit möglich sei. Es ist anzunehmen, daß Isabella Rousseaus „Émile“ kannte, obwohl er kurz nach seinem Erscheinen in Paris und Amsterdam (Mai 1762) konfisziert wurde.[4] Auf jeden Fall muß sie zeitgenössische Schriften zum Thema Erziehung studiert haben und zog daraus oft bemerkenswerte Schlüsse:

Die Erziehungsmaßnahmen haben zur einzigen Voraussetzung die in der menschlichen Natur begründete Eigenliebe des Kindes, das mächtigste aller menschlichen Handlungsmotive (ein im „Émile“ vertretener Gedanke!), aus der sich die Anpassung des Kindes an seine Umwelt ergibt. Daraus wieder geht das Betragen der Eltern als stärkster Faktor der Erziehung hervor, die im wesentlichen als Selbsterziehung der Eltern gesehen wird. Berichte wirken nicht, die Kinder müssen das Beispiel ständig vor Augen haben, wobei die Macht des guten Beispiels groß, die des bösen gefährlich sein kann. Das schlechte Beispiel des Vaters vernichtet seine Autorität, die Kinder machen sich über ihn lustig, auch wenn er manchmal recht hat. Er verliert das Vertrauen, oft die Liebe und immer den Respekt der Kinder. Umgekehrt gewinnt er durch gutes Beispiel Vertrauen und Achtung, seine Worte werden zum Orakel. Nur so kann Harmonie in einer Familie bestehen.

Man fragt sich, ob Isabella hier vielleicht auch eigene Erfahrungen verarbeitete?

Die sicherste und unverrückbare Basis der Erziehung ist die Religion (hier entfernt sich Isabella von den freidenkerischen Ansichten der Aufklärer), denn nur die Ehrfurcht vor ihr lehrt die Kinder Mitleid und Barmherzigkeit, macht sie zu guten Bürgern. Autorität ist unentbehrlich, bewirkt aber für sich allein noch nichts Gutes. Wer vor Kindern nur seine Autorität geltend macht, verzichtet für immer auf ihre Liebe, denn Herzen vergewaltigen zu wollen, geht gegen Vernunft und Erfahrung. Das Edelste im Kind wird erstickt, denn der Mensch ist frei und mit der Liebe zur Freiheit geboren. Auch wenn er sie niemals wirklich besitzt, so strebt er doch immer nach ihr.[5]

Dies entspricht durchaus den von Rousseau in „Émile“ ausführlich erläuterten Grundgedanken, das Kind solle seine Anlagen ohne Zwang und Befehl in voller Freiheit betätigen, selbst auf die Gefahr hin, daß es Fehler macht und vorübergehend auf Irrwege gerät. Auch die Modelle antiautoritärer Erziehung, die in unserem Jahrhundert ausprobiert werden, gehen auf diese Rousseauschen Gedankengänge zurück![6]

Isabella befand sich mit ihren Ansichten über Kindererziehung also nicht nur auf der Höhe ihrer Zeit, sie dachte auch in unserem Sinn „modern“ und fortschrittlich, wobei wenig Rolle

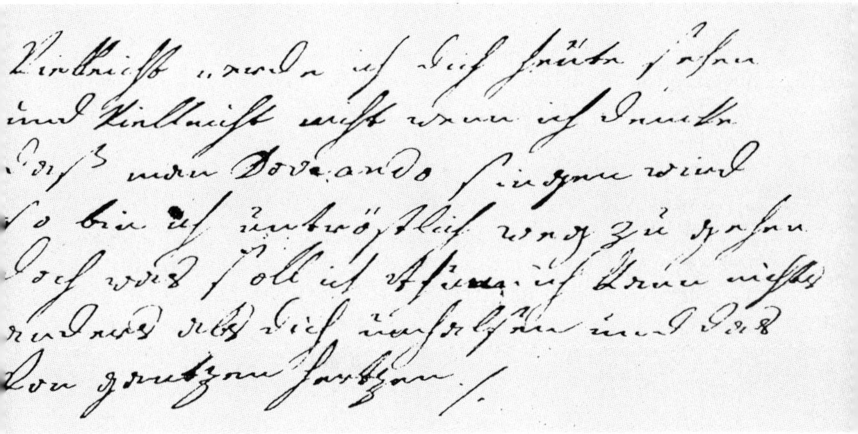

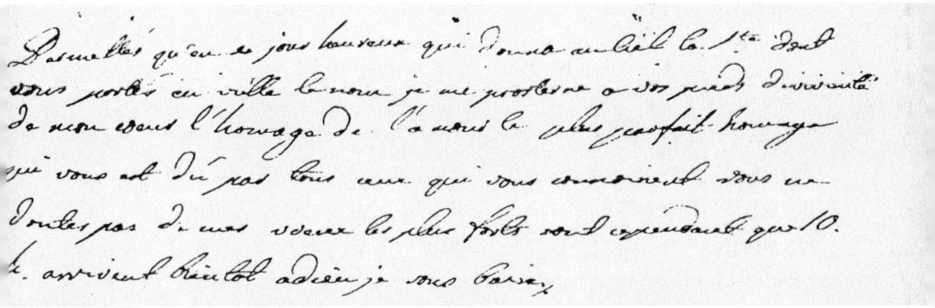

Zwei Briefe Isabellas an Marie Christine.

Die Schriftpsychologin Dr. Ruth Staudigl zeichnet Isabella in Unkenntnis der Person als eine Frau, die es mit sich selbst und ihrer Zeit nicht leicht hat, sich aber aus Herkommen und Pflichtbewußtsein den Gegebenheiten unterordnet. Geistige Unabhängigkeit, Willensstärke und eine Portion Egoismus werden durch Lebensferne und einen Mangel an Zielstrebigkeit relativiert, der Hang zu depressiven Verstimmungen und die Unauslebbarkeit ihrer erotischen Triebe und Neigungen lassen sie in eine Welt des Geistes, der Phantasie und der Illusion flüchten, ihre Kritiklust und mitunter geistvolle Bosheit sind nicht nur Ventil für geistige Kapazität, sondern auch Selbstschutz. Trotz Kontaktfähigkeit und Aufgeschlossenheit für andere Menschen ist sie eher introvertiert, läßt niemanden wirklich an sich herankommen und lebt mit ihren Ideen, Gefühlen und Gedanken für sich, auch wenn sie ihre Verpflichtungen mit Routine und Charme wahrnimmt. Ebenso wie es ihr gelingt, ihr wahres Wesen vor ihrer Umgebung zu verbergen, so versteht sie es auch, sich nach Möglichkeit Freiräume zu schaffen, wo sie wenigstens einen Teil ihrer Neigungen befriedigen kann (Gutachten vom 12. Juli 1988).

spielt, inwieweit sie diese Gedanken selbst entwickelte oder aus Gelesenem schöpfte – schon daß sie sich solche überhaupt machte und in ausführlichen Abhandlungen niederlegte, ist für eine Frau ihres Standes und ihrer Stellung ungewöhnlich und bemerkenswert.

Unter Isabellas hinterlassenen Werken befindet sich auch der „Versuch einer Sittengeschichte aller Völker", ein großangelegtes Unterfangen, das allerdings nur bis zur Geschichte des alten Ägyptens gedieh. In den „Vues sur le Commerce" legt Isabella auf fünfzig eigenhändig beschriebenen Quartseiten ihre Ansichten über den Handel dar, den sie die „Seele des Staates" nennt. Sie erläutert die Vorteile, deren jedes Land beraubt ist, das keinen Handel besitzt, und schildert die Bemühungen des Wiener Hofes, sich einen Anteil am Welthandel zu verschaffen. Als geeignetes Mittel schlägt sie den Abschluß eines Handelsvertrages mit Holland vor und arbeitet sogar in zwölf Artikeln einen solchen aus, der nicht nur Österreich und Holland, sondern auch Frankreich und Spanien zum Vorteil gereichen würde.[7]

Ein interessantes Manuskript, dessen Herkunft bislang rätselhaft gewesen ist und Anlaß zu mancherlei Spekulationen gegeben hat, ist eine Abhandlung mit dem Titel „Observations sur les prussiens"[8], eine ziemlich vernichtende Analyse des preußischen Militärstaates und seines „despotischen" Herrschers. Isabella hat sie abgeschrieben, bzw. abschreiben lassen, denn nur drei der insgesamt zwanzig Seiten stammen von ihrer Hand. Schon Arneth[9] stellte fest, daß sie vermutlich nicht von Isabella verfaßt worden sei, und Adam Wolf[10] meinte, die Schrift wäre 1760 oder 1761 von einem Staatsmann geschrieben worden und hätte in Hofkreisen kursiert. Joseph Hrazky bezeichnet sie als eine Studie aus der Feder einiger von Daun und Laudon gefangener Armeegenerale, nach der Isabella „mit sicherem Instinkt" gegriffen hatte, „denn hier sah sie den Ansatzpunkt zu der von Joseph ersehnten Erneuerung der Monarchie"[11]. Diese noch weiter phantasievoll ausgeführte Spekulation hat Isabella den Ruf eingetragen, sie habe Joseph in militärischen Dingen beeinflußt, und die Neugestaltung der österreichischen Armee, wie sie ab 1765 durchgeführt wurde, sei auf einen Impuls ihrerseits zurückzuführen.[12] Joseph-Biograph Derek Beales[13] bemerkt, er habe dieses Dokument in Isabellas Nachlaß nicht finden können, jedoch einen Aufsatz gleichen Titels im Nachlaß des Feldmarschalls Lacy entdeckt, bei welchem es sich wohl um das „fragliche Stück" handle, obwohl das Begleitschreiben auf eine völlig andere als die von Wolf vermutete Herkunft schließen lasse. Ich habe Isabellas Text, der sich im Staatsarchiv Budapest befindet, mit dem im Nachlaß Lacys verglichen und festgestellt, daß sie identisch sind.[14] Das Begleitschreiben ist mit 1. Januar 1763 datiert und wurde in Königsberg (Ostpreußen) verfaßt, ist jedoch nicht mit Namen gezeichnet. Der Schreiber (gleichzeitig der Autor der „Observations") unterschrieb lediglich als „votre Excellence Le plus humble et plus obeissant Serviteur", als niedrigster und gehorsamster Diener. Der Autor möchte mit seinen Informationen dem Marschall seine Anhänglichkeit beweisen und sich erkenntlich zeigen - wofür genau, wird nicht gesagt. Er hofft auch, daß die Kaiserin sie zu Gesicht bekommt, denn am Wiener Hof wäre man über den wahren Zustand der preußischen Monarchie nicht sehr gut informiert.

Die Schrift dürfte in der kaiserlichen Familie tatsächlich kursiert sein, und Isabella fand sie interessant genug, um sie zu kopieren bzw. kopieren zu lassen. Der Autor muß über gute Informationsquellen verfügt haben, nicht nur in militärischen Angelegenheiten, sondern auch in solchen der Verwaltung, des Handels, der Prinzenerziehung und der Staatsfinanzen. Den Verfasser dürfte besonders die Knausrigkeit des Preußenkönigs irritiert haben, der nicht nur seine Militärs und Beamten knapphielt, sondern auch seine Gemahlin und die königlichen Prinzen keineswegs verwöhnte, um nur ja seine Kriegskasse nicht zu schmälern.

„Sein Hauptziel ist", heißt es in der Schrift über Friedrich, „zu den Großmächten Europas zu zählen, gleichberechtigt mit dem Haus Österreich, und den Rang zu erobern, den dieses Haus in Europa einnimmt ... Er läßt sich von niemandem beraten, weder in Kriegsangelegenheiten, noch in der Politik. Seine Generäle sind Automaten, die er in den Tod schickt, sein Premierminister nicht mehr als ein Schreiber. Keiner kennt die wahren Intentionen des Herrschers, er allein ist der Hüter des Geheimnisses ... Man kann sagen, daß er der General des Jahrhunderts ist, der die meisten Schlachten geliefert und gewonnen hat. Seine Stärke ist der Angriff, und er greift fast immer an ... Er wird nicht geliebt von seinen Offizieren und Generälen, er wird gehaßt ... Alle Welt hat Angst vor seinen Strafen, seine Befehle werden mit unvorstellbarer Strenge exekutiert ... Durch seine Leutseligkeit hat er sich bei den Soldaten sehr beliebt gemacht, im Gegensatz zu den Offizieren, die er mit Härte und unvorstellbarer Brutalität behandelt ... Will er jedoch jemanden gewinnen, kann man sich keinen höflicheren, einschmeichelnderen und freundlicheren Fürsten vorstellen. Er hat alle Eigenschaften, die einen großen Mann ausmachen, aber die Natur hat ihm ein barbarisches Herz gegeben, ein unmenschliches Herz, ein Herz, dem nahezu alle menschlichen Eigenschaften fehlen ... Er macht alle Religionen lächerlich ... Er mißachtet die göttlichen Gesetze, nur was ihm paßt, ist für seine Handlungen maßgebend, was ihm nützt, ist erlaubt ...“[15]

Die Beschreibung des „bösen Mannes“, wie sie hier vorgenommen wird, war Maria Theresia gewiß aus dem Herzen gesprochen, weniger vielleicht ihrem Sohn Joseph, der Friedrich heimlich bewunderte, eine Bewunderung, die seiner Mutter später noch viel Kummer bereiten sollte.

Inwieweit nun diese Schrift für die ab 1765 durchgeführte Heeresreform „impulsgebend“ war, müßte ein Militärhistoriker klären, Isabella hatte damit gewiß nichts zu tun.

Das umfangreichste der von Isabella hinterlassenen Manuskripte stellen die „Christlichen Betrachtungen“ dar, die Maria Theresia nach dem Tod ihrer Schwiegertochter drucken ließ: Méditations chrétiennes, Vienne, chez Jean Thomas Trattner, 1764, 132 Seiten.[16] Dem handschriftlichen Original Isabellas fügte die Kaiserin einen eigenhändigen Zettel bei: „Das Original der Meditationen von der Hand der seligen Erzherzogin Infantin, die sie für sich selbst geschrieben hat und die ich nachher habe drucken lassen.“[17]

Der Erstausgabe folgte noch im selben Jahr eine italienische Ausgabe in Parma und 1765, 1769 und 1789 jeweils Neuauflagen in Parma, Venedig und wieder in Parma. 1821 erschienen die „Méditations“ noch einmal bei Brambilla in Mailand, sie müssen also durchaus ihr Publikum gefunden haben.[18]

1867 veröffentlichte Ferdinand de Neville die „Méditations“ bei Blériot in Paris, wobei er, in Unkenntnis der früheren Editionen, von einem „manuscrit inédit“ spricht, das auf nicht ganz geklärte Weise in die Stadtbibliothek von Amiens gelangt war. (Hierbei kann es sich nur um eine Kopie handeln.)[19]

Das Büchlein der „Christlichen Betrachtungen“ enthält neun Meditationen, von denen die erste von der Notwendigkeit handelt, sich einmal im Jahr zurückzuziehen und von der Außenwelt abzuschließen, die zweite von den Gefahren der Lauheit in religiösen Dingen, die dritte von der Vorbereitung auf den Tod, die vierte vom Leben in der Welt, von seiner Müßigkeit, Unruhe und Wollust, die fünfte von dem, was wir zu erwarten haben, und zwar von der Welt, von den Freuden, vom Guten und vom Tod. Die sechste ist ganz dem Tod gewidmet, die siebente der Liebe zu den Geschöpfen, die achte der Undankbarkeit der Menschen gegen Gott und die neunte wieder dem Tod, ein Thema, das, wie wir wissen, Isabella mehr als alles andere faszinierte. Der Tod läßt den Menschen an der Herrlichkeit Gottes teilhaben, er tut der Gerechtigkeit Gottes Genüge, er ist ein Zeichen der Liebe und der Dankbarkeit gegenüber Gottes Sohn, der sein Leben für uns gegeben und sich ein Anrecht auf das unsere erworben hat: „Er ist gestorben, meine Seele, er ist für dich gestorben, und du willst dem Sterben entgehen?“

Diese letzte Meditation beschließt die Bitte um eine gute Sterbestunde: „O Herr, der Du mein Herz siehst, der Du es bewegst und mir diese göttliche Begeisterung eingibst, gewähre mir doch die notwendige Gnade, daß ich glücklich jenen Moment erreichen kann, der mich mit Dir in Ewigkeit vereint . . . Ich bringe Dir mein Leben dar und ich würde gerne in diesem Augenblick sterben, aber Du bist es, der die Dauer meiner Tage festgesetzt hat . . . O mein Gott, der Du den Tod überwindest, mache den meinen glücklich, damit er mich zum ewigen Heil führt. Amen.“[20]

Arneth[21] sah in diesen Meditationen Isabellas bedeutendste Arbeit, eine Meinung, der ich mich nicht unbedingt anschließen kann. Sie unterscheiden sich inhaltlich und stilistisch kaum von der üblichen zeitgenössischen Betrachtungsliteratur, und der Verdacht liegt nahe, daß Isabella sie in erster Linie verfaßt hat, um Maria Theresia zu gefallen, deren Geschmack sie ja sichtlich getroffen hat; die Kaiserin hätte sie sonst gewiß nicht zum Druck freigegeben.

Wie wir gesehen haben, sprechen die Betrachtungen, die

Isabella Marie Christine widmete, eine völlig andere Sprache, die wahre Isabella ist ohne Zweifel dort zu suchen, nicht hier. Doch die wahre Isabella öffnete ihr Innerstes nur Marie gegenüber, niemand außer der Freundin sollte und durfte ihr wahres Wesen wirklich kennen – am allerwenigsten die fromme Kaiserin.

Am eigenständigsten und schöpferischsten zeigt sich Isabellas literarische und psychologische Begabung zweifellos in den meisterlichen Porträts des Kaisers und der Kaiserin in den „Conseils à Marie“, denen ein eigenes Kapitel gewidmet ist, und am unmittelbarsten spricht sie im Gefühlsüberschwang ihrer Briefe. Hätte sie Zeit gehabt, ihr Talent zu ordnen, zu entwickeln und reifen zu lassen – wer weiß, vielleicht wäre tatsächlich eine Femme des lettres, eine Schriftstellerin, aus ihr geworden, und sie hätte (später einmal) einen Platz in der Literaturgeschichte gefunden, denn als Kaiserin hätte sie wohl kaum „publizieren“ können wie Sophie von La Roche oder Germaine de Staël. So aber ist nicht mehr geblieben als ein uneingelöstes Versprechen – eine „faszinierende Möglichkeit“[22].

Vermächtnis an Marie

Noch immer dauerte der unselige Krieg. Auch der neuerliche Thronwechsel in Rußland brachte keine Erneuerung des Bündnisses: Der untragbare Peter III. war zur Abdankung gezwungen, seine Gattin Katharina zur neuen Selbstherrscherin proklamiert worden (an der Ermordung des abgesetzten Zaren durch seine Bewacher hatte sie erwiesenermaßen keinen Anteil). Sie kündigte zwar die von Peter geschlossene Allianz mit dem Preußenkönig und rief ihre Truppen zurück, aber es war ein Rückzug in die Neutralität. Rußland schied endgültig aus dem Krieg aus.[1]

Auch Frankreich, dessen Siege und Niederlagen sich in Europa noch einigermaßen die Waage hielten, das aber in den Kolonien und vor allem zur See keine Erfolge verzeichnen konnte, bemühte sich, den Krieg zu beenden. Am 3. November 1762 schlossen England und Frankreich den Vorfrieden zu Fontainebleau, dem am 10. Februar 1763 der Frieden von Paris folgte. Frankreich verlor ganz Kanada und Cape Breton Island, die meisten seiner Besitztümer in Indien, den größten Teil Senegals und mußte Spanien für den Verlust von Florida, das ebenfalls an England ging, mit Louisiana entschädigen. Es behielt jedoch die wichtigsten Inseln in der Karibik, fünf Schlüsselstädte in Indien und die Fischereirechte in den nordamerikanischen Gewässern. Der Zucker- und Sklavenhandel sowie der Handel mit Seide, Elfenbein und Gewürzen konnten wie zuvor betrieben werden.

Obwohl die Grenzen Frankreichs auf dem europäischen Kontinent unverändert blieben und das Land in diesem Krieg von unmittelbaren Kriegsereignissen verschont geblieben war, konnte sich das Volk für den Frieden nicht erwärmen. Auch wenn sich für die „paar Morgen Schnee“ in Kanada niemand interessierte, so spürte man doch deutlich den Prestigeverlust, den Frankreich erlitten hatte. Auch wenn Olivier Bernier meint, Frankreich hätte sich mit dem (rechtzeitigen) Verlust der nordamerikanischen Kolonien einen Unabhängigkeitskrieg erspart und somit nur gewonnen, so ist dies eine Sicht aus dem Blickwinkel unserer Zeit, die die späteren Entwicklungen kennt. Nicht der Verlust der Kolonien, der Prestigeverlust schmerzte. Auch im österreichischen Erbfolgekrieg hatte Frankreich nichts gewonnen (außer der bescheidenen Versorgung für Don Philipp und Louise-Elisabeth), aber der glänzende Sieg von Fontenoy überstrahlte alles, auch wenn er nichts einbrachte. Nun gab es zwar einen recht vernünftigen Kompromiß mit dem Hauptgegner England, aber keine glänzenden Siege, die die bittere Pille versüßen und das angeschlagene Selbstgefühl der Nation wieder heben konnten. Der königliche Minister Choiseul wurde zwar als geschickter Verhandler gelobt, aber alle Wut und Enttäuschung entlud sich über dem Haupt der Pompadour, die man zum Sündenbock erkor und für den Krieg verantwortlich machte. Verleumderische Lieder und Pamphlete, von Höflingen erdacht, finanziert und verbreitet, trugen nicht nur zu ihrer Unbeliebtheit bei, sondern auch zu der immer mehr wachsenden des Königs. Die hämischen Spötter und Verleumder ahnten nicht, daß sie damit das Regime gefährdeten und unterminierten, dessen hervorragendste Nutznießer sie selber waren. In weniger als drei Jahrzehnten würde sein Sturz sie mit in den Abgrund reißen.[2]

Auch Österreich, das nach dem Ausscheiden Rußlands und Frankreichs ohne Bundesgenossen dastand und sich im letzten Kriegsjahr noch zweimal geschlagen geben mußte (bei Burkersdorf und bei Freiberg), blieb nun nichts anders übrig, als mit dem „Ungeheuer", dem „bösen Mann" in Berlin[3], Frieden zu schließen.

Der Vertrag, der am 15. Februar 1763 auf Schloß Hubertusburg, einem nahe Leipzig gelegenen Jagdschlößchen August des Starken, unterzeichnet wurde, war ein Erschöpfungsfriede für alle Parteien. Die Vereinbarung basierte auf dem Status quo ante, dem Zustand vor dem Krieg. Kein Staat hatte die Gebietsgewinne erzielt, die er sich erhofft hatte: Maria Theresia nicht, die Schlesien nun endgültig verloren geben mußte, Schweden nicht, das auf Landzuwachs in Pommern gehofft hatte, und der Preußenkönig schließlich auch nicht, der das sächsische Territorium räumen mußte, mit dem er nur zu gern sein Land abgerundet hätte. Auch Rußland stellte keine Ansprüche.[4]

Maria Theresia hat über ihre Empfindungen in dieser Zeit nichts Schriftliches hinterlassen, aber aus manchen Aussagen kann geschlossen werden, daß der Ausgang des Krieges, der mit dem endgültigen Verlust Schlesiens endete, ihre Seele in einem Maße verwundete, daß sie zu der Lebensfreude früherer Tage nicht mehr zurückfinden konnte.[5] Trotz der sieben Jahre des Blutvergießens und des Kriegselends mit Zerstörungen, Seuchen und Hungersnöten hatte sie das Kriegsziel nicht erreicht, die große, von Kaunitz vorbereitete Partie verloren. Ihr Gegner jedoch hatte nicht nur seinen Raub zum dritten Mal vertraglich bestätigt bekommen, er war in den Augen seiner Bewunderer auch zum legendären Heros geworden, zu Friedrich dem „Großen", dem Begründer der zweiten deutschen Großmacht.[6]

Betrachtet man den Verlauf des Krieges, so muß man feststellen, daß die preußische Seite, wo Staats- und Armeeführung in einer Hand lagen, über einen unschätzbaren Vorteil verfügte, größer (vielleicht) als das unbestreitbare Feldherrngenie Friedrichs. Die Generäle der Verbündeten hatten ständig auf Weisungen ihrer Höfe zu warten, waren sich auch oft genug untereinander nicht einig oder verfolgten persönliche ehrgeizige Ziele. Trotzdem hätte sich Friedrich auf Dauer gegen die Übermacht nicht behaupten können, wäre mit dem Tod der Zarin Elisabeth nicht das zitierte „Mirakel" eingetreten, hätte ihr Nachfolger Peter durch seinen Austritt aus der russisch-österreichischen Koalition nicht den schon zum Greifen nahen Sieg zunichte gemacht, Ereignisse, die zum Zeitpunkt des „Renversement des alliances" absolut unvorhersehbar waren. Wie hatte Daun nach Torgau geschrieben? „Gott hat es absolute so haben wollen, sonsten wäre es nicht möglich, daß es so unglücklich hätte endigen können. Dieu est juste."[7]

In Europa sollte nun für rund dreißig Jahre hinsichtlich der außenpolitischen Verhältnisse ein System „labiler Stabilität" herrschen. Der englisch-französische Gegensatz blieb zwar bestehen und schwelte fort, der Allianzwechsel von 1756, das

Bündnis zwischen Österreich und Frankreich, erwies sich jedoch als stabilisierendes Element der (relativen) Friedenssicherung auf dem Kontinent. Sie nützte allerdings eher dem Habsburgerreich, dessen Besitzstand, sieht man von dem endgültigen Verlust Schlesiens ab, für ein Menschenalter gesichert war und in dieser Zeit auch in den italienischen und niederländischen Außenpositionen ungefährdet blieb. Alle verfügbaren Kräfte konnten nun der Heilung der durch den Krieg geschlagenen Wunden und der inneren Konsolidierung zugeführt werden.[8]

An dieser Konsolidierung hatte der Kaiser entscheidenden Anteil, als er die Oberleitung der Staatsschuldentilgung übernahm. Er setzte sein gesamtes Privatvermögen ein und leistete selbst Bürgschaft, daß alle Verpflichtungen, die der Staat eingegangen war, pünktlich und genau erfüllt würden. Dabei bewährten sich seine Sparsamkeit und sein klarer Sinn für Wirtschafts- und Finanzprobleme. Er hatte seine Einkünfte aus der Toskana, aus Fabriken und Landwirtschaft gewinnträchtig angelegt und auch im Ausland erfolgreich spekuliert. Kritiker und Neider hatten ihm das vorgeworfen, doch jetzt erwies es sich als großes Glück, daß er so einwandfrei kreditwürdig dastand.[9]

Für die kaiserliche Familie sollte dieses Jahr 1763 das letzte eines ungetrübten Zusammenlebens werden, für Isabella jedoch die Erfüllung ihres heißesten Wunsches bringen: die ersehnte Abberufung von dieser Welt, in der es ihr nicht vergönnt war, glücklich zu sein.

Die im vergangenen Sommer überstandene Fehlgeburt war nicht zum Anlaß genommen worden, der Kronprinzessin etwas mehr Schonung zu gewähren. Im Herbst wurde sie erneut schwanger, doch auch dieses Kind konnte sie nicht austragen. Am 23. Januar 1763 kam es wieder zu einer Fehlgeburt. Es erscheint aus heutiger Sicht unbegreiflich, daß man auf die offenbar delikate Konstitution Isabellas sowenig Rücksicht nahm und keinerlei Maßnahmen setzte, um diese zu stärken. Trotzdem erholte sich Isabella auch von dieser „fausse couche“ relativ schnell, und der festlich begangene erste Geburtstag der kleinen Maria Theresia, die zur Freude der Familie prächtig gedieh, mag Isabellas Kummer angesichts ihres neuerlichen „Versagens“ ein wenig gelindert haben. Palm-

Marie Christine und Isabella.
Reliefs im Porzellanzimmer des Schlosses Schönbrunn.

weihe und Osterzeremonien mit den unvermeidlichen öffentlichen Gräberwallfahrten sahen sie an der Seite der Kaiserin wieder im vollen Einsatz.

Am Ostermontag fand in der großen Hofkapelle ein feierliches Toison-Amt statt, dem der Kaiser, die Erzherzöge Joseph und Leopold und sämtliche in Wien anwesende Vlies-Ritter in festlicher Ordenskleidung beiwohnten, ebenso der Kardinalerzbischof und der päpstliche Nuntius, die Kammerherren und Herren Geheimen Räte. Der Anlaß war ein besonderer: Die Erzherzöge Ferdinand und Maximilian, im neunten und im siebenten Jahr stehend, wurden feierlich zu Rittern geschlagen und erhielten, nachdem sie den Rittereid geleistet hatten, aus den Händen ihres Vaters (und Großmeisters) den Toison-Orden. Die Kaiserin verfolgte die „Solennität" vom Oratorium aus, Isabella und ihre Schwägerinnen Maria Anna, Maria Amalia, Maria Josepha, Charlotte Carolina und Maria Antonia leisteten ihr Gesellschaft.[10]

Von Philipp dem Guten von Burgund 1429 gegründet, kam das Großmeistertum des Ordens durch die Heirat Maximilians I. mit Maria von Burgund an das Haus Habsburg. Nach der Teilung der Dynastie in eine spanische und eine österreichische Linie verblieb der Orden zusammen mit den Niederlanden bei der spanischen Linie. Nach deren Aussterben im Jahr 1700 beanspruchten sowohl die österreichischen Habsburger, denen nach dem Spanischen Erbfolgekrieg die Niederlande zugesprochen wurden, als auch die bourbonischen Könige von Spanien die Souveränität über den Orden. Der Streit blieb unentschieden, und bis auf den heutigen Tag ernennen die Chefs beider Häuser Ritter vom Goldenen Vlies (zur Zeit sind dies Otto von Habsburg und König Juan Carlos von Spanien).

Gleichsam als Gegenstück für die Damen stiftete Eleonore Gonzaga, dritte Gemahlin Kaiser Ferdinands III., 1668 den „Sternkreuzorden". Der Stiftung war eine wunderbare Begebenheit vorausgegangen: Eine Feuersbrunst hatte im Zimmer der Kaiserinwitwe in der Hofburg großen Schaden verursacht, und unter den verlorenen Gegenständen beklagte Eleonore vor allem eine hölzerne, mit Kristall und Email verzierte Kassette, in der eine Kreuzpartikel aufbewahrt war. Wenig später wurde diese Reliquie jedoch im Schutt wiedergefunden, und obwohl die Kassette vom Feuer völlig verzehrt war, hatte sich die Kreuzpartikel unversehrt erhalten. Zum Andenken daran stiftete Kaiserin Eleonore den Orden, der für Damen des Hochadels, die sich vor allem dem Dienst und der Anbetung des Kreuzes, der Tugend und Werken christlicher Liebe widmeten, bestimmt war.[11]

1763 war Maria Theresia Großmeisterin, und es versteht sich, daß auch Isabella zum Kreis der „Societät edler Frauen vom gestirnten Kreuze" gehörte.[12] Nicht lange nach der Toison-Feier erkrankte Maria Anna an einem „Ausschlag von Kindsflecken"[13], der zum Glück nicht weiter besorgniserregend war, denn die Erzherzogin hatte die gefürchteten Blattern schon hinter sich. Was unter den nebulosen „Flecken" zu verstehen ist, ist schwer auszumachen, möglicherweise handelte es sich um eine Art von Allergie.

Maria Anna war das einzige Mitglied der kaiserlichen Familie, das für Isabellas Zauber unempfindlich blieb. Wenn man vielleicht auch nicht so weit gehen kann zu behaupten, daß sie sie haßte, geliebt hat sie sie sicher nicht. Dabei mögen mancherlei Gründe eine Rolle gespielt haben. Vor Isabellas Ankunft war Maria Anna als älteste Kaisertochter nach der

Kaiserin die erste Dame des Hofes gewesen, nun mußte sie hinter der Kronprinzessin zurückstehen und nicht nur rangmäßig, wie das Zeremoniell es vorsah. Die „Neue" war nicht nur schöner und charmanter, das waren einige ihrer Schwestern auch, sie konnte Maria Anna auch musikalisch und vor allem geistig Paroli bieten, was diese mehr als alles andere geschmerzt haben muß. Auch beim Kaiser, an dem Maria Anna mehr hing als an der Mutter, war es Isabella gelungen, sie auszustechen, und zu all dem kam noch, daß diese sich so innig mit Marie Christine befreundete, für die Maria Anna keine besondere Sympathie hegte. Eifersucht war also ganz gewiß das Grundmotiv dieser Feindseligkeit, und es kam immer wieder zu kleinen Sticheleien und Boshaftigkeiten, die die Obersthofmeisterinnen ausgleichen mußten.[14] Dabei hat Isabella die hervorragenden geistigen Anlagen Maria Annas nicht nur erkannt, sondern auch geschätzt, aber sie traute ihr nicht und hatte dazu wohl triftige Gründe. Einer ihrer Aufsätze trägt den Titel „Die Reize der falschen Freundschaft", und er ist ganz unmißverständlich auf Maria Anna gemünzt. Sie scheint den Freundinnen nachspioniert zu haben, denn es ist viel von Falschheit die Rede, von Unaufrichtigkeit, von gestellten Fallen und davon, daß man auf der Hut sein müsse.[15] Auch in Isabellas Briefen finden sich immer wieder Sätze wie: „Zeige diesen Brief nicht meiner Schwester Maria Anna", – „Sorge, daß meine Schwester Maria Anna diesen Brief nicht sieht." Sie läßt sie auch niemals grüßen, wie Elisabeth, Johanna oder Josepha. Maria Anna dürfte ihr unsympathisch und auch ein wenig unheimlich gewesen sein. Vielleicht war sie die einzige, von der sie sich – bis zu einem gewissen Grad – durchschaut fühlte? Die einzige, deren von Eifersucht geschärfter Blick hinter die harmlos scheinende Fassade zu blicken vermochte? Genaues wissen wir nicht, aber vieles scheint dafür zu sprechen.

Am 23. April übersiedelten die Majestäten mit Joseph, Isabella und Marie Christine nach Schönbrunn, und mit dem Kirchweihfest in der Schloßkapelle begann das sommerliche Hofleben zwischen Schönbrunn und Laxenburg, Eckartsau und Holitsch, mit seinen theatralischen und musikalischen Veranstaltungen, jagdlichen und sonstigen Belustigungen. Die Herren, vor allem der Kaiser in Begleitung von Joseph und

Albert von Sachsen, suchten zwischendurch noch andere Jagdgründe auf, in Rauchenwarth oder Inzersdorf, in Stammersdorf oder Mauerbach. In Eckartsau waren auch Isabella, Marie Christine und Maria Anna mit von der Partie. Am 26. Juni erlebte Wien ein Erdbeben, das zum Glück keinen Schaden anrichtete, während eines im ungarischen Komorn, das zwei Tage später stattfand, schreckliche Zerstörungen verursachte.

Am 11. Juli unterbrach der Hof den Sommer-Séjour und beehrte das nach einer Feuersbrunst wiederaufgebaute Thea-

Porträtreliefs des Kronprinzenpaars Isabella und Joseph von Franz Xaver Messerschmidt, 1760 – 1763.

ter nächst dem Kärntnertor mit seiner Anwesenheit und zeigte sich über die neue mechanische Einrichtung außerordentlich zufrieden. Am 17. August fanden sich die Majestäten und der gesamte Hof an der Favoriten-Linie ein, um der Parade einiger Abteilungen des ungarischen Infanterieregiments Erzherzog Ferdinand und der Althanischen Dragoner beizuwohnen, die mit fliegenden Fahnen und klingendem Spiel aufmarschiert waren. Der jugendliche Oberstinhaber Erzherzog Ferdinand nahm an der Front des linken Flügels Aufstellung, und der Kaiser mit den Erzherzogen Joseph und Leopold passierten zu Pferde, die Kaiserin mit Isabella in einem Pirutsch und die anderen Familienmitglieder in sechsspännigen Wagen die in drei Reihen aufgestellte Mannschaft. Anschließend defilierten die Bataillons. Das „Wienerische Diarium“ konnte vermelden, daß die Majestäten „ueber die hiebey bezeigte Geschicklichkeit des noch jungen Herrn Obristen Erzherzogen Ferdinand Königl. Hoheit in derer Militarübung, wie auch über die Schönheit der Mannschaft, ein ausnehmend gnädigstes Wohlgefallen haben verspühren lassen, sie wurde auch von jedermann insgemein sehr bewundert und belobet.“

Anschließend begab man sich ins Burgtheater und erfreute sich an einer Operndarbietung.[16]

Isabella war seit Juni wieder schwanger, doch diesmal schien alles gutzugehen, und die freudige Erwartung und Hoffnung, daß diesmal ein Thronerbe zur Welt kommen würde, erfüllte die Herzen aller.

Nur die Hauptperson, Isabella selbst, hatte an dieser Freude keinen Anteil. „Ich kann sagen“, schrieb sie an Marie, „daß eine geheime Stimme den Tod mir ankündigt, und dieser Ausspruch verbreitet eine Sanftmut, eine Weihe in meiner Seele, die ich nicht begreifen und noch weniger ausdrücken kann. Sie ermutigt mich zu allem und verleiht mir eine übernatürliche Kraft über mich selbst. Seit den zwei Tagen, seit diese Stimmung mich beherrscht, bin ich in einem köstlichen Zustande, und alle Freuden, deren man in der Welt teilhaftig werden vermöchte, können dem süßen Gefühl, der inneren Befriedigung nicht gleichen, die ich empfinde.“[17]

Es ist anzunehmen, daß Isabella in dieser Zeit und in dieser Stimmung auch ihre „Conseils à Marie“[18] verfaßt hat, die Ratschläge, die Marie nach der Freundin Tod als Richtschnur ihres Benehmens dienen sollten. Isabella entwickelt in dieser Schrift Psychogramme des Kaisers und der Kaiserin, die von einer Schärfe der Beobachtungsgabe und einem Gespür für seelische Regungen zeugen, die den Leser erstaunen lassen. Die Schriften von David Hume („Treatise on human nature“, 1739/40) und Christian Wolff („Psychologia rationalis“, 1734), wesentliche Stationen in der Geschichte der Charakterforschung[19], waren ihr ganz gewiß unbekannt, Isabellas Studien können also als völlig eigenständige Produkte ihrer natürlichen psychologischen Begabung und ungewöhnlichen Intelligenz angesehen werden.

„Der Kaiser liebt Sie“, schreibt Isabella, „er besitzt große Eigenschaften ebenso wie Fehler, auf die man sehr achten muß. Er ist ein redlicher Mann und sein Herz ist gut, man kann auf ihn zählen als auf einen wahrhaften Freund. Aber man muß sich hüten vor seiner Willfährigkeit, Leuten Gehör zu geben, die in keiner Weise die gütige Gesinnung verdienen, die er für sie hegt. Die Fürstin Auersperg ist es, von der ich rede; Sie wissen, oder wissen vielleicht nicht, wieviel sie über ihn vermag. Aber gewiß ist, daß sie ihm oft falsche Eindrücke beibringt, von denen er sich nur schwer wieder trennen kann, und ich will nicht dafür bürgen, ob sie nicht zur Zeit von Dingen unterrichtet ist, in die sie sich lieber nicht mischen sollte.“[20]

Die Fürstin Wilhelmine Auersperg, überall „la belle princesse“ genannt, war wohl der ernsthafteste Flirt des Kaisers. Schon Graf Podewils hatte König Friedrich von Franz Stephans „Hang zu Frauen“ berichtet und eine Gräfin Colloredo und eine Gräfin Pálffy als Herzdamen genannt, mit denen er „heimlich galante Soupers“ veranstaltete, die bei der Kaiserin Argwohn und Eifersucht erregten.[21] Auch die Töchter der Gräfin Fuchs, Josepha Daun (Gattin des Feldmarschalls) und Ernestine Losy (Gattin des Hofmusikdirektors), sah der Kaiser gern, ebenso die Gräfin Johanna Tarouca. Sie alle aber wurden überstrahlt von der Tochter des Grafen Neipperg, die 1755, kaum 17jährig, den Grafen (und späteren Fürsten) Johann Adam von Auersperg, einen bevorzugten Jagd- und Spielgenossen Franz Stephans, geheiratet hatte.[22]

„Ihre Schönheit war so groß“, berichtet der Engländer Wraxall, daß niemand mit ihr zu konkurrieren wagte, ihre Liebenswürdigkeit so einschmeichelnd, daß ihr niemand widerstehen konnte. Sie erweckte Liebe, ohne bei ihrem eigenen Geschlecht Neid und Eifersucht zu entfachen, und sie machte sich keine Feinde, weil sie nie zu spotten und lächerlich zu machen suchte. Ihre Unterhaltung war leicht und angenehm, obgleich sie weder sehr gebildet noch sehr gescheit war. Ihr Herz, von Natur aus uneigennützig und großmütig, war ebenso zärtlich wie hingebend. Unbeständig und wunderlich, hielt sie es selten lange bei ihren Bevorzugungen aus, aber ihre großen Schwächen hierbei hatten etwas Holdseliges, und man sagte, es sei unmöglich gewesen, sie zu kennen, ohne sie zu lieben. Als Siebzehnjährige brachte sie ihrem 34 Jahre alten Gatten ein ungeheures Vermögen zu, doch ihre Spielwut war so groß, daß sie im ersten Sommer ihrer Ehe die ganze Summe am Spieltisch verlor ... Ihre Verschwendung war beispiellos und nur ein kaiserlicher Liebhaber konnte solchen Begehrlichkeiten Genüge leisten. Er fand wenig Schwierigkeiten, sich ihr annehmbar zu machen; sein Rang, seine Aufmerksamkeiten, seine Geschenke räumten die ersten Hindernisse hinweg, aber ihre Unbeständigkeit schloß ihn von dem alleinigen Besitz ihres Herzens aus. Nichtsdestoweniger blieb ihr Franz fortwährend zugetan. Er pflegte mit ihr und einer ausgewählten Gesellschaft viele seiner Abende zuzubringen. Ein Souper von 10 bis 12 Gedecken ward angerichtet, die Prinzessin präsidierte, alle Etikette war durchaus verbannt. Öffentlich, im Theater und sonst, beobachtete Franz gegen die Kaiserin alle Rücksichten der Ehrerbietung und Aufmerksamkeit, aber wenn die Kaiserin nicht in der Vorstellung war, begab er sich jederzeit in die Loge der Fürstin."[23]

Obwohl sich der Kaiser auch bei diesen Gelegenheiten diskret im Hintergrund der Loge aufhielt, lüftete ein charakteristisches Hüsteln zumeist sein Inkognito und rief im Parkett, je nach Einstellung der Betreffenden, Schmunzeln oder Naserümpfen hervor.[24] Auch der getreue Chronist Khevenhüller ließ die „parties de plaisir", die Franz Stephan „mit kleiner Compagnie" veranstaltete, und die „besondere Zuneigung", die er für die schöne Fürstin hegte, nicht unerwähnt.[25]

Was Isabella mit den „falschen Eindrücken" gemeint hat, die Wilhelmine Auersperg dem Kaiser vermittelte, bleibt unerklärt. Vielleicht fand sie, die Intellektuelle, Weltsicht und Geplauder der favorisierten Fürstin einfach nur oberflächlich und die ganze Person des Vertrauens, das ihr der Kaiser bezeigte, nicht würdig.

Um das Vertrauen des Kaisers zu gewinnen, fährt Isabella in ihren Ratschlägen fort, muß man ihm mit völliger Offenheit begegnen, die Anhänglichkeit, die man für die Kaiserin hegt, aber möglichst verbergen, sie könnte ihn sonst eifersüchtig machen: „... darum habe ich mit ihrer ausdrücklichen Zustimmung zwar immer die Ehrfurcht und die Zärtlichkeit bewiesen, die meine Pflicht erfordert, aber niemals vor ihm die Gefühle gezeigt, von denen ich für sie wahrhaft durchdrungen war ... das Glück, der Kaiserin zu gefallen, hätte mir das Herz des Kaisers völlig entfremdet ..."[26]

Marie soll der Denkungsweise des Kaisers zwar entgegenkommen, sich aber auch nicht scheuen, ihm hie und da zu widersprechen, wenn sie sich im Recht glaubt. Der Kaiser belehrt gern, also soll sich Marie auch geduldig von Dingen unterrichten lassen, die ihr schon bekannt sind, und interessiert seinen „Stadtgeschichten" lauschen. Maries großer Vorteil liegt in des Kaisers Überzeugung, sie liebe ihn mehr als die Kaiserin, und in dieser soll sie ihn nicht beirren.

Noch viel ausführlicher als mit dem Kaiser befaßt sich Isabella in ihrer Schrift jedoch mit der Kaiserin. „Was die letztere betrifft", führt sie aus, „so liegt die Sache vollständig anders, und ich bin noch mehr in der Lage, Ihnen Ratschläge zu erteilen, weil ich es immer zum Gegenstand meines Studiums gemacht habe, ihren Charakter zu ergründen, und weil ich so viele Gelegenheiten hatte, bei denen ich sie aufs Genaueste kennenzulernen vermochte."[27]

Isabella hat also den Charakter der Kaiserin studiert und analysiert, wie dies heute Psychologen tun, eine Vorgangsweise, die, auf Maria Theresia bezogen, fast ein wenig unverschämt anmuten könnte, würde in Isabellas Schrift neben ihrer Fähigkeit, analytisch zu zergliedern, nicht auch ihre tiefe Zuneigung und Wertschätzung für die Kaiserin zum Ausdruck kommen. Sie rühmt Maria Theresias „großes, zärtliches, empfindungsreiches, mitleidvolles Herz", ihre Liebe und Opferbereitschaft für die, denen sie ihre Neigung schenkt und die sie auch auf deren Freunde ausdehnt. Stets ist sie bereit, mit Rat und Tat zu helfen, und nicht nur ihren Freunden: „Jeder, der es wünscht, kann sich dieses Vorzugs versichern." Es wäre allerdings zu wünschen, daß sie von ihren reichen Erfahrungen und Begabungen auch für sich selbst besseren Gebrauch machte, doch sie mißtraut ihrer eigenen Einsicht und wendet sich an andere um Rat – meist an die Falschen. Marie soll die Kaiserin, wenn sie sich um Rat an sie wendet, dazu bringen, sogleich zu entscheiden, um dies zu verhindern. Sie soll sie auch bitten, das vorgebrachte Anliegen als Geheimnis zu bewahren, „ein unfehlbares Mittel, sie gegen jedermann verschwiegen zu machen“.

Obwohl die Freundschaft immer die gleichen Pflichten auferlegt, so ist es doch schwierig, die Freundin einer Person zu sein, die gleichzeitig eine große Fürstin, eine Souveränin und die eigene Mutter ist. Man muß nicht nur die guten und schlechten Eigenschaften dieser Person kennen und selbst liebenswürdig und aufrichtig sein, man muß auch Klugheit besitzen und bei aller Offenheit Vorsicht walten lassen. Unverbrüchliche Verschwiegenheit und Redlichkeit müssen jegliche Erprobung bestehen, und selbst unter tausend Unannehmlichkeiten bleibt ein einziger Grundsatz: „Wahrhaft und gerecht sein, seine Pflicht erfüllen und dies in Hingebung, voller Rücksichtnahme und in Ehrfurcht tun, aber sich nicht um die Stürme kümmern, die etwa unterdes entstehen könnten.“

Besonders schwierig ist es, die Freundin der eigenen Mutter zu sein, weil die Ehrfurcht gewisse Schranken zieht, sobald sie es jedoch gestattet, muß man sich ihr gegenüber genauso verhalten wie bei einer anderen Freundin.

„Ich könnte mich darüber sehr viel mehr aussprechen“, sagt Isabella hier (leider tut sie es nicht), „denn ich darf wohl sagen, daß ich die Jahre, die ich bei meiner eigenen Mutter in Parma verlebte, eher ihre Schwester als ihre Tochter war, und das hat mir einen Zug von Aufrichtigkeit gegeben, den zu besitzen ich mir schmeichle.“

Hauptthema von Isabellas „Conseils“ sind aber nicht die Charakterbilder von Franz Stephan und Maria Theresia, sondern die Situation, wie sie sich nach ihrem, Isabellas Tod, für Marie darbieten wird: „Die Kaiserin wird Dir vor allem ihr Herz öffnen, im ersten Schmerz über meinen Tod wird sie nichts so Teures besitzen als Dich. In Dir wird sie mich wieder aufleben sehen, denn sie weiß, daß Du meine Freundin warst, daß ich Dich anbetete und Du mich liebtest, all das wird Dir große Gewalt über ihr Herz geben. Im ersten Augenblick mußt Du Dich vor ihr gehen lassen, sie wird in Deinem Charakter die Ähnlichkeit mit dem meinigen finden, die sie an Dich fesselt, obwohl eine solche keineswegs vorhanden und Dein Charakter viel eher dazu geschaffen ist, die Menschen für Dich zu gewinnen.“

Es wird von Maries Verhalten abhängen, ob die Freundschaft zwischen Mutter und Tochter der Beginn von unbegrenzter Zärtlichkeit und dauerhaftem Zutrauen sein wird, denn: „Die Kaiserin hat Dich immer geliebt und liebt Dich auch jetzt mit unvermindert großer Zärtlichkeit. Doch Du kennst ja ihre Weise, ihre Kinder zu lieben, jederzeit ist eine Art Mißtrauen und anscheinender Kälte darein gemischt. In dem ersten Schmerz, den ihr mein Tod, der gleichwohl kein so schrecklicher Verlust für sie sein wird, wahrscheinlich bereiten wird, wird sie all ihre Freundschaft für mich auf Dich übertragen. Je betrübter sie Dich sehen wird, umso größer wird ihre Liebe zu Dir werden ... Sie wird Dich allen andern als ein Beispiel hinstellen, zuerst meinem Gemahl, den sie entweder zu gefühllos oder zu übertrieben in seinem Schmerz finden wird ... Zudem wird sie alles unser beider Freundschaft zuschreiben und Deine Dankbarkeit loben. Da sie aber dadurch den Erzherzog wissen läßt, was ich Dir sein konnte, wird sie ihn vielleicht unwillkürlich gegen dich einnehmen ... und sie selbst wird, obwohl sie Deine guten Eigenschaften genau kennt, plötzlich ihren eigenen Wahrnehmungen mißtrauen und mit einem Mal das glauben, was der Erzherzog ihr über Dich einredet. Ich rate Dir daher als Freundin und zwar als eine Freundin, die nichts wünscht als Dein Wohlergehen und die Tröstung der Kaiserin, Dich gleich anfangs in ihre Arme zu werfen ...“[28]

Isabella warnt Marie wiederholt vor der Beeinflußbarkeit der Kaiserin, die von vielen ausgenützt wird, wie ein scheinbar achtlos hingeworfenes Wort über eines ihrer Kinder, über die sie gern und nahezu mit jedem spricht, ihr falsche Meinungen suggerieren kann, die ihr schwer wieder auszureden sind. Rückhaltlose Offenheit ist das einzige Mittel dagegen. Ebenso gefährlich ist die Neigung der Kaiserin zu übereilten Entschlüssen, zu denen sie ihr lebhaftes Temperament manchmal verleitet. Anders als bei der Bitte um Rat muß man in solchen Fällen versuchen, die Entscheidung hinauszuschieben, um die Kaiserin umzustimmen. „Sie wird bald darauf eingehen – denn Gradheit und Güte sind ja der Grundzug ihres Charakters.“

Der Kinder soll man sich jederzeit annehmen, denn obwohl die Kaiserin sie liebt, ist sie doch zu streng mit ihnen. Man soll sie also in Schutz nehmen und zur Milde raten, allerdings ohne ihre Fehler zu beschönigen. Es ist sogar gut, von diesen Fehlern zu sprechen, man verhindert dadurch, daß sie es mit Fremden tut und kann Härten abwenden.

„Das ist es“, schließt Isabella ihre Conseils, „was ich Dir über die Kaiserin sagen wollte. Du hast Verstand und Einsicht genug, um es in geeigneter Weise anzubringen. Versteh es, ihr Herz zu gewinnen und Einlaß zu finden in ihr Gemüt, und Notwendigkeit, von Klugheit geleitet, möge Deine Führerin sein. Beweise ihr jederzeit Deine Liebe und Dankbarkeit, dann kannst Du gewiß sein, wie sehr sie Dich lieben und hochachten wird.“[29]

Gertrud Fussenegger nennt Isabellas „Conseils“, die Virtuosität, mit der sie die Charaktere der Kaiserin, des Kaisers und Josephs zu zergliedern wußte, ein „Meisterwerk frühreifer Menschenkenntnis“, will aber in ihrem Charakter auch etwas „Dämonisches“ erkennen, einen „erstaunlich hochentwickelten Sinn für sublime Intrigen“ und „narzißtische Selbstverliebtheit“, die sie annehmen ließ, ihr Tod würde als die größte aller denkbaren Katastrophen das ganze Haus Habsburg zutiefst erschüttern. Marie, in ihrer Simplizität, habe diese Anmaßung wohl nicht zu durchschauen vermocht.[30] Dieser Meinung kann ich mich nicht anschließen, um so mehr als Isabella ja selbst ausspricht, der Verlust, den die Kaiserin durch ihren Tod erleide, werde so schrecklich nicht sein. Sie wollte gewiß nichts anderes mit ihren Ratschlägen, als der über den erwarteten Tod hinaus heißgeliebten Freundin, von der sie wußte, daß sie nicht über einen ähnlich scharfen Verstand verfügte wie sie selbst, einen Leitfaden an die Hand zu geben, wie sie sich in der Familie am besten behaupten könne.

Leider wissen wir nicht, wie Marie Christine diese Schrift Isabellas aufgenommen hat, wie ihre persönliche Meinung dazu war. Wahr ist jedenfalls, daß sie in den folgenden Jahren tatsächlich die beste Freundin ihrer Mutter wurde, nicht nur „Lieblingstochter“, sondern auch bevorzugte Gesprächspartnerin, Beraterin und engste Vertraute. Dies steigerte natürlich ihre Unbeliebtheit in der Familie, und besonders dürfte sich Bruder Leopold über ihre Sonderstellung geärgert haben. In seinem „Stato della famiglia“, den Leopold, längst Großherzog von Toskana, während seines Wiener Aufenthalts 1778/79 verfaßte, der bis zur Gehässigkeit schonungslose Porträts seiner

Mutter und seiner Geschwister enthält, kommt „die Maria“ besonders schlecht weg. Vor allem verübelt er ihr, daß sie es verstehe, die Kaiserin bei ihren Schwächen zu nehmen und so sehr zu beherrschen, daß diese alles tue, was sie wünsche. Leopolds Biograph Adam Wandruszka hat ihm zugute gehalten, daß die „fast unmenschliche Eiseskälte und Illusionslosigkeit“ seiner Familienporträts trotz ihrer „Schärfe und Bissigkeit“ auch eine tiefe Liebe zu seiner Mutter erkennen lassen, deren Zuneigung aber nicht in erster Linie ihm, dem „Mustersohn, Mustergatten und Musterherrscher“ galt, sondern Joseph, Ferdinand und „der Maria“; „Lieblingen“, die nach seiner, Leopolds Meinung, dieser Liebe wenig würdig waren.[31] Auch Leopold dürfte also in hohem Maß dem „Familienlaster“, der Eifersucht, verfallen gewesen sein.

Neben den „Conseils“ verfaßte Isabella für Marie auch eine Instruktion mit dem Titel „Quelques questions au sujet de gagner le coeur de l'Archiduc“,[32] eine Anleitung, wie das Herz Josephs zu gewinnen sei, mit dem Marie ja nicht selten auf Kriegsfuß stand.

Isabella griff fünf Fragen heraus, auf die es ihrer Meinung nach vor allem ankam, und fügte auch gleich die Antwort hinzu.

1. Frage: Ob man dem Erzherzog stets widersprechen solle?
Keineswegs. Sein Charakter lasse nicht zu, mit Widerspruch sein Herz zu gewinnen.

2. Frage: Ob man ihm immer die Wahrheit verschweigen solle?
Dies wäre äußerst gefährlich und könne niemals dazu führen, seine Achtung zu gewinnen. Man möge ihm also die Wahrheit sagen, aber freundlich, mit wenigen Worten, und nie vor anderen Leuten.

3. Frage: Ob man ihm seine Kindereien (Neckereien) hingehen lassen sollte?
Ja, man solle, er höre dann von selber auf. Bemerke er, daß man sich ärgere, lasse er nicht mehr davon ab.

4. Frage: Ob man ihm schmeicheln, ob man lieb zu ihm sein solle?
Manchmal gewiß, aber nicht zu oft, er halte dies sonst für Schmeichelei oder Falschheit.

5. Frage: Ob man danach trachten solle, zuerst seine Achtung und erst dann seine Neigung zu erwerben?
Dies sei zweifellos der richtige Weg, denn sein Herz sei nicht empfindungsfähig genug, um rasch durch Freundschaft allein gewonnen zu werden. Komme jedoch die Achtung hinzu, dann folge die Freundschaft von selbst. Dies habe ihre eigene Erfahrung sie gelehrt.[33]

Erinnert man sich an Josephs Briefe an den Grafen Salm, in denen viel von Wertschätzung und Achtung die Rede ist, so kann man nicht umhin, Isabellas Scharfblick auch hier zu bewundern. Ihr junger Gatte, der sich aller Welt gegenüber so überlegen dünkte, lag vor ihr wie ein aufgeschlagenes Buch, von dem ihr auch keine Seite verborgen blieb.

Den fünf Fragen und Antworten fügte Isabella noch einige konkrete Hinweise hinzu, wie die Achtung Josephs nun tatsächlich zu gewinnen sei. Marie solle große Wertschätzung für Isabella bezeigen, die Liebe, die sie füreinander hegten, aber nicht überbetonen. Freundschaftsbezeugungen sollten nie auf Zärtlichkeit, sondern immer auf Qualitäten begründet sein. Sie solle gegenüber ihren Schwestern Rücksicht und Freundlichkeit walten lassen, aber keine besonders bevorzugen und über ihre Fehler möglichst schweigen.

„Adieu", schrieb Isabella zum Abschluß, „wenn Sie mich lieben, werden Sie niemals vergessen, was ich Ihnen sagen will; vielleicht ist der Moment, der mein Leben beendet, näher, als das vollendet zu sehen, was ich wünsche . . ."

Je mehr das Jahr fortschritt, desto mehr nahm Isabellas Todesgewißheit zu, obwohl keinerlei physische Gründe vorlagen, denn ihre (nunmehr vierte) Schwangerschaft dürfte ohne jegliche Komplikation verlaufen sein.

In einem von Graf Zinzendorf berichteten Gespräch der Freundinnen, das die kaiserliche Begräbnisstätte bei den Kapuzinern zum Gegenstand hatte, meinte Marie, Joseph würde wohl eine neue Gruft für sich selbst, seine Gattin und ihre Nachkommen errichten, doch Isabella erwiderte: „Was mich betrifft, so werde ich wohl in die vorhandene gehen. Der Erzherzog wird in die neue gehen, mit einer anderen Frau."[34]

Am 15. Oktober wurde der Namenstag der Kaiserin festlich wie immer begangen, mit Galaempfang, öffentlicher Tafel und virtuoser Kammermusik, dem Theresienordensfest in der

Schönbrunner Schloßkapelle und einer Opernaufführung im Schloßtheater.

Am 28. Oktober fuhr der Hof zum ehemaligen Lustschloß des Prinzen Eugen, dem Belvedere, um die nunmehr endlich fertiggestellten Gemälde des Hofmalers Meytens und seiner Helfer zu besichtigen, die Isabellas Einzug in Wien, die Vermählung in der Augustinerkirche, die beiden Galatafeln und die festliche Serenade im Redoutensaal zeigten. Laut „Wienerischem Diarium“ wurden sie „mit gnädigster Zufriedenheit in Augenschein genommen“[35]. Sicherlich auch nicht ohne schmerzliche Erinnerung an Carl und Johanna, die der akribische Pinsel des Malers noch im Kreise der Geschwister festgehalten hatte, und die nun nicht mehr unter den Lebenden weilten.

In diesem Herbst übersiedelte der Hof am 14. November von Schönbrunn in die Hofburg, und Graf Zinzendorf vermerkte in seinem Tagebuch, Isabella habe sich nur schwer von Schloß und Park getrennt. An Maries Arm verweilte sie länger als die anderen und sagte immer wieder: „Wenn wir nur in Schönbrunn bleiben könnten!“ Wiederholt lief sie in ihr Zimmer zurück und seufzte: „Leb wohl, mein Zimmer, leb wohl, mein schöner Armsessel, wir werden einander nicht wiedersehen ...“[36]

In der Hofburg mußte sich Isabella am 18. November, einen Tag vor ihrem Namenstag, mit Fieber zu Bett legen, und binnen kurzem konnte kein Zweifel mehr bestehen, daß die Geißel der Menschheit wieder ein Mitglied der kaiserlichen Familie getroffen hatte. Isabellas Erkrankung war nicht rheumatischer Art, wie man zuerst beschwichtigend verkündete – es waren die Blattern.

Eine Geißel der Menschheit

Niemand weiß, wann der winzige ziegelförmige Virus, dem die Wissenschaftler den Namen „Variola major“ gegeben haben, begann, Menschen zu infizieren. Die Berichte sind spärlich, zumeist unpräzise, und oft läßt sich nicht klar unterscheiden, um welche Krankheit mit Ausschlag es sich handelt. Obwohl es arabischen Ärzten schon vor der Jahrtausendwende gelungen war, zwischen Blattern und Masern zu unterscheiden, wurden die Krankheitsbilder später immer wieder verwechselt.

Mit ziemlicher Sicherheit ist schon der ägyptische Pharao Ramses V. 1157 v. Chr. an den Blattern (oder Pocken) gestorben, was sich an seiner erhaltenen Mumie nachprüfen läßt. Auch bei der „Pest von Athen“, die 430 v. Chr. während des Peloponnesischen Krieges Athen entscheidend schwächte und zu seiner Niederlage beitrug, und bei der „Antoninischen Pest“, die im Römischen Reich Millionen Tote forderte und der auch Kaiser Marc Aurel 180 n. Chr. im Lager Vindobona zum Opfer fiel, handelte es sich mit großer Wahrscheinlichkeit um die Blattern. Während der Völkerwanderungszeit verbreiteten die Hunnen die Krankheit in Europa, und nach einer Zeit der Stagnation erfuhr sie erneute Belebung im Zeitalter der Kreuzzüge. 1494 überstand König Karl VIII. von Frankreich während seines Italienfeldzugs eine Blatternattacke, doch in Neapel infizierten sich seine Soldaten mit der frisch aus Amerika importierten Syphilis. Die Franzosen nannten die Krankheit, die einen ähnlichen Ausschlag verursachte wie die Blattern, „la grosse vérole“, während die Blattern nun mit „la petite vérole“ bezeichnet wurden (im Englischen „great pox“ und „smallpox“).

Das Bevölkerungswachstum der Städte trug zur Verbreitung der Blattern ebenfalls entscheidend bei, und in der zweiten Hälfte des 16. Jahrhunderts hatten sie der Pest, der Lepra und der Syphilis als Krankheitsgeißel Europas bereits den Rang abgelaufen. Trotz verzweifelter Bemühungen konnten die Ärzte keine wirksamen Mittel finden, und bis zu Herman Boerhaave (1668 - 1738) waren sie sich nicht einmal des ansteckenden Charakters der Krankheit bewußt. Sie machte vor niemandem halt und befiel den Bettler am Straßenrand ebenso wie den Bauern in seiner Kate, den Bürger in seinem Stadthaus oder den Fürsten in seinem Palast.

1646 töteten die Blattern den Infanten Balthasar Carlos, den begabtesten Sohn König Philipps IV. von Spanien, 1650 Wilhelm II. von Oranien, 1654 den römischen König Ferdinand IV., 1694 Königin Maria II. von England. Der Blatterntod des einzigen überlebenden Kindes von Marias Schwester Anna brachte nach deren Ableben das kurfürstliche Haus Hannover auf den englischen Königsthron. Im 18. Jahrhundert erreichte das Wüten der Blattern in Europa einen dramatischen Höhepunkt. Unter ihren Opfern waren Kaiser Joseph I. (dem sein Bruder Karl VI. auf den Thron folgte und dadurch des Löwenanteils an der spanischen Erbschaft verlustig ging), Peter II. von Rußland und Ulrike Eleonore von Schweden. Eine Epidemie am französischen Königshof tötete die Eltern Ludwigs XV. und dessen älteren Bruder, in Spanien starb Ludwig I., in Lothringen der Erbprinz Clemens, der ältere Bruder Franz Stephans. 1719 fielen 14 000 Pariser einer Blatternepidemie zum Opfer, in London wüteten vier Epidemien zwischen 1719 und 1746, in Rom 1746 und 1754, in Genua 1750. In Wien verlor Maria Theresia 1761 ihren Sohn Carl, 1762 ihre Tochter Johanna. Zu den prominenten Überlebenden, die die Krankheit ohne schwerwiegende Folgen überstanden, zählten Elisabeth I. von England, Elisabeth von Valois, die zweite Gattin Philipps II. von Spanien, Kaiser Leopold I., Ludwig XIV., Karl II. von England und Maria Theresias Kinder Maria Anna und Joseph.

Die Gefahr, sich bei einem Blatternkranken anzustecken, war ungeheuer groß, denn durch den Hautausschlag und durch offene Wunden in der Kehle schied er Millionen von Viren in seine unmittelbare Umgebung aus. Der Patient blieb ansteckend in der Zeit unmittelbar vor Ausbruch des Ausschlags bis zum Abfallen des Schorfs etwa drei Wochen später, vor allem allerdings in den ersten Tagen. Auch die Leichen von

Blatternkranken, ebenso die Kleider, Bettwäsche und Leichentücher konnten noch Menschen infizieren, die mit den Kranken gar nicht in direkten Kontakt gekommen waren.

Während der ersten Woche etablierte sich der Virus ruhig in der infizierten Person, die noch keinerlei Krankheitssymptome zeigte. Sie traten erst um den neunten Tag mit Kopfschmerzen, Fieberfrost, Übelkeit und Rückenschmerzen auf, manchmal auch mit Krämpfen, Delirien und schrecklichen Träumen. Am Ende des ersten Stadiums, das drei bis vier Tage dauerte, sank das Fieber, und der Patient fühlte sich kurzfristig besser, eine trügerische Besserung, denn erst jetzt trat der charakteristische Ausschlag zutage. Flache, rötliche Flecken erschienen im Gesicht und verbreiteten sich über Arme, Brust, Rücken und Beine. In den folgenden Tagen verwandelten sich die flachen Flecken in erhabene Hautpickel, dann in Blasen und Pusteln. Danach trockneten die Pusteln ab und verschorften. Viele Patienten starben in den ersten Tagen des Ausschlags, viele nach der ersten Woche, manche sogar bevor der Ausschlag erschien. Die von zahllosen Eiterpusteln bedeckte Haut der Kranken wirkte manchmal, als ob sie gelb gefärbt wäre, in anderen Fällen sah sie aus wie nach schweren Verbrühungen oder Verbrennungen. Zusätzlich zur Haut befiel der Virus den Schlund, die Lungen, das Herz, die Eingeweide und andere innere Organe, bewirkte äußere und innere Blutungen und führte so innerhalb von drei bis fünf Tagen zum Tod. Die Qual der Patienten konnte aber in manchen Fällen zehn Tage bis zwei Wochen dauern. Als Begleiterscheinung trat noch ein ganz spezieller, ekelhafter Geruch auf, der den Aufenthalt im Krankenzimmer fast unerträglich machte.

Überlebende der Krankheit waren zumeist immun und konnten die Infektion nicht mehr bekommen, doch behielten sie oft im Gesicht Blatternnarben zurück oder erblindeten an einem oder sogar an beiden Augen. Manchmal war die Entstellung so stark, daß sie die Genesenen völlig veränderte und blühende, jugendliche Gesichter zu abschreckenden Larven verunstaltete.

Die „Behandlung" der Patienten beschränkte sich auf die üblichen, auch hier völlig sinnlosen Aderlässe, auf Isolation in verdunkelten, vor jeder Frischluftzufuhr verschlossenen Kammern. Oft mußten die Kranken auf verschmutzter, übelriechender Bettwäsche ausharren, weil man nicht wagte, sie zu wechseln.

Vorbeugung oder wirksame Therapie existierten nicht. Erst zu Beginn des 18. Jahrhunderts lernte die Gattin des englischen Botschafters in Konstantinopel, Lady Mary Wortley Montagu, die die Blattern selbst schwer gezeichnet überstanden hatte, eine neue Bekämpfungsmethode kennen, die aus China oder Persien ins türkische Reich gelangt war: die Schutzimpfung. Lady Montagu, eine intelligente und willensstarke Persönlichkeit, setzte sich energisch für die neue Methode ein und ging selbst mit gutem Beispiel voran, indem sie ihre Kinder impfen ließ. In London wurde an sechs verurteilten Gefangenen eine Probeimpfung durchgeführt, und als sie überlebten, erhielten sie die Freiheit. 1722 ließ der Prince of Wales (der spätere Georg II.) seine beiden Töchter erfolgreich impfen, und die neue Methode wurde in England bald weithin praktiziert. Man könnte meinen, die Ärzte im übrigen Europa hätten sie mit Begeisterung aufgegriffen, doch dem war nicht so. Skepsis und Mißtrauen waren groß, ebenso die Angst, durch eine nicht erfolgreiche Impfung Ruf und einträgliche Stellung zu verlieren. Man impfte noch mit einem aus Menschenblattern gewonnenen Serum (erst Edward Jenner machte Ende des 18. Jahrhunderts die Impfung mit den harmlosen Kuhpocken populär), und es konnte vorkommen, daß als Folge der Impfung eine tödliche Form der Krankheit auftrat. Dieses Risiko wollten viele nicht auf sich nehmen. Auch religiöse Motive spielten eine Rolle, so bei den schottischen Calvinisten, die der Meinung waren, die Impfung würde ein Mißtrauen in die göttliche Vorsehung zum Ausdruck bringen oder den Absichten des Schöpfers entgegenwirken.

In Paris begann Charles Marie de la Condamine 1754 eine öffentliche Kampagne für die Impfpraxis, und Voltaire, der ihre Erfolge in England persönlich kennengelernt hatte, machte sich zu ihrem Fürsprecher. Der Duc d'Orléans rief 1755 den berühmten Arzt Théodore Tronchin aus Genf nach Paris, um seine beiden Kinder impfen zu lassen, doch das mutige Beispiel war noch weit davon entfernt, Schule zu machen. Auch Isabellas Mutter, die Herzogin von Parma, starb 1759 in Versailles an der tückischen Krankheit, wie wir gehört haben.[1]

Auch Maria Theresias Leibarzt van Swieten konnte sich mit der neuen Methode nicht befreunden, eine unverständliche Kurzsichtigkeit, um nicht zu sagen Borniertheit, wenn man bedenkt, wie lange die Impfmethode nun schon erfolgreich angewandt wurde. Isabella und vor ihr viele andere hätten vor den Blattern bewahrt werden können, wären van Swieten und die Wiener Ärzteschaft damals aufgeschlossener gewesen, aber man beschränkte sich nach wie vor darauf, die Patienten zur Ader zu lassen und in verdunkelten Räumen zu isolieren, sobald die gefürchteten Symptome auftraten. Vor Präventivmaßnahmen schreckte man noch zurück.

„Soeben hat man die Erzherzogin zur Ader gelassen“, schrieb Maria Theresia am Morgen des 19. November an Graf Silva-Tarouca, „im Publikum wird man von Rheumatismus sprechen, aber alle Anzeichen deuten auf Blattern. Urteilen Sie über die Pein meines Herzens; für die teure Mutter und ihr Kind muß ich zittern. Und was kostet es mich, ihr fernbleiben zu müssen!“[2]

Auch Isabellas Großvater, dem König von Frankreich, teilte die Kaiserin die betrübliche Nachricht mit, gab jedoch der Hoffnung Ausdruck, daß „das Übel bis jetzt nicht so fürchterlich“ sei:

„Die liebe Kranke selbst scherzt über ihren Zustand und beauftragt mich, ihren lieben Großpapa zu bitten, sich ihretwegen keine Sorgen zu machen . . . Meine Zärtlichkeit für diese liebe und würdige Tochter steht in keiner Weise hinter jener für meine Kinder zurück, sie macht meinen gegenwärtigen Zustand schrecklich und bemitleidenswert . . .“[3]

Bemitleidenswert war auch der Zustand Josephs, der nicht vom Krankenbett wich – er hatte die Blattern ja schon überstanden – und sich bemühte, Isabella Mut und Trost zuzusprechen. Alle übrigen Familienmitglieder waren aus Isabellas Nähe verbannt, auch Marie Christine. Die ärztlichen Bulletins gingen von Appartement zu Appartement, man entfaltete sie mit zitternden Händen und las sie klopfenden Herzens, man versammelte sich in der Kapelle und betete.

Vom 20. auf den 21. November verbrachte die Kranke eine ruhige Nacht, das Fieber ließ nach, doch verschiedene Symptome ließen eine nahende Frühgeburt befürchten. Als auch der folgende Tag ruhig verlief und das Fieber nicht stieg, schien eine vorzeitige Niederkunft abwendbar. In der Nacht auf den 22. November war sie jedoch nicht mehr zu verhindern. Isabella gebar in den frühen Morgenstunden eine Tochter, die auf den Namen Christina getauft wurde, und nach wenigen Minuten verschied.[4]

Am Vormittag stellte das von van Swieten präsidierte Ärztekonsilium fest, daß das Zusammentreffen von Blatternerkrankung und Frühgeburt die Genesung der Patientin erschwere, was ja auch jedem Laien klar sein mußte. Man hielt die Schwierigkeiten jedoch nicht für unüberwindbar und hegte „begründete Hoffnungen", ohne auf diese Gründe näher einzugehen.[5]

Ein Handzettel der Kaiserin ging an den Grafen Salm, der sich in Josephs und Isabellas Nähe aufhielt und täglich mit der Kaiserin korrespondierte: „Ich habe [Kammerrat] Mayer beauftragt, mit Ihnen über die Beerdigung unseres kleinen Engels zu reden, sie soll so vor sich gehen wie bei meiner Tochter, die ein ähnlicher Fall war ... Ich bitte Sie, mir täglich zu berichten, wie sich Joseph befindet ..."[6]

Der „ähnliche Fall" war das zehnte Kind der Kaiserin gewesen, ein Töchterchen, das am 17. September 1748 zur Welt gekommen und unmittelbar nach der Nottaufe gestorben war. Damals mußte in sehr alten Akten nachgeschlagen werden, was bei der Bestattung eines so rasch dahingegangenen Kindes zu geschehen habe.[7]

Isabellas Töchterchen Christina wurde noch am Abend ihres Geburtstages vom Burgpfarrer eingesegnet und in ein hölzernes „Trücherl" gebettet, das innen und außen mit weißem Silberstoff überzogen und mit goldenen Borten verbrämt war. Auch die üblichen zwei Schlösser fehlten nicht. Sodann trat das Begräbniszeremoniell in Kraft, das einer Erzherzogin zustand, mit Kammerdienern, Leibgardisten und fackeltragenden Edelknaben. Obersthofmeister Graf Anton Salm geleitete den kleinen Leichnam im sechsspännigen Hofwagen zur kaiserlichen Gruft bei den Kapuzinern, wo eine stille Beisetzung vorgenommen wurde. Kein Mitglied der Familie nahm daran teil.[8]

So sehr man den Tod der kleinen Christina bedauerte, das Hauptinteresse und die Hauptsorge galt jedoch dem Befinden der Mutter, die ihre Niederkunft erstaunlich gut überstanden hatte. Man legte sie in ein anderes, frisch zurechtgemachtes

Bett, und ein kurzer Schlaf brachte ihr soviel Erholung, daß sie den Wunsch äußerte, die Sakramente zu empfangen. Joseph, der nicht von ihrer Seite wich, kommunizierte nach ihr, und „beide zeigten großen Mut und bewundernswerte Ergebung, obwohl sie sich keineswegs über die drohende Gefahr hinwegtäuschten“, schrieb der französische Botschafter, Marquis du Chatelet, der Ludwig XV. laufend Bericht erstattete, nach Versailles.[9]

Es ist nicht überliefert, was Isabella selbst in diesen Tagen fühlte, als ihr Körper mit der fuchtbaren Krankheit rang; den Berichten der Augenzeugen zufolge waren ihre Haltung, ihre Ergebenheit und ihre Geduld bewundernswert. Kein Wort der Klage kam über ihre Lippen.

Wie sollte sie den Tod auch fürchten, den sie so oft und so sehnsüchtig herbeigewünscht hatte? Josephs mutiges Ausharren, seine Herzensangst und unermüdliche, liebende Fürsorge rührten sie gewiß, doch in all ihren Qualen war der Kummer, von Marie getrennt zu sein, bestimmt der schmerzlichste. Nur wenige Zimmer und Treppen voneinander entfernt, hatten die Freundinnen keine Möglichkeit, einander auch nur von ferne zu sehen oder Botschaften auszutauschen. Marie wird wohl bei ihrer Mutter Trost und Stärkung gefunden haben, aber die ganze Tiefe ihres Kummers konnte sie niemandem anvertrauen.

Im Lauf des 23. November verschlechterte sich Isabellas Zustand, starke Blutungen schwächten sie noch mehr, sie delirierte und verlor zeitweise das Bewußtsein. Gegen Abend trat jedoch eine leichte Besserung ein, die Kranke war wieder klar und versicherte den Ärzten, sie fühle ihre Kräfte zurückkehren.[10]

Am Morgen des 24. November konnte Graf Salm der Kaiserin berichten, daß Joseph zwar kaum Schlaf gefunden habe – immer wieder sei er zwischen seinem und dem Zimmer der Kranken hin- und hergeeilt –, aber er sähe gut aus und nehme gerade sein Frühstück ein. „Es ist sinnlos“, fährt Salm fort, „ihn zu sehr zu ermahnen, es genügt mir, daß er mir sein Wort gegeben hat, gegebenenfalls an seiner Stelle zu handeln, falls die Dinge sich verschlimmern sollten . . .“[11]

Maria Theresia antwortete in einer Randglosse, daß sie beruhigt sei, ihren Sohn in Salms Obhut zu wissen, daß sie aber auch um seine, Salms, Gesundheit zittere, die Gott zum Wohl ihres Hauses erhalten möge. Nüchtern und klar trifft sie aber bereits verschiedene Dispositionen, falls das „Unglück“ eintreten sollte. Sie stimmt mit Salm darin überein, daß man Joseph seinen Willen lassen und sein Kommen und Gehen in keiner Weise einschränken solle. „Sollte er in dem grausamen Moment, vor dem Gott uns bewahren möge, selbst anwesend sein, so haben Sie sich schon so sehr um ihn verdient gemacht, daß er bei Ihnen Hilfe suchen wird.“ Wieder dankt sie Salm in bewegten Worten für seine Hilfe und Umsicht und bittet ihn dringend, ihre Korrespondenz vor Joseph geheimzuhalten.[12]

Isabellas Befinden wurde immer kritischer. Die Nachwehen der Entbindung hielten an, ihre Haut war mit eitrigen Pusteln bedeckt, und sie fühlte auch Schmerzen am Herz, was die Besorgnis der Ärzte noch steigerte.[13]

Am Nachmittag des 25. November berichtete Graf Salm der Kaiserin, er habe bei Joseph wenigstens erreichen können, daß er seine Frau nicht mehr berühre und umarme: „Heute morgen sagte er mir, mein lieber Salm, ich flehe Sie an, gewähren Sie mir den Trost, meine Frau zu sehen, solange sie lebt. Wenn Gott über sie verfügt, machen Sie mit mir, was Sie wollen ... Ich habe ihm Essig auf sein Taschentuch gegeben, denn der Geruch im Zimmer ist sehr stark ...“[14]
Die Kaiserin antwortete in einer Randglosse: „Sie haben durch mein gestriges Billett gehört, daß ich ebenso denke und daß man ihm diesen gerechtfertigten Eifer lassen soll. Wenn der gute Gott ihn mit seiner lieben Frau vereinen will, so können dies alle unsere Vorsichtsmaßregeln nicht verhindern. Er ist dort, wohin ihn sein Herz und seine Pflicht rufen; ich bin keineswegs unruhig, und ich liebe ihn noch mehr, wenn ich ihn so entschlossen und so zärtlich sehe.

M.Th.“[15]

Die zahlreichen ärztlichen Bulletins dieser Tage spiegeln den ständig wechselnden Zustand der Kranken und die Machtlosigkeit der Ärzte wider, die nicht viel mehr tun konnten, als den Verlauf der Krankheit zu beschreiben: „I.K.H. ist von einer seltenen Stärke: Sie hat sich diesen Nachmittag zwei- oder dreimal aufgesetzt, sie hat sich ganz natürlich und ungezwungen geschneuzt und ohne Hilfe ihr Getränk und ihre

Bouillon zu sich genommen; dies hat größtes Erstaunen hervorgerufen, denn die Situation am Morgen war die traurigste und erschreckendste der Welt.“ (25. November, nachmittag).[16]

Und am Abend desselben Tages: „Der Zustand I.K.H. hat sich nicht verschlimmert ... Die Zahl der Pusteln ist sehr groß, was eine starke Eiterung verursacht, deren Folgen zu fürchten sind. Die brandigen Stellen auf der Nase und der Oberlippe gehen zurück und beginnen abzufallen ... Es ist schon sehr viel, I.K.H. in diesen vergangenen Tagen am Leben erhalten zu haben, und das gibt uns einen Schimmer Hoffnung ...“[17]

Am 26. November, sechs Uhr morgens: „Gestern Abend hat I.K.H. ihre Suppe ganz gut zu sich genommen, ein bißchen Rotwein, mit Wasser verdünnt und zwei Biscuits. Das Fieber war während der Nacht ziemlich stark, gegen vier Uhr früh ließ es etwas nach ...“[18]

Dreieinhalb Stunden später: „Nach der Niederkunft I.K.H. hegten wir alle die gerechtfertigte Befürchtung, daß sie diese Periode der Krankheit nicht überstehen würde ... Schließlich, dank der Gnade Gottes, ist es uns gelungen ... Wir wenden alle Mittel an, die Kunst und Erfahrung bereitstellen...“[19]

Kunst und Erfahrung stellten leider keinerlei wirksame Mittel bereit. Die Ärzte kämpften auf verlorenem Posten gegen das Unausweichliche und konnten schließlich nichts anderes tun, als ihre Ohnmacht einzugestehen.

Maria Theresia an Kaunitz: „Wir nähern uns dem tragischen Ende eines Engels. Ich glaube nicht, daß sie diesen Abend überleben wird. Alle meine Zufriedenheit und meine Ruhe sterben mit dieser unvergleichlichen Tochter, die ich Ihnen verdanke ...“[20]

Der kritischste Tag der Krankheit war erreicht, es war der neunte seit dem ersten Unwohlsein Isabellas, der siebente seit dem Ausbrechen der Blattern und der fünfte nach der Frühgeburt. Die Nachwehen der Niederkunft waren zwar verschwunden, doch das Fieber war unverändert stark und die Kranke ständig in Delirien. Isabellas gequälter Körper konnte keine Gegenkräfte mehr mobilisieren. Am späten Nachmittag des 26. November begann die Agonie.

Maria Theresia an Salm (Zettel): „Ich wende mich an Sie in meiner höchsten Not: Man sagt, die Erzherzogin liege in Agonie ... Ich beschwöre Sie, geben Sie dieses Kruzifix dem Domherrn, damit es beim Tode dieser großen und heiligen Prinzessin seinen Dienst tun möge. Ich beschwöre Sie, tragen Sie Sorge für diesen Schatz, daß er im Schmerz nicht abhanden komme ..."[21]

Im Krankenzimmer kniete Joseph weinend und betend zu Häupten von Isabellas Schmerzenslager, bis zuletzt auf ein Wunder hoffend, das nicht gewährt wurde. Auch das wundertätige Kreuz der Kaiserin Eleonore, Heiligtum des Sternkreuzordens, konnte Isabella nur mehr in der Todesstunde Trost sein, sie nicht mehr ins Leben zurückholen.

Noch ein einziges Mal kam sie nach einer Periode völliger Apathie zu Bewußtsein, doch nur, um endgültig Abschied zu nehmen.

Am Morgen des 27. November, kurz nach fünf Uhr, entschlief sie sanft in den Armen ihres trostlosen Gatten, fünf Wochen vor ihrem 22. Geburtstag.[22]

Isabella war in das Haus ihrer Ewigkeit eingegangen.

Pompe funèbre

Ganz Wien trauerte um Isabella, nicht nur die kaiserliche Familie, voran ihr trostloser Gatte und ihre zutiefst bekümmerte Freundin.

Das „Wienerische Diarium“, das schon über die einzelnen Stadien der Krankheit getreulich berichtet hatte, widmete der heimgegangenen Kronprinzessin einen ausführlichen Nachruf und würdigte die „erhabenen Gemüthsgaben und wahren fürstlichen Tugenden, welche in dieser verehrungswürdigsten Prinzeßin sich vereinbaret fanden“ und ihr die Zuneigung und Hochachtung der ganzen kaiserlichen Familie eingetragen, voran natürlich die ihres Gatten, der sie „mit den rührendsten Merkmalen der zärtlichsten Liebe umgab“ und bis zum bitteren Ende an ihrem Krankenlager ausharrte: „Die übrigen Königl. Hoheiten teilen das Leid, und es ist niemand, der es nicht mitempfinde; indem die Milde, Sanftmuth, Leutseligkeit, und ein mitleidiges, gutthätiges Herz, so diese große Seele ziereten, sich längst aller Herzen eigen gemacht hatten ...“ Es folgte die Ansage der Hoftrauer für drei Monate:

„Die ersten 4 Wochen in Tuch; die Knöpfe durchaus hinab, jedoch mit Tuch überzogen, und die Knopflöcher mit Tuch ausgemacht; gesaumte Manschetten; Degen und Schnallen von Stahl und blau angelaufen. Die zweyten 4 Wochen auch in Tuch, aber mit Seiden ausgemacht, gefranzelte Manschetten, Degen und Schnallen wie sonst gewöhnlich. Die Mantelkleider bei dem öffentlichen Kirchen- und Hofdienst diese 8 Wochen hindurch von Tuch, und mit glatten Überschlägen. Die dritten 4 Wochen in Sammet oder Seide, die Wäsche mit Spitzen. Des Erzherzogs Joseph Königl. Hoheit werden samt dero ganzen Hofstaat die Trauer ein halbes Jahr tragen.“[1]

Für Joseph sollte die Trauer nicht nur ein halbes Jahr, sie sollte sein ganzes Leben hindurch dauern, auch wenn er äußerlich gefaßt schien und sein gewohntes Leben wieder aufnahm. Graf Salm konnte der Kaiserin berichten, daß er den Tag nach Isabellas Tod ruhig verbracht, nach dem Diner gelesen und vom Fenster aus seine neuen englischen Pferde in Augenschein genommen habe, die ihm sein Bereiter vorführte. Er sprach ständig von dem Verlust, was ihn erleichterte, doch er fürchtete und ersehnte zugleich den Augenblick, in dem er zum ersten Mal wieder seiner Mutter gegenübertreten würde, die sich mit der übrigen Familie noch in Quarantäne befand.[2]

Über den Zustand des Sohnes beruhigt, galt Maria Theresias Hauptsorge nun Isabellas Schriften, die sie nicht in Josephs Hände gelangen lassen wollte, zumindest nicht, ohne sie vorher gesehen zu haben.

„... auff all die schrifften gebe wohl acht", schrieb sie an die Obersthofmeisterin der verstorbenen Kronprinzessin, Gräfin Erdödy, „das kein kleines Zettul verlohren gehe; dan von meiner gantze famille selber habe und mein eintziger Trost sind, auch kunfftig Joseph nutz und Trost sein koennen, wan er sie verlangt, will sie ihme gewis gerne auffheben und koennen einmal der unschuldigen Tochter dienen, ihre fromme und grosse Mutter verehren und imitieren ..."[3]

Auch Graf Salm erhielt einen Zettel der Kaiserin, Isabellas Schriften betreffend: „... Was die Papiere betrifft, so bin ich sehr in Verlegenheit, denn sie selbst hat mir oft gesagt, daß sie sie mir ans Herz legt, weil nicht alles für seine Augen bestimmt sei. Vielleicht können Sie mir raten, wie ich es anstelle, sie als erste zu sehen ..."[4]

Welche „Papiere" Maria Theresia tatsächlich meinte, ist nicht mehr zu eruieren, denn in Isabellas Nachlaß, soweit er noch im Staatsarchiv existiert,[5] befindet sich keine Schrift, die man Joseph nicht hätte vorlegen können. Allerdings wissen wir nicht, ob sämtliche Aufsätze, Betrachtungen und Ratschläge Isabellas, die sich später im Nachlaß Marie Christines fanden, damals schon in deren Besitz waren. Möglicherweise galt die Sorge auch Maries Briefen an Isabella, und sie hatte sich an die Mutter gewandt, um diese sicherzustellen. Das muß geglückt sein, denn wie bereits erwähnt, ist kein einziger erhalten geblieben. Marie wird sie wohl an sich genommen und vernichtet haben.

„Der liebe Gott", schrieb Maria Theresia in einem weiteren

Billett an Salm, „hat uns eine große Gnade erwiesen, daß er mir nach dem großen Unglück meinen Sohn erhält . . . Ich bitte Sie außerdem inständig, mir eine Beschreibung jener letzten und fatalen Nacht zu geben, als die Agonie begann; ob sie noch gesprochen hat, ob sie gelitten hat, ob sie bei Bewußtsein war, ob mein Sohn die ganze Zeit dort war, von welcher Stunde an und an welchem Platz; was er gesagt hat und was er gleich danach getan hat; alles das ist mir lieb und kostbar . . ."[6]

Inzwischen trat das Begräbniszeremoniell in Aktion, wie es für eine Erbkronprinzessin von Ungarn und Böhmen und Erzherzogin von Österreich vorgesehen war, wenn auch mit etwas eingeschränktem „Conduct-Gepränge", da die „Durchlauchtigsten Herrschaften wegen des Umstandes, daß die höchstseelige Erzherzogin an den Kinderblattern gestorben, von der persönlichen Begleitung abgehalten wurden."[7]

Am Vormittag des 28. November wurde Isabellas Leichnam in einen hölzernen Sarg gelegt, von der Öffnung und Einbalsamierung war wegen des gefährlichen Charakters der Krankheit Abstand genommen worden. So blieb Isabellas Leib von der barbarischen „Exzentrierung" verschont; ihre Eingeweide kamen nicht, wie sonst üblich, nach St. Stephan in die alte Herzogsgruft und ihr Herz nicht in das „Herzgrüftl" der Lorettokapelle bei den Augustinern.[8]

Der verschlossene Sarg wurde in die große Hofkapelle gebracht und auf eine drei Stufen hohe, von einem schwarzsamtenen Baldachin überdachte und mit vielen silbernen Leuchtern besetzte „Todtenparadebühne" gesetzt. Neben dem Sarg, zu Rechten des Hauptes, lag eine königliche Krone, zur Linken der Erzherzogshut, beide auf schwarzsamtenen Kissen, auf einem dritten das Ehrenzeichen des Sternkreuzordens. Während der Aufbahrung beteten Mitglieder der Geistlichkeit sowie Herren und Damen des Hochadels abwechselnd vor dem Katafalk, Abteilungen der Arcièrenleibgarde und der Ungarischen adeligen Leibgarde hielten die Totenwache.

Um die Mittagszeit des grauen und regnerischen Novembertages erfüllte eine Stunde lang das Geläute sämtlicher Kirchenglocken in der Stadt und in den Vorstädten die Luft.

Am Abend des 29. November wurde der Sarg unter Vorantritt der Augustinerpatres und des Hofpfarrers durch den Augustinergang in die Stallburg gebracht und dort auf den vor-

Begräbnisstätte der Habsburger in der Kaisergruft bei den Kapuzinern: Maria-Theresia-Gruft. Prunksärge des Spätrokokos von Balthasar Ferdinand Moll. Links im Vordergrund der trauernde Genius mit Wappen und Krone von Ungarn vom Doppelsarkophag des Kaiserpaars. Dahinter von links nach rechts: Sarkophag der Kaiserin Maria Josepha, Sarkophag der Isabella von Parma, zwischen die vorderen Schnörkelfüße eingeschoben der Sarg der unmittelbar nach der Geburt verstorbenen Christina; Sarkophag der Erzherzogin Maria Theresia mit einer ganzfigurigen Darstellung der Toten.

bereiteten Leichenwagen gesetzt. Pechkränze beleuchteten den Weg bis zur Kirche der Kapuziner auf den Neuen Markt, und zwei Reihen Soldaten mit aufgepflanztem Bajonett hatten Sorge zu tragen, die andrängende Volksmenge zurückzuhalten. Die Seitenstraßen waren mit Reiterei besetzt und auf dem Neuen Markt zwei Bataillons der Garnison mit verstimmtem Spiel in Parade aufmarschiert.

Unter ununterbrochenem Geläute der Glocken nahm der Kondukt seinen Weg zur Kapuzinerkirche. Die Spitze hielten zwei k. k. Einspänner zu Pferde, ihnen folgte ein zweispänniger Hofwagen mit den beiden Kammerfouriers, drei vierspännige Hofwagen mit den Kammerdienern, und vier sechsspännige Hofwagen mit je vier Kammerherren in langen Trauermänteln, Schürzen und Visieren aus schwarzem Tuch.

In einem ebenfalls sechsspännigen Hofwagen saß einsam der getreue Salm; vor etwas mehr als drei Jahren hatte er den Brautzug der Märchenprinzessin von Parma nach Wien mitgemacht und in seinen Briefen versucht, den nervösen Bräutigam zu beruhigen. Nun geleitete er die sterbliche Hülle der Kronprinzessin an den Ort, wohin er acht Tage zuvor schon ihr Töchterchen gebracht hatte.

Nach dem Wagen des Obersthofmeisters schritt eine Gruppe Leiblakaien, Läufer und Heiducken zu Fuß, mit unbedecktem Haupt. Nun erst kam der mit sechs Pferden bespannte Leichenwagen, begleitet von 20 Edelknaben mit weißen Wachsfackeln und je 25 Mann der Arcièrenleibgarde und der Schweizergarde mit ihren Offizieren sowie einer Truppe der Ungarischen Leibgarde zu Pferd. Anschließend noch zwei Wagen mit Hofdamen, angeführt von dem der Obersthofmeisterin, der Gräfin Erdödy. 60 Mann Infanterie „mit verkehrtem Gewehr und kläglich tönendem Spiel“ machten den Beschluß.

Unter dem Portal der Kapuzinerkirche wartete Weihbischof Franz Marxer mit acht weiteren geistlichen Würdenträgern, um die Leiche in Empfang zu nehmen, die obersten Hofämter, geheimen Räte und Kämmerer hatten sich mit ihren Damen teils in, teils außerhalb der Kirche versammelt, ebenso die drei obersten niederösterreichischen Landstände und viele andere Standespersonen. Nach der Einsegnungszeremonie in der Kirche trugen der Pater Provinzial und elf weitere Kapuziner den Sarg in die Gruft. Er wurde nicht geöffnet, nur einer der beiden Schlüssel dem Pater Guardian eingehändigt. Der zweite war für den Schlüsselschrank in der geistlichen Schatzkammer bestimmt.[9]

In der Hofburg griffen die Kaiserin und ihr Sohn zur Feder, um an Isabellas Vater, den Herzog von Parma, zu schreiben: „Wir beide haben den verhängnisvollsten und trostlosesten

Schlag erlitten“, schrieb Maria Theresia an Don Philipp, „und doch ist der Schlag, der das Herz bluten läßt, von der Hand des Herrn geführt ... Vereinen wir zu einer vollkommenen Ergebung die feste Zuversicht, daß Er, der uns schlägt, auch zu heilen weiß; hier finden wir unser Herz erleichtert und wagen zu hoffen, daß die Bitterkeit bald von anderen himmlischen Tröstungen versüßt wird ...“[10]

Viel ausführlicher, persönlicher und emotioneller war Josephs Schreiben gehalten, die erschütternde Klage eines zu Tode Betrübten, der sein Liebstes verloren hat: „Was soll ich Ihnen sagen, geliebtester Schwiegervater? Ich habe alles verloren. Meine anbetungswürdige Gattin, den Gegenstand all meiner Zärtlichkeit, meine einzige Freundin ist nicht mehr ... Betrübt und bedrückt weiß ich kaum, wie ich weiterleben soll. Welche entsetzliche Trennung! Werde ich überleben können? Wenn ja, so nur, um mein ganzes Leben hindurch unglücklich zu sein ... In einem so schrecklichen Fall bedeutet der höchste Wille Gottes, dem wir uns unterwerfen müssen, den einzigen Trost. Ein anderer Trost für mich ist der, daß ich ihr so lange sie lebte und bis zum Augenblick ihres Todes alle Pflichten erfüllt habe, die mir ihr Verdienst und ihre zärtliche Freundschaft eingaben. Ich verließ sie niemals, weder während des Tages noch während der Nacht, und an ihrem Kopfkissen, mehr tot als lebendig, habe ich gesehen, wie sie ihre schöne Seele aufgab, von der ich sicher bin, daß es ihr jetzt besser geht als uns. Meine Tochter, das einzige Pfand, das mir aus unserer glücklichen Verbindung bleibt, möchte ich E.K.H. besonders ans Herz legen. Ich erkenne in ihr die Züge und die Art einer Gattin, die auf ewig in meiner Brust eingegraben ist. So finde ich Trost für mein Herz: in ihr lebe ich wieder glücklich, wenn sie ihrer würdigen und liebenswerten Mutter gleicht ...“[11]

Es besteht ein merkwürdiger Kontrast zwischen diesen Zeilen Josephs an seinen Schwiegervater (viele ähnliche Briefe sollten noch folgen), in denen er seinen Empfindungen so beredten Ausdruck verleiht,und dem „gefühlskalten“ Menschen, als der er seiner Umgebung erschien.

Schon 1761 hatte Graf Zinzendorf, damals neu bei Hof, seinem Journal anvertraut, er habe den Erzherzog studiert und festgestellt, daß es nicht den Anschein habe, der Thronfolger werde so human sein wie seine kaiserlichen Eltern: „Sein Betragen ist sehr überheblich, und er hatte einen so ernsten und gleichgültigen Ausdruck, wenn er seiner Gattin behilflich war.“[12]

Auch die Korrespondenz der beiden Prinzessinnen Öttingen-Spielberg[13], von denen Leopoldine mit dem Sohn des Staatskanzlers Kaunitz und Eleonore mit einem Neffen Wenzel Liechtensteins verheiratet war, enthält ähnliche Bemerkungen. Eleonore beschreibt Joseph als „undurchdringlich“, Leopoldine nennt in „kalt“ und führt weiter aus, er betrachte alle Frauen, wie man Statuen betrachtet. „Ich bin entsetzt“, heißt es weiter, „wenn ich bedenke, daß er noch nicht verliebt war ... Ich glaube, es ist deshalb so schwierig, ihn kennenzulernen, weil er sich selbst noch nicht kennt. Er ist eine Maschine, die mir noch ziemlich ungeformt scheint. Er hat die Leute von Schwärmerei, Liebe und Affären reden hören, aber ich glaube nicht, daß er auf einem dieser Gebiete Erfahrungen hat. Ich weiß nicht, was in Zukunft geschehen wird, aber ich stelle mir vor, daß er entweder stürmisch oder niemals lieben wird. Solange die Kaiserin lebt, werden die Dinge bleiben, wie sie sind ...“ Das Bemerkenswerteste an diesen Aussagen ist ihr Datum: Leopoldine Kaunitz schrieb dies nicht über den unerfahrenen Jüngling Joseph, sondern über den jungen Witwer, ziemlich genau ein Jahr nach Isabellas Tod. Es bleibt allerdings unklar, ob Leopoldine Kaunitz Josephs Ehe mit Isabella in ihre Betrachtung einbezogen hat, oder ob sie nur über das erste Jahr seiner Witwerschaft spricht.

Im Tagebuch des Grafen Zinzendorf findet sich Ende Februar 1764 die Bemerkung der verwitweten Fürstin Schönborn, die in seiner Gegenwart sagte, Isabella habe den Erzherzog nicht geliebt, der ihr große Liebe entgegenbrachte – immerhin habe sie aber sein Herz gebildet.[14] Die (einseitige) Liebe Josephs zu Isabella dürfte bei Hof eine ziemlich allgemein bekannte Tatsache und ein beliebtes Gesprächsthema gewesen sein.

Edward Crankshaw, der englische Biograph Maria Theresias, will aus Josephs Briefen lediglich Selbstmitleid herauslesen: „Isabellas Tod war eine ihm persönlich zugefügte Beleidigung. Nicht einen einzigen Atemzug lang verrät er ein Gefühl für Isabella, die junge, fröhliche(?) Gefährtin, die ein so brutaler Tod dahingerafft hatte; nicht ein einziges Mal versucht er, mit ihrem Vater das gemeinsame bittere Los zu teilen. Isabella starb mit einundzwanzig Jahren; ich, Joseph, bin ihr Opfer."[15] Crankshaw übersieht, daß Joseph seiner religiösen Überzeugung gemäß dessen gewiß sein mußte, daß Isabella das bessere Los gezogen hatte; zu bedauern war er, der Zurückgebliebene, nicht sie - was blieb ihm also übrig, als seinen Verlust immer wieder zu beklagen? Und wie hätte er mit seinem Schwiegervater das gemeinsame bittere Los „teilen" sollen? Mit einer gewissen Berechtigung erwartete er dafür Verständnis, daß er seinen eigenen Kummer als den größeren, seinen eigenen Verlust als den schmerzlicheren ansah.

„Das Gebet und die Staatsangelegenheiten", heißt es in einem weiteren Schreiben Josephs an Don Philipp, „sind meine einzige Beschäftigung. Nichts bringt mir mehr Erleichterung, als wenn ich mich allein in meinem Kabinett aufhalte, das Bildnis meiner anbetungswürdigen Frau betrachte und ihre Schriften lese. Wenn ich den ganzen Tag dort verbringen konnte, glaube ich oft, sie zu sehen, ich spreche zu ihr, diese Illusion tröstet mich; aber wenn sie verfliegt, und ich sehe, daß alles Täuschung ist - bedenken Sie meinen Zustand! ... Wie groß auch Ihr Unglück ist, wie schrecklich der Verlust einer solchen Tochter, er ist nur ein Schatten gegenüber dem meinen. Ich will hier nicht die Verdienste meiner Frau wiederholen, die Welt hat sie gesehen und sie ist überzeugt von der zärtlichen Liebe, die ich ihr entgegenbrachte, von der Freundschaft, der Wertschätzung und dem vollkommenen Vertrauen, das wir füreinander hegten - kurz und gut vom besten Ehestand, wie kein anderer sich finden läßt. Welcher glückseligen Ruhe erfreute ich mich in meinem Haus, in den Armen einer Frau, die ich stets anbete! Wenn ich ausging - welche Freude hatte ich, wenn ich zurückkehrte! Freuden und Leiden teilend verbrachte ich die seligsten Tage, gesegnet von Fruchtbarkeit, mit der liebenwürdigsten Kleinen, mit einer Gattin, deren Schwangerschaft bereits fortgeschritten war und die Monate der befürchteten Fehlgeburt vorbei. In völliger Sicherheit erwartete ich meine Familie wachsen zu sehen, war nahe daran, meine Gattin zur Königin zu machen, das einzig Gute, das ich von dieser undankbaren und unnützen Funktion erwartete ... Großer Gott! In fünf Tagen ist sie mir entrissen worden, ich selbst in Verzweiflung gestürzt. Ich Ärmster sehe mein Kind dahingehen und meine Gattin gibt in meinen Armen ihren Geist auf. Vater und Mutter in tiefstem Schmerz, die Familie in Verzweiflung, mein guter Schwiegervater trostlos, ganz Wien in Trauer, ganz Europa voll Mitgefühl: und nach einem solchen Ereignis lebe ich noch immer! Wenn Gott mir nicht ganz besonders beigestanden wäre, wenn *Er* mir nicht bliebe und seine Gnade, ich weiß nicht, was geschehen wäre. Nein; mein ganzes Leben lang wird mir nichts mehr Freude bereiten. Wenn es irgendeinen Trost gäbe in meiner grausamen Lage, so wäre es der, daß alle Großen und Kleinen mit mir meinen Verlust beklagen. Welcher Verlust für die Menschheit! Welcher Schaden für den ganzen Staat, für die Familie, vor allem für mich! Niemals lebte, niemals lebt, niemals wird eine Prinzessin, eine Frau ihresgleichen leben! Und ich habe diesen Schatz besessen und verliere ihn mit 22 Jahren ... Das größte Unglück trifft mich, die empfindlichste Trübsal und mein unglückseliges Metier läßt mich aber voraussehen, daß ich dieser Frau nicht bis zum Grabe werde treu sein können, die mein ganzes Herz besitzt. Dieser Gedanke läßt mich erbeben ...“[16]

Schreibt so ein „kalter“ Mensch, ein Mensch, der nicht lieben kann?

Das Gegenteil scheint viel plausibler. Joseph muß nicht nur außergewöhnlich gehemmt (man erinnere sich seiner Briefe an Graf Salm), er muß auch extrem verletzbar und sensibel gewesen sein und wappnete sich mit der von seiner Umgebung immer wieder kritisierten Arroganz, Überheblichkeit und (scheinbaren) Gefühlskälte.

Josephs Schwester Marie Christine erkannte dies sehr gut, wie aus einem späteren Schreiben an Albert von Sachsen hervorgeht:

„Er [Joseph] ist jetzt seit einigen Tagen sehr schlechter Laune, sogar traurig. Ich glaube, daß seine Tochter, die noch immer krank ist, dazu beiträgt, und wie ich ihn kenne, möchte er seine Besorgnis darüber verheimlichen, um die schöne Theorie aufrechtzuerhalten, daß er nichts liebt, nicht einmal sein einziges Kind. Trotzdem kann er mir das nicht verheimlichen, die ihn gut kennt, und, um die Wahrheit zu sagen, er tut mir leid. Es ist fürwahr eine eigenartige Sache, diese Gefühllosigkeit erzwingen zu wollen, die er fälschlicherweise für Seelengröße hält und die ihm das Herz erhärten wird, das von Natur aus gut ist. Ich kann in meinem Innersten solche Philosophie nicht verstehen, da ich ein so gefühlvolles und zärtliches Herz habe, daß ich es nicht lassen kann, zuviel davon zu haben, ‚ein weiches Wachsherz', wie meine arme Schwägerin sagte ..."[17]

Selbst die drei Jahre mit Isabella, die er als ungetrübt glücklich empfand (nicht eine einzige gegenteilige Aussage ist überliefert), waren nicht imstande gewesen, seinen Charakter zu mildern. Möglicherweise hätte er sich verändert, wäre seiner Ehe eine längere Dauer beschieden gewesen, wobei immer noch die Frage offenbleibt, ob und wie lange es Isabella gelungen wäre, ihn glauben zu machen, seine Zuneigung würde auch ihrerseits erwidert.

Neben dem Kaiserpaar dürfte Joseph am Hof ziemlich der einzige gewesen sein, der von der Einseitigkeit seiner Liebe niemals etwas erfahren hat, unbeschadet der Erzählung in den „Denkwürdigkeiten" der Karoline Pichler, die Marie Christine unterstellt, sie hätte Joseph mit einer Art seelischer Roßkur von seinem Schmerz um Isabella heilen wollen:

„Als nun Christina ihren geliebten Bruder so der Verzweiflung zum Raube sah, sie, die doch wußte, daß er um ein Gut trauerte, was er im Grunde nie besessen, um Isabellas Liebe, glaubte sie sich aus Mitgefühl und Rechtlichkeit verpflichtet, dem Getäuschten die Wahrheit zu eröffnen, und so seinen allzu heftigen Schmerz zu mäßigen. Sie zeigte ihm die Briefe der Verstorbenen. Es war ein Mißgriff, ein unseliger Einfall! Und er verfehlte seine Wirkung nicht. Joseph sah sein blutendes, hingebendes Herz verschmäht – getäuscht; seine hohe Meinung von der Verstorbenen zernichtet. Wohl mögen seine Träume um die Verlorene versiegt sein; aber die Verbitterung, Verachtung gegen das ganze weibliche Geschlecht setzten sich in seiner Brust fest, von denen sein besserer Sinn nur wenige ausnahm, indeß er die übrigen als bessere Puppen oder Gegenstände der Sinnlichkeit betrachtete ..."[18]

Wie wir wissen, stammten Karoline Pichlers Informationen nicht aus erster Hand und beweisen nichts anderes, als daß am Wiener Hof getratscht wurde wie an anderen Höfen auch. Um den wahren Kern, Josephs unerwiderte Liebe und die Freundschaft zwischen Isabella und Marie Christine, hatten sich im Lauf der Jahre und Jahrzehnte romantische Geschichten gerankt, die ebenso ins Reich der Fabel zu verweisen sind wie die bereits erwähnten. Niemals hatte Marie Isabella gegenüber einen solchen Vertrauensbruch, Joseph gegenüber eine solche Grausamkeit begehen können. Ganz abgesehen davon, daß sie sich mit diesen Briefen ja auch selbst kompromittiert hätte.

Sämtliche spätere Aussagen Josephs, von denen eine ganze Menge dokumentiert sind, enthalten nur die liebevollste Erinnerung an die so früh Verlorene, auf die niemals auch nur die Spur eines Schattens fiel.

Wie gesagt, es ist vorstellbar, daß ein längeres Leben an Isabellas Seite, vorausgesetzt, es wäre weiterhin für ihn glücklich gewesen, nicht nur auf den Menschen, sondern auch auf den späteren Herrscher Joseph einen günstigen Einfluß genommen hätte. Doch Isabellas Tod, „das Ende einer der faszinierendsten Möglichkeiten der Weltgeschichte",[19] hat diese Chance vernichtet. Von nun an blieb Joseph nur mehr eine einzige wahre Leidenschaft: der Staat.

Kein Tagebuchblatt, kein Brief ist erhalten geblieben, der uns berichten könnte, wie es in dieser Zeit um Marie bestellt war. An wen hätte sie auch schreiben, mit wem hätte sie reden sollen? Isabella war ihre einzige Herzensfreundin gewesen, das Verhältnis zu den ihr im Alter am nächsten stehenden Geschwistern, Maria Anna und Joseph, war viel zu distanziert und die oberflächliche Elisabeth, fast ausschließlich mit ihrer Schönheit beschäftigt, gewiß keine Gesprächspartnerin.

Blieb einzig die Mutter, an die sie sich in ihrem Kummer wenden und die ihr Trost spenden konnte. So fügte es sich, wie Isabella gewünscht und vorausgesagt hatte: Aus der gemeinsamen Trauer von Mutter und Tochter für die geliebte Verstorbene wurde der „Beginn einer ganz unbegrenzten Zärtlichkeit und eines Zutrauens", das bis zum Tod der Kaiserin keine Trübung erfahren sollte.

Marie bewahrte die Erinnerung an die Freundin wie einen kostbaren Schatz: Alle Schriften Isabellas, die sich in ihrem Besitz befanden, die Aufsätze, Betrachtungen, Ratschläge und die rund 200 Briefe und Zettelchen, begleiteten sie auf all ihren Lebensstationen, die sie von Wien nach Preßburg, von Preßburg nach den Niederlanden und von dort wieder zurück nach Wien führten.

Nach ihrem Tod fand sich in ihrem Gebetbuch eine Miniatur, die Isabella mit der kleinen Maria Theresia darstellte. Auf die Rückseite dieses Porträts hatte Marie die Worte geschrieben:

„Portrait meiner lieben Schwägerin Isabelle und ihrer einzigen Tochter. Erstere starb im Jahre 1763 im Alter von 21 Jahren am 27. November an den Blattern, betrauert von aller Welt, aber vor allem von mir, die ich die beste und wahrhaftigste Freundin verloren habe, die ich auf der Welt je besaß. Diese Frau war mit allen nur erdenklichen Tugenden, Vorzügen und Liebenswürdigkeiten ausgestattet. Sie lebte und starb als ein Engel."[20]

Epilog

Schon im Dezember 1763 war Prinz Albert nach Wien gereist, um der kaiserlichen Familie sein Beileid zum Tod Isabellas auszusprechen, doch kurz darauf rief ihn der Tod seines Bruders, des Kurfürsten von Sachsen, der wie Isabella den Blattern erlegen war, in seine Geburtsstadt Dresden.

Im Frühjahr kehrte er zurück und durfte dem Hof nach Laxenburg folgen, wobei er Gelegenheit erhielt, „die schöne und liebenswürdige Erzherzogin wiederzusehen“, für die er nach wie vor das gleiche tiefe Interesse empfand: „Es war durch den Kummer, den sie vor allem durch den Tod der geliebten Freundin, der Erzherzogin und Infantin, erlitten hatte, nur auf's Neue erweckt worden.“ Die jungen Leute müssen Gelegenheit gefunden haben, einander öfter zu sehen und zu sprechen, denn Albert konnte bald mit Verwirrung feststellen, daß nicht nur seine eigenen Gefühle „über das Mitfühlen und Wertschätzen“ weit hinausgingen, die Aufmerksamkeiten, die er Marie erwies, stießen auch auf ihrer Seite keineswegs auf Gleichgültigkeit. Die Kaiserin dachte in dieser Zeit allerdings noch nicht an eine mögliche Verbindung ihrer Tochter mit dem sächsischen Prinzen, um so weniger als ihr Gatte bezüglich Marie bereits ganz konkrete Pläne hegte und sie mit dem Sohn seiner Schwester, dem Herzog von Chablais, verheiraten wollte.[1]

Joseph mußte in diesem Frühjahr mit seinem Vater nach Frankfurt reisen, um sich zum römischen König wählen und krönen zu lassen.

Es war ein trauriger junger König, der sich da in den ungeheuren Gewandstücken und der gefütterten, riesigen Krone, die wie ein übergreifendes Dach vom Kopf abstand, wie bei Goethe zu lesen ist, dem Publikum präsentierte.[2] Verzweifelt schrieb er an seine Mutter:

Kaiser Joseph II. im Kreise seiner Toten.
Von links: Erzherzogin Isabella, Erzherzogin Maria Theresia,
Joseph II., Kaiserin Maria Josepha.

„Dieser Einzug hat mich im Innersten aufgeregt und ich bedurfte aller Kraft, um mich aufrechtzuhalten. Gerade vier Monate nach dem Tage, an welchem ich jene schöne und geliebte Seele von dem Körper sich loslösen sah, fand meine Wahl ... und an dem Tag, an dem ich von ihrer Leiche mich trennen mußte, mein Einzug statt. Sie kennen das Gefühl, das mich beseelt, Sie wissen daher meinen Zustand zu beurteilen und Ihren unglücklichen Sohn zu beklagen, der hierin seinen einzigen Trost findet. Mit meiner Trauer bin ich jedermann zur Last, ich muß daher alles in mich hinabwürgen und mich den ganzen Tag hindurch verstellen: Verzeihen Sie mir, daß ich Ihr zärtliches Herz betrübe, aber haben Sie Mitleid mit einem

Sohn, der Ihnen so innig ergeben als in wahrhafter Verzweiflung ist ..."[3]

Aber die dynastische Pflicht verlangte nicht nur, daß Joseph die Krönungszeremonien durchstehen mußte, ohne Isabella an seiner Seite zu haben, sie verlangte auch, daß er sich wieder verheiratete. Er sträubte sich anfangs, doch Pflichtbewußtsein und Gehorsam gegenüber den kaiserlichen Eltern behielten schließlich die Oberhand. Nur einen Wunsch äußerte er: Wenn es schon sein mußte, könnte es nicht wenigstens Isabellas Schwester, Marie-Louise von Parma, sein? Die war aber bereits dem Kronprinzen von Spanien versprochen – zu Josephs Glück, wie sich später herausstellen sollte. Blieben zwei Kandidatinnen: Kunigunde von Sachsen und Maria Josepha von Bayern. Seufzend begab sich Joseph auf „Brautschau" und wählte von zwei Übeln, wie ihm schien, das kleinere, die Bayernprinzessin. Am 23. Januar 1765 fand die Trauung statt, Auftakt zu einer zweieinhalbjährigen Katastrophe. Es konnte gar nicht anders kommen. Maria Josepha war nicht nur klein und plump, hatte häßliche Zähne und eine unreine, fleckige Haut, sie war auch weder klug noch charmant, und ihre Manieren ließen stark zu wünschen übrig. Daß sie gutmütig und ihrem Gatten von Herzen zugetan war, konnte da auch nichts mehr retten. Joseph vernachlässigte und demütigte die unglückselige Maria Josepha so sehr, daß Marie Christine gelegentlich bemerkt haben soll, wenn man sie so behandelte wie Joseph Maria Josepha, dann würde sie entfliehen und sich in Schönbrunn an einem Baum erhängen.[4] Marie hatte leicht reden – sie durfte als einzige unter den Geschwistern eine Neigungsehe schließen.

Nach Franz Stephans plötzlichem Tod in Innsbruck, am 18. August 1765, hatte das „Projekt Chablais" seinen Befürworter verloren, und Maria Theresia gab ihre Zustimmung zur Verbindung Maries mit Albert von Sachsen. Am 8. April 1766 fand in Schloßhof im Marchfeld die Hochzeit statt, Alberts Bruder Clemens segnete das Paar in der Schloßkapelle ein, und vier Tage später reisten die jungen Eheleute in ihren neuen Wirkungskreis, nach Preßburg in Ungarn. Maria Theresia hatte ihren Schwiegersohn schon im Dezember zum Feldmarschall, Generalkapitän und Statthalter in Ungarn ernannt und zum künftigen Nachfolger Karls von Lothringen in den Nie-

Pluviale vom sogenannten Parmesaner Ornat, der laut Eintragung im Sakristeiinventar des Stifts Zwettl 1764 aus zwei Kleidern gefertigt wurde, deren eines aus dem Besitz der Kronprinzessin Isabella stammte. Der in der Schatzkammer des Stifts aufbewahrte Ornat zeigt auf einem Grund aus Silberbrokat mit purpurfarbenen Längsstreifen bunte Blumensträuße in Chenille und Seide in gedeckten Farben, eingefaßt von einer Goldborte.

derlanden designiert. Die Belohnung mit dem Herzogtum Teschen und andere, reiche materielle Zuwendungen sorgten für die finanzielle Sicherstellung.

Es wurde eine glückliche Ehe, auch wenn ihr Kindersegen versagt blieb: Das einzige Kind des Paares starb knapp nach der Geburt. Mehr als ein Jahrzehnt erfreuten sich Albert und Marie einer glanzvollen und friedlichen Zeit in der Stadt an der Donau, deren Nähe zu Wien häufige Besuche in beiden Richtungen erlaubte. Maria Theresia fuhr am liebsten nach Schloßhof, um Albert und Marie dort zu treffen. Die Harmonie, in der die beiden lebten, wurde zur einzigen ungetrübten Freude ihrer letzten Lebensjahre.[5]

1767 suchte noch einmal eine Blatternepidemie die kaiserliche Familie heim. Josephs unglückliche Gattin Maria Josepha und Erzherzogin Josepha, Braut des Königs von Neapel, fielen ihr zum Opfer. Auch die Kaiserin und Albert von

Sachsen-Teschen erkrankten, die Kaiserin lebensgefährlich, aber beide überstanden die Gefahr ohne Folgen. Nun endlich entschloß sich Maria Theresia, die Impfpraxis auch am Wiener Hof einzuführen und berief den holländischen Arzt Ingenhousz nach Wien, der die jüngeren Kinder impfte, auch Josephs Töchterchen Maria Theresia. Nur Erzherzogin Elisabeth weigerte sich und mußte diese Weigerung teuer bezahlen. Sie erkrankte besonders schwer und sah nach ihrer Genesung das einzige, wofür sie bisher gelebt hatte, vernichtet: ihre Schönheit.[6]

Nach Maria Josephas Tod verschloß sich Joseph jeglichen weiteren Heiratsprojekten mit dem Hinweis, sein Bruder Leopold, Großherzog von Toskana, sorge ohnedies laufend für dynastischen Nachwuchs. Leopold hatte 1765 Marie-Louise von Spanien, eine Cousine Isabellas, geheiratet, die sich ihre Schwiegermama zum Vorbild nahm und 16 Kindern das Leben schenkte, unter ihnen auch Carl, dem späteren Adoptivsohn von Albert und Marie und Bezwinger Napoleons bei Aspern.

Einmal noch schlug Josephs Herz für eine Frau, die Fürstin Eleonore Liechtenstein. Eleonore zog es jedoch vor, ihrem Gatten treu zu bleiben, und Joseph mußte sich mit ihrer Freundschaft begnügen.[7]

Eine einzige Freude war Joseph geblieben: sein Töchterchen, von dem er hoffte, es werde zu einem Ebenbild der geliebten und unvergessenen Isabella heranwachsen.

Aber auch dieses Glück war ihm nicht vergönnt. Maria Theresia starb an „rheumatischem Fieber" am 23. Januar 1770, zwei Monate vor ihrem achten Geburtstag.

Der heutige Besucher der Kapuzinergruft in Wien findet Josephs unglückliche Familie im Tode vereint: zu Häupten des Prunksarkophags seiner Eltern die seiner beiden Gattinnen Isabella und Maria Josepha, beides reichornamentierte Rokokosärge mit den Brustbildmedaillons der Verstorbenen. Zwischen die vorderen Schnörkelfüße von Isabellas Sarg ist das winzige „Trüchl" mit der kleinen Christina eingeschoben; daneben der Sarg der erstgeborenen Tochter Isabellas, Maria Theresia, mit einer ganzfigurigen, auf einer Decke ruhenden Darstellung der Toten.

Zu Füßen seiner Eltern Josephs einfacher, glatt genieteter Kupfersarg, jedoch ohne die von ihm gewünschte Inschrift:

Das Herzogspaar von Sachsen-Teschen zeigt Maria Theresia und den Geschwistern Joseph, Maria Elisabeth, Maria Anna und Maximilian die in Italien erworbenen Kunstschätze. Gemälde von Friedrich Heinrich Füger, 1776.

„Hier liegt ein Fürst, der trotz der besten Meinung keinen seiner Pläne durchsetzen konnte."[8]

Im Juni 1781 traten Albert und Marie die Nachfolge Karls von Lothringen als Statthalter der Niederlande an und richteten sich darauf ein, ihr weiteres Leben in Brüssel zu verbringen. Doch die Stürme der Französischen Revolution und der bald darauf ausbrechende Krieg mit Frankreich vertrieben sie aus ihrem Wirkungskreis. 1794 wurde Albert an die Spitze der Reichsarmee berufen, nahm aber schon ein Jahr später seinen Abschied. Nach Aufenthalten in Dresden und in den böhmischen Bädern richteten Albert und Marie in Wien, im Palais auf der Augustinerbastei, ihren Wohnsitz ein, wo sie ein zurückgezogenes Leben führten. Ihr Interesse galt kulturtechnischen Stiftungen, der ständig wachsenden Kunstsammlung des Herzogs und der militärischen Karriere ihres Neffen, Adoptivsohnes und künftigen Erben, Erzherzog Carl.

Viele Jahre waren Marie in Wien jedoch nicht mehr vergönnt. Am 24. Juni 1798 erlag sie einem Magenleiden, das sie schon längere Zeit hindurch gequält hatte.

„Wie kann ich Dir meine Dankbarkeit schildern für all das Glück, welches Du mich in so vielen Jahren genießen ließest", schrieb sie in ihrem Abschiedsbrief an ihren Gatten. Und Albert beschloß seine Memoiren mit den Worten:

„Wie könnte ich Worte finden, um das auszudrücken, was ich in dieser traurigen Zeit gelitten habe und was ich mein Leben lang für diese angebetete einzige Frau fühlen werde. Ich kann nicht mehr zu ihrem Lobe sagen, als daß sie sich in allen Lebensverhältnissen als eine würdige Tochter Maria Theresias gezeigt hat. Sie war ihr liebstes Kind und hat all die edlen Eigenschaften ihres Geistes und Herzens geerbt, besonders den festen Mut, und die Charakterstärke . . .
Die Tränen, die auf ihr Grab fallen, sind ihr bestes Lob."[9]

Albert beauftragte den berühmtesten Bildhauer seiner Zeit, Antonio Canova, für Marie ein Grabmal zu schaffen. Es befindet sich in der Augustinerkirche zu Wien und trägt die Inschrift: Uxori optimae – der besten Gattin – Albertus. Sein eigenes Denkmal, die Albertina, zählt heute zu den bedeutendsten graphischen Sammlungen der Welt.

Dank

Mein Dank gilt allen liebenswürdigen Helfern und Helferinnen in den Archiven von Budapest (Herr Dr. Géza Érszegi), Parma und Wien (Frau Dr. Elisabeth Springer vom HHStA) für Beratung und Unterstützung.

Ferner danke ich Baron Paul Waldbott-Bassenheim, Nachkomme des Erzherzogs Carl, für den entscheidenden Hinweis, der mich zu den Originalbriefen im Budapester Archiv geführt hat, Frau Christine Majr für Ansporn und konstruktive Kritik und Frau Erna Gantner für anregende Reisebegleitung auf Iabellas Spuren in Frankreich und Italien.

Anmerkungen

Abkürzungen zu den Anmerkungen:

MOL = Magyar Országos Levéltár (Ungarisches Nationalarchiv Budapest)
W. D. = Wienerisches Diarium 1759 - 1764
HHStA = Haus-, Hof- und Staatsarchiv Wien

Vorwort

1 Brigitte Hamann, Die Habsburger, S. 170.
2 Josef Hrazky, Die Persönlichkeit der Infantin Isabella von Parma, S. 226, 224.
3 Stefan Zweig, Marie Antoinette, S. 572 (Nachbemerkung).
4 Else Lasker-Schüler, Gedichte, S. 184. Zeile 8 des Gedichts „Ein Trauerlied" lautet im Original: „sammle ich unberührt".

Spanische Verbannung

1 Casimir Stryenski, Le gendre de Louis XV, S. 79 f.
2 Ebenda.
3 Casimir Stryenski, Mesdames de France, S. 27 f.
4 Ebenda.
5 Ebenda, S. 1.
6 Olivier Bernier, Ludwig XV., S. 195 f.
7 Memoiren des Duc de Luynes, zit. bei Stryenski, Le gendre, S. 30.
8 Stryenski, Mesdames, S. 34 f.
9 Ildefonso Stanga, Donne e Uomini del Settecento parmense, S. 301.
10 Knaurs Kulturführer Frankreich, S. 660.
11 Stryenski, Mesdames, S. 36.
12 Ebenda.
13 Gustav Faber, Spaniens Mitte, S. 238 f.
14 Bernier, a. a. O., S. 72.
15 Nancy Mitford, Madame Pompadour, S. 134 f.
16 Heinrich Benedikt, Kaiseradler über dem Apennin, S. 422 ff.
17 Adam Wandruszka, Österreich und Italien im 18. Jahrhundert, S. 27.

18 Stryenski, Mesdames, S. 39.
19 Ebenda, S. 37.
20 Stryenski, Le gendre, S. 75.
21 Ebenda, S. 52.
22 Ebenda, S. 30.
23 Ebenda, S. 75.
24 Ebenda; Benedikt, a. a. O., S. 427.
25 Stryenski, Le gendre, S. 69.
26 Stryenski, Mesdames, S. 47.
27 Ebenda, S. 38; Faber, a. a. O., S. 314; A. G. Dickens (Hg.), Europas Fürstenhöfe, S. 182 f.
28 Louise-Elisabeth an Don Philipp, 15. Januar 1745, zit. bei Stryenski, Le gendre, S. 167.
29 Isabella Farnese an Don Philipp, 23. August 1744, zit. bei Stanga, a. a. O., S. 270.
30 Stanga, a. a. O., S. 301.
31 Gerhard Venzmer, Macht und Ohnmacht der Großen, S. 179 f.
32 Zit. bei Stanga, a. a. O., S. 311 (Journal d'Argenson).
33 Zit. bei Stanga, a. a. O., S. 270.
34 Zit. bei Stryenski, Mesdames, S. 41 f.
35 Mitford, a. a. O., S. 20.
36 Isabella Farnese an Don Philipp, 20. November 1744, zit. bei Stryenski, Le gendre, S. 167.
37 Stryenski, Le gendre, S. 166.
38 Stryenski, Mesdames, S. 43 f.
39 Mitford, a. a. O., S. 54.
40 Peter Berglar, Maria Theresia, S. 45 f.
41 Ebenda, S. 44.
42 Mitford, a. a. O., S. 54.
43 Wandruszka, a. a. O., S. 28; Les premiers Bourbons de Parme et l'Espagne, S. 24.
44 Noailles an Ludwig XV., 30. April 1746, zit. bei Stryenski, Mesdames, S. 45 f.
45 Wandruszka, a. a. O., S. 28; Berglar, a. a. O., S. 50.
46 Wandruszka, a. a. O., S. 30.
47 Ebenda; Berglar, a. a. O., S. 51 ff.
48 Bernier, a. a. O., S. 307 f.; Mitford, a. a. O., S. 112.
49 Stryenski, Mesdames, S. 48.
50 Ebenda, S. 49.
51 Ebenda.

Im Versailles des Vielgeliebten

1 Casimir Stryenski, Le gendre de Louis XV., S. 283.
2 Casimir Stryenski, Mesdames de France, S. 49 f.
3 Memoiren des Duc de Luynes, zit. bei Stryenski, Mesdames, S. 50.
4 Ebenda.
5 Nancy Mitford, Madame Pompadour, S. 6; Peter Berglar, Maria Theresia, S. 72.
6 Mitford, a. a. O., S. 66, 77, 91, 94.
7 Duc de Croy, Journal inédit, S. 119.
8 Olivier Bernier, Ludwig XV., S. 185 ff.
9 Duc de Croy, a. a. O., S. 211.
10 Bernier, a. a. O., S. 523 f. (Nachwort).
11 Ebenda, S. 334; Mitford, a. a. O., S. 99 f.
12 Mitford, a. a. O., S. 102 f.
13 Ebenda.
14 Vincent Cronin, Louis and Antoinette, S. 47.
15 Stefan Zweig, Marie Antoinette, S. 52.
16 Stryenski, Mesdames, S. 51.
17 Mitford, a. a. O., S. 46; Zweig, a. a. O., S. 47 f.
18 Bernard Champigneulle, Versailles und Fontainebleau, S. 140 f.
19 Ebenda, S. 143 - 148, 150 f.
20 Ebenda, S. 151 - 155, 88 - 97.
21 Bernier, a. a. O., S. 197 ff.
22 Ebenda, S. 200 f., 194.
23 Mitford, a. a. O., S. 102.
24 Ludwig XV. an Don Philipp, 14. Januar 1749, zit. bei Stryenski, Mesdames, S. 51.
25 Stryenski, Mesdames, S. 52 f.
26 Ebenda, S. 54.
27 „Les Aventures de l'Etourderie", abgedruckt in Hrazky, Die Persönlichkeit der Infantin Isabella von Parma, S. 202 f.
28 Ebenda.
29 Stryenski, Mesdames, S. 54.
30 Stryenski, Le gendre, S. 309.
31 Ebenda, S. 298 f.

Ce trou de Parme

1 Ildefonso Stanga, Donne e Uomini del Settecento parmense, S. 317 f.
2 Ebenda, S. 318.

3 Ebenda, S. 319 f.
4 Casimir Stryenski, Mesdames de France, S. 49.
5 Ferdinando Bernini, Storia di Parma, S. 105 ff., 135 ff.; Fritz Baumgart, Oberitalien, S. 81 f., 85.
6 Baumgart, a. a. O., S. 92 f.
7 Ebenda, S. 97.
8 Stanga, a. a. O., S. 326.
9 Henri Bédarida, Parme et la France, S. 231.
10 Stanga, a. a. O., S. 318.
11 Henri Sage, Dom Philippe de Bourbon et Louise-Elisabeth de France, S. 45.
12 Bernini, a. a. O., S. 138 f.
13 Ebenda.
14 Les premiers Bourbons de Parme et l'Espagne, S. 55.
15 Stryenski, Mesdames, S. 98 f.
16 C. Cantù, Isabella di Parma e la corte di Vienna, S. 89 f.
17 Bédarida, a. a. O., S. 451 ff.
18 Stryenski, Mesdames, S. 100.
19 Ebenda.
20 Ebenda.
21 Ebenda.
22 Sage, a. a. O., S. 45.
23 Olivier Bernier, Ludwig XV., S. 365 f.
24 Giacomo Casanova, Erinnerungen, S. 458 ff.; J. Rives Childs, Giacomo Casanova, S. 41 f.
25 Stryenski, Mesdames, S. 102; Frédéric Masson (Hg.), Mémoires et lettres de Cardinal de Bernis, Einleitung, S. XIV ff., 192.
26 Stryenski, Mesdames, S. 100 f.
27 Ebenda, S. 271.
28 Bédarida, a. a. O., S. 492.
29 Stanga, a. a. O., S. 272.
30 Ebenda, S. 272 f.; Maria Montanari, Isabella di Borbone, S. 105 ff.
31 Bédarida, a. a. O., S. 311.
32 Stanga, a. a. O., S. 276 (Abb. S. 273 f.).
33 Josef Hrazky, Die Persönlichkeit der Infantin Isabella von Parma, S. 202 f.
34 Montanari, a. a. O., S. 104 f.

Die Umkehr der Bündnisse

1 Tibor Simányi, Kaunitz, S. 114 ff.
2 Peter Berglar, Maria Theresia, S. 88.

3 Simányi, a. a. O., S. 114 ff.
4 Ebenda, S. 179 ff.; Olivier Bernier, Ludwig XV., S. 367 ff.
5 Georg Holmsten, Friedrich II., S. 106.
6 Zit. bei Bernier, a. a. O., S. 432.
7 Holmsten, a. a. O., S. 109; Simányi, a. a. O., S. 223.
8 Nancy Mitford, Madame Pompadour, S. 192 ff.
9 Simányi, a. a. O., S. 226.
10 Peter Broucek, Der Geburtstag der Monarchie, S. 133, 135 ff., 149.
11 Berglar, a. a. O., S. 77 f.

Heiratsgeschäfte

1 Ildefonso Stanga, Donne e Uomini del Settecento parmense, S. 276 f.
2 Egon Caesar Conte Corti, Ich, eine Tochter Maria Theresias, S. 11 f.
3 Gerda und Gottfried Mraz, Maria Theresia, S. 202.
4 Ebenda, S. 14 f.
5 Henri Sage, Dom Philippe de Bourbon, S. 34.
6 Casimir Stryenski, Mesdames de France, S. 109.
7 Sage, a. a. O., S. 62.
8 Mraz, a. a. O., S. 114.
9 Johann Wolfgang von Goethe, Dichtung und Wahrheit, III. Buch.
10 Peter Berglar, Maria Theresia, S. 79.
11 Mémoires du Maréchal Duc de Richelieu, Bd. IX, S. 240 f.
12 Nancy Mitford, Madame Pompadour, S. 219.
13 Olivier Bernier, Ludwig XV., S. 401.
14 Ebenda, S. 223.
15 Ebenda.
16 Stryenski, Mesdames, S. 111; Bernier, a. a. O., S. 424; Alfred von Arneth, Geschichte Maria Theresias, Bd. V, S. 439.
17 Mitford, a. a. O., S. 227 f.; Jacques Levron, Ludwig XV., S. 234.
18 Monika Knofler, Das Theresianische Wien, S. 89 f.; Mitford, a. a. O., S. 229.
19 Mitford, a. a. O., S. 229 f.
20 Staatskanzlei, Vorträge 1759, zit. bei Josef Hrazky, Die Persönlichkeit der Infantin Isabella von Parma, S. 176.
21 Corti, a. a. O., S. 15 f.
22 Sage, a. a. O., S. 73.
23 Zit. bei Hrazky, a. a. O., S. 177 (franz.).

24 Georg Holmsten, Friedrich II., S. 120 f.
25 Ebenda, S. 121.
26 Ebenda; Berglar, a. a. O., S. 81.
27 Zit. bei Mraz, a. a. O., S. 121.
28 Zit. bei Stanga, a. a. O., S. 277.
29 Heinrich Benedikt, Kaiseradler über dem Apennin, S. 428.
30 Stryenski, Mesdames, S. 114.
31 Ebenda.
32 Ebenda, S. 115.
33 Ebenda, S. 116; Stanga, a. a. O., S. 335.
34 Maria Montanari, Isabella di Borbone, S. 105.
35 Les premiers Bourbons de Parme, S. 442, Anm. 67.
36 W. D., Korrespondentenbericht aus Parma vom 27. August 1760.
37 Stanga, a. a. O., S. 277.
38 Hrazky, a. a. O., S. 207.
39 Ebenda, S. 208.
40 Ebenda.

Parmensische Brautfahrt

1 Zit. bei Peter Berglar, Maria Theresia, S. 68.
2 Der Goldene Wagen des Fürsten Joseph Wenzel von Liechtenstein, Ausstellung der Wagenburg in Schönbrunn mit Leihgaben der Sammlungen des Regierenden Fürsten von Liechtenstein, Katalog, S. 23 ff., 39 f., 61.
3 Titel der Endabrechnung, abgebildet in: Der Goldene Wagen, S. 40.
4 Abgedruckt in: Jacob von Falke, Geschichte des fürstlichen Hauses Liechtenstein, S. 215; Der Goldene Wagen, S. 42.
5 Original im Fürstlich Liechtensteinschen Hausarchiv, Schloß Vaduz, zit. in: Der Goldene Wagen, S. 87.
6 Ebenda, S. 81.
7 Ebenda; Alfred F. Přibram, Materialien zur Geschichte der Preise und Löhne in Österreich, Bd. I, S. 339 f.
8 Der Goldene Wagen, S. 81 f.
9 HHStA, Ältere Zeremonialakten, Karton 54 (Abreisedatum 12. Juli 1760).
10 Ebenda.
11 Erzherzog Joseph an den Grafen Salm, 20. September 1760, abgedruckt in: Franz Zweybrück, Briefe der Kaiserin Maria Theresia.
12 W. D. vom 13. August 1760.

13 W. D. vom 17. September 1760.
14 Original in lateinischer Sprache, Fürstlich Liechtensteinsches Hausarchiv, in: Der Goldene Wagen, S. 75 f.
15 Der Goldene Wagen, S. 13 f.
16 W. D. vom 17. September 1760.
17 Josef Hrazky, Die Persönlichkeit der Infantin Isabella von Parma, S. 13.
18 W. D. vom 17. September 1760.
19 „Les Aventures de l'Etourderie", abgedruckt in: Hrazky, a. a. O., S. 200 f.
20 „Sur le sort des princesses", ebenda, S. 200.
21 Ebenda.
22 Zweybrück, a. a. O., S. 7.
23 Maria Theresia an Don Philipp, 6. September 1760. (Kopie im HHStA.)

Hochzeitsreise ohne Bräutigam

1 Die Beschreibung der Entregna und der Reise Isabellas nach Wien mit allen Stationen, Veranstaltungen usw. folgt den Berichten im „Wienerischen Diarium", Nr. 75, 79, 80, 82 und 83, aus 1760 sowie dem Bericht des kaiserlich-königlichen Hoffouriers Johann Georg Zinner, überschrieben als „Ausführliche und umständliche Particular-Relation über all diejenigen Ceremonien und sonstigen Ehrenbezeugungen womit Ihro Königl. Hoheit der durchl. Prinzessin etc. etc. auf der gantzen Reyß bis nacher Wienn allerorten begegnet worden ist". Zinner fügte seiner Relation auch vier Situationsskizzen bei, die im Text (s. Seiten 106 ff.) abgebildet sind. (HHStA, Ältere Zeremonialakten, Karton 55.)
2 André Castelot, Marie Antoinette, S. 23.
3 HHStA, Hausarchiv, Familienakten, Karton 42 (Konzept).
4 Franz Lorenz von Thadden, Feldmarschall Daun, S. 418 ff.
5 Im französischen Original abgedruckt in: Franz Zweybrück, Briefe der Kaiserin Maria Theresia, S. 6 f. Zweybrück hat diese Briefe, allerdings stark gekürzt, auch in seinem Aufsatz „Kaiser Joseph II. und Isabella von Parma" in deutscher Sprache publiziert: Westermanns Monatshefte Nr. 641, 1910.
6 Pepi Merisio, Lombardische Städte, S. 245 ff.
7 Eckart Peterich, Italien I, S. 331 f.
8 Zweybrück, a. a. O., S. 8 f.
9 Franz Prinz zu Sayn-Wittgenstein, Südtirol und das Trentino, S. 353 f.

10 Ebenda, S. 351 f.
11 Ebenda, S. 324 f., 341.
12 Ebenda, S. 325, 328 f.
13 Ebenda, S. 88.
14 Abgedruckt in: Der Goldene Wagen (franz.), S. 47.
15 Sayn-Wittgenstein, a. a. O., S. 88.
16 Josef Hrazky, Die Persönlichkeit der Infantin Isabella von Parma, S. 13 ff.
17 Zweybrück, a. a. O., S. 9.
18 Meinrad Pizzinini, Osttirol, Der Bezirk Lienz, S. 28, 207.
19 Dehio Kärnten, S. 657.
20 Hrazky, a. a. O., S. 14.
21 Zweybrück, a. a. O., S. 10.
22 Georg Schreiber, Franz I. Stephan, S. 214.
23 Felix Halmer, Burgen und Schlösser im Raum Bucklige Welt, S. 110 f.; Erich Schenk, Mozart, S. 761 f.
24 Schreiber, a. a. O., S. 211 ff.
25 Hans Urbanski, Unveröffentlichte Aufzeichnungen Karls von Lothringen, in: Walter Koschatzky, Maria Theresia und ihre Zeit, S. 94.
26 Josef Zykan, Laxenburg, S. 9 ff., 21.
27 Ebenda, S. 25.
28 Alfred von Arneth, Geschichte Maria Theresias, Bd. V, S. 137.
29 Man vergleiche das Porträt Liotards aus dem Jahr 1762, Abb. Seite 83.

Im Wien Maria Theresias

1 Monika Knofler, Das Theresianische Wien, S. 24 f.
2 Reise eines Franzosen ... in Briefen an ein Frauenzimmer, zit. bei Knofler, a. a. O., S. 25.
3 Friedrich Nicolai, Beschreibung einer Reise durch Deutschland und die Schweiz, zit. bei Knofler, a. a. O., S. 27.
4 Ebenda.
5 Handschreiben Maria Theresias an den Obersten Kanzler Graf Chotek, September 1762, zit. bei Knofler, a. a. O., S. 28.
6 Knofler, a. a. O., S. 55 ff.
7 Ebenda, S. 68.
8 J. Rives Childs, Giacomo Casanova, S. 168.
9 Harry Kühnel, Die Hofburg, S. 68 ff.
10 Ebenda.

11 Oskar Raschauer, Die kaiserlichen Wohn- und Zeremonialräume in der Wiener Hofburg zur Zeit Kaiserin Maria Theresias, S. 287 ff.
12 Henri Vallotton, Kaiserin Maria Theresia, S. 168 f.
13 Kurt Eigl – Franz Hubmann, Schönbrunn, S. 7 ff.
14 Otto Graf Podewils, Diplomatische Berichte, hg. von Carl Hinrichs, S. 49 f.
15 Knofler, a. a. O., S. 92 f.
16 Eigl – Hubmann, a. a. O., S. 24 ff.

Familie Habsburg-Lothringen

1 Zit. bei Alfred von Arneth, Geschichte Maria Theresias, Bd. V, S. 136 ff.
2 Ebenda, S. 140 ff.
3 Ebenda, S. 145; Fred Hennings, Und sitzet zur linken Hand, S. 330 ff.; Georg Schreiber, Franz I. Stephan, S. 274 ff.
4 Charlotte Pangels, Die Kinder Maria Theresias, S. 28 f.
5 Ebenda, S. 33, 39 f.
6 Friederike Wachter, Die Erziehung der Kinder Maria Theresias, S. 174.
7 Zit. bei Pangels, a. a. O., S. 27, 383.
8 Wachter, a. a. O., S. 82 ff.
9 Pangels, a. a. O., S. 162 ff.
10 Ebenda, S. 36.
11 Otto Graf Podewils, Diplomatische Berichte, S. 71.
12 Jean Etienne Liotard, Die Kinder der Kaiserin, Kunstmuseum Genf, abgebildet in: Insel-Bücherei Nr. 613.
13 Walter Koschatzky – Selma Krasa, Herzog Albert von Sachsen-Teschen, S. 26.
14 Im sogenannten „Schreibzimmer Erzherzog Franz Carls“ in Schönbrunn; Kurt Eigl – Franz Hubmann, Schönbrunn, S. 60.
15 Pangels, a. a. O., S. 167.
16 Albert von Sachsen-Teschen, Mémoires de ma vie, zit. bei Koschatzky – Krasa, a. a. O., S. 43.
17 Koschatzky – Krasa, a. a. O., S. 10, 30 ff., 36 f.
18 Pangels, a. a. O., S. 234 f., 291, 380 f.
19 Egon Caesar Conte Corti, Ich, eine Tochter Maria Theresias, S. 19.
20 Pangels, a. a. O., S. 497, 517.
21 Joseph Sartori, Leopoldinische Annalen, Augsburg 1792/93, zit. bei Pangels, a. a. O., S. 331.
22 Zit. bei Pangels, a. a. O., S. 332.

23 Adam Wandruszka, Leopold II., Bd. I, S. 50.
24 Pangels, a. a. O., S. 270, 274 f., 279.
25 Johann Joseph Khevenhüller-Metsch, Tagebücher, Bd. V, S. 86.
26 Ebenda, S. 331.
27 Zit. bei Hans Magenschab, Josef II., S. 18.
28 Pangels, a. a. O., S. 82; Peter Berglar, Maria Theresia, S. 41.
29 Zit. bei Gerda und Gottfried Mraz, Maria Theresia, S. 70.
30 Ebenda.
31 Pangels, a. a. O., S. 37.
32 Wachter, a. a. O., S. 104.
33 Carl Rothe, Die Mutter und die Kaiserin, S. 39 f.
34 Wachter, a. a. O., S. 102 ff., 108, 112.
35 Corti, a. a. O., S. 20.
36 Pangels, a. a. O., S. 91.

Das letzte Fest des Barocks

1 W. D., Nr. 82, Samstagsanhang vom 11. Oktober 1760.
2 Maria Theresia und ihre Zeit, Katalog, S. 230.
3 Kurt Eigl - Franz Hubmann, Schönbrunn, S. 59.
4 Der Goldene Wagen, Katalog, S. 47 f.
5 Ebenda.
6 W. D., Nr. 82, vom 11. Oktober 1760.
7 Ebenda.
8 Ebenda.
9 Die Präsidentschaftskanzlei, Der Amtssitz des österreichischen Bundespräsidenten in der Wiener Hofburg, Führer, S. 20 f.
10 W. D., Nr. 82.
11 Ebenda.
12 Opere poetiche del Metastasio, Venezia 1822, Bd. 9, S. 111 ff.
13 W. D., Nr. 82; Eduard P. Danszky, Sternkreuz, S. 120.
14 W. D. vom 15. Oktober 1760.
15 Franz Lorenz von Thadden, Feldmarschall Daun, S. 426 f.
16 W. D., Nr. 83, Samstagsanhang vom 15. Oktober 1760.

Leben am Kaiserhof

1 Franz Lorenz von Thadden, Feldmarschall Daun, S. 436 ff.
2 W. D. vom 3. Januar 1761.
3 Zit. bei Walter Koschatzky - Selma Krasa, Herzog Albert von Sachsen-Teschen, S. 41.

4 „Les Aventures de l'Etourderie", abgedruckt in: Josef Hrazky, Die Persönlichkeit der Infantin Isabella, S. 200 ff.
5 Ebenda, S. 210.
6 Ebenda.
7 Koschatzky - Krasa, a. a. O., S. 41.
8 W. D. vom 24. Januar 1761.
9 Koschatzky - Krasa, a. a. O., S. 42 f.
10 Mémoires de ma vie, Handschriftliche Darstellung des Lebens Herzog Alberts von Sachsen-Teschen, 4 Bde.; heute MOL.
11 Koschatzky - Krasa, a. a. O., S. 43, 47.
12 W. D. vom 18. Februar 1761.
13 Schönbrunner Chronik, S. 43, Plan III; Felix Czeike, Wien - Kunst und Kultur Lexikon, S. 142 f.
14 Derek Beales, Joseph II., Bd. I, S. 69 f., 90 f.
15 Ebenda, S. 108.
16 W. D. vom 14. März 1761.
17 W. D. vom 21. März 1761.
18 W. D. vom 25. März, 15., 22., 25. und 29. April, 2. Mai 1761.
19 Josef Zykan, Laxenburg, S. 22 ff.
20 W. D. vom 2., 9. und 16. Mai 1761.
21 Monika Knofler, Das Theresianische Wien, S. 41, 43 f.; W. D. vom 30. Mai 1761.
22 Alfred von Arneth, Briefe der Kaiserin Maria Theresia an ihre Kinder, Bd. I: Maria Theresia und Joseph II., S. 12.
23 Ebenda.
24 Stift Lilienfeld, Kleiner Kirchenführer, S. 2 f.
25 Arneth, a. a. O., S. 16.
26 Kirchenführer Annaberg, S. 6.
27 Arneth, a. a. O., S. 16.
28 Aquarellierter Stich von C. Spaengler (1800); Postkarte.
29 Dehio Steiermark, S. 178; Eduard P. Danszky, Sternkreuz, S. 203.

Das erste Enkelkind

1 W. D. vom 5. August 1761.
2 Angela Stöckelle, Über Geburten und Taufen der Habsburger am Kaiserhof, S. 30 f.
3 W. D. vom 26. August 1761; Georg Schreiber, Franz I. Stephan, S. 208, 282; Maria Theresia als Königin von Ungarn, Katalog, S. 219.
4 Franz Lorenz von Thadden, Feldmarschall Daun, S. 440.

5 Schreiber, a. a. O., S. 281.
6 Walter Koschatzky - Selma Krasa, Herzog Albert von Sachsen-Teschen, S. 51 f.
7 Georg Holmsten, Friedrich II., S. 129 f.
8 Ebenda.
9 W. D. vom 27. Januar 1762.
10 Peter Berglar, Maria Theresia, S. 84; Holmsten, a. a. O., S. 131; Thadden, a. a. O., S. 445; Reinhold Neumann-Hoditz, Katharina die Große, S. 60 ff.
11 Holmsten, a. a. O., S. 131; Berglar, a. a. O., S. 84.
12 Stöckelle, a. a. O., S. 48 f.; Isidor Fischer, Geschichte der Geburtshilfe in Wien, S. 73 ff.
13 W. D. vom 24. März 1762.
14 Ebenda.
15 Stöckelle, a. a. O., S. 87.
16 Schloß Schönbrunn, sogenanntes „Schreibzimmer des Erzherzogs Franz Carl“.
17 Josef Hrazky, Die Persönlichkeit der Infantin Isabella von Parma, S. 226.

Amitié amoureuse

1 Der handschriftliche Text lautet: „Ich erlaube mir darauf aufmerksam zu machen, daß diese Billette oder wenigstens die beiden ersten im Interesse der Schreiberin entweder zu vernichten oder doch Niemand zu zeigen wären. Arneth“ Die Billette sind in ein Papier eingeschlagen, auf dem zusätzlich notiert ist: „5 pièces à reserver.“ MOL, P. 299.
2 Alfred von Arneth, Geschichte Maria Theresias, Bd. V, S. 37.
3 Ebenda, S. 46.
4 Josef Hrazky, Die Persönlichkeit der Infantin Isabella von Parma, S. 190.
5 Adam Wolf, Marie Christine, Bd. 1, S. 13.
6 Ebenda, S. 23.
7 Hrazky, a. a. O., S. 190.
8 MOL, P. 299.
9 Hrazky, a. a. O., S. 179 f.
10 Stefan Zweig, Marie Antoinette, S. 633 ff. (Nachbemerkung).
11 Eduard P. Danszky, Sternkreuz.
12 Gertrud Fussenegger, Maria Theresia, S. 236.
13 Hans Magenschab, Joseph II., S. 41.
14 Humbert Fink, Joseph II., Sendereihe ORF, Kapitel „Träumereien“, Sendung vom 9. April 1989.

15 Diese Briefe gehören zu den „pièces à reserver“, siehe Anm. 1, und sind in der Hrazky-Edition nicht enthalten.
16 Hrazky, a. a. O., S. 210.
17 Ebenda.
18 Ebenda, S. 226 f.
19 Ebenda, S. 230.
20 MOL, P. 299.
21 Ebenda.
22 Hrazky, a. a. O., S. 215 (letzter Satz nach dem Original in MOL ergänzt).
23 Ebenda.
24 Ebenda, S. 216.
25 Ebenda, S. 211 (dritter Satz nach dem Original in MOL ergänzt).
26 Ebenda. S. 194 f.
27 Ebenda.
28 Charlotte Wolff, Psychologie der lesbischen Liebe, S. 13 ff., 22 ff.
29 Ebenda, S. 15 ff; Herbert Haag - Katharina Elliger, Stört nicht die Liebe, S. 138 ff.
30 Wolff, a. a. O., S. 22; Haag - Elliger, a. a. O., S. 142 ff.
31 Lillian Faderman, Surpassing the Love of Men, S. 74.
32 Edmond und Jules Goncourt, Die Frau im 18. Jahrhundert, S. 181 f.
33 Hrazky, a. a. O., S. 229.
34 Jean-Jacques Rousseau, Julie oder Die neue Héloise, S. 209.
35 Ebenda, S. 115.
36 Zit. bei Faderman, a. a. O., S. 79.
37 Ebenda, S. 68.
38 Ebenda, S. 80.
39 Georges Solovieff, Madame de Staël, S. 293.
40 Faderman, a. a. O., S. 80.
41 Ebenda, S. 97, 101.
42 Goncourt, a. a. O., S. 83.
43 Ebenda, Einführung von Elisabeth Badinter, S. 34 ff.

Todessehnsucht

1 Josef Hrazky, Die Persönlichkeit der Infantin Isabella von Parma, S. 218 f.
2 Ebenda, S. 196 f.
3 Ebenda; „Eccles. 12“ ist Kohelet 12, 5.
4 Ebenda, S. 199.

5 Ebenda.
6 Ebenda.
7 Alfred von Arneth, Maria Theresias letzte Regierungszeit, Bd. I, S. 43; Hrazky, a. a. O., S. 233 f.
8 Zit. bei Charlotte Pangels, Die Kinder Maria Theresias, S. 391 f.
9 Angela Stöckelle, Über Geburten und Taufen der Habsburger am Kaiserhof in Wien, S. 41.
10 Hrazky, a. a. O., S. 217.
11 Karoline Pichler, Denkwürdigkeiten, S. 139 ff.
12 Mireille Brocey, L'Amour d'une Archiduchesse, S. 92.
13 Gerd Huber, Psychiatrie, S. 263.
14 Walter Koschatzky - Selma Krasa, Herzog Albert von Sachsen-Teschen, S. 43.
15 Manuel Espadas Burgos, Die Bourbonen in Spanien, S. 225.
16 Huber, a. a. O., S. 118 ff.
17 Koschatzky - Krasa, a. a. O., S. 43.
18 Jean Etienne Liotard, Die Kinder der Kaiserin, abgebildet in: Insel-Bücherei Nr. 613.
19 Hrazky, a. a. O., S. 231.
20 Géza Hajós, Schönbrunn, S. 57 f.
21 Leopold Mozart an Lorenz Hagenauer, 16. Oktober 1762, zit. in: Internationale Stiftung Mozarteum (Hg.), Familie Mozart, Bd. 1, S. 52 f.
22 Wilhelm Zentner, Einführung zum Textbuch „Orpheus und Eurydike", S. 15.
23 Joseph Gregor, Kulturgeschichte der Oper, S. 183.
24 Zit. bei Gerda und Gottfried Mraz, Maria Theresia, S. 161.
25 Hrazky, a. a. O., S. 231.

Femme des lettres

1 Hiltrud Gnüg - Renate Möhrmann, Schreibende Frauen.
2 Josef Hrazky, Die Persönlichkeit der Infantin Isabella von Parma, S. 221.
3 Ebenda, S. 185.
4 Georg Holmsten, Jean-Jacques Rousseau, S. 103 ff.
5 Zusammenfassung zum Teil nach Hrazky, a. a. O., S. 185 f.
6 Holmsten, a. a. O., S. 114.
7 Alfred von Arneth, Maria Theresias letzte Regierungszeit, Bd. I, S. 39.
8 MOL, P. 299.
9 Arneth, a. a. O., S. 39 f.

10 Adam Wolf, Marie Christine, S. 15 f.
11 Hrazky, a. a. O., S. 182.
12 Johann Christoph Allmayer-Beck im Ausstellungskatalog Österreich zur Zeit Kaiser Josephs II., S. 39.
13 Derek Beales, Joseph II., Bd. I, S. 73, Anm. 17.
14 HHStA, Nachlaß Lacy, Fasz. II, Nr. 25. Handschrift, 20 Seiten Quartformat, mit Begleitschreiben des Autors (ohne Unterschrift), datiert mit 1. Januar 1763, Königsberg.
15 „Observations sur les prussiens", die ersten drei Seiten von Isabellas, die weiteren 17 von fremder Hand; MOL, P. 299.
16 Die Österreichische Nationalbibliothek besitzt neben der Erstausgabe (1764) auch die Mailänder (1821) und die Pariser Ausgabe (1867).
17 Arneth, a. a. O., S. 500, Anm. 47.
18 C. Cantù, Isabella di Parma e la corte di Vienna, S. 89 f.
19 Einführung zur Ausgabe bei Blériot von Ferdinand de Neville, S. 21 f.
20 Ausgabe Blériot, S. 110 f.
21 Arneth, a. a. O., S. 40 f.
22 Edward Crankshaw, Maria Theresia, S. 296.

Vermächtnis an Marie

1 Peter Berglar, Maria Theresia, S. 84 f.
2 Olivier Bernier, Ludwig XV., S. 413, 432 f.
3 Aussprüche Maria Theresias, zit. bei Berglar, a. a. O., S. 80, 88.
4 Berglar, a. a. O., S. 85 f.; Georg Holmsten, Friedrich II., S. 131 f.
5 Gerda und Gottfried Mraz, Maria Theresia, S. 177.
6 Berglar, a. a. O., S. 88.
7 Franz Lorenz von Thadden, Feldmarschall Daun, S. 436.
8 Berglar, a. a. O., S. 107.
9 Georg Schreiber, Franz I. Stephan, S. 287.
10 W. D. vom 6. April 1763; Angela Stöckelle, Geburten und Taufen am Kaiserhof, S. 41.
11 A. M. Perrot, Historische Sammlung aller noch bestehenden Ritterorden, Nachdruck, S. 20 f., 286.
12 W. D. vom 10. Mai 1760.
13 W. D. vom 13. April 1763.
14 Amélie Engels, Maria Anna, eine Tochter Maria Theresias, S. 35.
15 Josef Hrazky, Die Persönlichkeit der Infantin Isabella von Parma, S. 195 f.

16 W. D. vom 27. April, 29. Juni, 13. Juli, 17. und 24. August 1763.
17 Zit. bei Alfred von Arneth, Geschichte Maria Theresias, Bd. V, S. 48.
18 MOL, P. 299.
19 Editions Rencontre, Lexikon, Bd. 14, S. 298.
20 Arneth, a. a. O., S. 49.
21 Zit. bei Fred Hennings, Und sitzet zur linken Hand, S. 312 f.
22 Arneth, a. a. O., S. 22.
23 Zit. bei Hennings, a. a. O., S. 313 f.
24 Ebenda, S. 314.
25 Ebenda, S. 315.
26 Arneth, a. a. O., S. 50 f.
27 Ebenda.
28 Carl Rothe, Die Mutter und die Kaiserin, S. 289 ff.
29 Ebenda.
30 Gertrud Fussenegger, Maria Theresia, S. 237 ff.
31 Adam Wandruszka, Leopold II., Bd. 1, S. 332 ff.
32 MOL, P. 299.
33 Übersetzung unter teilweiser Benützung von Arneth, a. a. O., S. 59 ff.
34 Tagebücher Zinzendorf, zit. bei Derek Beales, Joseph II., Bd. I, S. 76.
35 W. D. vom 19. und 20. Oktober 1763.
36 Beales, a. a. O., S. 77.

Eine Geißel der Menschheit

1 Donald R. Hopkins, Princes and Peasants, S. 1 - 62.
2 Zit. bei Alfred von Arneth, Geschichte Maria Theresias, Bd. V, S. 61.
3 Maurice Boutry, Une épidémie à la Cour de Marie Thérèse, S. 4.
4 Ebenda.
5 Bulletin van Swietens vom 22. November 1763, zit. bei Boutry, a. a. O., S. 4.
6 Franz Zweybrück, Briefe der Kaiserin Maria Theresia, S. 11.
7 Charlotte Pangels, Die Kinder Maria Theresias, S. 375.
8 W. D. vom 26. November 1763.
9 Boutry, a. a. O., S. 5.
10 Ebenda.
11 Franz Zweybrück, a. a. O., S. 11 f.
12 Ebenda, S. 12.
13 Boutry, a. a. O., S. 6.

14 Zweybrück, a. a. O., S. 13.
15 Ebenda.
16 Boutry, a. a. O., S. 6.
17 Ebenda.
18 Ebenda, S. 7.
19 Ebenda.
20 Zweybrück, a. a. O., S. 13.
21 Ebenda.
22 Boutry, a. a. O., S. 8; W. D. vom 30. November 1763; Joseph an Don Philipp, zit. bei C. Cantù, Isabella di Parma e la corte di Vienna, S. 100.

Pompe funèbre

1 W. D. vom 30. November 1763.
2 Franz Zweybrück, Briefe der Kaiserin Maria Theresia, S. 14.
3 Ebenda, S. 15.
4 Ebenda.
5 HHStA, Familienakten-Sammelbände, Karton 68.
6 Zweybrück, a. a. O., S. 15.
7 W. D. vom 30. November 1763.
8 Magdalena Hawlik-van de Water, Die Kapuzinergruft, S. 22 f.
9 W. D. vom 30. November 1763.
10 C. Cantù, Isabella di Parma e la corte di Vienna, S. 99.
11 Ebenda, S. 100.
12 Zit. bei Derek Beales, Joseph II., S. 78.
13 Seit Adam Wolf, Die Fürstin Eleonore Liechtenstein, S. 126, zum erstenmal wieder von Derek Beales benützt. Sie befindet sich in der Abteilung Žitenice des Litoměříce Staatsarchivs in der ČSSR. Beales, a. a. O., S. 78 f.
14 Tagebücher Zinzendorf, 23. Februar 1764, zit. bei Beales, a. a. O., S. 79.
15 Edward Crankshaw, Maria Theresia, S. 298.
16 Cantù, a. a. O., S. 100 f.
17 Walter Koschatzky – Selma Krasa, Herzog Albert von Sachsen-Teschen, S. 71.
18 Karoline Pichler, Denkwürdigkeiten aus meinem Leben, S. 140 f.
19 Crankshaw, a. a. O., S. 296.
20 Adam Wolf, Aus dem Hofleben Maria Theresias, S. 276 f. Wolf hat das Original in der Bibliothek des Erzherzogs Albrecht noch gesehen; wo es sich heute befindet (falls es noch existiert), ist mir leider nicht bekannt.

Epilog

1 Walter Koschatzky - Selma Krasa, Herzog Albert von Sachsen-Teschen, S. 56 f.
2 Johann Wolfgang von Goethe, Dichtung und Wahrheit, V. Buch.
3 Zit. bei Hans Magenschab, Joseph II., S. 65.
4 Charlotte Pangels, Die Kinder Maria Theresias, S. 107 f.; Adam Wolf, Marie Christine, Bd. I, S. 37.
5 Koschatzky - Krasa, a. a. O., S. 73 ff.
6 Ebenda, S. 87.
7 Derek Beales, Joseph II., S. 325 f.
8 Magdalena Hawlik-van de Water, Die Kapuzinergruft, S. 160 ff.
9 Koschatzky - Krasa, a. a. O., S. 210; Wolf, a. a. O., Bd. II, S. 190; Pangels, a. a. O., S. 193 f.

Quellen und Literatur

Ungedruckte Quellen

Magyar Országos Levéltár (MOL):

Ungarisches Nationalarchiv Budapest: **4 Pakete mit Schriften Isabellas**

Paket 1: Billets, lettres et écrits divers de l'Archiduchesse Isabelle, première femme de l'Empereur Joseph II

Die Briefe Isabellas an Marie Christine, 195 Zettel und Zettelchen, oft unsauber abgetrennt, zumeist einseitig beschrieben, fast nie datiert, fast immer ohne Unterschrift; in diesem Paket befinden sich auch die „5 pièces à reserver" mit der Notiz Alfred von Arneths.

Paket 2: Divers Morceaux interessantes écrits par l'Archiduchesse Isabelle, première femme de l'Empereur Joseph II, qui sont resté à feu ma très chère Epouse, après que les autres Ouvrage de Sa main ont péris dans un Naufrage. (Beschriftung Herzog Alberts.)

Das Paket enthält einige Briefe und Teile der „Conseils à Marie", darunter auch die „Questions à definir au sujet de gagner le cœur de l'Archiduc".

Paket 3: Divers Billets à feu ma tres chère Epouse par l'Archiduchesse Isabelle ... ce qui sont interessantes par ce que son esprit et son Caractère estimable s'y trouvent manifeste aussi que dans tout ce qui reste d'ailleurs d'Ecrits de cette princesse, aussi admirable qu'aimable. (Beschriftung Herzog Alberts.)

Das Paket enthält folgende Aufsätze und Reflexionen:

Reflections faites dans la solitude.
Le vrai philosophe.
Traité sur les hommes.
Les charmes de la fausse amitié.
Les exercices de l'Esprit.
Sur le sort des princesses.

Les Aventures de l'Etourderie.
Vues sur le Commerce.
Traité historique des Moeurs.
Observations sur les prussiens.

Außerdem enthält das Paket noch einige Zettel mit „airs“ und „odes“, das Porträt Isabellas von der Hand Marie Christines und den letzten Brief Marie Antoinettes an ihre Schwester Marie (29. Mai 1791).

Paket 4: Divers Morceaux instructifs et autres écrits dans des heures de loisir de l'Archiduchesse Isabelle. (Beschriftung Herzog Alberts.)

Das Paket enthält die „Conseils à Marie“.

Der von Herzog Albert erwähnte Schiffbruch (2. Paket) trug sich im Jahr 1792 mit einem Schiff zu, das Effekten der Statthalter von Rotterdam nach Hamburg bringen sollte. Daß bei diesem Schiffbruch weitere Schriften Isabellas verlorengegangen sein sollen, ist bei der Fülle des Erhaltenen eher unwahrscheinlich (s. Hrazky, S. 207, Anm. 2).

Haus-, Hof- u. Staatsarchiv Wien (HHStA):

1. Hausarchiv, Familienakten

Karton 42: Korrespondenzen zwischen den Höfen von Parma und Wien, Vorträge betreffend die Reiseroute der Prinzessin Isabella, Heiratskontrakt, Briefe des Fürsten Liechtenstein.

Karton 53: Korrespondenzen von du Tillot, Firmian, Gonzalès betreffend diverse Detailfragen wie Hochzeitsrobe usw.

Karton 54: Vermählungsakten, Entsendung des Hoffouriers Joh. Georg Zinner nach Casalmaggiore, Reiseroute, Hofstaat, Tafel, Berichte Zinners über geeignete Nachtquartiere usw.

Karton 55: Listen der für die einzelnen Stationen wichtigen Viktualien, Abrechnungen usw.

Karton 68: Nachlaß der Kronprinzessin Isabella.

„Méditations Chrétiennes“, Originalmanuskript Isabellas, 59 Quartseiten, sowie ein Exemplar der gedruckten Erstausgabe (Lederbändchen mit goldgepreßtem Rücken) und ein Handzettel Maria Theresias: „L'originale de la main de feu l'archiduchesse Infante des meditations qu'elle at fait pour elle même, que j'ai fais imprimer depuis.“

Diverse Studien und Ausarbeitungen:

1. Reflexions sur l'Education (II. Partie).
2. Vues générales que l'on doit avoir pour bien élever un prince; beigeschlossen eine deutsche Studie über das Thema, wie ein junger Erzherzog in historiis zu unterrichten sei.
3. Pièces sur la morale.
4. Autres différentes Pièces composées par S.A.R. l'Archiduchesse Infante de Parme (enthält u. a. „L'Art d'ecrire des lettres“).
5. Vues sur le Commerce (Abschrift).
6. Traité sur la Réligion (Abschrift).

2. Ältere Zeremonialakten

Karton 55: Neben zahlreichen Zeremonialakten der Bericht des Hoffouriers Zinner über die Reise von Casalmaggiore nach Wien, 41 handgeschriebene Seiten mit 4 Situationsskizzen (Feder, mit grauer Wasserfarbe gehöht), broschiert, Einband aus Kleisterpapier.

Karton 56: Vorträge und Planskizzen für die Vermählungsfestlichkeiten in Wien (Tafel im Redoutensaal usw.). Berichte Zinners über geeignete Nachtquartiere (genaue Beschreibung der Schlösser und ihrer Räumlichkeiten) usw.

3. Karl Graf Zinzendorf, Tagebücher 1761 - 64 (französ.)

4. Nachlaß von Feldmarschall Moritz Graf Lacy, Fasz.II, Nr. 25 („Observations sur les prussiens“).

Kataloge

Österreich zur Zeit Kaiser Josephs II.
Niederösterreichische Landesausstellung
Stift Melk 1980

Maria Theresia und ihre Zeit
Zur 200. Wiederkehr ihres Todestages
Wien, Schloß Schönbrunn 1980

Maria Theresia als Königin von Ungarn
Schloß Halbturn 1980

Der Goldene Wagen des Fürsten Joseph Wenzel von Liechtenstein
Ausstellung der Wagenburg in Schönbrunn, 1977

Stadt-, Landschafts- und Kunstführer

Baumgart, Fritz, Oberitalien, Du-Mont Kunst-Reiseführer, Köln 1975
Champigneulle, Bernard, Versailles und Fontainebleau, München 1971
Czeike, Felix, Wien - Kunst und Kultur Lexikon, München o. J.
DEHIO-Kunstführer Kärnten
DEHIO-Kunstführer Steiermark
Faber, Gustav, Spaniens Mitte, München 1977
Halmer, Felix, Burgen und Schlösser im Raum Bucklige Welt, Wien 1969
Kirchenführer Annaberg
KNAURS Kulturführer Frankreich, München 1979
Merisio, Pepi, Lombardische Städte, Zürich 1977
Guida di Parma, Parma 1981
Guida artistica del Parmense, Volume I, Parma 1984
Peterich, Eckart, Italien I, München 1958
Pizzinini, Meinrad, Osttirol, Der Bezirk Lienz, Salzburg 1974
Die Präsidentschaftskanzlei, Der Amtssitz des österreichischen Bundespräsidenten in der Wiener Hofburg
Sayn-Wittgenstein, Franz Prinz zu, Südtirol und das Trentino, München 1986
Schönbrunner Chronik, hg. von der Schloßhauptmannschaft Schönbrunn, Wien 1969
Stift Lilienfeld, Kleiner Kirchenführer

Literatur

Argenson, Marquis d', Mémoires et Journal inédit, Paris 1802

Arneth, Alfred Ritter von (Hg.), Briefe der Kaiserin Maria Theresia an ihre Kinder und Freunde, Wien 1881

Arneth, Alfred Ritter von, Geschichte Maria Theresias, Wien 1863–1879

Arneth, Alfred Ritter von, Maria Theresias letzte Regierungszeit, Wien 1876

Arneth, Alfred Ritter von (Hg.), Maria Theresia und Joseph II. Ihre Korrespondenz, Wien 1867

Beales, Derek, Joseph II., Bd. I, In the shadow of Maria Theresa, 1741-1780, Cambridge 1987

Bédarida, Henri, Les premiers Bourbons de Parme, Paris 1928

Bédarida, Henri, Parme et la France 1748–1789, Paris 1928

Benedikt, Ernst, Kaiser Josef II., Wien 1947

Benedikt, Heinrich, Kaiseradler über dem Apennin, Wien 1964

Berglar, Peter, Maria Theresia, Reinbek bei Hamburg 1980

Bernier, Olivier, Ludwig XV., Zürich 1986

Bernini, Ferdinando, Storia di Parma, Parma 1954

Bernis, François-Joachim de Pierres, Comte de, Mémoires et lettres, Paris 1878

Bibl, Viktor, Kaiser Josef II., Wien o. J.

Boutry, Maurice, Une épidémie à la Cour de Marie Thérèse, Paris 1903

Braubach, Max, Versailles und Wien, Bonn 1952

Brocey, Mireille, L'Amour d'une Archiduchesse, Paris 1948

Broucek, Peter, Der Geburtstag der Monarchie, Wien 1982

Cantù, C., Isabella di Parma e la corte di Vienna, in: Archivio Storico Italiano 7/2 (1886)

Casanova, Giacomo, Erinnerungen, Berlin o. J.

Castelot, Marie Antoinette, München 1975

Corti, Egon Caesar Conte, Ich, eine Tochter Maria Theresias, München 1950

Crankshaw, Edward, Maria Theresia, dt. Ausgabe München 1981

Croy, Duc de, Journal inédit, Paris 1906

Cronin, Vincent, Louis and Antoinette, London 1974

Danszky, Eduard P., Sternkreuz, Das Schicksal der Isabella von Parma, Mödling o. J.

Dickens, A. G. (Hg.), Europas Fürstenhöfe, Graz-Wien 1978

Eigl, Kurt – Hubmann, Franz, Schönbrunn – ein Schloß und seine Welt, Wien 1980

Engels, Amélie, Maria Anna, eine Tochter Maria Theresias, phil. Diss. Wien 1964
Espadas Burgos, Manuel, Die Bourbonen in Spanien, in: Die Großen Dynastien, Erlangen o. J.
Faderman, Lillian, Surpassing the Love of Men, New York 1981
Falke, Jacob von, Geschichte des fürstlichen Hauses Liechtenstein, 3 Bde., Wien 1882
Fink Humbert, Joseph II., Biographie eines Schwierigen, Sendereihe des ORF 1989
Fischer, Isidor, Geschichte der Geburtshilfe in Wien, Leipzig 1909
Fussenegger, Gertrud, Maria Theresia, Wien 1980
Glaser, J., Schönbrunner Chronik, Bau- und wohngeschichtliche Dokumentation 1569 - 1969, Wien 1969
Gnüg, Hiltrud - Möhrmann, Renate (Hg.), Schreibende Frauen, Stuttgart 1985
Goethe, Johann Wolfgang von, Aus meinem Leben. Dichtung und Wahrheit, Bd. 13 der Ullstein-Ausgabe, Berlin o. J.
Goncourt, Edmond - Goncourt, Jules, Die Frau im 18. Jahrhundert, Neuausgabe München 1986
Gregor, Joseph, Kulturgeschichte der Oper, Wien 1941
Haag, Herbert - Elliger, Katharina, Stört nicht die Liebe - Die Diskriminierung der Sexualität - ein Verrat an der Bibel, Olten 1986
Hajós, Géza, Schönbrunn, Wiener Geschichtsbücher Bd. 18, Wien 1976
Hamann, Brigitte (Hg.), Die Habsburger, Ein biographisches Lexikon, Wien 1988
Hawlik-van de Water, Magdalena, Die Kapuzinergruft, Wien 1987
Hennings, Fred, Und sitzet zur linken Hand, Wien 1961
Holmsten, Georg, Friedrich II., Reinbek bei Hamburg 1969
Holmsten, Georg, Jean-Jacques Rousseau, Reinbek bei Hamburg o. J.
Hopkins, Donald R., Princes and Peasants, Smallpox in History, Chicago und London 1983
Hrazky, Josef, Die Persönlichkeit der Infantin Isabella von Parma (mit Teiledition ihrer Briefe und Aufsätze), in: Mitteilungen des Österreichischen Staatsarchivs, Wien 1959, Bd. 12
Huber, G., Psychiatrie, Wien 1981
Institut Français de Florence (Hg.), Les Premiers Bourbons de Parme et l'Espagne, Paris 1928
Internationale Stiftung Mozarteum (Hg.), Familie Mozart, Briefe und Aufzeichnungen, Kassel 1962

Khevenhüller-Metsch, Johann Joseph Fürst, Tagebücher, hg. von Rudolf Graf Khevenhüller und Hans Schlitter, Wien-Leipzig, 1907–1925
Knofler, Monika, Das Theresianische Wien, Wien 1979
Kollreider, Monika, Hofreisen Maria Theresias, phil. Diss. Wien 1965
Koschatzky, Walter (Hg.), Maria Theresia und ihre Zeit, Salzburg - Wien 1980
Koschatzky, Walter - Krasa, Selma, Herzog Albert von Sachsen-Teschen, Wien 1982
Kühnel, Harry, Die Hofburg, Wiener Geschichtsbücher Bd. 5, Wien 1971
Kuentzel, Georg, Thiers und Bismarck, Kardinal Bernis, Bonn 1905
Lasker-Schüler, Else, Gedichte 1902–1943, München 1986
Levron, Jacques, Ludwig XV. der Vielgeliebte, Stuttgart 1967
Locke, Renée - Roethlisberger Marcel, L'opera completa di Jean-Etienne Liotard, Milano 1978
Luynes, Duc de, Journal, Paris 1860
Magenschab, Hans, Joseph II., Graz-Wien-Köln 1979
Masson, Frédéric (Hg.), Mémoires et lettres de Cardinal de Bernis, 2 Bde., 1878
Metastasio, Pietro Antonio, Opere poetiche, Bde. 1–11, Venedig 1822
Mitford, Nancy, Madame Pompadour, München 1954
Montanari, Maria, Isabella di Borbone, in: Aurea Parma, Parma 1923
Mraz, Gerda - Mraz, Gottfried, Maria Theresia, München 1980
Neumann-Hoditz, Reinhold, Katharina die Große, Reinbek bei Hamburg 1988
Nolhac, Pierre de, Nattier, Paris 1910
Pangels, Charlotte, Die Kinder Maria Theresias, München 1980
Perrot, A. M., Historische Sammlung aller noch bestehenden Ritterorden, Leipzig 1821, Nachdruck Dortmund 1980
Pichler, Karoline, Denkwürdigkeiten aus meinem Leben, Wien 1844
Podewils, Otto Graf, Diplomatische Berichte, hg. von Carl Hinrichs, Berlin 1937
Přibram, Alfred F., Materialien zur Geschichte der Preise und Löhne in Österreich, Wien 1938
Raschauer, Oskar, Geschichte der Innenausstattung Schönbrunns, phil. Diss. Wien 1926
Raschauer, Oskar, Die kaiserlichen Wohn- und Zeremonialräume in der Wiener Hofburg, in: Anzeiger der phil.-histor. Klasse

der österreichischen Akademie der Wissenschaften, Jg. 1958, Nr. 20
Richelieu, Louis-François Duc de, Mémoires, Paris 1793
Rives Childs, J., Giacomo Casanova, Reinbek bei Hamburg 1960
Rothe, Carl, Die Mutter und die Kaiserin. Briefe Maria Theresias an ihre Kinder und Vertrauten (enthält auch die Charakteristik Maria Theresias durch Isabella aus den „Conseils à Marie“), Wien-München 1968
Rousseau, Jean-Jacques, Julie oder Die neue Héloise, Neuausgabe München 1988
Rousseau, Jean-Jacques, Emil oder Über die Erziehung, Neuausgabe Paderborn 1983
Sage, Henri, Dom Philippe de Bourbon, Infant des Espagnes, Duc de Parme, Plaisance et Guastalla et Louise-Elisabeth, fille ainée de Louis XV, Paris 1904
Schenk, Erich, Mozart, Wien 1955
Schreiber, Georg, Franz I. Stephan, Graz-Wien-Köln 1986
Schreyvogl, Friedrich, Ein Jahrhundert zu früh, Wien 1964
Simányi, Tibor, Kaunitz, Wien 1984
Solovieff, Georges, Madame de Staël, Eine Biographie in Briefen, Frankfurt 1986
Stanga, Ildefonso, Donne e Uomini del Settecento parmense, Cremona 1946
Stöckelle, Angela, Über Geburten und Taufen der Habsburger am Kaiserhof in Wien von Leopold I. bis Maria Theresia, phil. Diss. Wien 1971
Stryenski, Casimir, Mesdames de France, filles de Louis XV, Documents inédits, Paris, 1911
Stryenski, Casimir, Le gendre de Louis XV, Don Philippe, Infant d'Espagne et Duc de Parme, Plaisance et Guastalla, Paris 1904
Stürmer, Ernst, Le renversement des alliances, phil. Diss. Wien 1957
Thadden, Franz Lorenz von, Feldmarschall Daun, Wien 1975
Vallotton, Henri, Kaiserin Maria Theresia, o. O. u. J.
Vehse, Eduard, Geschichte des Österreichischen Hofes, Bde. 7 und 8, Hamburg 1852
Venzmer, Gerhard, Macht und Ohnmacht der Großen. Schicksalskrankheiten der Weltgeschichte, München 1970
Wachter, Friederike, Die Erziehung der Kinder Maria Theresias, phil. Diss. Wien 1968
Wandruszka, Adam, Leopold II., 2 Bde., Wien 1963
Wandruszka, Adam, Österreich und Italien im 18. Jahrhundert, Wien 1963

Wienerisches Diarium 1759 – 1764
Wolf, Adam, Aus dem Hofleben Maria Theresias, Wien 1858
Wolf, Adam, Die Fürstin Eleonore Liechtenstein, Wien 1875
Wolf, Adam, Marie Christine, Erzherzogin von Österreich, Wien 1863
Wolff, Charlotte, Psychologie der lesbischen Liebe, Reinbek bei Hamburg 1973
Zentner, Wilhelm, Einführung zum Textbuch „Orpheus und Eurydike", Bibl. Reclam, Nr. 4566
Zolger, Ivan, Der Hofstaat des Hauses Österreich, Wien 1917
Zweig, Stefan, Marie Antoinette, Bildnis eines mittleren Charakters (erw. Neuausgabe), Frankfurt 1980
Zweybrück, Franz, Kaiser Joseph und Isabella von Parma, Westermanns Monatshefte Nr. 641 (1910)
Zweybrück, Franz (Hg.), Briefe der Kaiserin Maria Theresia und Josefs II. und Berichte des Obersthofmeisters Grafen Anton Salm, 17. März 1760 bis 16. Jänner 1765, Wien 1890
Zykan, Josef, Laxenburg, Wien 1969

Zeittafel

1741	13. März: Erzherzog Joseph geb. 31. Dez.: Prinzessin Isabella geb.	10. April: Sieg Friedrichs II. bei Mollwitz 25. Juni: Krönung Maria Theresias zur Königin von Ungarn
1742	13. Mai: Erzherzogin Marie Christine geb.	Kaiserkrönung Karl Abrechts von Bayern in Frankfurt (Karl VII.) Ende des Ersten Schlesischen Kriegs (Schlesien an Friedrich II.)
1743		Krönung Maria Theresias zur Königin von Böhmen Niederlage der Franzosen bei Dettingen
1744	schwere Erkrankung Ludwigs XV. in Metz	Ausbruch des Zweiten Schlesischen Kriegs
1745	1. Vermählung des Dauphin mit Marie Thérèse von Spanien	20. Jan.: Tod Karls VII. 11. Mai: Sieg der Franzosen bei Fontenoy Ende des Zweiten Schlesischen Kriegs 13. Sept.: Krönung Franz Stephans in Frankfurt (Franz I.) Dez.: Einzug Don Philipps in Mailand
1746	9. Juli: Tod Philipps V. von Spanien, Ferdinand VI. wird König	15. Juni: Sieg Liechtensteins bei Piacenza
1747	2. Vermählung des Dauphin mit Marie-Josèphe von Sachsen	
1748	Louise-Elisabeth und Isabella reisen nach Versailles	18. Okt.: Friede von Aachen (Verlust Schlesiens bestätigt, Kaiserwürde Franz Stephans anerkannt)

1749	Louise-Elisabeth und Isabella reisen nach Parma	
1750	Louise-Elisabeth entwickelt in ihren „Observations" den Plan zur Vermählung Isabellas mit Erzherzog Joseph	Kaunitz Botschafter in Versailles
1751	20. Jan.: Don Ferdinand von Parma geb. 9. Dez.: Marie-Louise von Parma geb.	
1752	10. Febr.: Tod der Zwillingsschwester Louise-Elisabeths, Anne-Henriette August: Abreise Louise-Elisabeths nach Versailles	Bernis Botschafter in Wien und Venedig (bis 1755)
1753	Sept.: Rückkehr Louise-Elisabeths nach Parma	Berufung Kaunitz' als Hof- und Staatskanzler (Beginn der Annäherung an Frankreich)
1754	23. Aug.: Louis-Auguste (künftiger König Ludwig XVI.) geb.	
1755	2. Nov.: Erzherzogin Maria Antonia (künftige Königin Marie Antoinette) geb.	
1756		16. Jan.: Konvention von Westminster zwischen Preußen und Großbritannien Bernis Außenminister 1. Mai: „Umkehr der Bündnisse" (Vertrag zwischen Österreich und Frankreich) 29. Aug.: Einmarsch Friedrichs II. in Sachsen, Beginn des Dritten Schlesischen Kriegs (Siebenjähriger Krieg) Ausbruch des englisch-französ. Kriegs in Übersee

1757	5. Jan.: Attentat auf Ludwig XV. Sept.: Louise-Elisabeth reist nach Versailles	22. Jan.: Bündnis Österreich-Rußland 18. Juni: Sieg Dauns bei Kolin Siege Friedrichs II. bei Roßbach und Leuthen (5. Nov., 5. Dez.)
1758		11. April: englisch-preuß. Subsidienvertrag Bernis entlassen, Choiseul Außenminister 6. Mai: Robespierre geb. 25. Aug.: Sieg Friedrichs II. bei Zorndorf 14. Okt.: Sieg Dauns bei Hochkirch
1759	Maria Theresia und Franz Stephan bitten um die Hand Isabellas für Kronprinz Joseph 10. Aug.: Tod Ferdinands VI. von Spanien, Karl III. König, Ferdinand IV. (I.) König von Neapel 6. Dez.: Tod Louise-Elisabeths in Versailles	12. Aug.: Sieg Laudons bei Kunersdorf 4. Sept.: Sieg Dauns bei Maxen
1760	9. Juni: Abreise des Liechtensteinschen Fouriers Weininger nach Parma Ende Juni: Graf Mercy d'Argenteau in Parma zur Besprechung von Heiratskontrakt und Hochzeitsvorbereitungen 13. Aug.: Abreise des Fürsten Liechtenstein nach Parma 7. Sept.: Hochzeit p.p. in Parma 13. Sept.: Entregna Isabellas in Casalmaggiore 2. Okt.: Ankunft Isabellas in Laxenburg 6. Okt.: Einzug in Wien und Vermählung in der Augustinerkirche	9.–12. Okt.: Österreicher und Russen in Berlin 25. Okt.: Tod Georgs II. von Großbritannien, Georg III. König

1761	18. Jan.: Tod Erzherzog Carls Ende Mai: Wallfahrt Josephs und Isabellas nach Mariazell 5. Aug.: Bestätigung der Schwangerschaft Isabellas	Sturz William Pitts d. Ä., Ausscheiden Englands aus dem Krieg auf dem Festland, Vertrag mit Preußen nicht erneuert
1762	20. März: Erzherzogin Maria Theresia geb. August: Fehlgeburt Isabellas 13. Okt.: Besuch der Mozarts in Schönbrunn 23. Dez.: Tod der Erzherzogin Johanna Gabriele	Tod der Zarin Elisabeth, Peter III. Zar, ermordet, Katharina II. Zarin, Ausscheiden Rußlands aus dem Krieg
1763	Jan.: Fehlgeburt Isabellas 18. Nov.: Erkrankung Isabellas 22. Nov.: vorzeitige Geburt und Tod der Erzherzogin Christina 27. Nov.: Tod Isabellas 29. Nov.: Beisetzung in der Kaisergruft bei den Kapuzinern	10. Febr.: Friede von Paris, Ende des englisch-französ. Kriegs Ende des Siebenjährigen Kriegs (endgültiger Verlust Schlesiens, Friedrich II. gibt seine Kurstimme zur Wahl Erzherzog Josephs zum römischen König)

Bildnachweis

Albertina Wien: Seite 143
Archiv der Autorin: Seiten 58, 63, 243
Bildarchiv der Österreichischen Nationalbibliothek, Wien: Seiten 18, 19, 28, 46, 47, 61, 82, 83, 106, 107, 109, 111, 129, 136, 162, 163, 165, 170, 198, 225, 246, 271, 285
Foto Albrecht, Innsbruck: Seite 281
Foto Cermak, Mariazell: Seite 183
Foto Lux, Zwettl: Seite 283
Foto Penz, St. Pölten: Seite 185
Historisches Museum der Stadt Wien: Seite 122 (Photobusiness, Albrecht Meyer)
Kunsthistorisches Museum, Wien: Seiten 160, 167, 193, 209, 213, 217, 219, 221 (alle Photobusiness, Albrecht Meyer)

Stammtafel Haus Bourbon (Frankreich)

Ludwig XIV. ∞ Maria Theresia v. Habsburg (Spanien)
* 1638 † 1715 — * 1638 † 1683

Louis, Grand Dauphin
* 1661 † 1711
∞
Maria Anna v. Bayern
* 1660 † 1690

Louis, Herzog v. Burgund * 1682 † 1712
∞
Marie Adelaide v. Savoyen * 1685 † 1712

Philippe, Herzog v. Anjou
(Philipp V. v. Spanien) * 1683 † 1746

Ludwig XV. * 1710 † 1774
∞
Maria (Marie) Leszczyńska * 1703 † 1768

(Marie-)Louise-Elisabeth
* 1727 † 1759
∞
Philipp
v. Bourbon-Spanien,
Herzog v. Parma
* 1720 † 1765

Isabelle-Marie-Louise
(Isabella)
* 1741 † 1763
∞
Joseph II.
v. Habsb.-Lothr.
* 1741 † 1790

Anne-Henriette
* 1727 † 1752

Louise-Marie
* 1728 † 1733

Louis, Dauphin
* 1729 † 1765
∞
1. Marie-Thérèse-
Raphaëlle v. Spanien
* 1726 † 1746

2 Maria Josepha (Marie-
Josèphe) v. Sachsen
* 1731 † 1767

(2)
Louis-Auguste (Ludwig XVI.) * 1754 † 1793
∞
Marie Antoinette v. Habsb.-Lothr. * 1755 † 1793

Philippe, Herzog v. Anjou
* 1730 † 1733

(Marie-)Adélaide
* 1732 † 1800

(Marie-Louise-Thérèse-)
Victoire
* 1733 † 1799

Sophie(-Philippe)
* 1734 † 1782

(Marie-Thérèse-)Félicité
* 1736 † 1744

Louise(-Marie)
* 1737 † 1787

Stammtafel Haus Bourbon (Spanien)

Philipp V.
* 1683 † 1746
∞
1. Marie-Louise-Gabrielle v. Savoyen * 1688 † 1714
2. Isabella (Elisabeth) Farnese v. Parma
* 1692 † 1766

(1)
Luis
(Ludwig I.)
* 1707 † 1724
∞
Louise-Elisabeth
v. Orléans
* 1709 † 1742

(1)
Fernando
(Ferdinand VI.)
* 1713 † 1759
∞
Maria Barbara
v. Portugal
* 1711 † 1758

(2)
Carlos
(Karl III.)
* 1716 † 1788
∞
Maria Amalia
v. Sachsen
* 1724 † 1760

(2)
Felipe (Philipp)
Herzog v. Parma
* 1720 † 1765
∞
Louise-Elisabeth
v. Frankreich
* 1727 † 1759

(2)
Marie-Thérèse-
Raphaëlle
* 1726 † 1746
∞
Louis, Dauphin
v. Frankreich
* 1729 † 1765

(2)
Marie-Antoinette-
Ferdinande
* 1729 † 1785
∞
Viktor Amadeus III.
v. Savoyen
* 1726 † 1796

Kinder von Carlos (Karl III.):

Maria Ludovica
(Marie Louise)
* 1745 † 1792
∞
Leopold II.
v. Habsb.-Lothr.

Karl IV.
v. Spanien
* 1748 † 1819
∞
Marie Louise
v. Parma

Ferdinand IV.(I.)
v. Neapel-Sizilien
* 1751 † 1825
∞
Marie Caroline
v. Habsb.-Lothr.

Isabelle-Marie-Louise
(Isabella)
* 1741 † 1763
∞
Joseph II.
v. Habsb.-Lothr.
* 1741 † 1790

Maria Theresia
* 1762 † 1770

Christina
* † 1763

Ferdinand
Herzog v. Parma
* 1751 † 1802
∞
Maria Amalia
v. Habsb.-Lothr.
* 1746 † 1804

Zita v. Bourbon-Parma
* 1892 † 1989
∞
Karl I. (IV.) v. Habsb.-Lothr.
* 1887 † 1922

Marie-Louise
* 1751 † 1819
∞
Karl IV.
v. Spanien
* 1748 † 1819

Stammtafel Haus Habsburg

Leopold I. * 1640 † 1705
∞ (3.) Eleonore v. Pfalz-Neuburg * 1655 † 1720

Joseph I. * 1678 † 1711
∞ Amalia Wilhelmine
v. Braunschweig-Lüneburg
* 1673 † 1743

- Maria Josepha * 1699 † 1754
∞ Friedrich August II. (III.)
v. Sachsen-Polen * 1696 † 1763
  - Albert (Casimir) * 1738 † 1822
Herzog v. Teschen
∞ Marie Christine
v. Habsb.-Lothr.
* 1742 † 1798

- Maria Amalia * 1701 † 1756
∞ Karl Albrecht v. Bayern
(Karl VII.) * 1697 † 1745
  - Maria Josepha v. Bayern
* 1739 † 1767
∞ Joseph II. * 1741 † 1790

Karl VI. * 1685 † 1740
∞ Elisabeth Christine
v. Braunschweig-Wolfenbüttel
* 1791 † 1750

- Maria Theresia * 1717 † 1780
∞ Franz Stephan v. Lothringen
Großherzog v. Toskana
(Franz I.) * 1708 † 1765

- Maria Anna * 1718 † 1744
∞ Karl v. Lothringen
Statthalter d. Niederlande
* 1712 † 1780

Stammtafel Haus Habsburg-Lothringen

* 1737 † 1740	(Marianna), Äbtissin * 1738 † 1789	* 1740 † 1741	* 1741 † 1790 ∞ 1. **Isabella v. Parma** * 1741 † 1763 2. Maria Josepha v. Bayern * 1739 † 1767	(Marie Christine, Mimi) * 1742 † 1798 ∞ Albert v. Sachsen-Teschen *1738 † 1822	beth, Äbtissin * 1743 † 1808	Emanuel) * 1745 † 1761	* 1746 † 1804 ∞ Ferdinand, Herzog v. Parma * 1751 † 1802

(1)

Maria Theresia * 1762 † 1770 — Christina * † 1763

(Peter) Leopold Großherzog v. Toskana (Leopold II.) * 1747 † 1792 ∞ Maria Ludovica (Marie Louise) v. Spanien * 1745 † 1792	Carolina * † 1748	Johanna (Gabriele) * 1750 † 1762	(Maria) Josepha * 1751 † 1767 verlobt mit Ferdinand v. Neapel-Sizilien	Charlotte Carolina (Marie Caroline) * 1752 † 1814 ∞ Ferdinand I. (IV.) v. Neapel-Sizilien * 1751 † 1825	Ferdinand (Carl) General-gouverneur d. Lombardei * 1754 † 1806 ∞ Maria Beatrix d'Este v. Modena * 1750 † 1829	Maria Antonia (Marie Antoinette) * 1755 † 1793 ∞ Ludwig XVI. v. Frankreich * 1754 † 1793	Maximilian (Franz) Hochmeister d. Deutschen Ordens, Kurfürst v. Köln, Fürstbischof v. Münster * 1756 † 1801

16 Kinder, darunter Carl (Ludwig), Feldmarschall, * 1771 † 1847, – – – –

Karl I. v. Habsb.-Lothr. * 1887 † 1922
∞
Zita v. Bourbon-Parma * 1892 † 1989

Register

Die kursiven Seitenzahlen beziehen sich auf die Bildlegenden.

Adélaide, Prinzessin von Frankreich 12, 30, 32 ff.
Alberoni, Giulio, Kardinal 14 f., 48
Albrecht III., Herzog von Österreich 124
Aldobrandini, Margherita, Regentin für Odoardo I. Farnese 47
Amalia, Königin von Neapel 84
Amalia Wilhelmine von Braunschweig-Lüneburg, Gemahlin Kaiser Josephs I. 137
Andlau, Freiherr von 119
Angiolini, Gasparo 228
Anna, Königin von England 259
Anne-Henriette, Prinzessin von Frankreich 10 ff., 27, 30, 32 ff., 54
Anne-Marie-Victoire, Infantin von Spanien 10
d'Argens, Jean Baptiste de Boyer Marquis 189
d'Argenson, René Louis Marquis 41, 56, 60, 74
Arneth, Alfred Ritter von 8, 196 f., 200, 234, 237
d'Aspremont-Linden, Gobert Graf 105
Auersperg, Heinrich Joseph, Fürst 106, 160
Auersperg, Johann Adam Fürst 249
Auersperg, Wilhelmine Fürstin 249 f.
August III., König von Polen (als Kurfürst von Sachsen Friedrich August II.) 17, 148, 240

Baldrighi, Giuseppe *59*, 62
Balthasar Carlos, Infant von Spanien 259
Bartenstein, Johann Christoph Freiherr von 157
Batthyány, Karl Graf (später Fürst) 155, 184
Bayreuth, Wilhelmine von 230
Beales, Derek 178, 234
Bellotto, Bernardo, gen. Canaletto 127, *129, 137, 170*
Bernier, Olivier 32, 70, 240
Bernis, François-Joachim de Pierres Comte de, Abbé, später Kardinal 29, 57, 60, 70 ff., 74, 77 ff.
Boerhaave, Herman 192, 259
Bonnet, Claude 52, 64
Borromeo, Carlo 48
Borromeo, Monsignore, Nuntius 163 f., 178 f., 194
Bourbon, Louis-Henri Duc de 10 f.
Bourneville, Herzog von 9
Brandis, Maria Judith Gräfin 151
Brocey, Mireille 224
Broglie, François-Marie Duc de 80
Browne, Maximilian Ulysses Reichsgraf 73
Burney, Charles 229

Calzabigi, Ranieri 228 f.
Camporeale, Principe di 76
Canaletto siehe Bellotto, Bernardo
Canova, Antonio 286
Carbonel, Alonso 19
Carl, Erzherzog, Sieger v. Aspern 284, 286
Carl Joseph Emanuel, Erzherzog 84, 144, 152 f., 164, 169, 174 f., 187, 202, 206, 221, 257, 259
Carlyle, Thomas 28
Carracci, Agostino 51
Casanova, Giacomo 60, 132
Catt, Henri de 189

Chablais, Benedikt Moritz Herzog von 280
Chantaigneraye, Abbé de la 79
Charlotte Carolina, Erzherzogin, siehe Marie Caroline
Chateauroux, Marie-Anne Duchesse 22
Chatelet, Marquis du, franz. Botschafter in Wien 264
Chartres, Philipp II., Herzog von, später Herzog von Orléans 32
Choiseul, Etienne François Duc de 80 f., 83, 240
Christiani, Fürstbischof von Piacenza 100 f.
Christina, Erzherzogin, Tochter Isabellas 263, *271*, 272, 276, 284
Christine, Königin von Schweden 113
Cimburgis von Masovien 184
Clemens August von Bayern, Kurfürst von Köln 177
Clermont, Comte de 80
Colloredo, Maria Gabriele Gräfin 249
Condamine, Charles Marie de la 261
Condé, Louis II., Fürst von 80
Condillac, Abbé de 64, 86
Conti, Louis-François I., Prinz 69
Correggio (eigtl. Antonio Allegri) 50, 100
Crankshaw, Edward 274 f.
Creux, du, Chirurg 173
Croy, Duc de 27, 31
Crussol, de, franz. Geschäftsträger 57
Cumberland, William Augustus Herzog von 75

Damiens, Robert François 74
Danszky, Eduard P. 200
Daun, Josepha Gräfin 249
Daun, Leopold Joseph Graf von 67, 75, 80, 85 f., 88, 108, 125, 148, 170, 172 f., 189, 241
Diderot, Denis 212
Donner, Raphael 139
Duni, Hofmusiker 55
Durazzo, Giacomo Graf 167

Elisabeth, Kaiserin von Österreich 140, 177
Elisabeth I., Königin von England 259
Elisabeth Petrowna, Zarin 25, 28, 151, 178 f., 190 f., 241
Elisabeth von Valois, 2. Gemahlin Philipps II., König von Spanien 259
Elisabeth, Erzherzogin, siehe Maria Elisabeth
Enzenberg, Freiherr von 114
Erdödy, Antonia Gräfin 97, 105, 121, 160 f., *163*, 269, 272
Este, Enrichetta d', Gemahlin des Herzogs von Parma Antonio Farnese 48
Etioles, Madame d', geborene Poisson, siehe Pompadour, Marquise de
Eugen, Prinz von Savoyen-Carignan 92, 127, 154, 257

Farnese, Alessandro 45 ff.
Farnese, Antonio, Herzog von Parma und Piacenza 48
Farnese, Francesco Maria, Herzog von Parma und Piacenza 48
Farnese, Odoardo, Kardinal, Regent für seinen Neffen Odoardo I. Farnese 46
Farnese, Odoardo I., Herzog von Parma und Piacenza 46
Farnese, Odoardo II., Herzog von Parma und Piacenza 48
Farnese, Ottavio, Herzog von Parma und Piacenza 45 f.
Farnese, Pier Luigi, Herzog von Parma und Piacenza 45, 47
Farnese, Ranuccio I., Herzog von Parma und Piacenza 45 ff.
Farnese, Ranuccio II., Herzog von Parma und Piacenza 47
Fayette, la, Marie-Madeleine Marquise de la 211
Felicité, Prinzessin von Frankreich 12

Fénelon (eigtl. François de Salignac de La Mothe-F.) 64
Ferdinand I., röm.-dt. Kaiser 14
Ferdinand II., röm.-dt. Kaiser 124
Ferdinand III., röm.-dt. Kaiser 244
Ferdinand IV., röm. König 259
Ferdinand, Herzog von Parma, Bruder Isabellas 54 f., 62, 64, 86 f., 99
Ferdinand IV. (I.), König von Neapel-Sizilien 84, 158, 283
Ferdinand, Erzherzog 144, 147, 151, 153, 169, 194, 247 f., 255
Ferdinand VI., König von Spanien *16,* 39, 56, 84, 194, 224
Ferrari, Zeichenlehrer 64
Fersen, Hans Axel Graf 200
Finck, Friedrich August von 86, 148
Finckenstein, Karl Graf, preuß. Minister 84
Fink, Humbert 201
Firmian, Karl Joseph Graf 76, 84 f., 105, 110
Firmian, Leopold Ernst Graf, Fürstbischof von Seckau 119
Fischer von Erlach, Johann Bernhard 133, 136
Franz Joseph I., Kaiser von Österreich 177
Fleury, André Hercule de, Kardinal 11, 13 f., 70
Franz Carl, Erzherzog 227
Franz (I.) Stephan von Lothringen, röm.-dt. Kaiser 24, 77, 84, 98, 106, 108, 120 ff., 134 f., 139, 141 f., *143,* 144, 146 ff., 151 ff., 157 f., 163 ff., *163, 165,* 169, 171, 174 f., 177 ff., 182, 186, 188 f., 193 ff., 227 f., 231, 238, 242 f., 245, 247 ff., 259, 274, 276 f., 280, 282, 284
Franz II., röm.-dt. Kaiser 198
Friedrich II., röm.-dt. Kaiser 44, 180
Friedrich II., König von Preußen 17, 24 f., 28, 70 ff., 75, 77 ff., 85 f., 89, 92, 108, 121, 148, 153, 170, 172, 189 f., 235 f., 239 ff., 249
Friedrich Christian, Kurfürst von Sachsen 280
Frugoni, Innocenzo 48, 64, 88, 100
Fuchs, Karoline Gräfin 249
Fussenegger, Gertrud 200, 254

Galli-Bibiena, Künstlerfamilie 229
Gallitzin, Dimitri Fürst 190
Gaspard, Antoine 62
Georg I., König von England 69
Georg II., König von England 75, 261
Georg III., König von England 190
Gheenst, Johanna van der 45
Gluck, Christoph Willibald 169, 228 f.
Goethe, Johann Wolfgang von 79, 230, 280
Goltz, Bernhard Wilhelm Freiherr von der 191
Goncourt, Edmond und Jules 210, 212
Gonzaga, Eleonore, Gemahlin Kaiser Ferdinands III. 244, 267
Gonzalès, Marquesa de 44, 54, 62, 78
Gran, Daniel 139
Gustav II. Adolf, König von Schweden 113

Habsburg, Otto von 244
Hadik, Andreas Graf 170
Hagenauer, Lorenz 228
Hamilton, Anton Graf 118
Hasse, Johann Adolf 148, 167
Heinrich III., König von Frankreich 22
Heinrich, Prinz von Preußen 85, 190
Heißler, Graf 116
Heister, Gräfin 150
Hildebrandt, Johann Lukas von 127
Holstein-Gottorp, Anna von 191
Holstein-Gottorp, Karl Friedrich von 191

Hrazky, Josef 197 ff., 201, 234
Hume, David 248

Ingenhousz, Jan 284
Isabelle-Marie-Louise *passim*
Isabella Farnese von Parma, 2. Gemahlin Philipps V., König von Spanien 9 ff., 14 ff., *16*, 20, 25 f., 48 f., 88, 194

Jenner, Edward 261
Johanna Gabriele, Erzherzogin 144, 150, 164, 179 f., 206, 221 f., 245, 257, 259
Joseph I., röm.-dt. Kaiser 133, 137, 139 f., 148, 259
Joseph II., röm.-dt. Kaiser 76 f., 83 ff., *83*, 87, 91, 98 f., 101, 103, 108, 110, 112, 116, 119 ff., 124 ff., 138, 144 f., 150 f., 153 ff., *160*, 161, *162 f.*, 163 ff., *167*, 169, 171, 177 ff., 182 ff., 193, *193*, 196 f., 200 f., 205 ff., 214, 221, *221*, 223, *225*, 226, 229, 234, 236, 243, 245, *247*, 248, 253 ff., 259, 262 ff., 267 f., 270, 272 ff., 280 ff., *281*
Josepha, Erzherzogin 144, 150, 164, 179 f., 243, 245, 283
Juan Carlos, König von Spanien 244

Karl V., röm.-dt. Kaiser 45, 110
Karl VI., röm.-dt. Kaiser 15, 17, 23, 49, 92, 124, 130, 133, 137, 153, 180, 259
Karl VII., röm.-dt. Kaiser (als Kurfürst von Bayern Karl Albrecht) 17, 23, 148, 153, 155
Karl II., König von England 259
Karl III. (Don Carlos), König von Spanien 10, *16*, 48 f., 76 f., 84, 157 f.
Karl IV., König von Spanien 282
Karl VIII., König von Frankreich 258
Karl, Erzherzog von Österreich, siehe Carl
Katharina I., Zarin 190
Katharina II., Zarin 25, 191, 214, 230, 239
Katschbacher, Joseph 96
Kaunitz, Wenzel Anton Graf (später Fürst) 67 ff., 78, 107, 124, 140 ff., 158, 189, 241, 266, 274
Kernthaler, Franz 99
Khevenhüller, Franz Anton Graf 82
Khevenhüller, Johann Joseph Graf (später Fürst) 72, 132, 135, 147, 152 f., 174, 228, 250
Khevenhüller, Ludwig Andreas Graf 154 f.
Kinsky, Joseph Graf *137*
Krammer, von, Generalfeldwachtmeister 114, 116
Kynberg, Graf, Landeshauptmann der Steiermark 119

Lacy, Franz Moritz Graf 108, 170, 235
La Mina, span. Botschafter 10
La Morandière 35
La Roche, Sophie von 230, 238
La Rochefoucauld, François Duc de 211
Lasker-Schüler, Else 8
Laudon, Gideon Ernst Freiherr von 85, 88 f., 108, 172, 189 f.
Leopold I., röm.-dt. Kaiser 124, 133, 136, 259
Leopold II., röm.-dt. Kaiser 54, 84, 144, 147, 151 f., 157, 164, 179 f., 194, 229, 243, 248, 254 f., 284
Leopold VI. der Glorreiche, Herzog von Österreich 183 f.
Lerchenfeld, Maria Walburga Gräfin 146, 150
Leyde, Marquesa de 13, 20 f., 27, 30, 44, 54
Liechtenstein, Eleonore Fürstin 284
Liechtenstein, Joseph Wenzel Fürst von 24 f., 91 ff., 97 ff., 103, 105, 114, 120, 143, 158, 160 f., 169, 189, 274

Liechtenstein, Johann Carl Prinz 169
Liotard, Jean Etienne 83, *143,* 147, 149, 152 f., *199,* 227
Löschenkohl, Baron 100
Losy, Ernestine 249
Lothringen, Charlotte Prinzessin von 161, *163,* 164, *165,* 169, 179, 280
Lothringen, Clemens Prinz von 77, 259
Lothringen, Karl Prinz von 75, 78, 122, 135, 161, *163,* 164, *165,* 169, 177, 179, 282, 285
Louis, Dauphin, Sohn Ludwigs XV. 11, 20, 22 f., 27, 30, 32, 74
Louise-Elisabeth, Prinzessin von Frankreich, Herzogin von Parma, Mutter Isabellas 9 ff., 15 ff., *16, 19,* 20 ff., 25 ff., 30, 32, 34, 38 ff., 50, 52, 54 ff., 60, 62, 65 f., 76 ff., 84 ff., 101 f., 104 f., 176, 207, 223, 240, 252, 261
Louise-Elisabeth von Orléans 10 f.
Louise(-Marie), Prinzessin von Frankreich 12, 32
Louise-Marie, Prinzessin von Frankreich 11 f.
Ludwig XIV., König von Frankreich 14, 22, 29, 34, 36, 50, 70, 259
Ludwig XV., König von Frankreich 10 ff., 14, 21 ff., 27, 29 ff., 41, 43, 52, 54, 68 ff., 74, 78 ff., 84, 86 ff., 92, 225 f., 240, 259, 262, 264
Ludwig XVI., König von Frankreich 20, 36
Ludwig XVIII., König von Frankreich 20
Ludwig I. (Don Luis), König von Spanien 10 f., 14, 224, 259
Luxembourg, Duc de 41

Machault, Jean-Baptiste de 74
Magenschab, Hans 201
Mailly, Louise de 31
Mantegna, Andrea 110
Marazzani, Bischof von Parma 100
Marc Aurel, röm. Kaiser 258
Margarete (Margherita) von Parma, Tochter Karls V., Regentin der Niederlande 15 f
Margarethe von Österreich 184
Maria II., Königin von England 259
Maria von Burgund, Gemahlin Kaiser Maximilians I. 243
Maria Amalia, Erzherzogin, Gemahlin Kaiser Karls VII. 17, 154
Maria Amalia, Erzherzogin, Gemahlin Herzog Ferdinands von Parma 144, 150, 164, 179 f., 187, 243
Maria Anna, Erzherzogin, Gemahlin Karls von Lothringen 77
Maria Anna (Marianna), Erzherzogin 144 ff., 148 f., 154, 164, 179 f., 187 f., 194 f., 221, 243 ff., 259, 278
Maria Antonia von Bayern, Kurprinzessin von Sachsen 91, 108, 177
Maria Antonia (Marie Antoinette), Erzherzogin, Gemahlin Ludwigs XVI., König von Frankreich 34, 69, 105, 144, 147, 150 f., 153, 169, 198, 200, 243
Maria Barbara, Gemahlin Ferdinands VI., König von Spanien 56
Maria Elisabeth, Erzherzogin 144, 149 f., 164, 179 f., 187, 245, 278, 284
Maria Josepha, Erzherzogin, Gemahlin Friedrich Augusts II., Kurfürst von Sachsen (als August III. König von Polen) 17, 148
Maria Josepha von Bayern, 2. Gemahlin Kaiser Josephs II. 77, *271, 281,* 282 ff.
Maria Ludovica (Marie Louise), Infantin von Spanien, Gemahlin Kaiser Leopolds II. 84, 284
Maria Theresia, Kaiserin 17, 23 ff., 28, 54, 67, 69 ff., 75 ff., 81 ff., 88 f., 91, 93, 98, 101, 103,

106, 108, 114, 124 ff., 130, 132 ff., *143,* 144, 146 ff., 163 ff., *163, 165,* 169, 171, 174 f., 177 ff., 182 ff., 192 ff., 199, 201, 214, 218, 222 f., 228 f., 231, 235 ff., 240 f., 243 ff., 247 ff., 259, 262 ff., 269 f., *271,* 272 ff., 276 ff., 280, 282 ff.
Maria Theresia, Erzherzogin, Tochter Isabellas 194, 216, 218, *225,* 242, *271,* 273, 275, 279, *281,* 284
Marie Caroline, Erzherzogin, Gemahlin Ferdinands IV., König von Neapel-Sizilien 84, 144, 150 f., 158, 187, 243
Marie Christine, Erzherzogin, Gemahlin Alberts von Sachsen-Teschen 7 f., 77, 89 f., 100, 102, 115 f., 118, 144, 146 ff., 164, 174 ff., 179 f., 187 f., *193,* 194 ff., *199, 209,* 215 f., 218, *219,* 220, 222 ff., 226 ff., 238, *243,* 245 f., 248, 251 ff., 262, 264, 268 f., 276 ff., 282 ff.
Marie-Josèphe von Sachsen, 2. Gemahlin des Dauphin Louis 32, 74
Marie Leszczyńska, Gemahlin Ludwigs XV., König von Frankreich 10 f., 30 ff., 38, 41, 74, 88
Marie-Louise von Parma, Schwester Isabellas 54, 62, 84, 99, 282
Marie-Louise von Savoyen, 1. Gemahlin Philipps V., König von Spanien 10, 14
Marie-Thérèse-Raphaëlle, Infantin von Spanien, 1. Gemahlin des Dauphin Louis 21 f., 32
Marinoni, Jacob 124
Marxer, Franz, Weihbischof 272
Masson, Frédéric 60
Matthias, röm.-dt. Kaiser 135
Maximilian I., röm.-dt. Kaiser 112 f., 124, 184, 243
Maximilian Franz, Erzherzog, Erzbischof von Köln 117, 144, 147, 151, 153, 169
Mayer, Kammerrat 263
Mazarin, Jules (eigtl. Giulio Raimondo Mazzarino, Herzog von Nevers), Kardinal 34
Medici, Cosimo II. de 47
Medici, Gian-Gastone de, Großherzog von Toskana 48
Medici, Margherita de, Gemahlin des Herzogs von Parma, Odoardo I. Farnese 47
Mercy d'Argenteau, Florimund Graf 88
Messerschmidt, Franz Xaver *247*
Metastasio, Pietro 167 ff., 229
Meytens, Martin van 159, *160, 163, 165, 167,* 169, *213,* 257, *281*
Migliavacca, Gianambrosio 169
Mirepoix, Marquis de 92
Moll, Balthasar Ferdinand *271*
Montagu, Lady Mary Wortley 261
Montespan, Françoise-Athénaïs Marquise de 28 f.
Monteverdi, Claudio 47
Montpensier, Anne-Maric-Louise de 230
Mozart, Leopold 228
Mozart, Wolfgang Amadeus 121, 228

Napoleon I., Kaiser der Franzosen 284
Neumann, Balthasar 133
Neipperg, Wilhelm Meinhard Graf 249
Neville, Ferdinand de 236
Nivernais, Duc de 71
Noailles, Comte de 27
Noailles, Adrien Maurice Duc de 23 f., 27, 56, 60 f.

Orléans, Philipp I., Herzog von, Regent 10
Ottokar II. Přemysl, König von Böhmen 184

Pacassi, Nikolaus 133, 138 f.
Palffy, Gräfin 249
Pallavicino di Roma, Marchesa 98
Pallavicino di Roma, Marchese 98 f.
Pankl, Franciscus Carolus 171
Paul III. Farnese, Papst 14, 45
Peckenstorfer, Dominik, Abt 184

Peter I., Zar 25, 151, 190
Peter II., Zar 259
Peter III., Zar 190 f., 239
Pfalz-Neuburg, Dorothea-Sophie, Prinzessin von 47
Philipp II., König von Spanien 18 f., 45, 259
Philipp IV., König von Spanien 19, 259
Philipp V., König von Spanien 9 ff., *16,* 17 f., 25 f., 48, 77, 226
Philipp (Don Felipe), Herzog von Parma, Vater Isabellas 9 f., 15, *16,* 17, *18,* 20 f., 23 ff., 38 f., 41 f., 44, 49, 52 ff., *59,* 60, 62, 64, 66, 69, 75 ff., 84 ff., 98 ff., 103, 113, 194, 226, 240, 272 f., 275 f.
Philipp der Gute, Herzog von Burgund 243
Philippe, Herzog von Anjou, Sohn Ludwigs XV. 32
Pichler, Karoline 223, 277
Pillement, Jean 228
Pisanello (eigtl. Antonio Pisano) 110
Podewils, Otto Graf von 121, 139, 141 f., 145, 147, 249
Pompadour, Jeanne Antoinette Marquise de 22 f., 27 ff., 38, 57, 68, 70 f., 74, 80 ff., 240
Prie, Marquise de 10
Puysieulx, Marquis de, franz. Außenminister 39

Quaglio, Giovanni Maria 228 f.

Récamier, Juliette 211
Reutter, Johann Georg 156
Richardson, Samuel 230
Richelieu, Louis-François de 75, 79
Rosenberg, Graf 112, 117
Rosières, Oberst 139
Rouillé, Antoine-Louis, Comte de Jouy, franz. Außenminister 72
Rousseau, Jean-Jacques 210, 230 f.
Sachsen, Clemens Prinz von, Kurfürst von Trier 148 f., 174, 282
Sachsen, Kunigunde Prinzessin von 282
Sachsen-Hildburghausen, Victoria von 127
Sachsen, Albert Prinz von, Herzog von Teschen 148 f., 174 ff., 179, 189, 197 ff., 206, 224, 228, 246, 276, 280, 282 ff.
Salamanca, Gabriel von, Graf von Ortenburg 117
Salm, Anton Graf 97, 108, 110, 112, 116, 118 ff., 158, 256, 263 ff., 269 f., 272, 276
Sanvitale, Conte 44
Saxe, Maurice Maréchal de 23, 25, 80
Schaffgotsch, Graf, Landespräsident der Steiermark 120
Schönborn, Fürstin 274
Sévigné, Marie Marquise de 211
Sgavetti, Barbier 65, 88
Silva-Tarouca, Emanuel Graf 262
Simányi, Tibor 70
Simonetta, Barbara, Herrin von Colorno 45
Solferino, Duque de 13
Soliman, Angelo 160
Soltykow, Iwan Graf 85 f.
Sophie, Prinzessin von Frankreich 12, 32 f.
Soubise, Duc de 41
Soubise, Charles de Rohan, Prince de 78, 80
Spauer, Graf, Kanonikus 116
Staël, Germaine de 211, 238
Stainville, Comte de, siehe Choiseul
Stanislaus Leszczyński, König von Polen 10
Starhemberg, Georg Adam Graf (später Fürst) 69 ff., 75, 77, 81
Steinl, Mathias 124
Sternegger, Berthold, Prälat 186
Stroganoff, Baron 179
Swieten, Gerard van 192, 262 f.

Tarouca, Johanna Gräfin 249
Telemann, Georg Philipp 63

Thurn, Anton Graf 151
Thurn, Franz Graf 151 f.
Tillot, Guillaume du 53 ff., 63, 85, 98
Totleben, Eduard Iwanowitsch 170
Traëtta, Domenico 55, 100
Trapp, Graf 113
Trattner, Johann Thomas 236
Troger, Paul 139
Tronchin, Théodore 261
Tschernitscheff, Graf, russ. Botschafter 178, 191
Turenne, Henri de la Tour d'Auvergne, Vicomte de 80

Ulfeld, Corfiz Anton Graf 76
Ulrike Eleonore, Königin von Schweden 259

Vanini, Marchese 105
Vasquez, Maria Anna Gräfin 205
Vauréal, franz. Botschafter in Spanien 16, 21 f.
Victoire, Prinzessin von Frankreich 12, 32 f., 56, 74
Viktor Amadeus III. von Savoyen, König von Sardinien 78
Vivaldi, Antonio 63
Voltaire (eigtl. François Marie Arouet) 23, 28, 57, 73, 261

Wahler, Maximilian 94
Wall, Don Ricardo 54
Walsegg-Stuppach, Graf 121
Wandruszka, Adam 255
Weger, Franz Joseph 156 f.
Weininger, Johann 94 f., 114
Wilhelm I. von Oranien 45
Wilhelm II. von Oranien 259
Wolf, Adam 197, 200, 234
Wolff, Christian 248
Wolkenstein, Graf, Landeshauptmann von Tirol 114
Wraxall, Sir Nathanael 227, 249
Württemberg, Ludwig Prinz von 148, 177, 179, 199

Ziethen, Hans Joachim von, preuß. General 172
Zinner, Johann Georg 96, *106 f., 109, 111*
Zinzendorf, Karl Graf 256 f., 273 f.
Zobeck, Graf, Landpräsident von Kärnten 116 f.
Zweig, Stefan 8

Die habsburgisch-lothringischen Länder und Preußen nach dem Siebenjährigen Krieg